JN409778

철학적 성찰로서

유 교 론

정 용 환 지음

철학적 성찰로서

유 교 론

정 용 환 지음

철학과현실사

서 문

1.

유교는 우리에게 그림자로서 다가온다. 그 엄정한 눈매와 자존적 콧대를 찾을 수 없지만 어렴풋한 윤곽마저 사라진 것은 아니다. 한국의 근대화 과정에서 유교의 얼굴은 모두 용해됐지만 그 그림자는 남아 있다. 그 그림자는 떼어놓으려고 해도 한사코 우리의 곁을 따라다닌다. 이처럼 유교는 없는 것 같지만 여전히 존재한다. 그것은 마치 표정 지을 수 없는 얼굴과도 같다.

유교의 전개 과정에서 본다면 전근대와 근대의 차이는 매우 크다. 유교는 전근대에 누리던 대부분의 이데올로기적 특권을 상실하였다. 왕이 곤룡포를 벗었고, 서원이 관광지로 전락하였으며, 가부장적 호주제가 폐지되었다. 게다가 유교는 자신의 언어마저 상실하였다. 한문이 사라지고 한글이 상용어가 되었다. 유교와 관련하여 남은 것은 흔적뿐이다. 사정이 이러한데 오늘날 다시 그 그림자를 불러오는 것이 무슨 의미가 있을까? 근대 시대에 전근대적인 것을 논의하는 것이 무슨 의미가 있을까? 유교에 대한 이러한 물음마저 부질없는 것으로 보인다. 유교의 사회적 동력은 이미 돌이킬 수 없을 만큼 상실되었다. 근대의 등장이 불러온 전근대의 퇴락과 함께 유교는 박물관의 한 유품으로 그리고 관광지의 한 세트로 전락하였다.

그런데 왜 그 그림자는 아직도 남아 있는가? 이와 관련하여 우리가 던져야 할 물음의 대상은 유교라기보다 우리 자신이다. 우리는 왜 유교의 그림자를 아직도 떨쳐버리지 못하고 있을까? 바꾸어 말하자면 근대인으로서 우리는 왜 아직도 전근대적인 사상의 흔적을 떨쳐버리지 못하는 것일까? 아마도 유교뿐만 아니라 철학을 포함한 인문학 자체가 그림자처럼 아무런 생기도 없이 삶의 주위를 떠돌고 있는지도 모른다. 유교의 그림자는 유령처럼 혹은 희미한 꿈처럼 막연해져버린 인문학의 단면일지도 모른다. 철학과 인문학의 기능이 정지될 때에, 다시 말하면 삶과 세계에 대한 사유하기가 정지될 때에 우리 주변에는 더 많은 유령들이 출몰할 것이다. 존재하기는 하지만 지각하기 어렵고 이해할 수 없는 것이 바로 그러한 그림자나 유령의 정체이다.

유교의 퇴락이 문제가 아니라 사유의 퇴락이 문제이다. 현재의 지점에서 이야기하자면 전근대 사상의 퇴락이 문제가 아니라 삶과 세계에 대한 사유하기가 멈춰 서는 것이 문제이다. 삶과 세계는 사유하기에 의해 드러나기도 하고 숨기도 한다. 철학은 사유하기를 통해 삶과 세계를 바라보는 두께를 형성한다. 그래서 맹자는 "생각하면 얻고 생각하지 않으면 얻지 못한다."고 하였다. 과연 오늘을 살아가는 우리는 무엇을 지향하고 무엇을 생각하고 있을까? 우리가 가진 철학적 정체성과 인문학적인 정체성은 무엇일까? 과연 우리는 철학적으로 혹은 인문학적으로 세계를 사유하고 있기는 한 것일까?

대부분 사람들의 출생지는 어느 병원이다. 대부분 우리의 집은 건설회사에서 지어준 아파트이며, 아파트의 이름조차 건설회사에서 지어준 것이다. 우리가 사용하는 대부분의 물건들에도 대기업에서 지어준 상표가 붙어 있다. 심지어 무덤까지도 기업화되고 있다. 요람에서 무덤까지 학교 아니면 기업이 우리의 삶을 관리한다. 우리는 그 속에서 교육 및 상품의 생산과 소비의 편의에 익숙해진다. 이러한 편리함 자체는 우리의 고생을 덜어준다는 점에서 삶에 유익한 것들임에 틀림없다. 다만 이러한 편리함이 '사유하는 혼'을 대신해줄 수 있다고 여기는 데에 이르면 주체의 자율적인 사유하기를 방치하는 오류에 빠지게 된다.

자본과 기업이 생각하는 것에 의해 나의 생각이 지배될 때 나는 생산하고 소비하는 기계로서 규격화된다. 학교와 학원이 생각하는 것에 의해 나의 생각이 지배될 때 교육받고 평가받는 기계로서 규격화된다. 이러한 기계적 존재는 스스로 사유하는 존재가 되지 못하고 오직 타자에 의해 사유된 존재로 전락하고 만다. 베버가 예언했던 정신이 없는 전문가나 마음이 없는 관능주의자가 바로 그러한 사람이다. 경영하는 존재와 경영되는 존재가 서로 분리되면 될수록 학교 및 사회에서 인문적인 자기 창조로서의 삶은 더욱 빈곤해지고 말 것이다. 왜냐하면 학교 및 사회는 서로의 사유를 나누는 창조적 장소가 아니라 경영하는 존재가 경영되는 존재를 길들이는 장소로 전락하기 때문이다. 현재 우리의 모습은 어떠한가? 우리의 학교와 사회는 자신의 혼을 가진 사유하는 존재들이 서로 의사소통하는 장소라고 할 수 있을까? 혹시 삶과 세계에 대해 사유하는 혼을 방치하고 있는 것은 아닐까? 더 이상 내가 누구인지를 묻지 않을 때, 그리고 왜 사는지를 묻지 않을 때, 사유하는 혼은 고사하고 말 것이다.

유교 역시 철학적 사유하기의 한 대상이다. 어쩌면 내가 이 책을 통해 유교에 대해 사유하기를 진행하는 것은 우리의 삶과 세계에 대한 궁금증을 토로하는 과정과도 일치할 것이다. 철학적 사유하기가 깊어질수록 유교의 무표정한 얼굴에 새롭게 표정이 생겨날 수 있고, 삶에 대한 통찰력도 깊어질 수 있다고 믿는다.

유교는 그 유구한 역사만큼이나 사유하기의 많은 소재들을 가지고 있다. 유교는 공자 이래로 동아시아의 주요 시대를 풍미하며 밤하늘의 별들만큼이나 많은 문자들을 생산해왔다. 그렇다고 문자들의 많음이 곧바로 그 가치의 높음을 증명해주는 것은 아니다. 중요한 것은 '왜 아직도 유교를 논의할 필요가 있는지' 그리고 '유교가 우리의 삶에 대해 무슨 의미가 있는지'에 대해 이해 가능한 적절한 설명을 내놓아야 한다는 점이다. 우리에게 정작 필요한 것은 많은 유교 고전들에 대한 양적 확인을 넘어 유교를 통해 삶에 대한 철학적 성찰(省察)을 얻어내는 데에 있다. 과연 유교 고전이 우리의 삶에 대해 무슨 말을 해줄 수 있을까?

비록 유교가 한국인에게 조선시대 5백 년의 유구한 전통사상이라고 할지라도 근대 이후의 학문 체계인 철학 분과 안에서의 이해는 그 역사가 그리 길지 않다. 아마도 근대 학문 체계 안에서 유교에 대한 이해는 대학교에 철학과가 설립된 것을 기준으로 삼는다면 아무리 길게 잡아도 한 세기가 넘지 않는다. 그러한 점에서 유교에 대한 철학적 성찰은 동양철학 연구자에게 부과된 시대적 과제이다. 바꾸어 말하자면 우리에게 유교는 오래된 관습 혹은 습관으로서의 사상(thought)이 아니라, 삶과 세계에 대한 철학적 사유하기(thinking)를 위한 해석소(解釋素)가 되어야 한다. 근대라는 새로운 맥락에 당면하여 철학적 재정립이 요청되는 것은 어쩌면 유교만이 아니라 세계 각지에 편만해 있는 모든 전통사상이 마찬가지다. 유교에 대한 철학적 성찰은 유교라는 사상적 재료를 다시 쪼아 작품으로 만드는 일일 뿐만 아니라 지금의 세계를 깊게 숙고하는 일이기도 하다. 쉽게 말하여 우리의 사유하기를 통해서만 유교 읽기와 세계 읽기는 추동력을 얻을 수 있을 것이다.

2.

이 책은 유교를 철학 영역의 유의미한 해석소로서 정립하기 위해 몇 가지 연구 방법을 사용한다. 첫째, 유교의 주장을 철학적 명제로서 분명하게 제시한다. 유교의 특정 텍스트가 무엇을 주장하고자 하는지를 분명하게 밝혀야만 주장과 관련한 세부적 근거에 대해 논의할 수 있다. 그러한 면에서 유교의 핵심 주장을 밝히는 것이 선행되어야 한다. 둘째, 유교의 주요 개념을 철학적 범주에 따라 이해한다. 유교의 핵심 주장에는 세부적인 하위 범주들이 정합적으로 자리한다. 그러한 세부 범주를 밝힘으로써 핵심 주장의 논거를 구성할 수 있다. 셋째, 유교의 주장이 얼마만큼 타당한가를 논의한다. 유교가 도가, 법가, 묵가 등 다른 학파와의 사상적 논쟁을 통해서 발전되어온 만큼 유교적 명제의 타당성에 대한 논의 역시 매우 풍부하다. 따라서 유교에 대한 반대 논거들을 충분히 고려해봄으로써 유교에서 제시하는 주장이 얼마나 타당한지를 가늠해볼 수 있다. 이 책은 이러한 방법론들을 사용하여 유교의 주장이 철학적으로 무슨 의미를 갖는지를 논의한다.

제1부는 유교의 가치론을 다룬다. 유교의 가치론은 가치의 근거를 어디에서 찾느냐에 따라 내재론, 외재론, 중용론으로 나뉜다. 맹자의 내재론은 가치의 근거를 선천적인 본성의 선함에서 찾는다. 내재론은 좋은 본성을 보존하고 확대함으로써 더 좋은 상태에 도달하려고 한다. 이에 반해 순자의 외재론은 가치의 근거를 후천적 경험 및 제도에서 찾는다. 내재론과 외재론의 대립은 철학사에서 뿌리 깊은 논쟁

거리이며, 어느 한 입장이 다른 입장을 쉽게 정복할 수 없을 만큼 양자 모두 나름의 근거들을 가지고 있다. 한편 중용론은 내재론이나 외재론과는 달리 사람 사이의 의사소통에 주목한다. 중용론은 사람이 외부와의 반응 혹은 타인과의 반응에서 가장 적절한 방식을 통해 좋은 가치를 습득할 수 있다고 주장한다. 이 세 가지 범주에 대한 논의를 통해 유교 가치론의 의의와 한계를 분석한다.

제2부는 성리학의 본질과 현상에 대한 담론을 분석한다. 사물이나 사실을 본질의 차원에서 본다는 것은 무엇을 뜻할까? 삶을 현상이 아닌 본질의 측면에서 이해한다는 것은 무엇을 뜻할까? 성리학이 구상한 본질주의는 조선시대를 지배한 형이상학이자 한국인의 무의식적 사고나 관습에 남아 있다는 점에서 우리의 형이상학적 사고 경향을 이해하기 위해 반드시 분석해야 할 대상이다. 성리학은 본체 혹은 본성 개념을 통해 세계와 삶을 수렴시킬 수 있는 형이상학적 근거를 가정한다. 그러한 형이상학적 본체는 실천적 당위성에 대한 사변적 담론의 결과물이다. 중국 송대(宋代) 성리학에서 시작하여 조선시대의 성리학으로 이어지는 본질과 현상 담론은 종래의 유교적 가치를 본질의 차원에서 정당화하려고 한다. 그러한 시도는 삶의 존재론적 근거를 밝혀준다는 점에서 의의가 크지만, 한편으로 그들이 제시하는 성리학적 본질이 정말로 타당한 것인지의 물음에 직면할 수밖에 없다. 성리학에서 정의해놓은 본질 영역이 실제 현상을 모두 통제하는 것이 과연 얼마나 정당할까? 성리학의 본질 담론은 그 좋은 의도에도 불구하고 자유로운 상상력을 위축시킬 우려 역시 상당 부분 가지고 있다. 따라서 그러한 본질주의의 빛과 그림자를 잘 분간할 필요가 있다.

제3부는 유가와 도가의 대립을 살핀다. 도가의 무위 개념은 유가의 유위 개념에 대한 대표적 안티테제이다. 그러한 대립은 중국철학사

및 유교를 파악할 때에 가장 분명한 출발점이자 귀결점이라고 볼 수 있다. 예를 들어 맹자는 소에 대한 불인지심을 통해 유교의 인(仁) 관념을 정립한다면 도가는 포정해우를 통해 소를 해체함으로써 유가의 유위적 기도를 해체하려고 시도한다. 또한 맹자는 동요치 않는 마음인 부동심(不動心)을 통해 마음에서 보편적 가치를 읽어내려고 하지만, 장자는 마음의 재계인 심재(心齋)를 통해 유교의 마음을 해체한다. 나아가 언어에 대해서도 유가가 보편주의적 관점을 가진다면 도가는 해체주의적 관점을 견지한다. 우리는 이러한 유가의 유위적 보편주의와 도가의 무위적 해체주의의 논쟁을 통해 유교적 보편주의가 초래할 수 있는 위험성과 약점을 확인할 수 있을 뿐만 아니라 유가의 대응 방식이 무엇인지를 파악할 수 있다.

제4부는 한국의 근대사회적 맥락과 관련하여 유교를 논의한다. 근대 혹은 현대 한국 사회에서 유교는 어떻게 이해되어야 할까? 유교적 자산은 중국의 문화대혁명 때 그랬던 것처럼 완전히 버려야 할 악습일까? 아니면 여전히 재해석해야 할 요소들을 가지고 있을까? 5백 년 이상 된 전통문화라는 점에서 유교는 음으로 양으로 현대 한국인에게도 상당한 영향력을 행사하고 있음을 부인할 수 없다. 그러나 그러한 영향력이 곧바로 당위적 필요성을 뜻하는 것은 아니다. 근대 이후의 한국인들은 유교적 문화 맥락과 새롭게 형성한 자본주의 및 민주주의 체제의 틈바구니 속에서 자신의 주체성을 찾기 위해 고민하는 중이다. 그러한 고민 앞에서 전통사상인 유교 역시 매우 중요한 고민거리일 수밖에 없다. 나는 유교적 자산 중에 재해석할 요소가 많다고 생각한다. 분명코 근대 이후의 민주주의 시대는 왕조 통치의 조선시대와는 판이하다는 데에 이론의 여지가 없다. 그럼에도 인(仁)을 포함하여 상당수의 유교적 가치는 오늘날에도 여전히 추구해야 할 덕목임에 틀림없다. 민주주의 시대에도 인은 개인의 삶이나 공적 제도

등에서 여전히 배제할 수 없는 덕목이다. 문제는 어떤 방식으로 어느 정도까지 그러한 덕목들이 요구되는가에 대한 정확한 이해가 필요하다는 데에 있다. 환언하자면 유교적 가치가 새롭게 재정립될 필요가 있다. 나는 상호 주관성 개념에 근거하여 근대 이후의 다원주의 사회에서도 여전히 유교의 인(仁) 덕목이 요청된다는 사실을 밝혔다.

3.

이 책의 내용은 다음에 열거한 나의 논문들을 모아 수정 및 보완한 것이다.

제1부

- 「유가 가치론의 다양성에 대한 범주적 담론」, 『철학연구』, 제103집, 2007. 8.
- 「고자의 성무선악설과 맹자의 성선설」, 『동양철학연구』, 제51집, 2007. 8.
- 「맹자의 선천적이고 직관적인 선(善)의 실행 가능성, 『철학』, 제82집, 2005. 2.
- 「순자의 권위적 경험주의의 도그마」, 『대동철학』, 제28집, 2004. 12.

제2부

- 「성리학적 본질은 어떻게 현실을 주재하는가?」, 『철학연구』, 제101집, 2007. 2.
- 「성리학에서 본질 환원론적 구도의 형성과 그에 따른 현실 제약에 대하여」, 『철학연구』, 제97집, 2006. 2.

▪「성리학적 본체-쓰임의 관계에서 표현의 역할」, 『철학연구』, 제95집, 2005. 8.
▪「유가의 존재론적 언어」, 『동양철학연구』, 제55집, 2008. 8.

제3부
▪「장자의 제한적 상대주의: 맹자의 불인지심과 장자의 포정해우」, 『동양철학연구』, 제59집, 2009. 8.
▪「마음: 유가의 보편주의와 도가의 해체주의」, 『철학연구』, 제108집, 2008. 11.
▪「음악과 언어, 그리고 삶: 도가와 유가를 중심으로」, 『철학연구』, 제105집, 2008. 2.
▪「정서와 숙고의 해석학으로서 주희의 격물설」, 『동서철학연구』, 제54집, 2009. 12.

제4부
▪ "The Experience of Modernity and Changing Conceptions", *Denktraditionen im Dialog*, 제28집, IKO-Verlag, 2008.
▪「한국의 근대적 자아: 문화적 맥락, 타자의 모방, 자기 진정성」, 『철학연구』, 제106집, 2008. 5.
▪「다원주의 사회에서의 인(仁) 개념」, 『동양철학연구』, 제49집, 2007. 2.

4.

이 책이 나오기까지 나의 연구에 도움을 주셨던 주변의 많은 분들께 고마움을 표하고 싶다. 2004년 이후 전남대학교 철학연구교육센

터에서 연구원으로 근무하는 동안 함께 고전을 번역하면서 많은 철학적 대화를 나누었던 동료 선생님들께 감사드린다. 평소에 동서양의 철학적 주제들에 대해 함께 대화를 나누었던 전남대학교 철학과 선생님들과 대학원생들에게 감사드린다. 아울러 2009년 2월 이후 나의 연구 활동을 지원해주고 있는 전남대학교 호남학연구원에도 감사드린다. 끝으로 이 책을 기꺼이 출판해준 철학과현실사에 감사드린다.

2011년 겨울

정용환

차 례

제 1 부

유교의 가치론

제 1 장
유교 가치론의 세 가지 범주

유교는 장구한 세월 동안 동아시아인의 사유를 통해 이루어진 큰 숲이다. 공자 이래로 오늘에 이르기까지 유교라는 숲에서 수많은 사상적 거목들이 다양한 형태의 사유를 개진하여왔다. 그런 까닭에 유교 가치론에는 단일한 주장이 아닌 다양한 주장들이 혼재한다. 마치 큰 산을 오르는 길이 여러 갈래이듯이, 유교 역시 좋은 삶이 어디에서 근원하며 좋은 삶을 어떻게 획득할 것인지에 대해 다양한 견해를 내놓는다. 그러한 다양성과 역동성을 종합해야 하지만 아직은 미흡한 실정이다. 유교 가치론에 대한 선행 연구들은 상당수이지만 꿰지 않은 구슬처럼 각각 흩어져 있다. 그렇다고 유교 관련 자료들의 풍부함을 요약하기 위해 하나의 지적 체계에만 의존해 정초주의(fundamentalism)적으로 여러 관점들을 한곳으로 환원하려는 태도는 유교의 복수적 가치론들을 사장시킨다는 점에서 옳지 못하다. 따라서 국부적으로 흩어진 연구들을 개념적 범주로 구분해 균형 있게 종합하는 연구가 시급하다. 유교 안에 들어 있는 다양한 가치론적 자원들은 분파주의에 휩싸이지 않고 그 이론적 차이들을 범주화한다면, 가치 담론에서 하나하나가 다 보석과 같이 빛을 뿜을 수 있을 것이다. 나아가 유교 가치론에 대한 이론적 범주화는 원전 중심의 단순 나열을 벗어나 해석자(독자)가 중심이 되어 유교 이론을 재서술함으로써 현대사회의 고민에 철학적 조언을 해줄 수 있다.

유교 가치론의 범주는 내재적 가치론, 외재적 가치론, 중용적 가치론으로 나눌 수 있다.[1)] 내재적 가치론과 외재적 가치론은 어떤 가치라도 마음, 몸, 집, 사회 등과 같은 세계 안의 구체적 사물에 근거한다고 보는 점에서는 일치하지만,[2)] 양자는 '안(內)'과 '밖(外)'이라는 위치적 구분에 의해 서로 차이가 난다. 내재적 가치론은 주체의 내재적 본성 안에 가치의 근거가 있다고 여기는 반면, 외재적 가치론은

---

1) 내재적 가치론은 주체에게 근본적 가치가 내재한다는 이론으로서 공자에서 시작해 맹자로 전개된다. 외재적 가치론은 제도적 환경의 개선을 통해 삶의 가치를 상승시킬 수 있다는 이론으로서 공자에서 시작해 순자로 전개된다. 중용적 가치론은 내재적 가치론이나 외재적 가치론과 달리 가치를 결정하기 위해 충분한 의사소통적 공간을 마련하는 비결정론적이고 절차적인 가치론이다. 참고로 쿠아는 유교의 도덕을 외재론(externalism)과 내재론(internalism)으로 구분하여, 외재론이란 도덕성이 본성 밖에 근거하는 것이라고 보고 내재론이란 도덕성이 본성 안에 있는 것으로 본다. A. S. Cua, "Morality and Human Nature", *Philosophy East and West*, Vol. 32, No. 3, University of Hawai'i Press, July, 1982, p.280.

2) 유교 가치론에서 초월성이라는 개념의 적용 범위를 한정할 필요가 있다. 유교의 내재적 가치와 외재적 가치는 세계 내적 가치라는 점에서 초월적 가치와 구분된다. 특히 유교 가치론은 신(God)으로부터 가치를 파생시키는 기독교의 초월적 가치론과는 다르다. 기독교의 초월적 가치론은 가치를 창조한 신과 가치를 실현하는 피조물 사이의 뛰어넘을 수 없는 간극이 있다. 이에 반해 유교적 개념 체계에서는 현실/초월, 일상/비일상, 피조물/창조자 등과 같이 전혀 다른 두 세계의 대립이 상정되지 않는다. 사덕(四德)과 같이 가장 탁월한 가치조차도 사물 안에 내재한다는 점에서 유교의 가치는 '내재 즉 초월'이라는 개념으로 표현된다. 유교에서는 현실 속의 초월적 가치, 일상 속의 탁월한 가치, 존재 속의 마땅한 것, 사물 속의 창조성이 추구될 뿐이다. 그러므로 유교의 내재적 가치론과 외재적 가치론은 그것이 아무리 초월적이라고 하더라도 세계 안이라는 한계 안에서 이해되어야 한다.

주체의 밖에서 가치의 원리를 구한다. 한편 중용적 가치론은 안과 밖이라는 위치에 구애되지 않고 여러 의견들 사이에서 합리적 조정자의 역할을 한다. 조정과 균형을 추구하는 중용적 가치론은 여러 덕목들의 복합적 상관관계를 고려하고, 다양한 의견을 가진 사람들 사이의 담론들을 불편부당하게 취급하기 위해 특정의 위치로 편향되기를 꺼린다.

(1) 내재적 가치론 : 내재적 본성(가치 생성의 근거) → 본성의 전개(수양) → 가치의 완성
(2) 외재적 가치론 : 외재적 모델(가치 생성의 근거) → 모델의 학습(수양) → 가치의 습득
(3) 중용적 가치론 : 가치에 대한 회의(가치 생성의 근거) → 의사소통 → 조화와 합의

첫째, 내재적 가치론은 주체의 가장 내부에 참된 본성이 있으며, 이 본성이 외부로 어떻게 발휘되느냐에 따라 좋은 삶과 좋지 않은 삶을 구분한다. 본성/감정, 미발(未發)/이발(已發) 등의 구도를 설정함으로써 전자를 사물 속에 내재된 본질적 가치로서 생각한다. 그렇다면 내재적 가치론에서 '참된 안'으로서의 본성이란 형이상학적인 근원을 지시하는가? 아니면 현상 세계에 소재하는 물리적인 내부의 장소를 지시하는가? 또한 내재적 가치론에서 설정하는 '안' 개념이 어느 정도까지 정당할 수 있을까? 내재적 가치론의 '안' 개념이 불합리한 곳으로 비약하는 경우는 없을까? 만약 있다고 한다면 이러한 비약은 어떻게 발생하며, 또한 어떻게 제약해야 할까?

둘째, 외재적 가치론은 주체의 외부에 좋은 모델을 설정해, 주체가 이 모델을 얼마나 습득하느냐에 따라 좋은 삶과 좋지 않은 삶을 구분

한다. 외재적 가치론은 성현의 예법, 제도, 경전 등을 삶의 유력한 모델로 삼는다. 그러나 만일 후천적 경험이 새로운 가치를 창조할 수 있다는 가정을 수용한다면, 외재적 가치론에서 추구하는 과거의 가장 좋은 모델이 지금에도 그대로 신봉되는 유일한 대안일 수 없다. 그렇다면 어떠한 모델이 후천적 경험을 지배하는 특권의 자리를 차지하지 못하도록 외재적 가치론에 일정한 제약이 주어져야 한다. 과연 외재적 가치론은 어떤 조건에서 정당성을 가질 수 있을까?

셋째, 중용적 가치론은 다양한 의견들 사이의 합의, 조정, 균형, 조절 등을 이끌어내는 합리적 의사소통과 관련된다. 그러나 중용적 가치론에는 두 가지 위험이 도사리고 있다. 먼저 형이상학적인 최적의 지점을 임의적으로 가정하는 경우이다. 이 경우 다양한 개별자들 간의 실재적인 화해가 아니라 "마땅히 조화를 이루어야 한다."는 임의적으로 가정된 강령의 도그마에 따른 강제된 화해에 도달하기 마련이다. 이러한 형이상학적 중간 값이라는 도그마를 벗어나기 위해서는 현실에서의 의사소통적 중용 개념으로 나아가야 하지만, 거기에도 다른 위험이 도사리고 있다. 의사소통에 참여하는 주체가 무사안일적 판단 유보나 편의주의를 취함으로써 새로운 가치의 발견을 위축시킬 위험성이 내재한다. 중용적 가치론이 이러한 취약성을 극복하고 합리적 의사소통적 덕목으로서 기능하기 위해서는 어떠한 제약이 필요할까?

1. 내재적 가치론

유교의 내재적 가치론은 개인 안에 가치가 내재한다는 것을 뜻한다. 유교의 내재적 가치론에 대한 선행 연구로는 모종삼, 당군의, 뚜웨이밍, 블룸, 아라키 겐고, 윤영해 등을 들 수 있다. 이들은 공통적으로 인간의 가치를 초월 즉 내재의 시각에서 파악한다. 초월 즉 내재에 대한 가장 포괄적인 선행 연구로는 모종삼(牟宗三)의 『심체여성체(心體與性體)』를 들 수 있다. 그는 형이상학적 실체(metaphysical reality), 내재적 도덕성(inward morality), 도덕적 자발성(moral spontaneity), 창조 실체(creative reality) 등의 개념을 사용하면서 본성을 초월적 내재자로 규정하고, 그러한 본성을 "거슬러 올라가 직접 깨닫는 것(逆覺體認)"에 수양의 핵심이 있다고 주장한다.[3] 또한 아라키 겐고(荒木見悟)의 경우 주희(朱熹)의 이기론을 본래성과 현실성으로 파악하면서 본래성에서 내재적 가치를 끌어낸다.[4] 그에 의하면 주희를 정점으로 하는 근대 유교의 사상운동이 가능했던 것은 유교와 노불(老佛)에 공통된 토양이 있었기 때문이다. 그는 그것을 본래성이라 이름 붙였는데, 그 '본래성의 자기 한정'을 어떻게 해석하느냐에 따라 다양한 교학이 발생해 서로 대립한다. 이와 같이 가치 내재론자들에 따르면 도덕이란 행위에 대한 통제적 원리라기보다 내재적 덕성을 발휘하는 것이다. 그들이 생각하는 도덕적 이성(reasonableness)이란 귀납과 연역에 의해 규범들에 순응하는 것이라기보다 경험 과정에서 알게 되는 인격적 정서(sentiment)이다. 그래서 맹자는 인간에게 내재하는 동정, 관용, 부끄러움, 시비지심 등과 같은 심성적 덕성의 개발을 통해 인격적 성취를 도모한다. 이들 연구를 종합해보면 가치란 내재적 본성에 대한 주체의 자기 명증적 인식과 실천을 통해 성립한다.

---

3) 牟宗三, 『心體與性體』, 1책, 대만: 정중서국, 중화민국57, 40-46쪽.

4) 아라키 겐고, 심경호 옮김, 『불교와 유교』, 예문서원, 2000, 15쪽. 또한 본래성에 관한 연구로는 윤영해의 『주자의 선불교비판 연구』(민족사, 2000, 15-21쪽, 341-353쪽)를 들 수 있다.

1) 내재 즉 초월로서의 자기 인식에 대한 소묘

내재적 가치론은 사람이라면 모를 수 없는 지식, 즉 누구나 알 수밖에 없는 본성에 대한 자기 인식을 전제한다.[5] 초월적이고 내재적인 본성에 대한 앎이란 몰랐다가 획득하는 지식이 아니라 애초부터 줄곧 스스로 알고 있는 지식이다. 유교에서는 그러한 초월 즉 내재로서의 지식을 천명(天命), 양지(良知), 명덕(明德), 사단(四端), 본성 등의 개념을 통해 언표한다. 맹자의 사단, 주희의 비어 있으면서도 신령스럽고 어둡지 않은 명덕, 왕수인(王守仁)의 "한 몸이 되는 인(一體之仁)" 등의 개념은 유교의 초월, 즉 내재의 본성론을 잘 보여준다.

맹자의 사단과 사덕

측은한 마음을 사람들이 모두 가지고 있다. 부끄러워하는 마음을 사람들이 모두 가지고 있다. 공경하는 마음을 사람들이 모두 가지고 있다. 시비를 가리는 마음을 사람들이 모두 가지고 있다. 측은한 마음은 인이고, 부끄러워하는 마음은 의이고, 공경하는 마음은 예이고, 시비를 가리는 마음은 지이다. 인의예지(仁義禮智)는 밖에서부터 나를 녹여서 생기는 게 아니라 내가 본래 가진 것으로, 단지 추구하지 않았을 따름이다. 그러므로 구하면 얻고 놓으면 잃는다.[6]

5) 중간자로서의 사람은 아는 것과 모르는 것을 동시에 가지고 있지만, 맹자에서 성리학으로 이어지는 본성적인 '앎'이란 '모름'이라는 변별적 짝을 뛰어넘는다는 점에서 초월적 지식이다.

6) 『맹자』, 「고자상」, 6장. "惻隱之心, 人皆有之, 羞惡之心, 人皆有之. 恭敬之心, 人皆有之. 是非之心, 人皆有之. 惻隱之心, 仁也. 羞惡之心, 義也. 恭敬之心, 禮也. 是非之心, 智也. 仁義禮智, 非由外鑠我也, 我固有之也. 弗思耳矣, 故曰求則得之, 舍則失之."

주희의 명덕

밝은 덕(明德)이란 사람이 하늘에서 얻은 것으로 비어 있으면서도 신령스럽고 어둡지 않아서(虛靈不昧) 모든 이치를 갖추고서 모든 일에 응하는 것이다. 다만 기품(氣稟)에 구애되고 인욕(人欲)에 가리게 되면 때로 어두워지지만 그 본체의 밝음은 쉰 적이 없다. 그러므로 배우는 사람은 마땅히 그것이 발생하는 것을 좇아 밝히어 그 처음을 회복해야 한다.[7]

왕수인의 대학문

어린아이가 우물로 기어가는 것을 보면 반드시 깜짝 놀라 측은하게 여기는 마음이 생겨나니, 이것은 그 인(仁)한 마음과 어린아이가 한 몸이 되는 것이다. 어린아이는 오히려 나와 같은 사람이다. 새나 짐승이 슬피 울면서 두려워 떠는 모습을 보면 반드시 차마 어찌하지 못하는 마음이 생겨나니, 이것은 그 인한 마음이 새나 짐승과 더불어 한 몸이 되는 것이다. 새나 짐승은 오히려 지각이 있는 존재이다. 초목이 꺾이고 잘리는 것을 보면 반드시 불쌍하게 여기는 마음이 생겨나니, 이것은 그 인한 마음이 초목과 더불어 한 몸이 되는 것이다. 초목은 오히려 살려는 의지를 가진 존재이다. 기와나 돌이 부서지고 무너지는 것을 보면 반드시 안타까운 마음이 생겨나니, 이것은 그 인한 마음이 기와나 돌과 더불어 한 몸이 되는 것이다. 이러한 것들이 한 몸이 되는 인(一體之仁)이다. 이것은 하늘이 명한 본성에 뿌리박고 있는 것으로, 저절로 그러하면서 신령스럽고 밝으며 어둡지 않은 것이다. 이것을 일러 밝은 덕이라고 한다.[8]

---

7) 주희, 『대학장구』, 경1장. "明德者, 人之所得乎天而虛靈不昧, 以具衆理而應萬事者也. 但爲氣稟所拘, 人欲所蔽, 則有時而昏, 然其本體之明, 則有未嘗息者, 故學者當因其所發而遂明之, 以復其初也."

8) 왕수인, 『대학문(大學問)』. "見孺子之入井, 而必有怵惕惻隱之心焉, 是其仁之與孺子而爲一體也. 孺子猶同類者也. 見鳥獸之哀鳴觳觫, 而必有不忍之心焉, 是其仁之與鳥獸而爲一體也. 鳥獸猶有知覺者也. 見草木之摧折而必有憫恤之心焉, 是其仁之與草木而爲一體也. 草木猶有生意者也. 見瓦石毁壞而必有顧惜之心焉, 是其仁之與瓦石而爲一體也. 是其一體之仁也. 是乃根於天命之性,

위에서 제시하듯이 내재적 초월로서 본성론은 맹자에게서 뚜렷하게 나타나며, 이후 주희와 왕수인에게 그대로 전승되고 있음을 알 수 있다. 이러한 초월 즉 내재의 지식이란 언어적 변별 체계에 의해 기술할 수 있지만, 논리적으로 그보다 선행한다는 점에서 존재론적 기원을 갖는다. 타자의 의도에 대한 인식이 타자와의 대화를 통해서 언어적으로 성립되는 것인 데 반해, 내재적 가치론에서 본성에 대한 자기 인식은 자기표현을 통해서 확인된다. 즉 "갈증을 해소하고 싶다."는 타자의 의도는 타자와의 직간접적 대화를 통해서 확인되지만, "우물에 빠지려는 아이를 구하고 싶다."는 주체의 본성론적 욕망은 주체의 내부에서 발생하는 자기 명증적 사태이다. 물론 이러한 자기 명증의 과정에서 인식하는 자와 인식되는 자를 엄격히 구분하는 주체와 객체의 분리는 성립할 수 없다. 왜냐하면 자기 명증적 본성의 발출 과정은 주체와 객체가 유기적으로 연계되어 있는 존재론적 사실의 자기 전개 과정이기 때문이다. 그러나 내재적 본성론에 따라 더욱 엄밀하게 말하자면 우리는 본성의 자기 전개 과정을 통하여 세계와의 유기적 연관성을 획득할 수 있다. 마치 꽃이 피어나듯이 본성은 세계 속에 자신의 모습을 펼쳐냄으로써 세계의 의미를 밝혀준다. 심지어 내재된 본성의 활동이 원활해짐으로써 주체가 온갖 만물과 일체를 이루는 데에 이른다.9) 그래서 본성론자인 맹자는 사람의 내재적 본

而自然靈昭不昧者也. 是故謂之明德" 이 밖에도 왕수인은 사구교(四句敎)에서 양지(良知)라는 개념을 제시한다. "선도 없고 악도 없는 것이 마음의 본래 모습이다. 선도 있고 악도 있는 것이 의지의 움직임이다. 선을 알고 악을 아는 것이 양지이다. 선을 행하고 악을 제거하는 것이 격물이다(無善無惡心之體, 有善有惡意之動, 知善知惡是良知, 爲善去惡是格物)." 왕수인, 『왕양명전집』, 상책, 권3, 「전습록하」, 상해고적출판사, 1992, 117쪽.

9) 만물일체(萬物一體)로서의 인(仁)은 정호(程顥)의 『식인(識仁)』(『이정유서』, 권2 상)과 왕수인의 『대학문』(『왕양명전집』, 하책, 권26, 967쪽)에 잘 나타나 있다.

성을 스스로 밝게 타오르는 불씨나 스스로 솟아나는 샘물에 비유한다. 또한 본성은 스스로 드러나고 있다는 점에서 태양이 빛을 방사하는 것과도 유사하다.

본성에 기초한 자기 명증적 반성의 개념은 주시와 보존의 윤리학을 낳는다. 내재적 가치론에서의 자기반성이란 본성적 가치를 보존하기 위한 노력이다. 맹자의 '양지양능', '우거진 숲', '호연지기', '밤의 맑은 기운' 등의 개념은 자기 생성적인 본성의 모습을 표현한 것들이다. 다만, 사람들이 생동하는 본성을 보존하지 못할 때에 그것은 황폐화된다. 맹자에 의하면 사람의 도덕적 본성은 우거진 숲처럼 매우 생동적으로 스스로 전개되고 있었으나, 그 산에 소 떼를 방목하면서부터 황폐한 민둥산이 되고 만다.

> 우산의 나무들은 과거에는 아름다웠다. 그러나 커다란 나라 주변에 위치하여 도끼와 자귀로 나무들을 베어내니, 어떻게 아름다울 수 있겠는가? 분명 나무는 밤낮으로 자라나고 비와 이슬이 영양분을 적셔주니 싹과 봉우리를 틔우지 않음이 없었다. 그러나 거기에 소와 양을 방목하자 산은 벌거숭이가 되었다. 지금 사람들은 그 벌거벗은 모습을 보고서, 결코 훌륭한 목재가 없었을 것이라고 생각한다. 그렇지만 어찌 그러한 모습이 그 산의 본성이겠는가? 인간에게 간직된 것도 어찌 어질고 정의로운 마음이 없었다고 할 수 있겠는가? 사람이 자신의 훌륭한 마음을 잃어버린 것도 역시 도끼와 자귀로 나무들을 베어내는 것과 같다. 날마다 도끼질을 하는데, 어떻게 아름다울 수 있겠는가?[10]

10) 『맹자』, 「고자상」, 8장. "孟子曰: 牛山之木, 嘗美矣. 以其郊於大國也, 斧斤伐之, 可以爲美乎? 是其日夜之所息, 雨露之所潤, 非無萌蘖之生焉. 牛羊又從而牧之, 是以若彼濯濯也. 人見其濯濯也, 以爲未嘗有材焉. 此豈山之性也哉? 雖存乎人者, 豈無仁義之心哉? 其所以放其良心者, 亦猶斧斤之於木也, 旦旦而伐之, 可以爲美乎?"

맹자는 인간이 본래적으로 소유한 가치를 좋은 나무들이 우거진 훌륭한 숲에 비유한다. 이러한 내재적 가치론에 의하면 인간은 본래 어떻게 사는 것이 좋은 삶인지에 대해서 충분한 자각을 가지고 있다. 다만 내재적 본성을 보존하지 못할 때에 벌거숭이 민둥산과 같은 상태로 전락하고 만다. 그래서 맹자는 마음의 보존과 본성의 양성을 주요한 수양 방법으로 삼는다. 이러한 본성 보존의 수양론은 아무도 부정할 수 없는 참된 본성을 주체의 내부에 가정해 주체의 일상적 삶이 항상 그곳으로 돌아가도록 힘쓴다. 내재적 가치론에서 사람에게 내재하는 참된 본성이란 모든 현상들이 귀착해야 할 절대적 당위성을 갖는다.

2) 주희 격물치지설의 상즉 논리

조선 성리학에 결정적인 영향력을 행사했던 주희의 격물치지설 역시 내재적 가치론에 근거하고 있다. 격물치지설은 내재적 본성에서 나오는 양지와 외부 사물과의 상호작용을 동시에 중요시함으로써 상즉(相卽)의 논리를 취하고 있다. 주희의 격물치지설은 안과 밖의 상즉 논리에 기초한 자율 도덕론을 전개한다. 그러한 점에서 그의 격물치지설은 내재적 가치론으로 분류할 수 있다. 먼저 주희가 제시하는 격물치지설을 보자.

> 앎을 다하는 것이 사물에 이르는 데 있다는 것은 나의 앎을 다하고자 하는 것이 사물에 나아가 그 이치(理)를 궁구하는 데 달렸다는 것을 말한다. 대체로 사람 마음의 신령함에는 앎이 있지 않음이 없고 천하의 사물(物)에는 이치가 있지 않음이 없다. 오직 이치를 궁구하지 못했으므로 앎에 다하지 못함이 있다. 이런 까닭에 대학에서 처음 가르칠 때

에 배우는 사람들로 하여금 세상의 모든 사물에 나아가 자신이 이미 알고 있는 이치에 말미암아 더욱 궁구함으로써 그 궁극 처에 이르기를 구하지 않음이 없게 한다.[11]

격물치지설은 외부 사물의 이치와 내부 지식을 통합하여 '본성이 곧 이치'라는 상즉의 논리에 기초한다. 안와 밖의 통일은 "내 마음의 온전한 본체와 큰 작용이 밝혀지고, 사물의 겉, 속, 정밀함, 조야함 등이 모두 도달하지 않음이 없는 것"[12]으로서 표현된다. 본성과 사물은 서로 뗄 수 없는 관계에 있으며, 본성에 대한 자각은 사물의 이치와 연동되어 이루어진다. 주체는 어떤 특정의 상황에 처할 수밖에 없으며, 그 상황에 즉하여 자신의 본성을 밝힘으로써 "마땅히 실천해야 하는 원칙(所當然之則)"을 깨닫는다.[13]

격물치지설에서 외부 사물의 이치와 상즉하는 내부의 본성은 계량적 도구에 의해 계산되는 것이 아니라, 주체가 그것을 주시하고 집중함으로써 밝게 드러난다. 사물의 이치와 상즉하는 내재적 본성은 피어나는 꽃처럼 안에서부터 생성되고 있는 과정적 활물(活物)이다. 주희는 활물로서의 본성에 대한 자각을 "환하게 꿰뚫음(豁然貫通)"의 경지로서 묘사한다. 활물적 본성이란 스스로 빛을 뿜는다는 점에서 거울이 단지 빛을 반사하여 사물을 반영하는 것과는 차원이 다르다. 주희에 의하면 "거울이란 닦은 뒤에 밝지만, 사람의 명덕(明德)이라

11) 주희, 『대학장구』, 전5장. "致知在格物者, 言欲致吾之知, 在卽物而窮其理也. 蓋人心之靈, 莫不有知, 而天下之物, 莫不有理. 惟於理有未窮, 故其知有不盡也. 是以大學始敎, 必使學者, 卽凡天下之物, 莫不因其已知之理而益窮之, 以求至乎其極. 至於用力之久, 而一旦豁然貫通焉, 則衆物之表裏精粗無不到, 而吾心之全體大用無不明矣. 此謂物格, 此謂知之至也."

12) 주희, 『대학장구』, 전5장.

13) 주희는 '格物'에 대해 '格'자의 뜻을 '至'자로 새겨 사물의 이치가 자기 쪽으로 이르는 것으로 해석한다. 주희, 『대학장구』, 전5장.

고 한다면 밝지 않은 적이 없다. 비록 매우 어둡게 가린다고 할지라도 선한 단서의 발생을 끝내 끊을 수 없다. 다만 그 발생한 단서를 만나서 계속하여 환히 밝혀 어둡지 않게 한다면 그 온전한 본체의 큰 작용을 다 밝힐 수 있다."[14] 이러한 활물적 본성을 확보하는 과정은 본성을 가리는 은폐물을 제거함으로써 존재론적 본성을 보존하는 것 외에 다른 것이 아니다. 주희는 물욕, 기품, 사욕 등과 같은 은폐물을 사물과의 교제 과정에서 제거함으로써 자기 내부에 있는 본성을 살려내고자 한다.

> 이미 사려하지 못하여 바깥 사물에 가리게 되면 한 덩이의 사물일 뿐이다. 또한 바깥 사물로써 내 물건(귀와 눈)과 교제하는 것은 바깥 사물이 내 물건을 끌어당겨 가기 쉽다. 마음은 사려할 수 있으니 사려로써 직분을 삼는다. 사물들이 왔을 때 마음이 자기의 직분을 얻으면 이치를 얻게 되어 사물이 그것을 가리지 못한다. 만약 마음이 자기의 직분을 잃으면 이치를 얻지 못하게 되어 사물이 와서 가리게 된다. 이 세 가지는 모두 하늘이 나에게 부여한 것인데 그 중에서 마음이 제일 중요하다. 만약 마음을 세우게 된다면 일을 사려하지 않음이 없어서 귀와 눈의 욕구가 탈취하지 못한다.[15]

주희는 마음으로 사려하기 때문에 감각기관이 사물에 가리지 않음으로써 이치를 이해하게 된다고 본다. 이처럼 주희는 사물과의 교류와 내재적 본성의 중요성을 동시에 강조한다. 그렇다고 안과 밖이 분

---

14) 『주자어류』, 14:74. "鏡猶磨而後明. 若人之明德, 則未嘗不明. 雖其昏蔽之極, 而其善端之發, 終不可絶. 但當於其所發之端, 而接續光明之, 令其不昧, 則其全體大用可以盡明."

15) 『맹자』, 「고자상」, 15장. "旣不能思而蔽於外物, 則亦一物而已. 又以外物, 交於此物, 其引之而去不難矣. 心則能思而以思爲職. 凡事物之來, 心得其職, 則得其理而物不能蔽. 失其職, 則不得其理而物來蔽之. 此三者, 皆天之所以與我者, 而心爲大. 若能有以立之, 則事無不思, 而耳目之欲, 不能奪之矣."

리되는 것이 아니라, 밖은 내재적 본성과 긴밀하게 연계되어 있다. 그래서 주희는 격물치지설이 밖으로 내달리는 병(外馳之病)이 있는 것 아니냐는 제자의 물음에, "나라와 세상을 다스리는 일도 자기의 일"이라고 대답한다.16) 또한 주희는 "본체의 밝음은 한 번도 그친 적이 없다."17)고 말한다. 주희의 격물치치설은 맹자의 양지설에서 유래하는 초월 즉 내재로서의 자율 도덕에 확고하게 근거함과 동시에, 사물과의 교류를 중시함으로써 자율 도덕의 객관적 토대를 공고하게 하려고 한다.18) 주희는 격물치지를 통해 내재적 본성과 외재적 사물이 동시에 통합할 때라야 맹자의 자율 도덕이 실현될 수 있다고 본다. 따라서 "자기에게 내재된 앎을 다하려고 한다면 사물에 나아가서 그 이치를 궁구하라."는 주희의 언명은 상즉하는 외부적 컨텍스트에서 내재적 지식을 반성적으로 밝혀낼 수 있음을 뜻한다.

주희의 이기불상리(理氣不相離) 개념에 따른다면 본성으로서 이치와 맥락으로서 기질은 서로 떨어질 수 없다. 내재적 본성과 외재적 맥락이 서로 떨어질 수 없으므로 본성은 공허한 것일 수 없다. 주희가 선불교를 향해 "대단히 이치에 유사한 것 같지만 진리를 크게 어

16) 『주자어류』, 15:28. "問格物則恐有外馳之病? 曰若合做, 則雖治國平天下之事, 亦是己事."

17) 주희, 『내학장구』, 경1장. "本體之明, 有未嘗息."

18) 모종삼이 주희의 격물치지설을 타율 도덕으로 보는 것에 대해 비판적으로 재고한 최근의 연구물로는 황갑연의 「현대 신유학자 모종삼의 주자 도덕철학 이해에 대한 재고: 모종삼의 '卽存有卽活動'과 '只存有而不活動'론을 중심으로」(2007)가 있다. 선불교 및 심학과 비교하여 주희 격물치지설이 내포한 도덕적 자율성과 객관성에 대해 밝힌 선행 연구로는 김미영의 「주희 대학관의 함의: 격물치지 해석을 둘러싼 유불의 경향성 분석을 토대로」(1997)가 있다. 또한 몽배원(蒙培元)은 주희의 격물치지설이 진정한 과학 지식이나 객관 세계를 인식하려는 것이 아니라 사물의 이치를 인식함으로서 마음속에 갖추어진 전체대용(全體大用)으로서의 자아 인식에 도달하는 데 그 목적이 있다고 본다. 몽배원, 『이학범주계통(理學範疇系統)』, 인민출판사, 1989.350쪽.

지립힌다."[19]고 비판한 것도 그들이 상즉하는 컨텍스트를 배제하고서 이치를 궁구한다고 보았기 때문이다. 그의 격물치지설은 구체적 사물들이 존재하는 일상적 삶의 컨텍스트와 상즉하지 않고서는 본성의 의미를 활성화시킬 수 없다는 사실을 알려준다. 주희가 일상적 컨텍스트와 본성의 연관성을 밝힌 것은 선불교에서 주장하는 무맥락적 지식의 허망함을 극복하기 위한 것이다. 주희에 의하면 "(내부의) 명덕은 쉰 적이 없이 항상 일상생활에 드러난다. 마치 의로움이 아닌 것을 보고서 부끄러워하고, 어린이가 우물로 들어가는 것을 보고서 측은해하고, 현자를 높이는 것을 보고서 공경하고, 선한 일을 보고서 감탄하는 것 등이 모두 명덕의 발현이다."[20] 이처럼 격물치지설에서 일상적 컨텍스트란 본성을 발휘하기 위한 필요조건이다.

격물치지설에서는 '구체적 컨텍스트에 처해 자신의 행위 준칙을 스스로 헤아리는 행위'를 중시한다. 격물치지는 자율적 도덕 이성에 의해 보편적 도덕 법칙을 경험의 지평에서 스스로 찾아내는 과정이다. 구체적 사물과 상즉하지 못하는 도덕 준칙은 공허할 수 있으므로, 도덕 이성에 의한 타자의 고려는 외부 사물과의 상즉의 과정을 통해서만 온당해질 수 있다. 물론 내재적 도덕 준칙과 구체적 사물 사이의 상즉의 과정이 구체적 당위 명제를 쉽게 제시해주는 것은 아니다. 예를 들어 "타인을 존중해야 한다."는 당위적 언명이 누구에게나 인정될 수 있겠지만, '낙태 문제'나 '줄기세포'와 같은 구체적 문제들에 대해 '타인의 존중'이라는 도덕 준칙을 어떻게 마련할 것인지, 즉 타인의 존중에 대한 범위를 결정하는 데는 많은 이견이 있을 수 있다. 왜냐하면 대부분의 사람들이 그렇게 해야 마땅하다고 여기는 것을

19) 주희, 『대학장구』, 「서」.

20) 『주자어류』, 14:78. "明德未嘗息, 時時發見於日用之間. 如見非義而羞惡, 見孺子入井而惻隱, 見尊賢而恭敬, 見善事而歎慕, 皆明德之發見也."

어떤 사람들은 좀처럼 수긍하려고 하지 않을 수 있기 때문이다. 그러므로 내재적인 도덕 규칙을 밝히는 과정으로서의 격물치지설은 내재적 본성의 온전한 현실화가 매우 험난한 과정을 통해 달성된다는 것을 암시한다.

주희는 주변 사물에 나아가 "한 푼 한 촌을 쌓아가는(分寸積累)" 변증적 자기 계몽을 통해 도덕적 본체에 대한 지식을 체득하려고 한다. 그러한 측면에서 보자면 격물치지설은 구체적 현실 위에서만 성립하는 상즉의 체용론 혹은 상즉의 해석학이다. 성중영에 의하면 "주희는 도에 대한 존재론적 통찰을 얻기 위해 그리고 삶과 실천에 관한 지침인 옳음과 그름에 대한 판단에 이르기 위해 외부 사물에 대한 지식을 내부 감정에 대한 지식과 함께 통합하고자 한다."[21] 주희는 가장 근원적인 것으로서 전제되는 초월적 본체에 이르기 위해 사물에 나아가 해석학적 변증의 과정을 수행하며, 그 결과 본체를 환하게 증득하는 활연관통에 이르려고 한다. 물론 격물치지설에서 전제하는 내재 즉 초월로서의 도덕 본체는 증명해야 할 가설이라는 점에서 여전히 약한 논증이다. 그럼에도 수양의 과정에서 사물과의 변증적 해석의 과정을 중시한 것은 내재적 도덕 지식이 공허함으로 흐르지 않게 했다는 점에서 의의가 크다.

3) 내재적 가치론에 대한 제약

이제까지 논의했던 존재론적 본성에 근거하는 내재적 가치론에는 일정한 제약이 요청된다. 왜냐하면 다음과 같이 존재론적 본성에 대

21) Chung-ying Cheng, "Methodology and Theory of Understanding", *Chu Hsi and Neo-Confucianism*, edited by Wing-tsit Chan, University of Hawai'i Press, p.179. 성중영은 주희의 격물치지설을 존재-해석학이라고 명명한다.

해 의미심장한 의문들을 던질 수 있기 때문이다. 과연 순수한 본성으로서의 참자아란 존재하는 것일까? 만약 존재한다면 그것은 어떻게 목격되는 것일까? 내부에서 스스로 말하는 본성의 서술 내용이 절대적 가치로서 자리매김되어야 하는 이유가 있을까? 내재적 본성의 발화와 외재적 텍스트의 서술은 얼마나 그 비중이 다를까? 이러한 인식론적 회의를 할 경우 내재적 본성의 개념이 유일의 안식처로서 보장되기 어렵다는 것을 알 수 있다. 비록 내면에서 울려나오는 본성의 목소리라고 할지라도 외부에서 들려오는 많은 서술들을 초월하여 절대의 자리를 차지할 수 없다. 내면에서 들려오는 자기 목소리이든 외부에서 들려오는 타인의 목소리이든, 그것들은 단지 여러 가지 서술들 중 하나에 불과하다. 마치 타인의 말을 외부에서 듣듯이 자기 내부에서 나오는 이야기를 주체가 들을 뿐이다. 주체에게 들려오는 이야기의 방향이 안에서 나오는 것이라고 해서 그 서술들이 가치론적으로 절대적 참이라고 결론 내리기 힘들다. "그렇게 하는 것이 좋다." 또는 "그렇게 하는 것이 나쁘다."와 같은 가치론적 서술들이란 주체의 내면에서 메아리치든 아니면 누군가의 음성을 통해 들려오든, 주체가 가치론적 판단의 과정에서 고려해야 할 자료들일 뿐이다. 본성으로서의 '안'은 절대적 참의 공간이 아니라 가치론적 규범에 대해 발화하는 하나의 장소일 뿐이다.

본성의 절대성을 주장하는 존재론적 형이상학은 내적 참자아를 몽환적으로 구상하기 쉽다. 어떻게 본래적으로 존재하는 내적 참자아의 정체를 구체적으로 제시할 수 있을까? 참자아를 구성하는 '양심'이나 '덕성'과 같은 내면적 서술문들이 청동판에 새겨진 법적 판단들과 어떻게 다를까? 만약 양심이나 덕성이 '~해야 한다'는 문장이나 '~하지 말아야 한다'와 같은 가치 명제로 구성되어 있다고 한다면 그러한 가치 명제란 반성적 숙고를 통해 내면에 새겨놓은 것에 해당할 것이다. 『맹자』에 나오는 부모의 시신을 유기한 사람의 예를 보자.

> 아주 옛날에 부모의 시신을 묻지 않은 사람이 있었다. 그는 부모가 죽자 골짜기에 버렸다. 어느 날 그곳을 지나게 되었는데, 부모의 시신을 여우와 이리가 뜯어 먹고 쉬파리가 빨아 먹고 있었다. 그는 이마에 땀을 주르르 흘리면서 흘겨보다가 차마 쳐다보지 못하였다. 그 땀은 남들을 의식해서 흘러나온 게 아니라 안에 있던 마음이 얼굴에 드러난 것이다. 그는 돌아가서 삼태기로 흙을 퍼다 부모의 시신을 매장하였다.[22)]

맹자는 이 사례를 통해 효와 인을 중요한 도덕적 가치로서 정당화한다. 그런데 맹자가 제시하는 이 사례가 정당성을 얻기 위해서는, "곤충이 부모의 시신에서 진액을 빨아먹는 것을 차마 보지 못하겠다."는 내부의 심리적 사실에서 직접적으로 "부모의 시신을 유기해서는 안 된다."는 규범적 가치 명제를 충분하게 도출해야 한다. 그러나 주체 내부의 어떤 자연스러운 심리적 사태가 불변의 절대적 규범을 이끌어내는 선행적인 충분조건이 아니라는 것은 분명해 보인다. 부모의 상을 당했을 때 부모의 죽음을 안타까워하는 마음이 서로 같을지라도 화장, 풍장, 매장 등 여러 종류의 다른 행위 기준들이 도출될 수 있다. "부모의 죽음을 안타까워한다"는 본성론적 서술이 "부모의 시신을 어떻게 처리해야 한다."는 규범적 가치 명제로 이어지기 위해서는 후천적 사려와 논의의 과정을 거쳐야 하므로 상황에 따라 서로 다른 결론에 이를 수 있다.

맹자가 자주 거론하는 '차마 어찌하지 못하는 마음'도 마찬가지다.

---

22) 『맹자』, 「등문공상」, 5장. "蓋上世嘗有不葬其親者, 其親死則擧而委之於壑. 他日過之, 狐狸食之, 蠅蚋姑嘬之. 其顙有泚, 睨而不視. 夫泚也, 非爲人泚, 中心達於面目. 蓋歸反虆梩而掩之."

제나라 선왕은 마당으로 지나가는 소를 보고서 차마 그 소를 죽이지 못하고, 그 대신 양을 잡아서 희생으로 쓰라고 명한다.[23] 소를 죽이는 것이든 양을 죽이는 것이든 모두 비참한 일이지만, 왜 소는 죽여서는 안 되고 양은 죽여도 되는 것일까? 맹자에 의하면 소의 경우는 직접 자신의 눈앞에서 맞닥뜨린 사건 속에서 차마 어찌하지 못하는 마음이 발생했다고 한다면, 양의 경우는 아직 직접 보지 못했기 때문에 그러한 마음이 발생하지 않았다. 맹자는 도덕성이 사람의 마음에 내재하는 생생한 가치라는 것을 말하기 위해 이러한 사례를 들었을 것이다. 그러나 이러한 맹자의 대답으로 도덕 기준이 분명해진 것은 아니다. 어떻게 직접 목격한 소를 살려준 것이 도덕적 행위의 원리가 될 수 있을까? 사물에 대한 친밀감이나 애정이 곧바로 도덕성과 등치될 수 있을까? 모성애, 부성애, 형제애, 동포애 등과 같이 타인을 보호해주려는 자연스러운 감정이나 본능이 도덕성과 곧바로 등치될 수 있을까? 타자에 대한 호의적 본능이나 충동이 곧 도덕적 준거라고 말할 수 있을까?

주체의 내면에서 자연스럽게 생성되는 사랑, 미움, 슬픔, 즐거움, 기쁨 등과 같은 존재론적인 내적 사태는 가치판단의 규범이 아니라 가치판단의 자료들에 해당한다. 이러한 가치판단의 자료들이 곧바로 절대적 가치 규범으로 상승할 수 없음은 분명하다. 왜냐하면 내가 좋아하는 것이 곧바로 가치 있는 것이 되고, 내가 싫어하는 것이 가치 없는 것이 될 수 없기 때문이다. 그러한 의미에서 존재론적 본성론은 심리학적 주관주의로 경도되는 위험성을 적절히 제어할 필요가 있다. 존재론적으로 주어진 본성적 사태들은 끊임없이 어떻게 하는 것이 옳은 것인지, 어떻게 하는 것이 좋은 것인지, 어떤 것이 아름다운 것

23) 『맹자』, 「양혜왕상」, 7장.

인지 등과 관련하여 숙고와 사려가 작동하고 있을 때 건강할 수 있다. 그래서 맹자의 사려(思慮)나 주희의 궁리(窮理) 등에서도 숙고와 사려가 도덕 판단을 위해 매우 중요시되었을 것이다. 내재적 가치론이 정당성을 확보하기 위해서는 본성으로서의 '안'을 절대화하지 말고, 본성에서 발출된 감정들을 숙고하고 사려해봐야 할 많은 서술들 중의 하나로 여겨야 한다. 그래야만 내재적 가치론이 주관주의적 자기도취에 빠지지 않고 계속적으로 외부 비판과 자기비판을 감행하면서 더 단단한 자율적 가치를 개척해갈 수 있을 것이다.

2. 외재적 가치론

외재적 가치론에서 욕구란 그 자체로 선한 것이거나 악한 것일 수 없다. 희로애락이란 모두 자연적 감정이 드러난 것들로서 그 자체가 가치론적으로 재단될 수 있는 대상이 아니다. 그래서 순자(荀子)는 희로애락 따위와 같이 자연적으로 타고난 감정을 '천정(天情)'이라고 부른다.[24] 순자와 같은 외재적 가치론자들은 선천적인 것에서 가치를 추구하지 않고, 대신 후천적 경험과 환경적 조건에서 가치를 찾는다. 그는 과거의 성현이 개발한 권위적인 패러다임에 따름으로써 가치를 습득할 수 있다고 보며, 목적합리성과 도구적 이성을 그 이론적 기초로서 사용한다. 이러한 외재적 가치론의 전통은 문화적 총체로서의 예법을 통해 자아를 실현하는 것(핑가레트), 역사적 모델을 통해 학습하는 것(쿠아) 등에서도 그 사례를 찾을 수 있다.[25] 외재적 가치론

24) 『순자』, 「천론」.

25) 공자가 하루 종일 생각했으나 배우는 것만 못하다고 한 것, 순자가 물을 건널 때 맨몸으로 헤엄치는 것보다 배를 타면 쉽게 건널 수 있다고 한 것, 주희가 성현의 글을 독서함으로써 좋은 가치를 함양(涵養)하고자 한 것 등에서 도구의존적인 경향을 볼 수 있다. 핑가레트(Herbert Fingarette)의 예(禮) 연구로는

은 문화, 법, 제도 등과 같은 사회의 공적 장치에 의해 삶을 향상시키려는 문화주의적 태도를 유교 학습 이론의 중요한 한 축으로 삼는다.

1) 고자와 맹자의 논쟁

외재적 가치론의 씨앗은 본성에 대해 맹자와 논쟁하였던 고자(告子)에게서 보인다. 비록 고자가 유학자의 범주에 속하지 않을 뿐만 아니라 그의 주장이 『맹자』라는 책 안에 조야한 형태로 남아 있을지라도, 그가 맹자의 성선설을 반대하면서 외재적 가치론을 제시한다는 점에서 그의 주장을 살펴볼 필요가 있다. 고자의 주장을 이루고 있는 기본적 명제들로는 (1) 본성 자체에는 선과 악이 없다는 것(性無善惡), (2) 타고난 것이 본성이라는 것(生之謂性), (3) 인은 내재적이고 의는 외재적이라는 것(仁內義外) 등을 들 수 있다.[26]

고자의 성무선악설

고자 : 본성은 여울물과 같아서 동쪽으로 터주면 동쪽으로 흐르고 서쪽으로 터주면 서쪽으로 흐른다. 사람의 본성에 선과 불선의 구분이 없는 것은 마치 물에 동쪽과 서쪽의 구분이 없는 것과 같다.

맹자 : 물에는 진실로 동쪽과 서쪽의 구분이 없지만, 위와 아래의 구분도 없을까? 사람의 본성이 선한 것은 물이 아래로 흐르는 것과 같다. 사람은 선하지 않음이 없고 물은 아래로 흐르지 않음이

『공자의 철학』(송영배 옮김, 서광사, 1993)과 "Reason, Spontaneity, and the Li(禮): A Confucian Critique of Graham's Solution to the Problem of Fact and Value"(*Chinese Texts and Philosophical Contexts*, Illinois: Open Court, 1991)가 있다. 쿠아(A. S. Cua)의 외재적 가치론에 대한 논의는 "Morality and Human Nature"를 참고할 수 있다.

26) 이러한 고자의 주장은 『맹자』「고자상」에 나온다. 또한 고자의 외재적 가치론에 대한 맹자의 대응에 관해서는 이 책 제5장에서 자세히 논의한다.

없다. 이제 물을 쳐서 튀어 오르게 하면 이마를 지나게 할 수 있고, 끌어 올리면 산에 있게 할 수 있으니, 이것이 어찌 물의 본성이겠는가? 그 세(勢)가 그렇게 한 것이다. 사람이 불선을 행하는 것은 그 본성이 이와 같은 상황에 처하기 때문이다.[27]

고자의 생지위성설

고자 : 타고난 것을 본성이라고 한다.

맹자 : 타고난 것을 본성이라고 하는 것은 흰색을 희다고 하는 것과 같은가?

고자 : 그렇다.

맹자 : 흰 깃의 흰색과 흰 눈의 흰색이 같고, 흰 눈의 흰색과 흰 옥의 흰색은 같은가?

고자 : 그렇다.

맹자 : 그렇다면 개의 본성과 소의 본성이 같고, 소의 본성과 사람의 본성이 같은가?[28]

고자가 제시하는 성무선악설은 인간의 본성에 선이라는 가치가 내재하지 않음을 뜻한다. 마치 물 자체에 동서의 구분이 존재하지 않듯이 인간의 본성은 중립적인 것이다. 고자에게 본성이란 선/불선의 가치로 이해되기보다 생리적으로 타고난 것으로서 이해된다. 고자의 성무선악설은 타고난 것이 본성이라는 주장으로 이어진다. 고자의 이러한 주장의 핵심은 타고난 욕구 자체가 도덕적 가치가 아니라고 함으

---

27) 『맹자』, 「고자상」, 2장. “告子曰, 性猶湍水也, 決諸東方則東流, 決諸西方則西流. 人性之無分於善不善也, 猶水之無分於東西也. 孟子曰, 水信無分於東西, 無分於上下乎? 人性之善也, 猶水之就下也, 人無有不善, 水無有不下. 今夫水, 搏而躍之, 可使過顙, 激而行之, 可使在山, 是豈水之性哉? 其勢則然也. 人之可使爲不善, 其性, 亦猶是也.”

28) 『맹자』, 「고자상」, 3장. “告子曰, 生之謂性. 孟子曰, 生之謂性也, 猶白之謂白與? 曰, 然. 白羽之.”

로써 맹자에 대해 반대 명제를 제시한다는 데에 있다. 고자는 선과 악이라는 도덕적 가치가 인간의 내재적 욕구와 무관하다고 본다. 이와 같이 도덕적 규범과 타고난 생리적 욕구 간의 구분을 중시하는 고자의 입장은 외재적 가치론과 궤를 같이한다.

고자의 외재적 가치론은 도덕적 규범의 원인을 외적인 것에서 찾기 때문에 맹자의 인(仁)을 도덕적 규범과 관련이 없는 자연적 감정에 속하는 것으로서 분리한다. 그러한 주장이 고자의 인내의외설이다.

고자의 인내의외설

고자 : 식욕과 성욕은 본성이니, 인(仁)은 내재적인 것이요 외재적인 것이 아니며, 의(義)는 외재적인 것이요 내재적인 것이 아니다.

맹자 : 어찌하여 인이 내재적이고 의가 외재적이라고 말하는가?

고자 : 저 사람이 나이가 많아서 내가 그를 나이에 맞게 대하는 것이지, 나이 많음이 나에게 있는 것이 아니다. 마치 저것이 흰색이어서 내가 그것을 희다고 하면서 밖에서 그 흰색에 따르는 것과 같다. 그러므로 외재적이라고 부른다.

맹자 : 흰 말을 희다고 하는 것과 흰 사람을 희다고 하는 것에는 차이가 없다. 그러나 나이 든 말을 나이에 맞게 대하는 것과 나이 든 사람을 나이에 맞게 대하는 것에는 차이가 없을까? 또한 나이 많음이 의(義)인가? 아니면 나이 든 사람을 나이에 맞게 대하는 것이 의인가?

고자 : 내 동생이라면 사랑하고 진나라 사람의 동생이라면 사랑하지 않으니, 이것은 나를 위주로 하여 기뻐하는 것이다. 그러므로 내재적이라고 말한다. 초나라의 나이 든 사람을 나이에 맞게 대하는 것은 나의 나이 든 사람을 나이에 맞게 대하는 것과 마찬가지니, 이것은 나이 든 사람을 위주로 하여 기뻐하는 것이다. 그러므로 외재적이라고 말한다.

맹자 : 진나라 사람이 요리한 불고기를 좋아하는 것과 내가 요리한 불

고기를 좋아하는 것에는 차이가 없다. 대저 사물에는 그러한 것이 있다. 그렇다면 불고기를 좋아하는 것도 외재적인 것인가?29)

고자에 따르면 맹자가 제시하는 인(仁)은 타고난 생리적 감정일 뿐이다. 고자는 맹자류의 내재적 가치론은 본성, 덕성, 감수성 등과 같은 사람의 내재적 감정과 외재적 규범을 구분하지 못함으로써 범주 착오에 빠지고 말았다고 본다. 그런데도 맹자는 인내의내설(仁內義內說)을 주장한다. 맹자는 타자에 대한 존중이라는 개념이 사물의 "나이 많음(長)" 자체에 있는 것이 아니라 "나이에 맞게 대하는 것(長之)"에서 성립하므로 '의(義)'가 내재적이라고 논증한다. 맹자는 "나이 든 말을 나이에 맞게 대하는 것(長馬之長)"과 "나이 든 어른을 나이에 맞게 대하는 것(長人之長)"이 둘 다 나이 든 사물을 대하는 것이지만, 양자의 공경심에 차이가 난다는 점에서 도덕적 가치의 내재적 근거를 정당화할 수 있다고 말한다.

고자가 보기에 맹자의 논증은 외재적인 것을 내재적인 것으로 환원함으로써 오류를 범하고 있다. 고자는 내재적인 것과 외재적인 것 간의 차이를 분명하게 하자고 주장한다. 고자에 따른다면 나이 든 말에게서 느끼는 감정이나 나이 든 어른에게서 느끼는 감정은 모두 선과 악이라는 규범적인 범주와 무관한 개인의 본능적 욕구에 속할 뿐이다. 마치 모성애나 부성애 자체가 본능에 속하는 것처럼 사물에게

29) 『맹자』, 「고자상」, 4장. "告子曰, 食色, 性也. 仁內也, 非外也. 義外也, 非內也. 孟子曰, 何以謂仁內義外也? 曰, 彼長而我長之, 非有長於我也, 猶彼白而我白之, 從其白於外也, 故謂之外也. 曰, 異於白馬之白也, 無以異於白人之白也. 不識, 長馬之長也, 無以異於長人之長與? 且謂長者義乎? 長之者義乎? 曰, 吾弟則愛之, 秦人之弟, 則不愛也, 是以我爲悅者也, 故謂之內. 長楚人之長, 亦長吾之長, 是以長爲悅者也, 故謂之外也. 曰, 耆秦人之炙, 無以異於耆吾炙, 夫物則亦有然者也. 然則耆炙, 亦有外與?"

서 느끼는 감정 자체는 좋아함과 싫어함을 표시하는 개인의 감정적 성향에 불과하다. 맹자가 제일 테제로서 제시하는 인(仁) 역시 고자에 의하면 자연적 감정일 따름이다. 맹자에 대한 이러한 고자의 안티테제는 "타고난 감정이나 욕구 자체에서 도덕적 가치를 끌어내려고 해서는 안 된다."는 것이다.[30] 고자가 보기에 맹자와 같이 개인의 타고난 감정이나 욕구에서 규범의 원천을 찾으려는 시도는 일종의 자연주의적 오류(naturalistic fallacy)를 범하고 있다. '누구를 좋아하다', '측은하게 생각하다', '차마 어찌하지 못하다' 등과 같은 주관적 감정에서 직접적으로 규범적 준거들을 끌어낼 수는 없기 때문이다. "물길을 동쪽으로 트면 동쪽으로 흐르고 서쪽으로 트면 서쪽으로 흐른다."는 고자의 언명은 외부적 경험 과정을 통해서 가치가 생성된다고 주장함으로써 외재적 가치론의 가능성을 타진한 것으로 평가된다.

2) 가치의 원천으로서 경험

외재적 가치론은 순자 사상에서 훨씬 분명한 형태로 드러난다. 그는 옳음, 좋음, 훌륭함, 마땅함 등과 같은 가치론적 함축을 지닌 개념

30) 고자가 "타고난 것을 본성"이라고 말했던 이유는 규범과 욕구를 구분하기 위해서이다. 또한 고자는 '버드나무를 휘어 그릇을 만드는 것'으로서 '의가 외재적'이라는 것을 비유하고 있다. 이와 관련하여 한 가지 유의할 점은 『맹자』「고자상」 제1장에 나오는 "사람의 본성을 인의(仁義)로 여기는 것은 버드나무를 그릇으로 삼는 것과 같다(以人性爲仁義, 猶以杞柳爲桮棬)."는 고자의 말이다. 이 말은 그대로 받아들일 경우 고자의 인내의외설과 배치된다. 왜냐하면 고자가 인의 내재성을 주장하기 때문이다. 고자의 주장이 정합성을 갖기 위해서는 이 구절에서의 '인(仁)'이라는 말은 맹자가 제시하는 도덕적 규범 곧 타인에 대한 당위적 존중의 의미로 이해되어야 하고, 인내의외설에서의 '인'은 고자 자신이 제시하는 생리적 본성 곧 타인에 대한 타고난 감정의 의미로 이해되어야 한다.

들이 후천적 경험의 확장을 통해서 이룩된다고 생각한다. 타고난 것은 그 자체로 절대적 선이거나 절대적 악이 아니라, 삶에 주어진 일차적 조건일 뿐이다. 그래서 사람이 타고난 욕구도 그 자체로 선이거나 악이 아니라 삶의 출발점에 해당한다. 반면 후천적 경험과 학습은 도구의 개발을 통해 훌륭한 가치를 산출한다. 공자가 "(사람들의) 본성은 서로 가까우나 학습이 삶의 차이를 만든다."[31]고 말했듯이, 순자는 경험의 차이가 곧 삶의 가치론적 차이를 생산한다고 본다.

> 배우기를 그쳐서는 안 된다. 푸른색을 쪽에서 취했으나 쪽보다 푸르고, 얼음은 물에서 만들어지나 물보다 차갑다. 나무가 곧아서 먹줄에 들어맞을지라도 굽혀서 수레바퀴를 만들면 곱자에 맞게 구부러지니, 비록 볕에 바싹 말리더라도 다시 펴지지 않는 것은 굽혔기 때문이다. 그러므로 나무는 먹줄을 대면 반듯해지고, 쇠는 숫돌에 갈면 날카롭게 되니, 군자는 널리 배워서 날마다 세 번씩 자신을 반성한다면 지혜가 밝아지고 행동에 과실이 없을 것이다. 그러므로 높은 산에 오르지 않으면 하늘이 높다는 것을 모르고, 깊은 계곡에 가보지 않으면 땅이 두텁다는 것을 모르고, 선왕이 남긴 말들을 듣지 않으면 학문의 위대함을 모른다.[32]

> 내가 일찍이 종일토록 사유한 적이 있으나 잠시 배우느니만 못하였다. 내가 일찍이 발꿈치를 들고 널리 보려고 하였으나 높은 곳에 올라가 널리 바라보는 것만 못하였다. 높이 올라가 손짓을 하면 팔뚝이 더 길어지는 것은 아니나 멀리까지 보이고, 바람을 따라 부르면 소리를 크게 지르지 않더라도 뚜렷하게 들린다. 수레와 말의 힘을 빌리면 빠른

---

31) 『논어』, 「양화」, 2장. "性相近也, 習相遠也."

32) 『순자』, 「권학」. "學不可以已. 靑取之於藍, 而靑於藍. 氷水爲之, 而寒於水. 木直中繩, 輮以爲輪, 其曲中規, 雖有槁暴, 不復挺者, 輮使之然也. 故木受繩則直, 金就礪則利, 君子博學而日參省乎己, 則知明而行無過矣. 故不登高山, 不知天之高也, 不臨深谿, 不知地之厚也, 不聞先王之遺言, 不知學問之大也."

> 발이 아니더라도 천 리 길을 갈 수 있고, 배와 노를 이용하면 물에 익숙지 않더라도 강을 건널 수 있다. 군자는 선천적으로 남과 다른 것이 아니라, 사물을 잘 이용할 줄 아는 데 그 특징이 있다.[33]

순자가 생각하는 배움이란 먹줄을 대어 나무를 반듯하게 하듯이 그리고 숫돌로서 쇠를 갈듯이 성현이 남긴 말들로서 스스로를 반성하는 데에 있다. 순자는 마치 푸른색이 쪽에서 나왔지만 쪽보다 푸르듯이, 사람 역시 배움을 통해 더 뛰어난 사람이 될 수 있다고 본다. 이러한 순자의 학문관은 옛 성현의 경험을 빌려와 자신에게 적용시킴으로써 더 뛰어난 인간으로 변모시키려는 데에 그 목적이 있다. 그러한 점에서 학문이란 천 리 길을 실어 나르는 수레와 말처럼 그리고 강물을 건너게 해주는 노와 배처럼 사람의 가치를 높여주는 유력한 도구이다.

순자처럼 경험을 가치의 원천으로 삼는 외재적 가치론의 특징은 욕구의 차원과 가치의 차원을 분리시킴으로써 욕구를 더 잘 실현시킬 수 있는 방안을 후천적 경험의 차원에서 찾는다. 과거의 좋은 경험과 나쁜 경험은 외재적 가치론의 등급을 형성한다. 외재적 가치론자들은 좋은 경험 방식들에 대한 전대의 모범적 사례들을 열거하기를 원한다. 그들은 훌륭한 경험의 안내자로서의 탁월한 모델이 역사에 있다고 믿는다. 그들은 역사적 모델에 의해 가장 좋은 경험의 방식이 확증되어 있으므로 행위자는 그 예법과 제도에 따라서 진심으로 실천하기만 한다면 반드시 좋은 결과를 낼 것이라고 주장한다. 그들은 마치 파블로프의 반응 이론처럼, 마련된 경험 도식에 의해 특정

---

33) 『순자』, 「권학」. “吾嘗終日而思矣, 不如須臾之所學也, 吾嘗跂望矣, 不如登高之博見也. 登高而招, 臂非加長也, 而見者遠. 順風而呼, 聲非加疾也 ,而聞者彰. 假輿馬者, 非利足也, 而致千里. 假舟檝者, 非能水也, 而絶江河. 君子生非異也, 善假於物也.”

한 자극을 주고 특정한 결과가 발생하기를 기대한다.

현대 신유가의 아시아적 가치론도 순자의 예법주의처럼 외재적 가치론을 논리적 근거로 하고 있다. 순자가 선왕의 예법을 절대적인 모델로 제시했다고 한다면, 아시아적 가치론자들은 과거의 유교적 경험들을 모델로 삼을 때 현대 자본주의 체제를 긍정적으로 고양시킬 수 있다고 주장한다.[34] 그들은 기업 구성원이 가족 구성원과 같은 유교 공동체적 유대감을 형성해야 더 나은 사회가 된다고 생각한다. 그들은 인화(人和)에 의한 집단주의적 문화로서의 유교식 예법을 습득하는 사회가 개인주의를 추구하는 사회보다 고양된 자본주의 체제를 가능케 한다고 생각함으로써 순자 식의 주장을 펼친다.

외재적 가치론자들은 이미 역사를 통해서 가장 탁월한 설계도가 입증되었다고 생각하며, 그러한 생각의 배후에는 역사가 반복된다는 전제가 놓여 있다. 그들은 과거와 현재와 미래를 거쳐 언제나 삶의 지평이 동일할 것이라는 전제를 취함으로써 과거의 성인이 고안했던 모델이 현재와 미래에도 유효하다고 추론한다. 그들에 의하면 인간의 삶이란 주관적 욕구와 객관적 절대 법칙이라는 두 가지 필연적 조건에 처해 있으며, 다만 어떠한 경험적 모델을 따르느냐에 따라 가치론적 차이가 발생한다. 그들은 요순의 모델을 따르면 요순의 사회로 변화하고 걸주의 모델을 따르면 걸주의 사회로 변화한다고 하면서 탁

34) 함재봉 등이 제기했던 아시아적 가치론을 계승하는 최근의 연구로는 『유교문화와 동아시아 경제』(손병해 외, 경북대학교 출판부, 2006)를 들 수 있다. 이 책에서는 아시아적 가치로서의 유교문화와 동북아시아 자본주의적 체제가 상호적으로 관련을 맺으면서 발전하고 있다고 주장한다. 한편 이승환의 「'아시아적 가치' 논쟁과 유교문화의 미래」(『퇴계학』, 제11집, 안동대학교 퇴계학연구소, 2000)와 임홍빈의 『인권의 이념과 아시아 가치론』(아연출판부, 2003, 특히 90-93쪽)은 아시아적 가치론이 방법적 편의주의에 기대어 자문화중심주의를 부추길 위험이 크다고 비판한다.

월한 역사적 모델과 그에 대한 학습의 중요성을 힘주어 주장한다.[35)]

3) 경험적 권위주의에 대한 비판

순자의 철학에서는 경험적으로 좋다고 확인된 옛 성인의 제도들이 가치를 실현시켜주는 절대적인 방법으로서 추앙된다. 순자적인 경험론은 가치를 창출할 수 있는 다양한 경험들에 대한 고려보다는 가장 좋은 경험이 무엇이냐를 물음으로써 권위적 경험주의를 형성한다.[36)] 권위적 경험주의는 현대에도 일상인이 취하는 손쉬운 태도들 가운데 하나이다. 가령 사람들은 몸이 아플 때 가장 권위 있는 의사에게서 치료받고자 원하고, 물건을 구입할 때도 유명한 회사의 것을 고르려고 한다.

그런데 외재적 가치론이 권위적 경험주의로 귀착할 경우 경험론 철학의 토대인 새로운 가치의 고안을 소홀히 하는 폐단이 뒤따른다. 본래 외재적 가치론의 장점이 새로운 훌륭한 도구를 창안해낼 수 있다는 가정에 있었지만, 권위적 경험주의는 과거의 특수한 경험에 절대적 권위를 부여함으로써 가치 고안의 기능을 정지시키고 만다. 순자에게는 옛 성인이 제정한 오경(五經)을 외우고 익히는 것이 절대적인 삶의 모델이 된다. 순자의 외재적 가치론은 경험이라는 새로운 삶의 해석 지평을 발견해냈으면서도 권위주의와 결탁함으로써 '과거에 경험되었던 것'을 '미래에 경험할 것'에 대한 절대적 거울로 삼는 협소한 경험주의에 고착되고 말았다. 이와 같이 외재적 가치론이 과거

35) 순자는 자연과 사람의 분리를 주장한다. 그는 천인합일설이나 천인상감설처럼 자연과 사람이 감정적으로 서로 영향력을 행사한다는 것을 부정한다. 그에 의하면 자연은 오직 객관적 법칙의 필연성에 의해 움직이고 있다.

36) 순자의 권위적 경험주의의 특성과 한계에 대해서는 다음의 논문을 참조할 수 있다. 정용환, 「순자의 권위적 경험주의의 도그마」, 『대동철학』, 제28집, 2004.

의 도구를 절대화하는 데에 경도될 때 권위의 오류를 범하게 된다. 과거 성인의 탁월한 작위를 허용하면서도, 다른 종류의 탁월한 작위 가능성을 허용하지 않음으로써 권위주의가 태동한다. 순자의 철학은 작위(作爲)를 자연(自然)에서 구별해내는 데까지는 성공했지만, 후대인의 경험의 범위를 옛 모델을 열심히 반복하는 것에만 한정함으로써 창조적 사유와 도전적 사유를 원천적으로 가로막고 말았다.

왜 외재적 가치론이 경험적 권위주의에 머물러서는 안 되는가? 그것은 사람의 경험이 이전의 기술들보다 더 탁월한 기술들을 창안해낼 가능성을 함축하기 때문이다. 새로운 권위적 모델이 되기 위해 창안되고 있는 여러 의견들이 서로 공정하게 경쟁할 수 있는 충분한 여건이 허용되어야 한다. 만약 외재적 가치론이 새로운 경험의 모델을 창출하기 위한 지난한 과정을 견뎌내지 못하고 하나의 역사적 모델을 초경험적인 지위로 옹립하려고 할 때 후천적 경험에서 가치를 고안하는 경험론의 자기규정을 스스로 어기는 오류를 저지르게 된다. 단순히 하나의 역사적 경험 방식만을 대물림한다고 한다면 이는 자자손손 동일한 기술을 대물림하면서 새로운 기술을 발견해내지 못하는 낡은 장인정신과 하나도 다를 것이 없다. 비록 과거의 모델이 유력한 것이라고 할지라도 늘 창조적인 장인에게도 기회를 주어 과거의 도구적 가치들과 경합하는 과정을 통해 새로운 모델을 창출하는 데에 열려 있어야 한다.

3. 중용적 가치론

중용사상을 논의할 때 우선 떠오르는 것이 전체의 유기체적 조화와 균형이다. 유기체적 중용 해석은 전체적인 조화의 최적점을 가정하는 데 그 특징이 있다. 그래서 『중용』의 첫 장에 의하면 "희로애락이 아직 발생하지 않은 것을 중(中)이라고 하고, 발생한 것이 모두 절도에 맞는 것을 화(和)라고 한다. 중이란 천하의 큰 근본이고 화란 천하의 통달된 도리다."[37] 주희 역시 "중(中)은 천하의 바른 도리이고 용(庸)은 천하의 정해진 이치"[38]라고 말함으로써 형이상학적 도덕원리에 의해 중용을 파악한다. 유기체적 조화로서의 중용은 궁극적으로 천인합일(天人合一)의 조화 상태에 이르기를 갈망한다.[39] 형이상학적 최적점으로서 중용은 모든 과불급을 해결할 수 있는 만병통치약처럼 생각되지만, 현실에서 구체화하기 어렵다는 점에서 신기루적인 것이기도 하다. 수학에서 1과 5의 중간 값이 분명하게 3인 것과 달리, 비겁과 아만 사이의 용기라는 덕목이 어디에 위치해야 최적의 중간에 있는지를 찾아내기는 쉬운 일이 아니다.

만약 중용사상에서 형이상학적 중간 값이 아닌 다른 재해석 가능성을 찾는다면, 그것은 통합성 테제와 의사소통적 합리성일 것이다. 불편부당(不偏不黨)을 추구하는 중용의 태도는 어느 하나의 가치로 편향되지 않고 복수의 가치를 동시에 고려하는 통합성 테제를 성립시킨다. 나아가 의사소통적 합리성으로서의 중용은 현실에서 다양한 의견들이 난립할 때 해답의 공표자가 아니라 적절하게 의사소통할

---

37) 『중용』, 1장. '중용'이라는 개념은 '중심의 원리', '행위의 중심', '중심 잡힌 조화', '흔들리지 않는 축' 등 다양하지만 '중화(中和)의 원리를 실제에 적용하는 것'으로 해석할 수 있다. '중용'이라는 개념에는 원리적인 측면에서의 '중심성(centrality)'과 실제적인 측면에서의 '일상성(commonality)'이 결합되어 있다. 뚜 웨이밍, 정용환 옮김, 『뚜 웨이밍의 유학 강의』, 청계, 1999, 243-244쪽.

38) 주희, 『중용장구』, 1장. 특히 주희는 『중용장구』 「서」에서 인심(人心)과 도심(道心)의 구별, 형기(形氣)의 사특함과 성명(性命)의 바름을 구별하여 본성론적인 전제를 제시함으로써 후대 성리학의 전개에 결정적 영향을 끼친다.

39) 중용사상이 갖는 천인합일적 조화에 대해서는 다음의 글들을 참조할 수 있다. 양조한(楊祖漢), 황갑연 옮김, 『중용철학』, 서광사, 1999, 65-66쪽. 뚜 웨이밍, 정용환 옮김, 『뚜 웨이밍의 유학 강의』, 231-233쪽, 331쪽.

수 있는 합리적 절차로서 기능한다. 의사소통적 중용은 서로 다르거나 대립되는 의견들을 종합적으로 고려함으로써 더 좋은 가치를 발견할 가능성을 증진시킨다.[40] 통합성 테제로서의 중용과 의사소통적 합리성으로서의 중용에 대해 살펴봄으로써, 중용사상의 의의와 한계를 알 수 있다.

1) 통합성 테제와 맥락적 가치

유기적 최적점을 추구하는 통합성 테제로서의 중용적 가치론은 절대적 무가치와 절대적 유가치 간의 이분법을 부정함으로써 성립한다. 통합적 조화로서의 중용은 하나에 대한 절대 긍정과 다른 하나에 대한 절대 부정을 부정한다. 중용은 어떤 것에 가치를 전면적으로 부여하거나 혹은 다른 어떤 것을 완전히 배제하려는 편향을 수용하지 않는다. 중용은 극단적 과잉과 극단적 모자람을 버리고 가장 적절한 조화의 지점을 추구함으로써 성립한다.[41] 중용은 일상적으로 가치 있다고 생각하는 것과 가치 없다고 생각하는 것을 통합적으로 사려해봄으로써 균형감 있는 실천적 가치를 끌어낸다.

『시경』에 나오는 다음의 시를 보면 좋음과 나쁨을 동시에 고려하는 통합적 고려의 태도가 잘 드러나 있다.

---

40) 이원목은 중용 개념을 형이하자적 최적점으로 확대함으로써 중용사상의 현실성을 담보하려고 한다(이원목, 「중국유학: 중용사상의 형이하자적 논리구조」, 『유교사상연구』, 제25집, 한국유교학회, 2006). 그러나 여전히 절대적이고 선결정적인 '최적점'을 가정하고서 논의한다는 점에서 형이상학적 가설을 전제하고 있다고 판단된다.

41) 아리스토텔레스의 메소테스(mesotes) 역시 유교의 중용과 마찬가지로 지나침(hyperbole)과 모자람(elleipsis)이라는 양극단에 치우치지 않는 적절한 중간을 지향한다. 장승구 외, 『중용의 덕과 합리성』, 청계, 2004, 60쪽.

저 정원을 즐기려고
청단나무 심자
그 아래에 고욤나무 자라네.
다른 산의 돌
숫돌로 쓸 수 있다네.[42)]

주희에 의하면 "정원에 청단나무를 심었는데 그 아래에 고욤나무가 자란다는 것은 사랑하면서도 마땅히 그것의 나쁜 점을 알아야 한다는 것을 말한다. 다른 산의 돌이 숫돌이 될 수 있다는 것은 미워하면서도 그 좋은 점을 알아야 한다는 것을 말한다."[43)] 특히 뒤 구절에 나오는 '다른 산의 돌'이란 그저 단단할 뿐이어서 아무짝에도 쓸모가 없는 것처럼 보이지만, 사실은 옥을 다듬는 데 긴요하게 쓸 수 있다. 비록 옥이 따뜻하고 윤기가 나는 아름다운 것이지만 거칠고 단단한 숫돌에 간 뒤에야 훌륭한 것으로 상승한다는 점에서 옥과 돌이 모두 쓸모가 있다.

중용적 가치론에 의하면 사물에 내재하는 좋은 점이 나쁜 점을 초월해 독립적일 수 없으며, 나쁜 점도 좋은 점을 초월해 독립적일 수 없다. 그래서 공자는 절대적으로 옳은 것도 없고 절대적으로 옳지 않은 것도 없다고 말한다. 백이(伯夷)와 숙제(叔齊)처럼 그 뜻을 죽을 때까지 굽히지 않은 절대적 부정의 태도나, 유하혜(柳下惠)와 소련(少連)처럼 몸을 욕되게 하면서 뜻을 실현하려는 절대적 긍정의 태도나, 우중(虞仲)과 이일(夷逸)처럼 은거하면서 거리낌 없이 하고 싶은 말을 하는 태도 등은 공자가 말한 "가함도 없고 불가함도 없다(無可無不可)."는 시중(時中)적 태도와 다르다.[44)] 맹자의 말대로 백이가

42) 『시경』, 「소아/동궁지십(彤弓之什)/학명(鶴鳴)」.
43) 주희, 『시경집전(詩經集傳)』, 「소아/동궁지십/학명」.
44) 『논어』, 「미자」, 8장.

청렴함의 성인이고 유하혜가 조화의 성인이라면 공자는 시중의 성인이다.[45] 이러한 공자의 중용적 태도는 하나의 특정 가치를 절대화하지 않고 때에 따라 좋은 것이 나쁜 것으로 작용할 수 있음을 인정한다. 통합성 테제로서의 중용은 좋음과 나쁨이 현실적 맥락 위에서 긴밀히 연관되어 있다고 봄으로써, 좋음과 나쁨을 동시에 고려한다.

중용적 가치론은 하나의 일에 대해 두 가지 이상의 가치들을 복합적으로 고려하는 열린 개념 체계이다.[46] 중용적 가치론에서 보자면 하나의 일을 실천할 때 덕목 A는 덕목 B에 의해 적절한 조건이 형성될 때 의미를 갖는다. 중용적 가치론에서는 두 개 이상의 가치 개념들이 서로에게 일정한 조건을 형성할 때 참일 수 있다. 그래서 복수의 가치들에 대한 통합성 테제는 'A∧B'라는 논리 형식을 취한다. 어떤 가치는 다른 가치들과 관련되어 있다는 의미에서 'A∧B'라는 논리 형식을 갖는다. 예를 들어 공자가 제시하는 "조화를 추구하면서도 동일화하지 않는 것(和而不同)",[47] "은혜로우면서도 허비하지 않고, 수고로우면서도 원망하지 않고, 욕구하면서도 탐내지 않고, 태평하면서도 교만하지 않고, 위엄이 있으면서도 사납지 않는 것"[48] 등은 복수의 실천적 개념들이 복합적으로 상호적 조건을 형성하고 있다. 조화-통일, 은혜-허비, 노동-원망, 욕구-탐냄, 태평-교만, 위엄-폭력 등의 복합 개념들은 서로 조화롭게 통합되는 조건 위에서만 타당성을

45) 『맹자』, 「만장하」, 1장. "伯夷聖之淸者也, 伊尹聖之任者也, 柳下惠聖之和者也, 孔子聖之時者也."

46) 장승구에 의하면 중용의 사유 논리는 두 가지 이상의 복수적 가치로 짜여 있다. 유학이 추구하는 인의예지의 가치들 역시 당면한 현실에서 그 외연을 구체적으로 지적할 때에는 다양한 형태로 드러날 수밖에 없다. 장승구 외, 『중용의 덕과 합리성』, 35-36쪽.

47) 『논어』, 「자로」, 23장.

48) 『논어』, 「요왈」, 2장.

획득할 수 있다.

중용의 통합성 테제는 여러 가지 다양한 변수들을 능숙하게 파악함으로써 가장 적절한 행위를 하는 성품의 윤리학과 관련된다. 중용 사상은 자막(子莫)과 같이 절대적 중간 값만을 억지로 추구하지 않고,[49] 음/양, 남/녀, 왕/래, 출/입, 허/실 등의 대대적 구도에 따라 양가적(ambivalent)이거나 다가적(multivalent)인 판단을 추구함으로써 경험적 통달에 이르고자 한다. 맹자는 공자에 대해 시중을 행했던 삶의 통달자(聖之時者)라고 칭송한다. 통달자로서의 공자는 벼슬해야 할 때 벼슬하고 벼슬하지 않아야 할 때 벼슬하지 않는다. 백이가 옳지 않다고 생각하는 군주를 철저하게 회피함으로써 청렴함에 고정되었고, 유하혜가 종류를 가리지 않고 아무 군주나 수용함으로써 화합함에 고정되었다고 한다면, 이들과 달리 공자는 여러 가치를 집대성함으로써 시중의 도리를 실천했다.[50]

중용의 통합성 테제는 아리스토텔레스의 실천지(pronesis)와 일치한다. 실천지란 누스(nous)에 의해 파악되는 에피스테메처럼 영원불변한 절대적 지식 체계가 아니라 현실적 맥락에 따라 습득되는 맥락적 지혜에 해당한다. 절대의 철학을 전개했던 플라톤의 에피스테메가 언제나 동일성을 유지하는 추상적 체계라고 한다면, 아리스토텔레스의 실천지는 맥락적 조건들에 따라 균형과 적절함을 획득하고자 한다. 실천지란 인간에게 합당한 좋음(anthropinon agathon)을 추구함으로써 개별적 상황에서 탁월함을 발휘하는 실천적 지식이다.[51] 훌륭한 실천지를 획득한 사람(군자)은 곧 훌륭한 성품에 의해 다양한 현실적 사태에 가장 적절하게 대처할 수 있는 통달자가 된다. 아리스토텔레

49) 『맹자』, 「진심상」, 26장.

50) 『맹자』, 「만장하」, 1장.

51) 장승구 외, 『중용의 덕과 합리성』, 76-78쪽.

스의 실천지와 마찬가지로 유학의 시중이란 모든 현실적 맥락에 능통함으로써 달성된다. 그래서 주희는 "본성과 도리가 같을지라도 기품이 달라 사람에 따라 과하거나 미치지 못하는 차이가 있으므로, 성인은 사람과 사물이 마땅히 실천해야 하는 것에 따라 품절(品節)해서 그것들을 세상의 모범으로 삼았다."[52]고 말한다. 모든 사물들이 가지고 있는 기품의 차이들에 대해 능숙하게 조절하는 통달의 경지에 도달할 경우에 과불급이 없는 중용을 달성할 수 있다. 음/양, 남/녀, 왕/래, 출/입, 허/실, 길/흉 등의 대대적인 질적 차이의 스펙트럼에 대해 경험적으로 통달함으로써 공자는 일흔 살에 마음대로 하여도 법도에 어긋나지 않는 시중의 경지에 도달한다.

2) 의사소통적 합리성

중용의 또 다른 특징을 의사소통적 합리성에서 찾을 수 있다. 의사소통적 합리성으로서의 중용은 초월적인 절대 값을 상정하지 않고 사려와 협의의 절차를 통해 좋은 가치를 발굴한다. 중용이란 관련된 이해 당사자들이 합리적이고 자율적으로 의사 결정 과정에 참여하여 적절한 합의점을 찾아내는 일련의 과정이다. 중용은 의사소통의 과정에서 (1) 문제에 대한 정의, (2) 결정안 고안과 의사소통, (3) 반성과 평가 등을 통해 합리성을 추구한다.[53] 중용이란 구체적으로 무엇이 옳은 것인지, 그 내용을 명시적으로 제시하는 것이라기보다 개인들 사이의 다양한 의견들이 의사소통을 통해 반성적 평형 상태에 도달함으로써 공적 합리성을 산출하는 절차적 가치이다.[54]

---

52) 주희, 『중용장구』, 1장.

53) 김영정, 『가치론의 주요문제들』, 철학과현실사, 2005, 251쪽.

54) 절차적 합리성을 중시하는 현대의 사상가로 롤즈를 들 수 있다. 그에 의하면

충서(忠恕) 개념은 의사소통적 합리성으로서의 중용적 가치론을 내포하고 있다. 『대학』에 나오는 혈구지도(絜矩之道)로서의 충서는 "타인이 자신에게 해주기를 바라지 않는 행위를 타인에게 행하지 말라."고 함으로써 자신과 타인의 처지를 역으로 교차시킴으로써 의사소통적 평형 상태에 도달한다. 충서는 칸트의 정언명법에서처럼 '역전환성(reversibility)'을 함축한다.55) 역전환성은 자신의 독단을 타인에게 강요하면서 다른 의견들을 묵살하려는 편당적인 대화 조건들을 최소화하는 데 필요하다. 역전환적 태도는 이해 당사자들의 의견을 최대한 반영함으로써 균형 있는 대화의 장을 마련하게 해준다.

> 윗사람에게서 싫어하는 것으로 아랫사람을 시키지 않고, 아랫사람에게서 싫어하는 것으로 윗사람을 섬기지 않고, 앞에서 싫어하는 것으로 뒤를 선도하지 않고, 뒤에서 싫어하는 것으로 앞을 따르지 않고, 오른쪽에서 싫어하는 것으로 왼쪽과 사귀지 않고, 왼쪽에서 싫어하는 것으로 오른쪽과 사귀지 않는다. 이것이 혈구지도다.56)

위의 사례는 『대학』에 나오는 것으로 입장을 바꾸어 생각하는 역지사지(易地思之)의 태도가 잘 드러나 있다. 윗사람이 아랫사람의 처지를 헤아리고 아랫사람이 윗사람의 처지를 헤아린다. 이러한 역전환

자유주의 사회에서 정의로운 판단이란 공적인 합당성(reasonableness)과 사적인 합리성(rationality)을 적절하게 보장하는 구성절차로부터 유래한다. 롤즈, 장동진 옮김, 『정치적 자유주의』, 동명사, 1998, 119쪽.

55) 유교의 충서와 칸트의 정언명법의 일치에 관한 연구로는 다음이 있다. 문병도, 「중국철학: 유가사상에 있어서 초월성과 내재성의 문제 – 모종삼과 홀-에임즈의 담론과 관련하여」, 『동양철학연구』, 제39집, 동양철학연구회, 2004, 398-402쪽.

56) 『대학』, 전10장. "所惡於上, 毋以使下. 所惡於下, 毋以事上. 所惡於前, 毋以先後. 所惡於後, 毋以從前. 所惡於右, 毋以交於左. 所惡於左, 毋以交於右. 此之謂絜矩之道也."

적 역지사지의 태도는 가상적 자아를 생성해낸다. 윗사람에게서 싫어하는 자신의 입장을 가상적으로 아랫사람에게 감정이입적으로 투영한다. 윗사람은 그러한 감정이입적 투영에 의해 아랫사람의 처지를 더 잘 이해할 수 있다.

그런데 이러한 역전환적 태도에서 유의할 점이 있다. 충서로서의 역전환적 태도가 주체 중심의 독단적인 타자 이해가 되어서는 곤란하다. 바꾸어 말하면 역전환적 타자 이해의 과정에서 타자가 가상적 존재로서만 전락해서는 안 된다. 타자를 만나서 타자의 말을 직접 들어보지 않고서 "내가 만약 타자의 입장에 있다면 어떠했을 것이다."라고 가정적으로만 타자의 입장을 헤아리는 경우가 그러하다. 가령 술을 좋아하는 직장 상사가 "내가 만약 아랫사람이라면 이런 경우에 술에 흠뻑 취하고 싶을 것이다."라는 가정적 입장 바꾸기에 따라 아랫사람에게 술을 권하는 경우를 생각해보자. 아마도 그 직장 상사가 타인을 자신으로 동화시켜서 이해한다면 아랫사람에게 주저 없이 술을 권할 것이다. 이럴 경우 아랫사람들 중에 술을 싫어하는 사람들은 매우 곤란한 상황에 처할 수밖에 없다. 아랫사람의 의견을 진지하게 경청하지 않는 타자의 자기화는 오해와 강권을 합리화시키는 것에 불과하다. 술을 싫어하는 아랫사람이 "나는 술을 싫어한다."는 말을 윗사람에게 전달하지 못할 때, 혹은 그러한 의견을 전달하더라도 윗사람이 자신의 입장만을 가상적으로 투영해서 이해할 때 타자는 허수아비 같은 존재로 전락한다.

역전환적인 충서가 성립하기 위해서는 사적인 개인의 입장을 특권화하려는 욕망을 제어함으로써 타자를 만나 타자의 이야기를 직접 경청하는 것이 선행되어야 한다. 사적인 욕구에만 의존하여 타자의 입장을 가정적으로만 헤아리는 것을 넘어 타자의 진솔한 발화에 귀를 기울일 수 있을 때라야 합리적인 의사소통적 주체가 되어 원만한 대화를 진행시킬 수 있다. 개인의 사적인 욕구들이 특권화될 때 합리적 의사소통의 장은 성립하지 못한다. 그래서 『대학』에 의하면 "사람은 친애하는 것에 의해 편벽되고, 비하하고 미워하는 것에 의해 편벽되고, 두려워하고 존경하는 것에 의해 편벽되고, 불쌍히 여기는 것에 의해 편벽되며, 거만하고 태만히 하는 것에 의해 편벽된다."[57] 이러한 측면에서 보자면 역전환적 충서는 타자의 발화에 대한 존중 혹은 더 나아가 타자라는 존재 자체에 대한 존중을 필요로 한다.

타자의 존재됨에 대한 존중이란 공자가 말하는 경(敬)을 통해 설명될 수 있다. 타자를 하나의 인격으로서 대하는 것과 비인격으로 대하는 것의 차이이다. 만약 타자를 인격으로서 대한다면 타자의 자율적 사고와 고유한 감정을 존중해야 할 것이다. 공자는 부모에 대한 효도를 사례로 들어 경(敬)을 설명한다. 공자는 효도한답시고 거처와 음식으로 봉양하면서 부모에 대한 존경심이 결여되어 있다고 한다면 그것은 개나 말을 기르는 것과 하등 다를 것이 없다고 비판한다. 마찬가지로 타자의 인격에 대한 존경과 존중이 선행되어야만 역전환적 충서 역시 타자에 대한 건강한 이해에 도달할 수 있다.

타자에 대한 존중에 기초하여 타자의 발화에 귀 기울이는 것을 조건으로 하는 역전환적 충서는 주체의 특권화를 경계하는 것과 맞물리어 작동된다. 주체가 자신의 입장에 매몰될 때 타자의 의견에 대한 경청은 부질없는 것으로 전락하고 만다. 주체의 나르시스적 매몰은 세계의 사유화(私有化)나 타자의 사유화를 뜻한다. 비록 나르시스적 주체가 타자에 대해 역전환적 태도를 취한다고 할지라도 그것은 자기 입장의 강권에 지나지 않을 것이다. 그래서 맹자는 나르시스적 주체가 세계를 사유화하려는 것에 대해 질타한다. 맹자는 군주가 음악

57) 『대학』, 전7장. "身有所忿懥, 則不得其正. 有所恐懼, 則不得其正. 有所好樂, 則不得其正. 有所憂患, 則不得其正."

을 즐기는 것에 대한 사유화를 음악을 “혼자 즐김(獨樂)”이라고 비판하면서 음악을 “다른 사람과 함께 즐김(與民同樂)”이 필요하다고 힘주어 말한다. 군주가 백성을 하나의 인격으로서 존중하지 않을 때 타인의 말에 귀를 기울이지 않게 된다. 설령 백성들이 많은 말을 하더라도 그 말들이 제대로 이해되지 않을 것이다. 왜냐하면 나르시스적 군주는 세계의 사유화를 통해서만 타자를 이해하기 때문이다.

맹자에 의하면 군주가 음악을 즐길 때 통상적으로 다음과 같이 상반되는 두 가지 감정을 갖는다.

> [갑] 백성들이 모두 두통을 느끼고 이마를 찌푸리면서 말한다. “우리 왕께서 음악 연주를 좋아하시면서 왜 우리들은 이러한 곤궁에 이르게 하여 부자 사이에 서로 만날 수 없고 형제와 처자가 서로 흩어져서 살게 하였는가?”58)

> [을] 백성들이 희색이 만면하면서 말한다. “우리 왕께서 질병이 없어야 할 텐데. 어떻게 음악 연주는 잘 즐기시고 계실까?”59)

아마도 나르시스적 군주는 [갑]과 [을]에 대해 모두 별로 관심을 갖지 않을 것이다. 그는 이미 세계를 사유화한 상태이므로 자신의 입장을 가상적으로 백성들에게 적용시킬 뿐 생성의 발화 자체에 주의를 기울이지 않을 것이다. 맹자의 의견대로라면 그는 혼자서 음악을 즐기는 데에 빠져 있다. 환언하자면 그는 세계와 타자를 존중하지 않는다. 음악을 혼자서 즐길 뿐만 아니라 물을 타고 내려가 돌아오기를 잊는 ‘흘러내려감’, 물을 타고 올라가 돌아오기를 잊는 ‘이어짐’, 사

58) 『맹자』, 「양혜왕하」, 1장. “吾王之好鼓樂, 夫何使我至於此極也, 父子不相見, 兄弟妻子離散.”

59) 『맹자』, 「양혜왕하」, 1장. “吾王庶幾無疾病與? 何以能鼓樂也?”

냥을 나가 그칠 줄 모르는 '황폐함', 술을 즐기면서 그칠 줄 모르는 '잃어버림' 등에 빠져 사적 욕망을 특권화 혹은 일반화하는 데에 익숙하다.60)

군주가 타자를 존중하는 역전환적 충서를 실천할 때라야 [갑]과 [을]을 만나서 그들의 의견을 경청하고 그 의견들 간의 차이도 이해할 수 있다. 그러한 점에서 유교의 역전환적 충서는 타자와의 만남과 타자의 의견을 경청하는 경(敬)을 전제할 때에 제 기능을 할 수 있다. 타자를 한 인격으로서 존중할 수 있을 때 주체의 독단을 줄이면서 역전환적 의사소통에 의해 공적 합리성을 최대로 끌어올릴 수 있다.

유교에서 타자를 존중하는 인(仁) 역시 역전환적 충서의 조건이다. 공자는 "자기가 원하지 않는 것을 남에게 베풀지 말라."61)고 했으며, "자기가 서고자 하는 것으로 남을 세우고, 자기가 달성하고자 하는 것으로 남을 달성하라."62)고 말한다. 이와 같이 유교에서는 타자를 존중하는 경(敬)이나 인(仁)에 기초하여 역전환적 충서를 실천한다. '우리'라는 공적인 토대를 마련하기 위해서는 타자 존중을 기초로 한 역전환적 충서가 필수적인 요소로 보인다. 서로 다른 '나의 욕구들'이 서로에 대한 존중과 역전환적 충서에 의해 교환됨으로써 '우리'라는 지평의 최적점을 모색할 수 있다. 유교의 충서는 궁극적으로 타자가 가진 욕구들을 의사소통의 장에서 존중해줌으로써 상호 대칭적 '우리'를 형성하고자 한다. 충서(忠恕)로서의 의사소통적 중용은 타자 존중을 기반으로 역지사지(易地思之)의 역전환적 대화를 실천함으로써 서로 다른 개인들로 하여금 최대한 잘 이해할 수 있도록 이끄는

---

60) 『맹자』, 「양혜왕하」, 4장. "從流下而忘反謂之流, 從流上而忘反謂之連, 從獸無厭謂之荒, 樂酒無厭謂之亡."

61) 『논어』, 「안연」, 2장. "己所不欲, 勿施於人."

62) 『논어』, 「옹야」, 28장. "己欲立而立人, 己欲達而達人."

절차적 가치론이다.

3) 판단 유보적 편의주의에 대한 비판

중용적 가치론은 통합성 테제와 의사소통적 합리성으로서 많은 장점을 가지지만, 현실에 그릇 적용되는 폐단이 수반될 수 있다. 중용의 태도가 '아무런 결정도 하지 않음'과 등치되면 사태에 대한 소극적 방치로 흐르기 쉽다. 주체의 자기 결정이 사라진 판단 유보적 태도는 굶주린 부리단의 노새가 양쪽 어느 건초에도 가지 못하는 것처럼 오로지 중간에만 위치하는 가치론적 무결정의 함정에 빠질 수 있다. 무결정적 방치의 태도는 중용을 통해 새로운 가치를 발견할 가능성을 원천적으로 가로막는다. 그러한 태도는 극단을 피하고 중간에 위치한다는 명목을 내세워 판단을 회피하려고 한다. 무사안일적 판단 유보의 폐단은 "가만히 있으면 중(中)이라도 간다."거나 "모난 돌이 정 맞는다."는 속담에서처럼 자신의 자율적 판단을 유보함으로써 현실적 사태에서 주어지는 부담들을 회피하기 위해 침묵을 지키는 데서 발생한다.

실제의 의사 결정 과정에서 우리는 늘 어떠한 결정을 내려야 하므로 무사안일적 판단 유보의 태도는 합리적이지 못하다. 비록 최고의 가치가 무엇인지 아직 알려지지 않았다고 할지라도 현실적 삶을 영위하기 위해서는 어떤 가치를 선택해야만 한다. 가령 가부 동수의 경우 의장이 부결 쪽으로 투표권을 행사하는 회의 진행법을 선택하는 것도 판단 유보의 중간 상태를 벗어나기 위한 것이다.63) 중용이란 비

63) 김어상, 「중용과 지식인의 소극 · 보수성의 관계 고찰: 아리스토텔레스와 공자의 중용 개념과 관련하여」, 『가톨릭사회과학연구』, 제12집, 한국가톨릭사회과학연구회, 2000, 131쪽.

록 선택하기 어려운 다양한 가치관들이 존재할지라도 그 속에서 더 좋은 선택을 도출하기 위해 도입되는 것이지, 완전한 해답이 나올 때까지 판단을 중지하기 위해 존재하는 것은 아니다. 중용적 의사소통의 목적은 판단의 회피가 아니라 구체적 의사 결정에 이르는 데 있다.

무사안일적 판단 유보의 폐단은 자신의 판단을 중지함으로써 자신에게 부과되는 판단의 부담에서 벗어나는 대신 의사 결정권을 타인에게 건넴으로써 현상 유지에 만족하려는 데서 발생한다. 특히 정치적인 측면에서 정부가 폭압적인 방식으로 공권력을 사용하거나 독재적으로 정책 결정을 할 때 정치인과 지식인의 무사안일적 판단 유보가 등장하는 경향이 있다.[64] 전제적 폭력이 일반화되어 있는 사회에서 많은 사람들은 자신의 안위를 위해 무사안일적 판단 유보를 취할 수밖에 없다. 예를 들어 무소불위의 승상 조고(趙高)가 황제 앞에서 사슴을 가리켜 말이라고 하자 많은 신하들이 묵인하는 경우가 그러하다. 사회에 일반화된 폭력이 무사안일적 묵인의 태도와 연동됨으로써 독재적 의사 결정 구조가 순환적으로 강화되는 것이다. 이처럼 무사안일적 판단 유보는 개인의 성향에서 연유하는 것이기도 하지만, 더 근원적으로는 그 사회의 의사소통 구조가 전제적 방식이나 권위적 방식에 의해 지배될 때 만연한다.

중용적 가치론이 무사안일적 판단 유보의 폐단으로 흐르지 않기 위해서는 다양한 의견을 존중하는 의사소통적 합리성이 사회에 일반

64) 현실 정치에서 권력자들이 지식인을 환대하는 이유는 (1) 국민들로 하여금 국가에 헌신하게 만들고, (2) 성향이 조용하고 기존의 정치 질서에 순응적이고, (3) 비록 비판적, 반체제적 투쟁에 참여하고 있더라도 소극적이고, (4) 체제나 기존질서 유지에 봉사하고 이를 전폭적으로 지지하기 때문이다. 김어상, 「중용과 지식인의 소극보수성의 관계고찰: 아리스토텔레스와 공자의 중용 개념과 관련하여」, 133쪽.

화되어 있어야 한다. 서로 반대되는 의견을 개진할 수 있는 공론의 장을 마련함으로써 타율적 억압과 무사안일적 판단 유보 간의 공고한 결합을 깨뜨려야 한다. 의사소통적 합리성으로서의 중용이 작동하고 있어야만 최선의 가치를 발견하기 위해 가능한 많은 사람들이 참여해서 각자의 의견을 제시할 수 있다. 중용적 가치론이 의사소통적 합리성으로서 기능하기 위해서는 (1) 절대적 가치를 상정하는 형이상학적 가설을 무너뜨려야 하고, (2) 혹자에 의해 새로운 가치가 발견될 수 있다는 열린 태도를 취해야 하고, (3) 전제적 압력이 없는 합리적 의사소통의 장이 만들어져야 한다. 이러한 조건들이 충족된다면 중용적 가치론은 공공의 의사소통적 합리성으로서 기능할 수 있을 것이다.

4. 요약

지금까지 유교 가치론을 내재적 가치론, 외재적 가치론, 중용적 가치론으로 범주화하여 기술했다. 이러한 범주적 연구의 일차적 목적은 공자, 맹자, 순자, 주희 등의 유학자들을 무 자르듯이 나누어 사상가마다 어느 한 범주를 배정하는 데 있는 것이 아니라, 유교 가치론에 함축된 이론적 차이들을 명료하게 하는 데 있다. 유교 사상가들에 따라 어느 한 가치론을 강조하기도 하고, 세 가지 가치론을 균형감 있게 유기적으로 활용하기도 한다.

내재적 가치론과 외재적 가치론에서 유의할 점은 '안'이나 '밖'을 절대화하는 오류를 범해서는 안 된다는 것이다. '안'에서 나아가 '진정한 안'을 형이상학적으로 옹호하는 본성론은 모든 외적 조건들을 주재할 수 있는 절대적 근원을 가정한다. 또한 전대의 성현이 만든 모델에 따라 '진정한 밖'을 설정하는 제도적 권위주의는 개인의 감정과 경험을 지배하기 위한 유일의 절대적 모델을 제시한다. 그러나 내재적 가치론은 외부의 현실적 비판들 사이에서 사유를 할 때라야 정당할 수 있고, 외재적 가치론은 새롭게 고안되는 다양한 모델들에 열려 있어야만 정당할 수 있다. 사실상 내재적 가치론과 외재적 가치론에서 거론하는 '안'과 '밖'이라는 개념은 절대적 개념이 아니라 가치를 서술하는 위치의 상대적 차이로 해석되어야 마땅하다. 내재적 가치론과 외재적 가치론은 특정의 위치를 절대화하는 오류에서 벗어나 '안'과 '밖' 혹은 '주체'와 '타자' 등 다양한 위치에서 여러 가치가 제안될 수 있다는 것을 지지할 때, 각각의 고유한 범주 안에서 정당하게 기능할 수 있다.

중용적 가치론은 두 가지 뜻을 함축한다. 하나는 다양한 덕목들 사이의 조화를 추구하는 통합성 테제이고, 다른 하나는 의사소통을 위한 절차적 합리성이다. 중용사상에 내포된 통합성 테제와 의사소통적 합리성은 현실적 다양성들을 최대한 고려한다는 점에서 공통의 지반을 갖고 있다. 특히 의사소통적 합리성으로서의 중용은 다양한 개별자들을 존중하는 현대의 다원주의적 사회에서 합리적 대화를 이끌어내는 절차적 가치로서 반드시 필요한 개념이다. 다만, 중용적 가치론의 많은 장점에도 불구하고 중용이 무사안일의 판단 유보적 태도로 오용되는 폐단을 지적하지 않을 수 없다. 사회적 억압의 기제가 강할수록 그와 연동되어 개인의 자율적 표현이 억제됨에 따라 중용을 내세우는 판단 유보적 태도가 만연하게 된다. 그 결과 다양성을 존중하는 중용 정신이 도리어 방해받게 된다. 불합리한 억압 기제들에 대한 항체를 길러 무사안일적 판단 유보의 태도를 극복할 수 있을 때라야 중용적 가치론이 그 본래의 목적인 의사소통적 합리성으로서 기능할 수 있다.

제 2 장

고자의 성무선악설과 맹자의 성선설

사실과 가치를 분리할 수 있을까? 존재와 당위를 구분할 수 있을까? 존재적 상황이 사람으로 하여금 당위성을 불러온다고 추론할 수 있을까? 이 문제는 철학적으로 매우 오래된 난제이다. 맹자의 경우 존재적 상황으로부터 당위성을 추론한다. 그는 우물에 빠지려는 아이를 보고서 누구나 저도 모르게 구해야겠다고 생각한다는 사실에서 도덕적 당위성을 추론한다. 이 경우 존재론적으로 발생한 동정심 자체가 당위의 덕목이 된다. 내재적 가치론이 대부분 존재와 당위를 긴밀하게 연계하여 이해하며, 맹자의 성선설이 그 대표적인 경우이다.

맹자의 성선설은 고자(告子)에 의해 비판받는다. 고자는 사실과 가치의 범주를 엄격하게 구분한 다음 본성을 가치와 무관한 사실의 범주에 넣으며, 도덕적 가치가 외적으로 규정된다는 외재론적 입장을 취한다. 고자의 가치 외재론은 중국철학사적인 맥락에서 볼 때 자연과 사람을 분리(天人之分)함으로써 가치와 사실을 분리하는 순자(荀子)와 궤를 같이한다. 고자는 본성의 가치중립성, 선천적인 것과 후천적인 것의 분리, 자연적 본능과 도덕적 규범 사이의 분리 등을 자신의 사상적 기반으로 삼는다. 앞 장에서 보았듯이 고자의 가치중립적 본성론은 성무선악설로 나타난다. 고자는 버드나무의 비유와 물의 비유 등을 통해 본성의 가치중립성을 설파하면서 본성이 본능과 동의어라고 본다.[1] 고자는 도덕적 본성이 선천적 욕구인 본능과 동의어라고 하면서 '마음(心) = 본성(性) = 감정(情) = 식색(食色)'이라는 동일 계열의 개념군을 제시한다.

고자의 맹자 비판은 주로 맹자의 내재적 실재론에 관한 것이다.[2] 선천적 본능과 후천적 규범을 구분하는 고자는 인내의외설(仁內義外說)을 내놓으면서, 내재적인 것에서 의로움을 이끌어내려는 맹자의 내재론을 비판한다. 고자는 순자와 마찬가지로 '본성 = 본능'이라는 입장에서 '본성 = 선'이라는 맹자의 성선설을 부정한다. 고자가 보기에 맹자의 성선설은 사실과 가치를 구분하지 못함으로써 범주 착오의 오류를 저지르고 있다. 고자의 입장에서는 자연적인 본능(사실)과 사회적인 규범(도덕)이 전혀 다른 종류의 것인데도 불구하고, 맹자는 양자를 하나로 합함으로써 사회적인 것의 기원을 자연적 사실에서 찾음으로써 잘못된 길에 들어서고 말았다.

그렇다면 맹자는 고자처럼 가치와 사실을 분리하여 가치 외재론을

---

1) 생리적 욕구를 '본능'과 같은 개념으로, 선천적 도덕 능력을 본성과 같은 개념으로 볼 수 있다. 이러한 구분법과 관련하여서는 니비슨과 그레이엄의 해석을 참조할 수 있다. 니비슨은 타고난 본능을 '감각적 욕구(sense appetite)'로, 타고난 본성을 '도덕적 욕구(moral appetite)'로 번역하면서 도덕적 본성 역시 자연스러운 기호(taste)로서 해석한다(니비슨, 김민철 옮김, 『유학의 갈림길』, 철학과현실사, 2006, 283쪽). 그레이엄도 맹자의 본성이 물리적인 속성을 지닌다고 본다(그레이엄, 나성 옮김, 『도의 논쟁자들』, 새물결, 2003, 227쪽).

2) 맹자가 말하는 본성은 개념적 구성에 국한되는 것이 아니라 존재론적으로 엄연한 실재성을 갖는다. 나아가 그러한 본성의 존재론적 실재성은 곡식의 종자와 같은 것이어서 잘 보호해주면 확충되고 방치하면 쭈그러드는 과정적인 것이기도 하다. 임헌규, 『유가의 심성론과 현대 심리철학』, 철학과현실사, 2001, 49-52쪽.

주장하는 것에 대해 어떠한 대응을 할까? 맹자는 기본적으로 본성과 본능을 둘 다 타고난 것이라고 본다. 블룸이 지적한 대로 맹자는 도덕성의 자연적 토대를 부정하는 협소한 생물학주의(narrow biologism), 강한 환경론(strong environmentalism), 강한 불평등주의(strong in-egalitarianism) 등을 반대하면서, 모든 인간이 생물학적 본능처럼 도덕적 능력을 자연적으로 타고난다고 주장한다.3) 고자가 선천적 본능과 후천적 규범을 철저히 구별하는 것과 달리 맹자는 사덕(四德)-사단(四端), 진심(盡心)-지성(知性)-지천(地天), 본성(性)-천명(天命) 등과 같이 통일적인 일군의 계열체를 구성함으로써 자연적인 것과 규범적인 것의 합일을 이끌어낸다.

맹자가 성선설을 통해 주장하려는 것은 선천적인 것과 후천적인 것의 차이라기보다, 대체(大體)로서의 본성과 소체(小體)로서의 본능의 개념적 차이다. 맹자는 대체와 소체가 둘 다 타고난 것이기는 하지만 전자가 가치론적으로 훨씬 상위, 즉 초월적인 위치에 있으므로 그것을 삶에서 강화해야 한다고 말한다.4) 그의 이러한 태도는 호연지기(浩然之氣), 선의지(善意志)의 정당화, 잃어버린 마음 찾기, 인내의내설(仁內義內說) 등을 통해 드러난다. 맹자는 본성을 개념적으로

---

3) Irene Bloom, "Human Nature and Biological Nature in Mencius", *Philosophy East and West*, Vol. 47, University of Hawai'i Press, 1997, pp.26-28. 맹자의 성선설은 생물학적 본능, 환경의 영향, 개인들 간의 차이 등을 인정한다. 다만 맹자는 고자가 생물학적 본능만을 타고난 것으로 여기는 것에 반대하면서 도덕적 능력을 타고난 것에 포함시키며, 환경결정론을 반대하면서 환경을 본성 실현을 위한 중요한 조건으로 여기며, 개인들 간의 현실적 차이란 본성 때문이 아니라 행위의 차이에 의해 생기는 것으로 여긴다.

4) 당군의(唐君毅)는 맹자가 말하는 본성의 의미를 포괄적 특징(보편성), 계승적 특징, 실천적 특징, 초월적 특징 등 네 가지로 나눈다. 그 중에서 본성의 초월적 특징이란 살신성인의 경지로서 생리적 욕구와 도덕적 의리가 갈등을 일으킬 때 후자를 선택하는 것을 가리킨다. 唐君毅, 『中國哲學原論: 原性篇』, 대만: 학생서국, 중화민국53, 24-28쪽.

단지(單指)하는 방법을 통해 고자의 외재론적 비판에 응대하면서 자신의 성선설을 정당화하고자 한다. 과연 고자에 대한 맹자의 성선설적 응대는 어떤 의미를 가질까?

1. 본성과 본능

1) 고자의 중립적 본성론

고자는 버드나무와 여울물의 비유를 들어 본성을 가치중립적인 것으로 파악하면서 맹자의 성선설을 비판한다.[5] 맹자에 의하면 모든 사람이 선(善)한 본성을 선천적으로 갖고 있어야 하지만, 고자에 의하면 맹자는 주관의 지향성 안에서 가치의 초월적 근거를 찾으려고 함으로써 선천적인 것과 후천적인 것을 혼동하고 있다. 고자는 버드나무의 비유를 사용하여 맹자가 사실과 가치를 혼동한다고 비판한다.[6] 고자에 의하면, 사람의 본성이란 자연 상태에 있는 버드나무와 같다면, 정의(義)란 버드나무로 만든 그릇과 같다. 그래서 도덕적 규범으로서 인의(仁義)란 버드나무로써 만들어놓은 그릇과 같다.[7] 그는

---

5) 『맹자』, 「고자상」, 1장. 버드나무와 물의 비유는 고자에게는 가치중립성을 뜻하고, 맹자에게는 성선설을 설명하기 위해 사용된다. 동일한 비유가 서로 다른 설명에 사용될 수 있다는 측면에서 본다면, 버드나무와 물의 비유가 양자의 입장을 명료하게 하는 데는 효과적이지만 상대의 주장을 논리적으로 비판하는 데까지 이르지는 못했다. 맹자는 사람의 본성이 고자가 생각했던 생물학적 본능보다 더 풍부한 의미를 함축한다는 것을 정열적으로 주장한다. 홍원식, 「인간의 본성에 관한 논쟁: 고자와 맹자, 맹자와 순자 간의 논쟁」, 『중국철학』, 제4집, 중국철학회, 1994. 50-52쪽 참조. 또한 Bloom, Irene, "Mencian Arguments on Human Nature(Jen-hsing)", *Philosophy East and West*, Vol. 44, University of Hawai'i Press, 1994, p.34.

6) 『맹자』, 「고자상」, 1장.

7) 주희에 의하면 고자의 본성에는 인의(仁義)가 없기 때문에 바로잡아 구부린

가치중립적 본성을 설명하기 위해 버드나무보다 더 유연한 물의 비유까지 끌어들인다. 그에 의하면 본성이란 물길을 동쪽으로 터주면 동쪽으로 흐르고 물길을 서쪽으로 터주면 서쪽으로 흐르는 것과 같이 가치중립적인 것이다.[8] 그는 버드나무와 물 그 자체와 그것들로부터 만들어진 것들 사이의 차이를 구별함으로써 사람의 본성에도 선(善)/불선(不善)의 구분이 없다고 확언한다.

그가 언급하는 버드나무와 물의 비유는 성무선악설(性無善惡說)로 귀결된다. 고자의 성무선악설에 따르면 맹자의 성선설은 선천적 도덕원리를 생리적인 욕구와 동일한 지평에서 이해함으로써 자연주의적 오류를 범하고 있다. 그가 보기에 맹자의 성선설은 도덕원리를 선천적 본능의 한 부분으로 이해함으로써 사회적 가치를 자연적 본능과 동일시했다. 고자는 맹자의 성선설이 후천적인 사려를 통해 고안된 사회적 가치를 선천적 본능의 영역에서 추론함으로써 자연적 본능과 사회적 가치의 구별에 대해 이해하지 못했다고 본다. 고자는 맹자가 사회 상태를 자연적 본능에서 추론함으로써 동물성을 도덕화하는 오류를 범했다고 생각한다.

맹자의 성선설에 대한 고자의 반대는 마음보다 언어를 우선으로 하는 그의 부동심(不動心)의 방법에서도 드러난다. 부동심이란 마음을 동요치 않은 상태, 곧 평정심의 상태를 가리키는데, 이에 대해 맹자와 고자의 입장이 다르다. 고자의 부동심이 맹자의 부동심과 다른 점은 "말에서 얻지 못하면 마음에서 얻지 않는 것"[9]이다. 여기에서

(矯揉) 뒤에야 본성이 완성되므로 그의 본성론은 순자의 성악설과 같다. 주희, 『맹자집주』, 「고자상」.

8) 『맹자』, 「고자상」, 2장.

9) 『맹자』, 「공손추상」, 2장. '말'을 외재적인 것으로 '마음'을 내재적인 것으로 해석하는 조기(趙岐)의 해석은 다음과 같다. "고자의 사람됨은 용기가 있으나 사려가 없어서 실정을 따지지 않는다. 다른 사람이 좋지 않은 말을 자기에게

고자가 언급하는 '말'이라는 개념은 외재적인 것을 가리키고,[10] '마음'은 내재적인 것을 가리킨다. 고자는 후천적인 사려와 협의를 통해 이해되지 않은 것에 대해 굳이 자신의 마음에서 애써 구할 필요가 없다고 생각한다. 슈월츠가 지적하듯이 고자에게 언어란 후천적으로 구성된 외부적 규범이며, 이러한 규범은 행위 주관의 의지와 전혀 관련을 맺지 않는다.[11] 고자의 평안은 주관의 의지보다는 사회적 규범에 의해 유지된다. 이와 같이 선천적 본능과 후천적 규범을 분명하게 구분하는 고자의 전제에 따른다면 마음과 언어를 구별하는 것은 당연하다. 그는 공동체의 혼란을 본성의 혼란으로 이해하지 않는다. 그는 사람의 주관적 의지와 사회적 규범이 각각 서로 다른 영역에 속하므로, 맹자처럼 하나로 융합해서는 안 된다고 주장한다.

고자는 자연적 사실과 사회적 규범을 분리하며, 본성과 본능이란 자연적 사실의 범주에 속하는 동의어라고 본다. 고자는 본성이 본능과 동의어라고 여기므로 "타고난 것이 곧 본성(生之謂性)"이라는 도식을 제시한다.[12] 고자는 사람의 지각(知覺)과 운동(運動)을 본성이라고 여기므로 사람이 음식을 좋아하고 여색을 좋아하는 것이 바로 본성이라고 여긴다.[13] 성리학적 개념 범주로써 파악해볼 때 고자는 '마음(心) = 본성(性) = 감정(情) = 식색(食色)'이라는 한 계열의 동의

하면 그 사람의 마음속에 가지고 있는 선함을 다시 취하지 않고 바로 성을 내니, 맹자는 이것을 옳지 않다고 여겼다. 고자는 다른 사람에게 나쁜 마음이 있는 것을 알면 비록 좋은 말을 자기에게 하더라도 바로 성을 내니, 맹자가 이것을 옳다고 여겼다. 그렇다면 이것은 사람이 마음으로써 표준을 삼아야 한다는 것을 말한다." 조기(趙岐) 주, 손석(孫奭) 소, 『맹자주소(孟子注疏)』, 북경대학 출판사, 2000, 90쪽.

10) 니비슨, 김민철 옮김, 『유학의 갈림길』, 263쪽.

11) 벤자민 슈월츠, 나성 옮김, 『중국 고대사상의 세계』, 살림, 1996, 384쪽.

12) 『맹자』, 「고자상」, 3장.

13) 주희, 『맹자집주』, 「고자상」, 4장.

어를 형성하고 있다. 맹자가 선천적인 도덕 형이상학을 건립하려고 한다면, 고자는 도덕적 규범을 삶(生)의 선천적 자연성에서 분리시킨다.[14)]

고자는 생리적 본능을 사회적 규범 아래 종속시키려는 맹자의 성선설이 사회적 기초 복지를 달성하기 위한 구체적 방안을 고려하지 않은 채 지나치게 고원한 도덕 담론에 경도되었다고 생각한다.[15)] 고자가 보기에 본성이란 생리적 욕구와 동의어일 뿐이고, 중립적 본성을 개발하는 것은 외부적인 처리에 달려 있다. 이 점에서 고자는 사실과 가치를 철저하게 구분하면서 가치의 범주를 외재론적 시각에서 이해한다. 고자에 의하면 맹자처럼 도덕성을 본성에서 찾으려고 하는 것은 자연적 본능을 사회적 규범과 동일시하는 자연주의적 오류를 저지르게 된다. 이와 같은 고자의 중립적 본성론과 외재적 가치론에 대해 맹자는 어떻게 변론할까?

2) 맹자의 응대: 성선설

고자에 대한 맹자의 성선설적 변론에서 다음의 점들을 눈여겨볼

---

14) Kim-Chong Chong, “Mengzi and Gaozi on *Nei* and *Wai*”, *Mencius: Contexts and Interpretations*, edited by Alan K. L. Chan, University of Hawai'i Press, 2002, p.104.

15) 그레이엄에 의하면 본성의 중립성을 주장하면서 본성과 본능을 동일한 지평에서 이해하는 고자의 사상은 양생(養生)을 중시하는 관자(管子)의 사상과도 밀접한 관련이 있다(그레이엄, 나성 옮김, 『도의 논쟁자들』, 214-215쪽). 참고로 관자에 의하면 “맛, 움직임, 고요함 등이 삶을 기르는 것이요, 좋아함, 미워함, 기쁨, 성냄, 슬픔, 즐거움 등이 삶의 변화요, 귀 밝음, 눈 밝음 등이 사물에 마땅한 것이 삶의 덕이다. 그러므로 성인은 맛을 고르게 하고 움직임과 고요함을 때에 맞게 하고, 육기(호오희로애락)의 변화를 바르게 다스리고, 음란한 소리와 색깔을 금지하고, 몸으로는 사특한 행위를 하지 않고 입으로는 그릇된 말을 하지 않으면서, 고요하게 삶을 안정시킨다.”(『管子』, 「戒」)

필요가 있다.

첫째, 본성과 본능의 개념적 구분에 관한 것이다. 맹자에 의하면 본성이란 생리적 욕구처럼 타고난 것인데도 생리적 욕구와 동의어가 아니다. 본성과 본능이 동일하게 타고난 것이라면 고자의 말대로 양자가 모두 자연적인 것일 터인데, 어떤 이유로 본성이 생리적 본능보다 가치론적으로 우월할 수 있을까?

둘째, 마음의 사려 기능에 관한 것이다. 맹자의 타고난 본성이 후천적 경험과 관련을 맺으면서 삶을 가치 있게 만들 수 있는 까닭은 무엇일까? 삶의 토대를 본성에서 찾으려는 맹자의 본성론은 어떤 수양론을 전개할까?

셋째, 성선설의 증명에 관한 것이다. 맹자가 주장하는 성선설의 징후들을 구체적 현실에서 발견할 수 있을까?

(1) 본성과 본능의 개념적 구분

맹자는 본능과 본성이 동의어가 아니라 개념적으로 서로 갈래가 다른 어휘들이라고 본다. 더욱 엄밀하게 말하자면 두 개념 사이에는 유사점과 차이점이 공존한다. 맹자의 본성에 대한 그레이엄의 3단계적 이해는 그러한 유사점과 차이점을 잘 기술하고 있다. 그레이엄은 맹자의 본성을 세 단계로 이해한다. 제1단계는 본성과 신체 둘 다 생명력을 갖는다는 점이고(유사점), 제2단계는 적절한 조건이 형성되면 본성이 활성화되고 그렇지 않으면 본성의 원동력을 상실하는 단계이고(유사점), 제3단계는 다른 생리적 성향보다 본성에 대한 선호도가 높은 단계이다(차이점).[16] 여기에서 제1단계 본성의 생명력과 제2단계 본성의 활성화는 자연에서 부여받은 생물학적 에너지처럼 본성을

16) 그레이엄, 나성 옮김, 『도의 논쟁자들』, 227-238쪽.

보존하면 할수록 더 강화된다. 마치 좋은 환경 속에서 사람의 수명이 강화되는 것과 마찬가지로 선한 본성도 잘 보살피면 활성화된다. 맹자는 본성의 생명력을 설명하기 위해 호연지기, 곡식의 싹, 우거진 숲, 네 가지 단서, 솟아나는 샘물, 아침의 신선한 공기 등 활동적인 소재들을 본성에 대한 보조 관념으로서 비유하고 있다. 이에 반해 제3단계로 가면 본성은 가치론적으로 그 중요성이 단지(單指)된다. 왜냐하면 본성의 선호도가 본능의 선호도보다 높기 때문이다. 맹자에 의하면 사람이라면 누구나 물고기 요리보다 곰발바닥 요리를 선호하듯이, 도덕적 본성은 타고난 것들 중에 가장 선호되는 최고의 도덕적 가치에 해당한다. 뚜 웨이밍이 지적하듯이 맹자의 본성이란 외부의 통제에 의해서 복종되지 않은 것으로서 각 개인이 배울 수 있는 것도 아니요 후천적으로 획득되는 것도 아니며, 다만 이미 주어진 실재(given reality)이자 하늘이 부여한 인간의 결정적인 특성이다.[17] 그래서 사람들은 어린아이가 우물에 빠지려는 것을 목격하게 되면 명예심이나 보상을 바라기보다 측은하게 여기는 마음을 가장 우선으로 선호하게 된다.

고자가 타고난 것을 '협소한 생물학적 영역'에 국한시켜 해석했다면, 맹자는 생물학적 욕구로서의 본능과 도덕적 규범으로서의 본성을 둘 다 타고난 것으로 받아들인다.[18] 맹자는 고자의 본능 개념 자체를 비판한 것이 아니라 고자가 타고난 것의 영역을 생리적인 것에만 한정시킨 점을 비판한다. 맹자는 본능과 본성 양사를 타고난 것으로 함께 받아들이면서도, 가치론적으로 더 중요한 욕구와 덜 중요한 욕구

17) 뚜 웨이밍, 정용환 옮김, 「도덕적 자기 개발에 대한 맹자의 생각」, 『뚜 웨이밍의 유학 강의』, 청계, 1999, 88쪽.

18) Irene Bloom, "Mencian Arguments on Human Nature(Jen-hsing)", *Philosophy East and West*, Vol. 44, University of Hawai'i Press, 1994, pp.34-35.

를 구별함으로써 본성과 본능의 개념적 차이를 설명한다. 다음의 인용문은 본능과 본성의 개념적 유사점과 차이점을 보여준다.

> 사람은 자기 몸에 대해서 아끼는 바를 겸하고 있다. 아끼는 바를 겸하면 기르는 바를 겸한다. 한 자와 한 치의 살을 아끼지 않음이 없다면, 한 자와 한 치의 살을 기르지 않음이 없을 것이다. 잘 기르고 잘못 기름(善不善)을 상고하는 까닭이 어찌 다른 것이 있겠는가? 자기에게서 취할 뿐이다. 몸에는 귀함/천함의 구분이 있고, 작은 것/큰 것의 구분이 있다. 작은 것을 가지고 큰 것을 해치지 말며, 천한 것을 가지고 귀한 것을 해치지 말아야 한다. 작은 것을 기르는 자는 소인(小人)이고, 큰 것을 기르는 자는 대인(大人)이다. 만약 정원사가 오동나무와 개오동나무를 버리고 가시나무를 기른다면 천한 정원사일 것이다. 자기의 손가락 하나만을 기르면서 어깨와 등을 잃고도 알지 못한다면, 이는 승냥이가 빨리 달릴 때 뒤를 돌아보지 못하는 것과 같은 사람이다. 음식을 밝히는 사람을 사람들이 천하게 여기는 것은 그들이 작은 것을 기르면서 큰 것을 잃기 때문이다. 만약 음식을 밝히는 사람이 큰 것을 잃지 않는다면 입과 배가 어찌 다만 한 자나 한 치의 살이 될 뿐이겠는가?[19]

맹자에 의하면 사람은 본능과 본성을 겸(兼)하여 타고났음에 틀림없다. 맹자가 말하는 겸하여 타고남이란 천함/귀함, 작은 것/큰 것, 소인/대인 등의 쌍으로 구성된 대비들이다. 천함, 작은 것, 소인 등의 개념이 생리적 욕구(본능)의 의미 계열에 속한다면, 귀함, 큰 것, 대인 등의 개념은 도덕적 규범(본성)의 의미 계열에 속한다. 겸(兼)의 논리에서 보자면 본능과 본성은 모두 나면서부터 몸에 주어진 사실이므로 양자가 현실적으로는(物上看) 동일하지만, 가치론적으로는(理上看) 본성이 가장 중요하다. 맹자는 생리적 욕구를 삶의 기본 조건으로서 취한다는 점에서 고자와 일치하지만, 대인이 실천해야 할 고

19) 『맹자』, 「고자상」, 14장.

귀한 가치로서의 본성을 개념적으로 단지(單指)하여 독립시킨다는 점에서 크게 다르다. 맹자는 본성을 본능으로부터 개념적으로 구분하여 부각시킴으로써 자신의 성선설을 정당화한다.

(2) 선을 향한 마음의 사려

맹자의 성선설에서 본성을 단지(單指)하는 과정에는 마음의 사려가 필수적인 요소이다. 마음의 사려가 잘 작동하느냐 그렇지 않느냐에 따라 '대인/소인'의 현실적인 차이가 생긴다. 맹자가 말하는 마음의 사려가 잘 작동한다면 자제력 결여(akrasia)나 도덕적 나태(acedia)를 극복하고 선의지를 잘 실천할 수 있다.[20] 사람들 사이에 군자와 소인이라는 현실적 차이를 불러오는 마음의 사려 기능을 살펴보기 위해, 맹자의 제자인 공도자(公都子)의 질문에서부터 논의를 진행해 보자. 공도자는 타고난 욕구들 간에 어떻게 가치론적 우열이 정해질 수 있느냐를 맹자에게 묻는다. 맹자의 소인/대인의 분류법이 어떻게 성립할 수 있느냐는 것이다. 공도자는 "모두가 똑같은 사람인데 어떤 사람은 대인이 되고 어떤 사람은 소인이 되는 것은 어째서인가?"라고 맹자에게 묻는다. 이에 대해 맹자는 "대체(大體)를 따르는 사람은 대인이고, 소체(小體)를 따르는 사람은 소인이다."[21]라고 대답한다. 그렇다면 왜 어떤 사람은 대체를 따르고 어떤 사람은 소체를 따르는 것일까? 이에 대해 맹자는 마음의 사려(생각)에 의해 대체를 따를 수 있다고 말한다. 맹자에 의하면 "귀나 눈과 같은 감각기관은 생각하지

---

20) 자제력 결여(akrasia)나 도덕적 나태(acedia)에 대해서는 다음의 논문들을 참조할 수 있다. 정용환, 「맹자의 선천적이고 직관적인 선(善)의 실행 가능성」, 『철학』, 제82집, 한국철학회, 2004, 31-34쪽. 또는 David S. Nivison, *The Ways of Confucianism*, edited by Bryan W. Van Norden, Open Court Publishing Company, 1996, p.92(김민철 옮김, 『유학의 갈림길』, 193쪽).

21) 『맹자』, 「고자상」, 15장.

않아서 사물에 가려지니, 사물과 사물이 교제하면 끌어당길 뿐이다. 마음이라는 기관은 생각을 하니, 생각하면 얻고 생각하지 않으면 얻지 못한다. 이것은 하늘이 나에게 내려준 것이다. 먼저 그 대체를 세우면 소체가 빼앗을 수 없으니, 이것이 대인이다."[22] 니비슨에 의하면 "생각하면 얻는다."는 맹자의 말은 마음이 자신의 본성에 대해 내성(內省)적으로 지각하는 것을 가리킨다. 따라서 이러한 생각은 사물과 사물이 서로 끌어당기는 외부적 감각기관의 작용과 다르다.[23]

맹자는 고자와 마찬가지로 본성을 본능과 유사한 것으로 여기면서 계속해서 자연주의적 도덕 해석을 감행한다. 맹자의 물고기 요리와 곰발바닥 요리의 비유에서도 맹자의 자연주의적 경향이 잘 드러난다. 다만 맹자는 고자와 같이 중립적 자연성에 매몰되지 않고, 도덕의 기원을 본성에서 찾음으로써 본능과 본성이라는 내용적으로 비중이 다른 두 가지 차원의 자연성을 제시한다. 맹자가 말하는 소체/대체의 구분은 '몸(體)'이라는 생리적 덩어리를 비유의 소재로 사용하고 있지만, 대체로서의 본성은 소체로서의 본능보다 우선적인 것이다. 맹자의 대체와 소체는 자연스러운 생명력이라는 점에서는 유사하지만, 가치론적으로는 대체가 훨씬 더 고귀하다. 맹자의 본성이란 타고난 것이면서도 본능보다 탁월한 도덕적 가치이다. 본성과 본능의 유사점을 넘어 본성을 개념적으로 분리하는 맹자의 비유를 보자.

> 물고기 요리도 내가 바라는 것이고 곰발바닥 요리도 내가 바라는 것이다. 이 두 가지를 함께 얻을 수 없다면 물고기 요리를 버리고 곰발바닥 요리를 취할 것이다. 사는 것도 내가 바라는 것이고 의로움도 내가 바라는 것이다. 이 두 가지를 함께 얻을 수 없다면 사는 것을 버리고

22) 『맹자』, 「고자상」, 15장.

23) 니비슨, 김민철 옮김, 『유학의 갈림길』, 265쪽.

의로움을 취할 것이다. 사는 것도 내가 바라는 것이지만, 욕구에는 사는 것보다 더 심한 것이 있다. 그러므로 구차하게 얻지 않는다. 죽음도 내가 싫어하는 것이지만 싫어함에는 죽음보다 더 심한 것이 있다. 그러므로 환난을 피하지 않는다.[24]

맹자가 볼 때 생리적 욕구보다 도덕적 본성이 우위를 점하는 현상은 모든 사람에게 보편적인 것이다. 사람에게는 삶보다 더 원하는 것이 있고 죽음보다 더 싫어하는 것이 있다. 현자에게만 그러한 것이 아니라 모든 사람에게 보편적으로 그러한 마음이 있다.

맹자의 성선설에서는 마음의 사려가 본성과 본능을 가치론적으로 저울질하여 그 경중을 구별한다. 장자(莊子)의 경우에는 마음을 이루려는 것(成心)이 사람을 도로부터 멀어지게 한다고 비판하지만, 맹자는 사려를 통해 자신의 마음을 다하는 것(盡心)이야말로 하늘 혹은 자연의 의도에 가장 잘 부합한다고 본다.[25] 선천적 본성을 늘 사려한다면 후천적 행위들은 저절로 윤택해진다. 맹자의 호연지기(浩然之氣)야말로 마음의 사려가 원활하게 작동함으로써 본성의 힘이 생리적인 영역에 잘 발휘된 경우이다. 맹자에 의하면 뜻은 기(氣)의 장수이다.[26] "뜻을 붙잡고서 기에 폭력을 가하지 않는 것", "마음으로 잊지 않으면서 조장하지 않는 것" 등을 통해 기질이 본성을 중심으로 합일될 수 있다. 맹자의 호연지기는 의(義)와 도(道)를 짝하며, 잘 기르면서 해치지 않으면 천지를 가득 채우는 데 이른다. 이와 같이 맹

---

24) 『맹자』, 「고자상」. 10장. "孟子曰, 魚我所欲也, 熊掌亦我所欲也, 二者不可得兼, 舍魚而取熊掌者也. 生亦我所欲也, 義亦我所欲也, 二者不可得兼, 舍生而取義者也. 生亦我所欲, 所欲有甚於生者, 故不爲苟得也. 死亦我所惡, 所惡有甚於死者. 故患有所不辟也."

25) 벤자민 슈월츠, 나성 옮김, 『중국 고대사상의 세계』, 387쪽.

26) 『맹자』, 「공손추상」, 2장.

자는 사려를 통해 본성을 기질의 영역에 확장하고자 한다.

(3) 선의지의 증명: 상식적 증명, 역사적 증명, 반사실적 증명

도대체 왜 타고난 품성들 중에서 인의예지라는 특정의 본성이 생리적 본능보다 우월한 가치일까? 맹자는 타고난 것들 중에서 본성이 본능보다 우월한 가치라는 것을 논증하기 위해 상식에 호소하는 방법, 역사적 사례에 의한 증명법, 반사실(counter-fact)적 간접 증명법을 사용한다. 상식에 호소하여 선의지를 정당화하는 방법은 매우 간단하다. 일상적 경험의 과정에서 상식적으로 선의지를 확인할 수 있다는 것이다. 맹자는 우물에 빠지려는 아이를 구하려는 측은지심(惻隱之心), 제나라 선왕이 도살장에 끌려가는 소를 살려준 불인지심(不忍之心), 일반 사람들과 음악을 함께 즐겨야 한다는 것(與民同樂) 등과 같은 일반적 사례를 통해 상식적으로 선의지의 존재를 확인한다.

맹자는 상식에의 호소에서 나아가 역사적 사례에 의해 선의지를 논증한다. 유교의 성인과 현자야말로 어려운 환경을 이겨내고 대체(大體)를 보존했던 사람들이다.27) 그는 요순우탕(堯舜禹湯)과 같은 유교적 성현의 자취를 보여줌으로써 본성을 실현하는 삶이 본능만을 좇는 삶보다 낫다는 것을 확인시켜준다. 그는 선의지의 약화를 일으키는 계기가 현실에 존재하기 때문에 오히려 선의지를 보존하려는 수양이 더 큰 의미를 갖는다는 신정론(theodicy)적인 입장에서 성선설의 정당성을 설명한다. 인간이 생리적 욕구와 도덕적 본성을 함께 타고났다는 것이 선의 약화 혹은 선의 결핍을 동반할 수 있지만, 오히려 그러한 악조건에서 고군분투함으로써 선의지를 실현했던 현인

27) 맹자가 본성을 본능보다 중요시한다고 하여 본능 자체를 악(惡)이라고 부정하는 것은 아니다. 맹자에게 악의 등장은 본성이나 본능에 의해서 규정되는 것이 아니라 후천적 행위의 과정에서 유발되는 선(善)의 결핍으로서 이해된다.

들이 역사에 존재한다. 슈월츠의 말대로 맹자는 선의지를 방해하는 심리·신체적 에너지의 불균형, 가혹한 사회적 환경, 과도한 쾌락, 권력, 명성 등에 대한 환경적 유혹 등을 이겨내고 초월적 가치인 '마음 속의 마음'을 열정적으로 보호하려고 한다.[28] 역사상의 현자들이 보여준 열정적으로 선을 실현하려는 의지는 극심한 고난마저도 이겨낸다. 맹자에 의하면 "하늘이 장차 큰 임무를 내리려 할 적에는 반드시 먼저 심지(心志)를 괴롭게 하고, 근골(筋骨)을 수고롭게 하고, 살갗을 굶주리게 하고, 몸을 궁핍하게 하여, 하는 일을 흔들어 어지럽게 한다. 이것은 마음을 분발시키고 성격을 참게 하여, 잘하지 못한 것을 더욱 개선해주려는 것이다."[29] 맹자는 이러한 구체적 사례들로서 다음과 같은 역사적 인물들을 제시한다. "순(舜) 임금은 밭두둑에서 몸을 일으켰고, 부열(傅說)은 공사장에서 등용되었고, 교격(膠鬲)은 생선과 소금을 파는 곳에서 등용되었고, 관이오(管夷吾)는 사관(士官)에게 갇혔다가 등용되었고, 손숙오(孫叔敖)는 바닷가에서 등용되었고, 백리해(百里奚)는 시장에서 등용되었다."[30] 이러한 모범적 사례들은 생리적 욕구에 매몰되지 않은 고차원적인 본성의 실현이 왜 중요한지를 증명하고 있다.

맹자는 성선설에 대한 간접적 증명 방법도 자주 사용한다. 간접적 증명 방법은 "실제로 일어나지는 않았지만 만약 반대되는 일이 일어났다고 가정한다면 어떤 결과를 낳을 것인가?"라고 하면서 반대되는 가설의 부당함을 통해 자신의 주장을 정당화하는 방식이다. 이러한

28) 벤자민 슈월츠, 나성 옮김, 『중국 고대사상의 세계』, 386쪽. 또한 뚜 웨이밍은 아픔과 고난이 맹자적인 자기 수양의 실질적인 조건이라고 파악한다. 뚜 웨이밍, 정용환 옮김, 「자기 수양의 아픔과 고난」, 『뚜 웨이밍의 유학 강의』, 105-120쪽.

29) 『맹자』, 「고자하」, 15장.

30) 『맹자』, 「고자하」, 15장.

증명 방법은 반사실적 가설을 끌어들인다. 맹자는 "만약 선의지가 없다면 비참한 현실에 직면할 것"이라고 하면서 성선설의 타당성을 귀류법적으로 증명한다. 우물에 빠지려는 아이를 보고서 전혀 동정심이 없다고 한다면 어떻게 그 광경에 대해 안타까워하며 깜짝 놀라는 마음이 생겨날 수 있겠는가? 만약 그러한 아이가 우물에 빠지는 상황에서 명예나 보상을 얻으려는 마음이 일차적인 의지라고 가정한다면 맹자가 제시하는 측은지심은 도덕적인 것이라기보다 이기적 목적을 위한 수단으로 전락하고 말 것이다. 또한 사람에게 본성이 없다고 한다면 발로 밥그릇을 차서 나에게 식사를 주어도 그것을 받아먹는 비참한 상태에 머물고 말 것이다. 맹자에 의하면 현실의 인간은 성선설에 반하는 가정들에 동의하지 않을 것이다. 왜냐하면 맹자가 보기에 선의지가 없거나 혹은 방치된다면 타인에 대한 존중심이 사라지는 비참한 상태에 빠지므로 선의지를 일차적인 것으로 보호해야 마땅하다. 맹자는 '본성적인 선의지가 없다면'이라는 반사실적 전제를 설정해봄으로써 선의지의 우선성을 뒤집을 수 있는 방도가 없다고 주장한다. 맹자의 성선설에서 보자면 선의지에 대한 반사실들은 모두 부당한 것으로서 비판된다. 맹자에 의하면 형의 팔을 비틀어야만 밥을 빼앗아 먹을 수 있다고 하여 형의 팔을 비틀 수 없고, 남의 집의 담장을 뛰어넘어야만 아내를 얻을 수 있다고 하여 그렇게 할 수 없다.[31] 이와 같이 맹자는 귀류법적 간접 증명에 의해 성선설에 반하는 가정들을 비판함으로써 본성적 가치가 우선시되어야 한다고 주장한다.

31) 『맹자』, 「고자하」, 1장.

2. 도덕적 규범

1) 고자의 인내의외설

고자는 맹자의 성선설 외에도 사회적 규범인 의(義)가 어디에서 시작되었는지에 대해 맹자와 견해를 달리한다. 고자의 인내의외설(仁內義外說)은 인이 내재적인 것임에 반해 의가 외적인 조건에 의해 형성된 것이라는 의미를 담고 있다. 의의 외재성을 논의하기 전에 먼저 고자의 인내의외설에서 인의 내재성이 도덕규범의 내재성을 의미하지 않는다는 사실을 염두에 둘 필요가 있다. 왜냐하면 '인의 내재성'에 대한 맹자와 고자의 생각이 다르기 때문이다. 맹자의 사유는 본성의 선함을 대전제로 취하고 있으므로 인은 사덕(四德)의 하나로서 도덕적으로 고귀한 가치를 지니지만, 가치중립적 태도를 취하는 고자의 인이란 식색(食色)의 충동과 같은 감정의 일종으로서 도덕과 관련이 없는 가치중립적 본능의 범주에 속한다.[32] 고자가 볼 때 사람이 갖고 있는 부성애, 모성애, 동료애, 인간애 등은 동물들이 갖고 있는 종족적 본능과 하등 다를 것이 없다. 그렇다면 고자의 인내의외설에서 인의 내재성은 타고난 것이 본성(본능)이라는 그의 언명과 마찬가지로 감성적 욕구의 내재성을 의미한다.

고자의 사상은 의의 외재성을 제시하면서 맹자와 확연하게 다른

32) 고자의 인내의외설에서의 인(仁)이란 도덕적인 개념이 아니라 개인적인 차원의 좋아함(愛)을 가리킨다. 따라서 고자의 인내설은 개인의 감정적 좋아함의 차원에서 언급된다는 점에서 도덕적 본성을 지시하는 맹자의 인내설과 다르다. 홍원식, 「인간의 본성에 관한 논쟁: 고자와 맹자, 맹자와 순자 간의 논쟁」, 『중국철학』, 제4집, 중국철학회, 1994, 49쪽; 왕방웅(王邦雄) · 증소욱(曾昭旭) · 양조한(楊祖漢), 황갑연 옮김, 『맹자 철학』, 서광사, 2005, 51쪽; 徐復觀, 『中國人性論史: 先秦篇』, 대만: 상무인서관, 중화민국58, 188쪽.

가치 담론을 시작한다. 고자가 생각하기에 규범적인 것은 외부의 객관적 조건에 의해 형성되므로 의는 외재적이다. 고자는 사람의 주관적 태도가 객관적 사물의 형식에 잘 부합하도록 노력해야 한다고 본다. 고자에 의하면 "저 사람이 어른이면 내가 그를 어른으로 대하는 것이니, 어른 됨이 나에게 있는 것은 아니다. 마치 저것이 희면 내가 그것을 희다고 하면서 외부에서 그 흰색을 따르는 것과 같다. 그러므로 외재적이라고 부른다."33) 고자의 외재론에 의하면 초나라 사람의 어른을 어른으로 대하는 것과 자기 자신의 어른을 어른으로 대하는 것은 객관적 어른 됨을 위주로 한다.34) 이러한 고자의 입장은 대응설적인 인식론을 전개한다. 비트겐슈타인의 언어 그림 이론처럼 사물들은 각자의 의미를 표출하고 있으며, 인식자는 사물들이 표출하는 의미를 수용하여 그에 대응하는 언어, 곧 사실을 그대로 보여주는 언어를 구성한다. 고자의 외재적 가치론은 외부 사물 자체를 그대로 재구성하려고 시도한다는 점에서 사실주의적 태도를 취하고 있다. 고자는 인식자로부터 독립된 사실을 허용하고 있으며, 이러한 사실들을 그 자체로서 이해하려고 노력한다.

고자는 인내의외설을 통하여 두 가지 종류의 사실을 구분한다. 그 중 하나는 주관의 내부에서 생성되는 본능으로서의 사실이고, 다른 하나는 외부에서 생성되는 객관적 대상으로서의 사실이다. 다음의 인용문을 보면 고자가 내재성과 외재성을 서로 다른 자연적 사실로 구

---

33) 『맹자』, 「고자상」, 4장.

34) 비록 고자가 의외설을 주장한다고 할지라도 의사소통적 합의로서의 사회적 규범을 가정하고 있는 것으로는 보이지 않는다. 고자가 말하는 의외설은 자연주의적 가정에 기초하고 있다. 맹자의 내재론이 도덕적 본성을 이야기하고 있다고 한다면, 고자의 외재론은 자연이라는 외부 사물 자체에서 의라는 가치론적 표준이 발생한다고 본다. 가치의 기원과 관련하여 맹자가 내재적 양심을 위주로 한다면 고자는 외부 사물을 위주로 한다는 점에서 고자와 맹자는 다르다.

별하고 있음을 볼 수 있다.

[갑] 내 동생이라면 사랑하고 진나라 사람의 동생이라면 사랑하지 않으니, 이것은 나를 위주로 하여 기쁨을 삼는 것이다. 그러므로 내재적이라고 말한다.

[을] 초나라의 나이 든 사람을 나이에 맞게 대하는 것은 나의 나이 든 사람을 나이에 맞게 대하는 것과 마찬가지니, 이것은 나이 든 사람을 위주로 하여 기뻐하는 것이다. 그러므로 외재적이라고 말한다.[35)]

고자의 언급 중에서 [갑]은 내재적 사실을 가리키고 [을]은 외재적 사실을 가리킨다. 양자는 내재적이냐 아니면 외재적이냐의 차이가 있지만 둘 다 자연적 사실이라는 점에서는 일치한다. 내재적 본능이 주관의 감정을 통해서 경험된다면, 외재적 가치는 사물들의 의미를 있는 그대로 주관에게 반영함으로써 성립한다. 따라서 고자가 말하는 외재적 가치란 주관적 욕구의 영향으로부터 독립되어 있는 객관적 대상의 의미를 가리킨다. 고자가 예로 든 사물의 나이, 색깔, 모양, 크기, 온도 등과 같은 것이 객관적 대상으로서 독립적 실체들이다.

고자의 입장에서 볼 때 맹자의 의내설(義內說)은 객관적 사실을 주관적인 영역으로 지나치게 환원하고 있다. 고자는 맹자가 주관의 감정과 객관적 의미를 구별하는 데 실패하고 있다고 본다. 고자에 의하면 의란 외부 대상의 상황을 충분히 이해하여 거기에 걸맞게 대해주는 것인데, 맹자는 외부 대상에 대한 정밀한 이해를 추구하지 않고 주관적 감정에 따라 외부 사물을 제멋대로 재단하려고 한다. 고자에 의하면 주관적 욕구를 기술하는 것과 외부 사물을 사물 그대로 이해

35) 『맹자』, 「고자상」, 4장.

하는 것이 서로 다른 두 범주인데, 맹자는 주관적인 것을 객관적인 것에 투사하고 있다. 고자는 맹자에게 사물을 사물 그대로 이해하라고 요구한다. 과연 이러한 객관주의적이고 사실주의적인 비판에 대해 맹자는 어떻게 응대할까?

2) 맹자의 응대: 마음의 지향성

맹자는 고자의 외재론이 마음의 도덕적 지향성을 도외시했다고 비판한다. 맹자의 인내의내설(仁內義內說)은 의를 정의할 때 주관적 태도를 더 본질적인 요소로 생각한다. 맹자는 나이 든 말을 대하는 것과 나이 든 어른을 대하는 것이 다르다는 점에서 "의란 외부 사물의 나이 듦에 있는 것이 아니라 어른을 어른으로 대하는 주관의 마음에 있다(義不在彼之長, 而在我長之之心)."[36]고 주장한다. 맹자의 내재론에 의하면 '흰 것'이나 '어른 됨' 등과 같은 객관적 사실보다는 '희다고 함(白之)'이나 '어른으로 대함(長之)' 등과 같은 주관적 태도가 의(義)를 규정하는 본질적 요소이다.

맹자는 주관의 태도와 무관하게 객관적 사물을 모사하는 고자의 사실주의적 인식론을 부정한다. 맹자는 객관적 사물과의 교류 과정에서 주관적 태도를 어떻게 발휘할 것인가에서 자신의 철학을 추구한다. 맹자에 의하면 "모든 것이 자기 자신에게 갖추어져 있다. 자신을 반성하여 진실하다면 즐거움이 이보다 큰 것이 없다."[37] 맹자의 시각에서 보자면 주관적 지향성이 결여된 의(義)란 성립할 수 없다. 마치 공자가 개와 말을 기르는 것과 자신의 부모를 봉양하는 것이 다르다고 말하듯이,[38] 맹자는 의가 성립하기 위해서는 주관의 진실과 열정

36) 『맹자』, 「고자상」, 4장.

37) 『맹자』, 「진심상」, 4장.

이 꼭 필요하다고 본다. 맹자는 마음의 네 가지 단서인 측은하게 여기는 마음(惻隱之心), 불의를 부끄러워하는 마음(羞惡之心), 사양하는 마음(辭讓之心), 시비를 가리는 마음(是非之心) 등을 제시하면서 의 역시 내재적이라고 논증한다. 맹자의 마음은 많은 욕구들 중에서 어떤 것을 욕구해야 더 가치가 있는지 알 수 있는 양지(良知)를 가지고 있다.

주관적 태도를 중시하는 맹자의 마음의 철학은 잃어버린 마음 찾기(救放心)로 귀결된다. 「고자상」을 보면 맹자가 인(仁)이 사람의 마음(人心)이고 의(義)가 사람의 길(人路)이라고 하는 구절이 나온다. 사람의 길로서의 의는 외재적인 것이 아니라 주관의 마음에 내재한다. 그는 사람들이 마음을 잃어버린 것을 탄식한다. 맹자는 말한다. "사람의 길을 놓아두고서 따르지 않으며, 사람의 마음을 버려두고서 찾을 줄 모르니, 슬프도다. 학문의 도는 다른 데 있는 것이 아니라, 그 놓아버린 마음을 찾는 것일 뿐이다."[39] 맹자가 보기에 고자의 외재론이야말로 자신의 마음을 놓아버리고서 찾을 줄 몰랐던 전형에 속한다.

맹자는 본성을 마음-몸-세계에 확장하여 표현하려고 한다. 맹자의 사상은 놓아버린 마음을 주시하여 찾아서 보존하고 확충하는 것으로서 요약된다. 잘 알려진 맹자의 호연지기(浩然之氣)는 주관에게 내재된 본성이 마음-몸-세계에 통일적으로 연관되어 있음을 여실하게 보여주며, 그것은 고자의 의외설을 겨냥하고 있다.

> 호연지기는 지극히 크고 지극히 강하다. 곧게 기르면서 해치지 않으면 천지 사이에 찬다. 호연지기는 의와 도에 짝한다. 이것들이 없으면

---

38) 이에 관련된 이야기는 『논어』, 「위정」, 7장에 나온다.

39) 『맹자』, 「고자상」, 11장.

굶주리게 된다. 호연지기는 의를 모아서 생겨나는 것이다. 의가 갑자기 엄습하여 취하는 것이 아니다. 행동할 때 마음에 만족하지 못함이 있으면 굶주리게 된다. 그러므로 고자가 의를 알지 못했다고 말한 것은 의를 밖에 두기 때문이다. 반드시 호연지기를 기르는 데 종사하되 효과를 기약하지도 말고, 마음으로 잊지 말되 조장하지도 말아야 한다.[40)]

맹자는 의가 마음에 내재한다고 말하면서도, 다른 한편으로 마음에서 기원하는 의와 도가 외적인 세계에 확충되는 것을 호연지기라고 말한다. 이러한 맹자의 주장에 따르면 의를 사람들에게 강제하여 그 효과를 기약하거나 조장해서는 호연지기 상태에 도달할 수 없다. 호연지기가 성립하기 위해서는 본성의 성장력과 그러한 성장을 위한 보충적 조건을 필요로 한다. 맹자는 사람들이 적절한 환경을 조성한다면 주관에 내재된 의가 자발적으로 성숙할 수 있다고 자신한다. 맹자는 의를 포함하여 인의예지의 네 가지 단서를 확충할 줄 알면 불이 처음에 타오르듯 혹은 샘물이 처음에 솟아나듯 활성화될 것이라고 말한다.[41)]

맹자가 의의 내재적 자발성을 주장한다고 하여 의의 외재적 조건을 전면적으로 무시하는 것은 아니다. 맹자는 의의 내재적 자발성과 외재적 보호를 선후의 논리로써 종합하고 있다. 맹자가 보기에 고자의 주장은 의를 논의할 때 가장 먼저 고려해야 하는 주관의 지향성을 소홀히 한다는 점에서 제일 중요한 요소를 결여하고 있다. 고자의 의외설은 이미 자연적으로 존재하는 네 가지 단서 중의 하나인 의의 내재적 자발성을 부정함으로써 스스로가 타고난 것을 해치는 우를 범하고 있다. 맹자에 의하면 "사람에게는 마치 사지가 있듯이 네 가지

---

40) 『맹자』, 「공손추상」, 2장.

41) 『맹자』, 「공손추상」, 6장.

단서가 있는데도 스스로 그럴 수 없다고 말하는 사람은 스스로를 해치는 사람이다."[42] 이러한 맹자의 내재적 본성의 확충 이론은 고자가 말하는 '버드나무-그릇'의 비유나 '물-방향'의 비유에 함축된 가치중립적 외재론을 반박하고 있다. 맹자는 고자의 의외설이 본성을 망각하여 자기 상실에 이를 것이라고 우려하면서, 사람들이 잃어버린 마음을 찾아서 내재적 가치를 회복하기를 기대한다.

3. 성선설에서 이상과 현실의 관계

맹자가 고자의 외재적 가치론을 비판하는 이유는 내재적 본성을 무시하고 있기 때문이다. 맹자는 내재적 본성을 중심으로 하여 안과 밖이 종합되어야 한다고 생각한다. 그런데 맹자의 안과 밖의 종합은 단순한 혼합이 아니라 본성을 위주로 하는 합일이다. 『대학』에서 "사물에 근본과 말단이 있고 생각에 끝과 처음이 있으므로 우선적인 것과 후차적인 것을 알면 도리에 가까울 것"[43]이라고 했던 것처럼, 맹자도 본말론(本末論)과 선후론(先後論)을 충실히 따른다. 맹자는 "요순의 지혜로도 사물을 모두 알지 못하는 것은 먼저 힘써야 할 것에 급히 하기 때문이다."[44]라고 지적한다. 맹자의 본성론은 생리적 욕구를 제거하는 것이 아니라 본성을 중심으로 합일시키는 것이기 때문에, 무욕(無欲)이나 절욕(絶欲)이 아니라 옳음이 확보된 상태에서 적절한 욕구를 추구하는 절욕(節欲)이나 과욕(寡欲)을 주장한다.[45] 맹자의 선(善)한 본성은 삶의 다른 지평들을 포괄해감으로써 자신의 영

42) 『맹자』, 「공손추상」, 6장.

43) 『대학』, 경1장. "物有本末, 事有終始, 知所先後, 則近道矣."

44) 『맹자』, 「진심상」, 46장.

45) 과욕(寡欲)에 관한 내용은 『맹자』, 「진심하」, 35장에 나온다.

역을 확대한다.

> 욕구해야 옳은 것을 선(善)이라 하고
> 자기에게 소유한 것을 신(信)이라 하고
> 가득 채우는 것을 미(美)라 하고
> 가득 채우고서 밝게 빛나는 것을 대(大)라 하고
> 크면서 변화되는 것을 성(聖)이라 하고
> 성스러우면서 알 수 없는 것을 신(神)이라 한다.[46)]

여기에서 보면 맹자의 본성론은 선을 출발점으로 삼으면서 신(信), 미(美), 대(大), 성(聖), 신(神) 등의 순으로 통합적으로 확대되어간다. 선한 본성이 반드시 선한 결과를 낳는 것은 아니지만, 주관적 사려와 의지가 제대로 기능한다면 본성이 현실에 잘 발휘될 수 있다. 맹자에 의하면 좋은 삶이란 옳은 것을 구체화하는 과정이다.[47)] 맹자가 말하는 선한 본성은 추상적인 수준에 머물러 있는 것이 아니라 삶에서 구체적으로 표현됨으로써 자취를 갖는다. 맹자의 본성이란 현실에 구체화할수록 맑고 온화하게 낯빛에 드러나고, 등에 가득하고, 사지에 퍼진다.[48)] 본성이란 이와 같이 언제든지 현실에 발휘할 수 있는 고갈되

---

46) 『맹자』, 「진심하」, 25장. "可欲之謂善, 有諸己之謂信, 充實之謂美, 充實而有光輝之謂大, 大而化之之謂聖, 聖而不可知之之謂神."

47) 당군의가 제시하는 본성의 실천적 특성은 본성의 구체화를 잘 묘사하고 있다. 그에 의하면 군자의 존심양성(存心養性)은 진심지성(盡心知性)하여 천형(踐形)하는 경지이므로, 몸이란 마음과 본성을 표현하는 장소가 된다. 몸은 궁극적으로 마음속의 본성을 표현함으로써, 몸과 마음이 현실에서 하나로 통일된다. 唐君毅, 『中國哲學原論: 原性篇』, 대만: 학생서국, 중화민국53, 26쪽.

48) 『맹자』, 「진심상」, 21장. 주희의 주석을 보면 이 부분을 이기론(理氣論)으로 해석하고 있다. 주희에 의하면 "기품이 맑고 밝아서 물욕의 장애가 없으면 본성의 네 가지 덕이 마음에 뿌리를 두고 있으니, 그 쌓임이 왕성하게 되면 발생하여 외부로 드러나는 것들은 말하지 않더라도 본성을 따르게 된다."

지 않는 원천이다.

맹자의 본성 확충의 논리에서 한 가지 유의할 점은 그것이 공리주의에 뿌리를 두고 있지 않다는 사실이다. 맹자가 여러 곳에서 음악이나 사냥 등과 같은 쾌락을 백성과 함께 즐기라고 통치자에게 충고하는 것을 볼 수 있지만, 그렇다고 만약 그러한 사례를 공리주의적인 시각에서 '최대 다수의 최대 행복'으로 파악한다면 이는 맹자 사상에 대한 오해이다. 왜냐하면 맹자의 그러한 언급은 공리의 극대화를 위한 것이 아니라 가치론적으로 쾌락에 앞서는 선을 전제하고 있기 때문이다. 맹자에 의하면 군자는 욕구나 즐거움 이전에 정해진 분수로서의 본성을 가장 우선적으로 추구한다. 맹자는 쾌락의 확대를 일차적 목적으로 삼지 않고 분수로서 부여된 본성의 발휘를 목적으로 삼는다. 따라서 맹자의 본성 확대는 최대의 쾌락을 구하는 공리주의가 아닌 덕성의 최대화를 추구하는 의무론적 윤리학을 추구한다.

덕성 윤리에 기초한 맹자의 확충의 논리는 선(善) 인식과 선 실천을 일치시키기 위한 것이다. 맹자는 인식된 선이 구체적인 삶의 과정에 표현되어야 한다고 본다. 맹자의 호연지기는 선한 덕성을 구체적으로 발휘하여 좋은 기상을 지님으로써 선 인식과 선 실천을 일치시킨다.49) 맹자에 의하면 본성은 마음, 몸, 사회 등에 언제나 드러나 있으며, 또한 더욱 드러나 있게 해야 한다. 본성이란 자연적 사실이기도 하지만 추구해야 할 가치론적 당위이기도 하다. 마음과 본성과 하늘이 모두 하나의 주어진 사실이자 추구해야 할 당위이다. 그래서 맹자는 이렇게 말한다. "마음을 다한다는 것은 본성을 아는 것이니, 본

49) 가이어에 의하면 "선이 창조하는 아름다움은 맹자가 말했던 얼굴, 사지, 등뿐만 아니라 개인의 품행에도 반영되어 있다. 중국의 성인들은 애쓰지 않고 신묘한 행위를 하는 그들의 몸이나 도구와도 잘 통합되어 있다." Nicholas F. Gier, "The Dancing Ru: A Confucian Aesthetics of Virtue", *Philosophy East and West*, Vol. 51, University of Hawai'i Press, 2001, p.292.

성을 알면 하늘을 안다. 마음을 보존하여 본성을 기르는 것은 하늘을 섬기는 것이요, 요절과 장수에 의심하지 않고 몸을 수양하여 기다리는 것은 명을 세우는 것이다."[50]

맹자의 본성이란 이념적인 것이면서도 현상 세계에 구체적으로 자취를 드러내고 있다. 맹자의 본성은 이념적이므로 오히려 더욱 현실적인 것이다. 그의 이념으로서의 본성은 현실에 구체적인 자취를 가지고서 나타난다. 맹자의 '자연스러운 자취(故)'에 관한 해석을 보면 본성의 현실적 모습이 잘 서술되어 있다.

> 세상에서 본성을 말하는 것은 '자연스러운 자취(故)'일 따름이다. '자연스러운 자취(故)'란 이로움을 근본으로 한다. 지혜를 미워하는 것은 천착하기 때문이다. 만약 지혜란 것이 우임금이 물을 순리대로 다스린 것과 같다면 그러한 지혜를 미워할 필요가 없다. 우임금이 물을 순리대로 다스린 것은 일없음을 행한 것이다. 만약 지혜로운 자가 일없음을 행한다고 한다면 그러한 지혜는 위대하다.[51]

맹자에 의하면 '자연스러운 자취(故)'란 현상 안에 저절로 이치가 담겨 있음을 뜻한다. 이런 이유로 현상이란 이치의 매우 자연스러운 표현이다. 현상에서 이치의 자연스러움을 지각하는 지혜로운 자라면 어떠한 사태를 억지로 꿰어 맞추려고 하기보다 자연스럽게 일이 되어가게 한다. 왜냐하면 모든 존재는 의도적 생각에 의해서 억지로 존재하는 것이 아니라 저절로 의미를 전개하고 있는 과정적 존재이기

---

50) 『맹자』, 「진심상」, 1장. 또한 정자(程子)에 의하면 "마음과 본성과 하늘은 하나의 이치다. 이치로 말하면 하늘이고, 받은 것으로 말하면 본성이고, 사람에게 보존된 것으로 말하면 마음이다." 주희, 『맹자집주』, 「진심상」, 1장.

51) 『맹자』, 「이루하」, 26장. "天下之言性也, 則故而已矣. 故者, 以利爲本. 所惡於智者, 爲其鑿也. 如智者, 若禹之行水也, 則無惡於智矣. 禹之行水也, 行其所無事也. 如智者, 亦行其所無事也, 則智亦大矣."

때문이다. '자연스러운 자취(故)'에 대한 해석에서 보듯이 맹자의 본성은 도덕 이념이지만, 한편으로 현상계에 드러난 물리적 힘이기도 하다. 왜냐하면 맹자 사상에서 본성은 추상적 도덕원리로서 요청되는 것이 아니라 그 자체로 사물의 세계에 힘을 행사함으로써 도덕적 이념과 물리적 힘이 통일되어 있기 때문이다. 맹자가 본성을 이야기하면서 예로 들었던 '아래로 떨어지려는 물', '풍성한 숲', '보리의 파종' 등과 같은 비유들은 본성이 물리적 생명력과 통일되어 있음을 잘 보여준다.52)

맹자의 본성과 현상의 통일은 나중에 성리학의 미발(未發)과 이발(已發)의 통합적 관계로 계승된다. 주희는 맹자의 '故'에 대해 다음과 같이 언급함으로써 맹자의 합일적 도덕철학을 지지한다.

> 본성이란 사람과 사물이 얻어서 살아가는 이치이다. 자연스러운 자취(故)란 이미 드러난 자취(已然之迹)이다. 예를 들어 세상에서 자연스러운 자취라고 하는 것이 그것이다. (중략) 사물의 이치는 비록 형체가 없어서 알기 어렵지만 그 이치가 이미 확연하게 드러나면 반드시 자취가 있어서 쉽게 보인다. 그러므로 세상에서 본성을 말할 때 그 자연스러운 자취만을 말하더라도 이치가 저절로 드러난다. 마치 하늘에 대해 잘 설명하는 자라면 반드시 사람에게서 징험하는 것과 같다. 그러나 이른바 자연스러운 자취라고 하는 것도 반드시 저절로 그러한 세(勢)에 근본한다. 그것은 마치 사람의 선함과 물의 낙하가 억지로 끌어당겨 조직해서 그러한 것이 아닌 것과 같다. 사람이 나쁘게 되고 물이 산 위에 있는 경우는 자연스러운 자취가 아니다.53)

52) 황종원, 「맹자의 "行其所無事" 원칙과 性論에 대한 생태 철학적 접근」, 『동양철학연구』, 제50집, 2007, 272-281쪽,

53) 주희, 『맹자집주』, 「이루하」, 26장. "性者, 人物所得以生之理也. 故者, 其已然之跡. 若所謂天下之故者也. (중략) 事物之理, 雖若無形而難知, 然其發見之已然, 則必有跡而易見. 故天下之言性者, 但言其故, 而理自明, 猶所謂善言天

주희는 맹자의 자연스러운 자취에 대해 이치가 드러난 자취라고 말한다. 주희에 의하면 "사물의 이치란 자연스럽지 않은 것이 없어서, 그것에 따르면 크게 지혜로운 자가 되지만, 지혜가 작은 자는 자신의 의도로 조작하여 본성을 해침으로써 도리어 지혜롭지 못하게 된다."[54] 이와 같이 '故'자는 공자와 맹자를 거쳐서 나중에 정주(程朱) 성리학에서는 '그러한 까닭의 자취(所以然之故)'라는 개념으로 정립된다. '자연스러운 자취(故)'로 본다면 본성이란 구체적 현실에서 스스로 자신의 자취를 통해 표현되는 활발발(活潑潑)한 이념이다. 하늘에 솔개가 날고 물고기가 연못에서 뛰듯이(鳶飛魚躍) 유교적 본성은 어디에나 생생하게 유동하고 있다.[55] 성리학의 대표적 이론인 체용론과 이일분수론이 바로 본성의 끊임없는 구체화를 설명하는 개념들이다.

맹자의 본성론을 성(性)-정(情), 이(理)-기(氣), 질(質)-문(文), 형이상자-형이하자 등의 성리학적 구도에서 본다면, 이념적으로는 형이상자인 본성과 이치가 우위에 있지만 현실적으로는 그 본성과 이치가 형이하자인 감정과 기질에 계속적으로 표현되어야 한다. 현실에 '드러난 세계(所然)'는 '그렇게 드러나는 까닭(所以然)'과 긴밀한 상관관계를 갖고 있으며, 그렇게 드러나는 까닭이란 다름 아닌 맹자가 말한 본성이다. 맹자의 본성이란 한편으로는 초월적이면서도 다른 한편으

者, 必有驗於人也. 然其所謂故者, 又必本其自然之勢, 如人之善, 水之下, 非有所矯揉造作而然者也. 若人之爲惡, 水之在山, 則非自然之故矣."

54) 주희, 『맹자집주』, 「이루하」, 26장. 맹자의 호연지기 사상 역시 원본의 자연스러운 표현으로 해석할 수 있다. 호연지기란 방치해서도 안 되고 억지로 조장해서도 안 되며, 오직 이치에 따라 자연스럽게 표현되고 있어야 한다.

55) 『이정유서(二程遺書)』 권3에서는 하늘에 솔개가 날고 물고기가 연못에서 뛰는(鳶飛魚躍) 경지를 활발발(活潑潑)로서 묘사하고 있다. 정호(程顥) · 정이(程頤), 『이정집(二程集)』, 전2책 중 1책, 권3, 「謝顯道記憶平日語」, 한경문화사업유한공사, 중화민국72, 59쪽.

로는 자취를 통해 현실에 내재한다. 맹자는 곡식의 씨앗이나 솟아오르는 샘물처럼 대체(大體)로서의 본성이 이미 사람의 마음과 사회에 구체적인 세(勢)를 형성하고 있으며, 단지 사람들이 이미 드러난 본성의 단서를 보존하고 확충한다고 한다면 더 나은 삶을 영위할 것이라고 본다. 이러한 맹자의 이상과 현실의 합일설은 본성에 근간한 자기 개발의 수양 방법을 가장 분명한 형태로 제시할 뿐만 아니라, 부득이한 경우에는 몸의 욕구를 버리고 도덕적 의리를 취하는 사생취의(捨生取義)의 정신을 표명한다. 맹자의 합일설은 나중에 성리학으로 이어짐으로써 유교 도통론(道統論)의 밑거름이 된다.[56]

4. 덕성 윤리의 과제

맹자와 고자의 논쟁은 본성에 대한 서로 다른 이해를 보여준다. 고자가 본성을 본능과 동일한 개념으로 여기면서 본능의 수준에서는 아직 가치론적 시비를 가릴 수 없다는 가치중립적 태도를 취한다면, 맹자는 타고난 욕구들 간에도 더 가치 있는 것과 그렇지 못한 것이

---

56) 쉰우 천에 의하면 (1) 도는 인간의 역사와 문화와 행위에 내재하므로, 도는 초월적이면서도 내재적이다. (2) 도는 우리가 준수하는 도덕원리와 우리가 사용하는 예법이나 제도를 통하여 표현되므로, 도는 개별사에 구현된 보편자이다. (3) 도는 고대의 성왕이나 현재의 좋은 통치자의 기술에서 구현되므로, 도는 역사적으로 전개되는 보편자이다. (4) 도는 참되다. 도가 참되다는 것에 근거하여 다른 모든 진리가 이해되고 해석된다. (5) 도를 이해하기 위해서는 비근한 것, 즉 자신의 실제 생활에서 매일 문화적으로 경험하는 것에 대해 반성해야만 한다(Xunwu Chen, "Hermeneutical Reading of Confucianism", *Journal of Chinese Philosophy* 27:1, Blackwell Publishing, 2000, pp.101-115). 또한 성리학적 도를 해석학적 실천의 측면에서 접근한 논문으로는 용 후앙의 논문을 들 수 있다(Yong Huang, "Cheng Yi's Neo-Confucian Ontological Hermeneutics of Dao", *Journal of Chinese Philosophy* 27:1, Blackwell Publishing, 2000, pp.69-92).

있다고 본다. 고자가 본성과 본능을 중립적인 것으로 파악한다면, 맹자는 가치론적 시각에서 본성(대체)과 본능(소체)의 우열을 구별한다. 맹자에 의하면 본성이나 본능이나 둘 다 타고난 것이지만 가치론적 측면에서는 본성이 본능보다 훨씬 중요한 도덕적 가치이다. 그래서 맹자는 본-말과 선-후로 구분되는 합일론을 제시한다. 맹자는 우선적으로 본성을 확충함과 동시에 본능을 적절히 절제함으로써 본성의 현실화를 추구한다.

맹자의 내재적 가치론에 약점이 없는 것은 아니다. 맹자의 본성론은 타고난 선(善)을 고양시키는 데 매우 유력한 학설임에 틀림없지만, 사회적 구성원들 간에 갈등이 일어났을 때 어떻게 의사소통을 원활하게 할 것인지에 대해 더 많은 숙고가 필요해 보인다. 맹자의 본성론은 사회 구성원들 간의 욕구들이 서로 갈등할 때 그러한 갈등을 의사소통을 통해 합의해가기보다, 개인이 자신의 본성을 따르면서 사사로운 욕구를 절제함으로써 덕성을 수양하려고 한다. 이러한 맹자 식의 덕성 윤리는 자기반성이나 자기 훈계에 기초하고 있으며, 사회 역시 훈계의 연장선상에서 이해함으로써 사회적 갈등에 대한 합의를 어떻게 이끌어낼 것인지에 대해 소홀할 염려가 있다. 맹자의 본성론이 공적인 영역의 문제를 사적인 덕성 수양의 영역으로 주관화하는 오류를 범하지 않기 위해서는 공적 담론의 중요성에 더 많은 주의를 기울일 필요가 있다. 주희가 덕성적 앎의 증진과 관련되는 치지(致知)와 구체적 외부 상황과 관련되는 격물(格物)을 병진적으로 말했듯이, 맹자의 본성론 역시 내면적인 본성의 소리에 귀 기울여야 할 뿐만 아니라 의견을 달리하는 타자들의 목소리를 진지하게 경청할 때에 탄탄한 덕성 윤리를 건립할 수 있을 것이다.

제 3 장

맹자가 제시한 선의 실행 가능성

맹자의 사상은 성선설로 일반화되며, 그 요지는 인간이 본래 타인에 대하여 선의를 가지고 있다는 낙관론으로 되어 있다. 맹자는 인간을 고립적으로 떼어내는 양주(楊朱)의 이기주의와 모든 사람을 동등하게 대하는 묵자(墨子)의 균일적 보편주의 양자 모두를 부도덕한 것이라고 비판한다. 그러면서 맹자는 인간을 고립적 개인도 아니고 그렇다고 균등적 전체를 지향하는 것도 아닌 다층의 중간 지대에서 이해 가능한 존재로 본다. 쉽게 말하여 맹자의 인간은 다양한 규모의 '우리'로서 이루어진 복수의 공동 존재적 지평 위에서 정체성을 갖는다. 맹자의 성선설도 사실상 인간의 공동 존재적 지향성을 뜻한다. 맹자의 도덕론은 그러한 공동 존재적 지향성을 구체화하려는 노력이다.

맹자의 공동 존재적 선의에도 불구하고 왜 그러한 선의가 현실에서 완성되지 못하는지에 대해서 의문을 던질 수 있다. 왜 역사적 현실에서는 걸주(桀紂)와 같은 포악한 반도덕적 인물이 등장하는 것일까? 도대체 선을 알면서도 선을 행하지 못하는 이유는 무엇일까? 제3

세계 국가의 기아와 빈곤은 대중매체를 타고 시청자에게 맹자의 차마 어찌하지 못하는 마음과 측은히 여기는 마음을 자극하고 있음에도 불구하고 공동 존재적 온정이 충분히 파급되지 못하는 것은 왜일까? 맹자가 말한 우물에 빠지려는 아이와 같은 처지에 놓인 사람들이 도처에 많지만, 실제로는 바쁘고 가난하다는 이유로 부득이하게 외면하는 경우가 많은 것은 왜일까? 맹자의 도덕론은 차마 어찌하지 못하는 마음이라는 강한 구호를 내세운 것에서 나아가 그러한 현실적 난맥상까지 고려했을 때 어떠한 해결책을 제시하고 있을까?

맹자의 본성론에 대한 논의 역시 선이 실행되지 못하는 현실적 상황을 설명하기 위해서는 훨씬 복잡한 양태를 띨 수밖에 없다. 맹자의 본성론에 대하여 선천적 동기와 후천적 학습을 어떻게 절충할 것인지를 두고 논자들 간에 의견의 차이가 있지만 선천성과 후천성을 종합한다는 큰 틀에서는 일치한다. 블룸(Irene Bloom)의 경우에는 선천적 동기가 결정적이라고 보는가 하면,[1] 에임즈(Roger T. Ames)의 경우에는 문화적 학습이 더 중요하다고 보면서 상충된 해석을 한다.[2]

---

1) Irene Bloom, "Biology and Culture in the Mencian View of Human Nature", *Mencius: Contexts and Interpretations*, edited by Alan K. L. Chan, University of Hawai'i Press, 2002, pp.90-102. 블룸은 맹자가 말한 인간의 본성이란 하늘이 모든 인간에게 공통적으로 부여한 것으로서 마음에 잠재되어 있고 경험적인 상황에서 개발되는 것이라고 본다. 나아가 블룸은 맹자의 본성에 대해서 본성(nature)이냐 양육(nurture)이냐의 양자택일적 논리를 적용할 수 없는 포괄적 개념으로 파악한다. 블룸은 인간의 본성이 타고난 것이냐 혹은 획득된 것이냐의 이분법은 인간을 생물학적 소여와 문화적 획득으로 균열시키는 것으로 맹자 텍스트에는 적용될 수 없다고 본다. 그래서 블룸은 에임즈가 문화주의적 입장에 치중해서 맹자의 본성을 분석하는 것에 반대한다. 에임즈에 의하면 인간의 본성적인 유사성은 하찮은 것(unimportantly similar)임에 반해 문화적인 획득의 측면에서는 중대한 차이를 드러낸다고 주장하지만, 블룸의 비판에 의하면 인간의 본성적 유사성 역시 매우 중대한 것이며 문화적 개발 역시 그러한 본성의 동일한 질을 정화시킨 것(refinement of the same qualities)이다.

그러나 우리는 그러한 논자들의 차이점보다 일치점에 주목할 필요가 있다. 모든 논자들이 본성의 후천적 개발을 끊임없이 고려한다는 데서는 일치한다. 논자들의 후천적 개발에 대한 관심은 선천적 도덕 동기만으로 맹자의 도덕론을 온전히 설명할 수 없다는 현실적 고려 때문에 등장한다. 맹자 도덕론의 기원은 본성이 선하다는 것에서 출발하지만, 독자의 시각에서는 어떻게 그러한 선이 실행되는가에 대한 의문이 동반된다. 따라서 심리학적 직각주의 혹은 선천적 도덕 동기를 내세우는 맹자의 도덕철학이 온전해지기 위해서는 선 실행에 대한 과정적 기술이 필요하다. 맹자의 선천적 양지에 기초한 성선설은 그것이 어떻게 현실화될 수 있느냐에 대한 난해한 물음에 직면할 때 선 인식을 넘어서 선 실행까지 고려하는 복잡다단한 정련된 논증을 요청하고 있다. 과연 맹자의 선천적이고 직각적인 성선설은 선 실행에서의 취약성을 어떻게 극복하려고 시도할까?

---

2) Roger T. Ames, "Mencius and a Process Notion of Human Nature", *Mencius: Contexts and Interpretations*, edited by Alan K. L. Chan, University of Hawai'i Press, 2002, pp.72-80. 에임즈에 의하면 인간의 본성은 인간 행위의 변화하는 모형에 따라서 계속해서 바뀌어가는 자기 선개석 과정(spontaneous process)이다. 에임즈는 본질주의자들이 주장하듯 맹자의 본성이 모든 인간에게 단일하게 부여된 초월적인 것이 아니라 숙고와 노력에 의해서 계속해서 수정되는 과정에 있는 것이라고 본다. 그러나 임헌규는 에임즈의 연구가 맹자를 결과론적으로만 편향되게 해석한다고 비판한다. 임헌규에 의하면 맹자의 본성은 텍스트에 나오는 "我固有之", "人皆有之", "心之所同然者" 등의 구절에서 볼 때 보편적으로 심성에 주어진 존재론적 실재성이기도 하다(임헌규, 『유가의 심성론과 현대 심리철학』, 철학과현실사, 2001, 104-109쪽). 나는 맹자의 본성이 선 인지적인 측면에서는 선천적, 즉각적, 초월적으로 모든 인간에게 알려지지만, 선 실행적인 측면에서는 숙고와 노력을 통해서 현실화될 수 있다는 입장을 취한다.

1. 선 인식과 선 실행 사이의 균열

맹자는 무엇이 선(善)인지 혹은 무엇이 타당한 것인지와 같이 도덕의 내용에 대한 물음에는 별다른 회의를 하지 않는다. 왜냐하면 맹자가 보기에 모든 사람은 선을 직각적으로 인지할 수 있기 때문이다.[3] 맹자가 말한 '차마 어찌하지 못하는 마음(不忍之心)'과 '측은하게 여기는 마음(惻隱之心)'은 인간의 선천적 도덕 감정의 푯대로서 후세에 각인된 대표적인 경우이다. 나아가 맹자의 측은하게 여기는 마음의 구체적 형태는 인간 사이의 공동 존재적 친화감이라고 할 수 있다. 맹자가 보기에 인간이란 강한 혈연에서 약한 혈연으로 이어지는 친화적 사슬의 등급(親親之殺)에 따르는 스펙트럼의 다양한 펼쳐짐 위에서 존재한다. 그러한 친화적 사슬의 등급은 가족 공동체에서 맺어진 강한 친근감이 이웃이나 먼 지방의 사람에게까지 확대됨으로써 서로 연계된다. 맹자는 혈연적 친근감을 사회 전반에까지 확대함으로써 인간에게 내재한 공동 존재적 도덕 감정을 사회 원리로 삼는다.

성선설에 근거한 인간의 공동 존재성은 균열된 현실 앞에서 부서지기 쉬운 특성이 있다. 맹자의 경고에 의하면, 왕은 자신의 친족만을 이롭게 하며, 대부는 자신의 가문만을 이롭게 하며, 신하들은 자신의 영달을 추구하면서, 상하의 여러 계층들이 서로 자신의 이득만을 다툴 때 나라가 위태로움에 빠지면서 공동 존재적 현실은 위기에

---

3) 뚜 웨이밍은 맹자의 사상을 심리학적 직각주의로 해석한다. "인간의 본성이 선하다는 맹자의 주장은 원시 유학사상을 배우는 사람들에게 매우 익숙한 말이다. 그와 같이 너무나도 소박한 맹자의 생각이 근거하는 것은 '직관에의 호소'라고 인정되어 왔다. 맹자는 '네 가지 단서(四端)'와 같은 도덕적 경향성(propensity)을 인간이 본성적으로 타고 났다는 신념 이상의 명증한 논증을 제공하지 않는다." 뚜 웨이밍, 정용환 옮김, 『뚜 웨이밍의 유학 강의』, 청계, 1999, 85쪽.

직면하게 된다.[4)] 그런 까닭에 맹자가 위정자로 하여금 “천하로써 즐거워하고 천하로써 근심하는”[5)] 태도를 견지하라고 권유함에도 불구하고, ‘자신을 위하여 즐거워하고 자신을 위하여 근심하는’ 이기주의적 방해물이 쉽게 제거되는 것은 아니다. 다양한 장애들이 인간의 공동 존재적 선의지가 현실화되지 못하도록 방해하므로 맹자의 성선설 역시 그러한 도전에 직면할 수밖에 없다.

혹자는 맹자의 성선설에 대해 “인간은 본성적으로 선하므로 인간의 행위 역시 선한 결과만을 낳아야 하는데, 왜 현실적으로는 악한 일들이 많은가? 맹자의 성선설은 잘못된 이론이 아닌가?”라고 따져 물을 수도 있다. 그러나 그러한 물음은 맹자의 성선설을 결정적 인과론으로 잘못 해석한 결과이다. 맹자의 성선설은 인간의 선 인식에 있어서 보편성을 전제한 것이지, 선 실행에 있어서 보편성을 전제한 것은 아니다.[6)] 그렇다면 맹자가 제시하는 선 인식의 내용인 인의예지는 현실에서 온전한 결과로 도출되리라고 기약할 수 없다. 비록 맹자가 인간의 본성은 선한 경향이 있다고 주장하였을지라도 그러한 경향이 항상 선한 결과를 가져오는 충분조건인 것은 아니며, 선한 결과를 낳고자 할 때 반드시 요청되는 필요조건일 따름이다. 따라서 맹자의 성선설은 선 인식과 선 실행 사이에서 균열이 일어날 수 있다. 다음의 인용문에서 맹자의 도덕론에 드러나는 선 인식과 선 실행 사이

---

4) 『맹자』, 「양혜왕상」, 1장. “王曰何以利吾國, 大夫曰何以利吾家, 士庶人曰何以利吾身, 上下交征利而國危矣.”

5) 『맹자』, 「양혜왕하」, 4장. “樂以天下, 憂以天下.”

6) 라우에 의하면 맹자의 성선설은 선악을 구별하는 인식 능력을 말한다. 그리고 선에 대한 인식 능력이 필연적으로 선의 실행 능력과 연계되는 것은 아니다. 이러한 라우의 해석은 맹자 성선설의 인식론적 특징을 잘 지적하고 있다. D. C. Lau, “Theories of Human Nature in Mencius and Xunzi”, *Virtue, Nature, and Moral Agency in the Xunzi*, edited by T. C. Kline III and Philip J. Ivanhoe, Hackett Publishing Company, 2000, pp.194-197.

의 분기를 확인할 수 있다.

> (1) 측은하게 여기는 마음이 없다면 사람이 아니다. (자신의 나쁜 점을) 부끄러워하고 (타인의 나쁜 점을) 싫어하는 마음이 없다면 사람이 아니다. 사양하는 마음이 없다면 사람이 아니다. 옳고 그름을 따지는 마음이 없다면 사람이 아니다. 측은하게 여기는 마음은 인(仁)의 단서이다. 부끄러워하고 싫어하는 마음은 의(義)의 단서이다. 사양하는 마음은 예(禮)의 단서이다. 옳고 그름을 따지는 마음은 지(智)의 단서이다. 사람은 그 몸에 사지(四肢)가 있듯이, 네 가지 단서가 있다. 그 네 가지 단서를 가지고 있으면서도 스스로 실천할 수 없다고 말하는 것은 스스로를 해치는 것이고, 자기 임금이 실천할 수 없다고 말하는 것은 자기 임금을 해치는 것이다. 무릇 자기에게 있는 (2) 네 가지 단서를 충분히 확대하여 개발할 경우, 불꽃이 처음 타오르듯 혹은 샘물이 처음 솟아나듯 할 것이다.[7)]

맹자는 (1)에서 인간이라면 누구에게나 마음에 네 가지 단서(四端)와 인의예지가 내재한다고 말하고,[8)] (2)에서는 행위를 통하여 그러한 네 가지 단서와 인의예지를 개발하라고 독려한다. 맹자가 (2)에서처럼 선 실행을 적극적으로 독려하는 이유는 선의 심리적 지향성이 필연적으로 선 실행을 결과하는 것은 아니기 때문이다. 맹자는 선 인식이 선 행위로 개발될 경우에 불꽃이나 샘물처럼 쉽게 실천될 것이라

---

7) 『맹자』, 「공손추상」 6장. "無惻隱之心, 非人也. 無羞惡之心, 非人也. 無辭讓之心, 非人也. 無是非之心, 非仁也. 惻隱之心, 仁之端也. 羞惡之心, 義之端也. 辭讓之心, 禮之端也. 是非之心, 智之端也. 人之有是四端也, 猶其有四體也. 有是四端而自謂不能者, 自賊者也. 謂其君不能者, 賊其君者也. 凡有四端於我者, 知皆擴而充之矣, 若火之始然, 泉之始達."

8) Irene Bloom, "Biology and Culture in the Mencian View of Human Nature", p.95. 블룸에 의하면 맹자가 말한 인간의 본성이란 도덕적 선을 향하려는 잠재적 지향성이다.

는 낙관을 내놓고 있지만, 그 이면에는 선 인식과 선 실행 사이에 무시할 수 없는 위태로운 균열이 존재한다는 뜻도 함축되어 있다. 즉 맹자의 "네 가지 단서를 충분히 확대하여 개발할 경우"라는 조건의 이면에는 네 가지 단서를 실천할 수 없는 경우를 동시에 염두에 두고 있다. 맹자의 도덕론에서 "선이 자신의 마음에 있음을 안다."는 것과 그러한 "선을 개발하여 실행한다."는 것은 긴밀하게 연결된 내적인 관계(internal relation)가 아니다. 맹자에 따르자면 이미 인식된 선을 실행하려는 의지가 있을 때는 불꽃처럼 쉽게 실행되겠지만, 선에 대한 실행 의지가 없을 때는 현실을 위태롭게 하는 나쁜 결과를 낳고 만다. 그처럼 맹자의 선 실행은 조건적인 것이다.

맹자의 사상에서 선 실행이 조건적이라는 사실과 관련하여 자연스럽게 다음과 같은 의문을 던져볼 수 있다. 왜 선 인식과 선 실행 사이에 균열이 일어나는가? 혹은 어떠한 조건에서 선 실행은 성공할 수 있는가? 이러한 질문은 선 인식과 선 실행 사이의 연관관계를 묻는 것인데, 맹자는 그와 관련하여 많은 논변을 남기고 있다. 맹자가 말하는 선 인식과 선 실행 사이의 교란은 제선왕(齊宣王)과의 대화에서 확인된다. 맹자는 인간이 선 실행의 실패로 나아가게 되는 원인이 실행 의지의 결여에 있다고 보면서, 제선왕에게 의지의 나태를 고치라고 충고한다.

자신의 힘이 충분히 삼백 근을 들 수 있으면서도 깃털 하나도 들기에 충분치 못하다고 하고, 눈으로 충분히 가는 터럭의 끝을 살필 수 있으면서도 수레에 실은 땔나무도 보이지 않는다고 한다면 왕께서는 그 사실을 인정하겠습니까? (중략) 그렇다면 깃털 하나를 들지 못하는 것은 힘을 쓰지 않기 때문이며, 수레에 실은 땔나무를 보지 못하는 것은 시력을 쓰지 않기 때문이며, 백성이 보호받지 못하는 것은 은혜를 쓰지 않기 때문입니다. 왕께서 왕 노릇을 못하는 것은 하지 않아서(不爲)이

지 능력이 없기(不能) 때문은 아닙니다.[9]

맹자가 보기에 제선왕의 선 인식은 충분하였지만 선 실행에는 병통이 있었다. 이처럼 맹자는 선 인식의 측면과 선 실행의 측면을 나누면서 선 실행에는 여러 가지 제약이 있음을 인정하고 있다. 맹자가 보기에 제선왕이 도덕적 행위에 실패한 것은 능력이 없어서가 아니라, 의욕적으로 실천하지 않았기 때문이다. 따라서 맹자의 도덕적 실행의 실패는 선 실행 의지의 결여와 연관되어 있다.

맹자에게서 선 실행을 방해하는 도덕적 실행 의지의 결여에 대한 개념을 분석하는 데 니비슨(David S. Nivison)의 견해는 많은 도움을 준다. 니비슨은 『맹자』 텍스트에 나오는 어떤 유혹에 대한 자제력이 결여되어 도덕적 교란이 발생하는 것을 아크라시아(akrasia)로, 실행 의지 자체가 무력해진 상태를 아시디어(acedia)로 분석한다. 아크라시아는 방해하는 유혹을 제어하지 못하는 것이고, 아시디어는 선을 행해야 한다고 충분히 인지하면서도 나태하여 실천하지 못하는 것이다.[10] 즉 아크라시아란 도덕 지식이 어떤 유혹에 의해서 전복될 때

---

9) 『맹자』, 「양혜왕상」, 7장. "吾力足以擧百鈞而不足以擧一羽, 明足以察秋毫之末而不見輿薪, 則王許之乎? (중략) 然則一羽之不擧, 謂不用力焉. 輿薪之不見, 爲不用明焉. 百姓之不見保 爲不用恩焉. 故王之不王, 不爲也, 非不能也."

10) David S. Nivison, *The Ways of Confucianism*, edited by Bryan W. Van Norden, Open Court Publishing Company, 1996, p.92. 니비슨의 아크라시아와 아시디어의 개념은 아리스토텔레스의 『니코마코스 윤리학』 7권 1-10권의 부분에서 나오는 내용을 계승하였다. 니비슨이 지적한 아크라시아와 아시디어의 개념이 맹자가 설명한 선 실행의 실패 사례를 잘 분석할 수 있다.
니비슨 외에 쿠아의 견해도 참고할 만하다. 쿠아는 맹자 도덕론에서 선 실행의 실패 원인을 "(1) 의지의 결여, (2) 항심(恒心)의 결여, (3) 도덕의 중요성에 대한 인식의 결여, (4) 자기 검열의 결여, (5) 항심을 지지하기 위한 물질적 토대의 결여, (6) 마주한 상황에 대한 이해의 결여" 등 여섯 가지로 세분화한다(Antonio S. Cua, "*Xin* and Moral Failure", *Mencius: Contexts and Inter-*

발생하고, 아시디어란 비록 다른 특정한 유혹이 없더라도 자신이 옳다고 믿는 지식을 실천할 만한 충분한 동기가 형성되지 못하였을 때 발생한다. 가령 내가 시내에서 친구와 술을 마시고 싶은 충동에 져서 학생들의 성적을 채점하지 못했다면 아크라시아라고 할 수 있고, 내가 어떤 특별한 유혹이 없었음에도 그냥 채점을 하지 않았다면 아시디어라고 할 수 있다.[11] 아크라시아와 아시디어 개념이 맹자의 도덕철학에서 의지의 결여로 인해서 발생하는 선 실행의 실패를 잘 대변해준다.

맹자가 제시하는 자제력 결여와 나태에 따른 선 실행 의지의 결핍은 도덕 주체의 자율적 사려 기능의 약화와 관련된다. 맹자의 잠재적 도덕 동기는 그 자체로 실행되는 것이 아니라 사려라는 필터를 통해서 현실화되기 때문이다. 맹자 사상에서 사려 기능의 주체는 마음이며, 마음 안에는 잠재적 도덕 동기로서의 본성이 내재한다. 따라서 맹자가 「진심상」에서 분명하게 정리하였던 것처럼 마음의 사려를 다하면 내재된 자신의 도덕 동기를 확연하게 알 수 있다.[12] 맹자는 사

---

pretations, edited by Alan K. L. Chan, University of Hawai'i Press, 2002, pp.126-150). 쿠아가 지적한 여섯 가지 원인은 궁극적으로 도덕적 선 실행 의지의 결여로 귀결되는 것들이다. 그 중 (1), (2), (3), (4), (6)은 도덕적 사려의 약화가 원인이 되어 선 실행 의지가 약화된 경우이고, (5)는 기본적 생존권이 보장되지 않아서 선 실행 의지가 피폐해진 경우이다.

11) David S. Nivison, *The Ways of Confucianism*, p.2. 노던(Bryan W. Van Norden)은 니비슨의 이 책을 편집하면서 1쪽부터 13쪽에 걸쳐 책의 내용을 소개하고 있다. 노던은 그 부분에서 니비슨의 아크라시아와 아시디어에 대해서 자세히 보충한다.

12) 『맹자』, 「진심상」, 1장. “盡其心者, 知其性也.” 주희의 『맹자집주』에 의하면 “마음(心)이란 사람의 신명(神明)한 것으로서 (도덕) 이치들을 구비하여 현실에 적용하는 것이고, 성(性)이란 마음 안에 내재하는 (도덕) 이치들이다(心者人之神明, 所以具衆理而應萬事者也. 性則心之所具之理).” 신정근의 맹자에 대한 논의 역시 현실 적용 가능성에 대한 사려의 측면에서 ‘진심(盡心)’을 해

려를 통하여 선 실행 의지의 결여를 보충하면서 끊임없이 인간의 공동 존재적 선 인식을 현실에 실행하고자 한다.

『맹자』 「양혜왕하」를 보면 제선왕이 당시의 신흥 음악에 빠져서 도덕 동기를 사려하지 못하고 유혹에 빠져드는 경우가 나온다. 제선왕은 당시에 새롭게 유행하던 신흥 대중음악을 지나치게 좋아하여 선천적 도덕 동기에 대한 사려가 약화되는 사태에 처한다.[13] 제선왕은 혼자만 즐기는 음악에 도취하다 보니 백성 다수와 함께 즐기는 음악에 대한 사려가 약화된다. 제선왕이 도덕적 고려를 충분히 하였더라면 함께 즐기는 음악이 도덕적으로 더 가치 있다는 것을 충분히 알 수 있었을 터인데도 제선왕에게는 함께 즐기는 음악을 실행할 수 있는 의지가 결여되어 있었다. 맹자의 사상에서 자제력 결여(akrasia)나 나태(acedia)는 타인에 대한 동정심과 일체감을 사려해내지 못한 데서 기인한다. 맹자가 보기에 도덕적 인간이란 사려를 통해서 공동 존재적 선을 현실에 우려내는 존재이다. 맹자의 도덕적 주체란 사려함으로써 선 인식과 선 실행 사이의 균열을 메우면서 '나의 욕구'를 넘어 '우리의 욕구'를 실행하는 존재이다. 맹자는 제선왕에게 사려를 통해 선 실행 의지를 고양하라고 충고한다.

2. 사려에 의한 선 실행 의지의 강화

맹자의 사려를 통한 선 실행 의지의 강화는 심성론과 관련하여 분석할 때 그 구도가 분명해진다. 맹자의 심성론적 지평은 세 가지 측

석한다. 그에 의하면 "'진기심(盡其心)'은 도덕감의 발생에 민감하게 반응하고 지적 능력을 발휘하여 드러난 도덕감을 완전하게 현실화시키는 방안을 강구한다고 할 수 있다." 신정근, 「『맹자』에서 새로운 윤리의 도출 가능성」, 『동양철학』, 제13집, 2000, 243쪽.

13) 『맹자』, 「양혜왕하」, 1장. "寡人, 非能好先王之樂也, 直好世俗之樂耳."

면이 있다. 맹자 심성론의 첫 번째 지평으로는 생리적 욕구를 들 수 있다. 그것은 몸이 필요로 하는 대상을 충족하려는 욕구이다. 두 번째 지평으로는 선천적이면서 자발적인 도덕 동기를 들 수 있다. 그것은 나와 타인 사이의 공동 존재적 동정심을 의미한다. 세 번째 지평은 사려를 들 수 있다. 그것은 생리적 욕구와 공동 존재적 욕구 사이에서 혹은 그 위에서 메타적으로 어떠한 삶을 살 것인지를 숙고하는 것을 의미한다. 그 중에서 세 번째의 사려란 삶의 애매성이 중층적으로 만나는 지점이며, 좋은 욕구와 나쁜 욕구를 선별하는 기능을 담당한다. 맹자의 사려는 중층의 욕구 중에서 욕구할 만한 상위적 가치를 골라내는 역할을 한다.[14] 그래서 맹자는 "욕구해야 옳은 것을 선(善)"이라고 부른다.[15] 맹자의 사려란 욕구할 만한 선을 선별하는 과정이다. 그것은 마치 사람의 혀가 여러 음식 중에서 더 좋은 맛을 추구하는 것처럼 사려를 통해 더 좋은 욕구를 지향한다. 궁극적으로 맹자의 사려는 식색(食色)과 같은 생리의 미학을 넘어서 도덕적 삶의 양식을 메타적으로 선별하는 행위로 고양된다. 맹자의 사려는 생리적 욕구와 공동 존재적 선에 대한 욕구를 종합하면서 후자에 가치적 우월성을 부여하는 기능을 한다. 맹자는 사려에 의해서 여러 욕구 중에서 제일 가치 있는 욕구가 바로 도덕적 선의지라는 것을 확신할 수 있다고 생각한다.

---

14) 신정근에 의하면 맹자 도덕론은 현실적으로 더 타당한 도덕석 규범을 사려하고 판별하는 기능을 갖고 있다. 그는 맹자의 시비지심(是非之心)과 진심(盡心)을 도덕 감정의 활성화라는 측면에서 파악함으로써 현실에 부응하는 새로운 예법의 입안 가능성까지 언급한다. 특히 맹자가 당시에 행해지던 풍장이나 나장 풍습을 매장으로 바꾸자고 제안한 것에 근거하여, 현대의 매장 문화 역시 화장이나 납골로 전이될 수 있다고 논변한다. 신정근, 「『맹자』에서 새로운 윤리의 도출 가능성」, 227-250쪽.

15) 『맹자』, 「진심하」, 25장. "可欲之謂善."

맹자의 메타적 사려는 인간이 도덕적 동기를 자각함으로써 동물의 영역에서 분리되어 나오는 관문과도 같다. 맹자에 의하면 중국 고대 주(周) 왕조의 시조인 후직씨(后稷氏)가 바로 도덕적 동기를 사려할 줄 아는 사람이었다. 후직씨는 사람들에게 처음으로 곡식을 경작하는 기술을 전파했을 뿐만 아니라 오륜에 의한 도덕을 가르침으로써 인간에게 상위 욕구를 실현하도록 만들었다. 맹자는 만약 후직씨가 경작하는 기술만을 가르쳤다고 한다면 당시의 사람들이 의식주에 평안했겠지만 끝내 동물과 비슷한 삶을 영위하는 데 그쳤을 것이라고 본다.[16] 이러한 점에서 맹자가 말하는 사려란 동물적 상태보다 우월한 상위의 가치를 획득하려는 인간의 정신 활동이다. 맹자가 사용하는 인간 대 동물이나 선 대 악의 이분법은 나중에 주희에게 전승된다. 주희는 맹자의 사려에 대하여 "천하의 이치에서 선한 것은 반드시 욕구해야 옳고, 악한 것은 싫어해야 옳다."[17]고 해석한다. 맹자의 메타적 욕구로서의 사려란 주희가 말한 것처럼 선에 대한 호의와 악에 대한 혐오라는 양분화된 가치판단이다. 주희의 해석처럼 맹자의 사려는 추구해야 할 적극적 욕구와 추구하지 말아야 할 부정적 욕구를 선별하면서 현실에서 선의 유포를 확대하는 장치이다.

---

16) 『맹자』, 「등문공상」, 4장. "后稷敎民稼穡, 樹藝五穀, 五穀熟而民人育. 人之有道也, 飽食煖衣, 逸居而無敎, 則近於禽獸, 聖人有憂之, 使契爲司徒, 敎以人倫, 父子有親, 君臣有義, 夫婦有別, 長幼有序, 朋友有信."

17) 주희, 『맹자집주』, 「진심하」, 25장. "天下之理, 其善者必可欲, 其惡者必可惡." 참고적으로 조기(趙岐)의 해석은 주희의 직각적 선악의 구분과 달리 선악을 욕구의 적용의 문제로 본다는 것을 부기한다. 조기는 욕구 자체에서 선과 악을 바로 구분하지 않고, 자신의 욕구를 타인에게 적용할 때의 진실성 여부로써 선과 악을 가른다. "자기가 욕구하는 것을 타인에게 욕구하게 하면 이것이 선한 사람이다. 자기가 욕구하지 않은 것을 타인에게 시행하지 않는다(己之所欲, 乃使人欲之, 是爲善人. 己所不欲, 勿施於人也)." 한문대계 1책, 『맹자정본(孟子定本)』, 「진심하」.

맹자의 관점에서 보자면 도덕의 위축은 공동 존재적 선의지에 대한 선별력의 약화에 있다. 맹자는 측은지심(惻隱之心), 수오지심(羞惡之心), 사양지심(辭讓之心), 시비지심(是非之心)과 같은 도덕적 지식을 사려에 의해서 직접적으로 확인할 수 있다고 보았다. 맹자는 인식 활동을 대체(大體)와 소체(小體)로 구분하면서 사려를 대체에 대한 인식으로 규정한다. 맹자에 의하면 "귀와 눈의 감각기관은 사려의 기능이 없으므로 사물에 가리게 되면 사물과 사물이 교류하여 서로 끌어당길 따름이다. 그러나 마음의 기관은 사려하는 기능이 있으므로, 사려하면 얻고 사려하지 못하면 얻지 못한다. 마음의 사려란 하늘이 인간에게 부여한 것이므로 먼저 (마음의 사려로서의) 대체를 세우면 (생리적 욕구로서의) 소체가 탈취할 수 없으니, 이것이 대인이다."[18] 맹자는 마음에 내재한 사려의 기능이 약화되면 인간이 동물과 같이 생리적 욕구로서의 하향적 가치에 머물고 말 것이라고 판단한다. 맹자가 말한 대인은 사려로써 좋은 욕망을 구하여 얻는 사람이라면, 소인은 사려를 소홀히 하여 좋은 욕망을 잃은 사람이다.[19]

맹자는 사려를 통하여 선 인식을 강화함으로써 자제력 결여를 야기하는 유혹의 취약성을 극복하려고 한다. 맹자 도덕론은 기본적으로 생리적 욕구와 도덕적 욕구를 둘 다 인정함에도 불구하고 선천적 도덕 동기에 삶의 상위적 가치가 있다고 본다. 맹자의 선천적인 도덕 동기는 사려에 의해서 그 가치가 현실에 알려지며, 현실은 사려하는 만큼 도덕화된다.

---

18) 『맹자』, 「고자상」, 15장. "曰耳目之官, 不思而蔽於物, 物交物, 則引之而已矣. 心之官則思. 思則得之, 不思則不得也, 此天之所與我者. 先立乎其大者, 則其小者不能奪也, 此爲大人而已矣."

19) 『맹자』, 「고자상」, 6장. "求則得之, 舍則失之."

3. 사려의 범위에 대한 논의

맹자가 제시하는 사려의 범위와 관련하여 두 가지 점을 논의할 필요가 있다. 하나는 맹자의 사려가 생리적 욕구와 관련하여 소극적 입장을 취한다는 것이다. 맹자는 생리적 욕구를 사려의 대상으로 인정하면서도 도덕 동기를 가장 우선적인 사려의 대상으로 여김으로써 생리적인 것에 대하여 균형적인 배분을 하지 못한다. 다른 하나는 맹자의 사려가 서로 충돌되는 도덕 가치들에 대한 조정자로서 사용되었지만 도덕적 난제에 대한 발굴자로서 역할을 하지는 못했다는 것이다. 맹자는 사려가 수행하는 가치 평가에 의거해서 도덕 가치들 간의 충돌을 해소시킴으로써 자신의 선천 도덕론의 완성도를 높이려고 하였지만, 도덕 일반의 관점에서 본다면 도덕 담론의 축소를 야기하고 말았다. 맹자의 도덕 담론은 도덕적 문제들을 일소할 수 있는 이상적 해답들이 선천적이고 직관적인 마음에 제시되어 있다고 판단함으로써 도덕적 충돌과 도덕적 난제들을 적극적으로 발굴해내려고 하지 않는다.

맹자의 사려가 선천 도덕을 추구한다고 하여 생리적 욕구를 아예 폐기하는 청빈주의인 것은 아니다. 맹자가 비판한 도덕적 타락의 대표자인 사이비(似而非)의 경우에서 볼 때, 도덕적 타락이 곧바로 생리적 욕구의 추구로 등치되지 않음을 알 수 있다. 맹자의 사이비란 곡식과 유사하면서 곡식을 어지럽히는 가라지, 정의를 어지럽히는 아첨꾼, 신의를 어지럽히는 감언이설자, 음률을 어지럽히는 음란한 음악, 붉은색을 어지럽히는 자주색, 덕을 어지럽히는 향원 등이다.[20] 맹

20) 『맹자』, 「진심하」, 37장. “孔子曰. 惡似而非者, 惡莠恐其亂苗也, 惡佞恐其亂義也, 惡利口恐其亂信也, 惡鄭聲恐其亂樂也, 惡紫恐其亂朱也, 惡鄕原恐其亂德也.”

자가 언급한 이러한 사이비란 도덕적 동기에 대한 사려의 약화를 의미하는 것이지, 생리적 욕구의 추구와 등치되는 것은 아니다. 맹자는 소체인 감각기관과 대체인 마음의 기관을 대비하면서 대체를 우선해야 한다고 주장하지만, 소체인 감각기관에서 나오는 욕구를 제거해야 할 도덕적 원죄로서 파악하지 않는다. 맹자는 다만 생리적 좋음에 대한 사려가 도덕에 대한 사려보다 앞서면 위험하다고 생각할 뿐이다. 그러한 맥락에서 볼 때 맹자가 욕심을 줄이라고 권유한 것은 도덕적 사려를 우선시하라는 말과도 상통한다. 맹자에게서 더 아름다운 것 혹은 더 좋은 것이란 예술적이라기보다 도덕적이다.

맹자는 사려를 통하여 도덕적 가치를 향해 솟구쳐 올라가던 그네가 다시금 생리적 욕구에 이끌려 뒷걸음질치지 않기를 바라면서 사실상 생리의 미학을 철학의 대상으로 삼지 않는다. 맹자는 옳음으로서의 규범적 가치가 좋음으로서의 예술적 가치에 의해서 갈등이 펼쳐지는 상황을 용납하지 않는다. 맹자의 사려는 생리적인 아름다움과 추함에 적용되는 것임에도 불구하고 그것들을 적극적으로 담론하지 않았다. 맹자는 인간이 생리적 욕구의 덩어리라는 사실을 인정하였음에도 불구하고, 도덕적 욕구가 생리적 욕구보다 더 중요한 가치를 지닌다고 강조한다.21) 맹자에 의하면 인간은 식사할 때에 물고기 요리와 곰발바닥 요리 중에서 더 맛있는 곰발바닥 요리를 취하고, 삶과 의로움 사이에서는 삶보다 의로움을 우선 취한다. 그런데 먹는 것과 의로움 사이에는 또한 가치론적 비중에서 차이가 난다. 인간이란 먹는 것을 넘어서 더 맛있는 것을 먹으려는 생리적 욕구가 누구에게나 있지만, 거기에서 나아가 사는 것을 넘어서 정당하게 살려는 도덕적

---

21) A. C. Graham, "The Background of the Mencius Theory of Human Nature", *Studies in Chinese Philosophy and Literature*, The Institute of East Asian Philosophies, 1986, p.36.

사려가 더 우선적인 것이라고 맹자는 말한다. 인간은 어떤 좋은 음식을 먹느냐보다, 어떻게 하면 의로운 삶을 살 것인지를 근원적으로 욕망한다는 것이다.

그렇다면 다양한 도덕적 규범들이 서로 충돌을 일으킬 때 맹자는 어떤 입장을 취할까? 맹자의 도덕론에서 도덕적 난문이란 구조적으로 성립할 수 없어 보인다. 맹자는 질서 지워진 선천적 도덕 동기로 수렴되는 닫힌 가치론에 기초하여 모든 도덕적 난제들을 해소하기 때문이다. 맹자의 도덕학에서 좋은 가치란 새롭게 창조되는 것이라기보다 선천적으로 주어진 것의 전개 과정일 뿐이다. 맹자의 선천적 가치에 대한 지나친 낙관은 사려에 의해 생겨날 수 있는 창조적 선과 미에 대한 가능성을 일축하면서 선천주의로 방향을 잡는다.[22] 그가든 우산(牛山)의 비유를 보면, 우산은 원래 아름다웠으나 그 아름다움을 풍성하게 개발하지 못하고 소와 양을 방목하고 도끼질을 하여 나무를 베어내자 숲이 빈약하게 되고 말았다. 만약 도끼질을 하여 나무를 황폐화시키지 않았다면 우산은 아름다웠을 것이라고 맹자는 말한다. 이러한 맹자의 주장은 도끼질이나 방목과 같이 숲을 해치는 후천적 활동을 부정적으로 비판한다. 맹자는 본래 타고난 인간의 아름다운 마음, 즉 인의예지의 마음에 나쁜 도구를 들이대지 않는다면 저절로 풍성해질 것이라고 말한다. 물론 우산에 물과 거름을 주어 나무를 가꾸면 숲이 울창해진다는 측면에서 보자면 후천적 경험의 중요성이 맹자에게서 무시되는 것은 아니다. 그럼에도 맹자 철학의 가치론적 비중은 선천적 본성에 있다. 맹자의 후천적 경험은 선천적 본성

22) 뚜 웨이밍, 정용환 옮김, 『뚜 웨이밍의 유학 강의』, 92-93쪽. 뚜 웨이밍은 맹자의 선천적 도덕론을 동의하는 대표적인 학자이다. 뚜 웨이밍은 "사실상 인간의 마음이 아무리 교란되고 파괴되더라도 회복하려는 내부의 힘을 완전히 억누를 수 없다."고 말하면서 맹자의 선천적 도덕론에 낙관을 표시한다.

을 유지하기 위한 과정으로서 이해될 수 있다.

맹자의 주장처럼 나쁜 도구가 가해지기 이전의 순수한 도덕 동기가 어떠한 형태와 내용으로 존재하였는지에 대해 자연스럽게 물음을 던져봄직하다. 맹자의 선천 도덕론은 인간의 후천적인 사려에 의해서 선천적으로 주어진 순수한 도덕률을 찾아간다고 가정하지만, 그러한 주장에는 난점이 놓여 있다. 맹자는 '어린아이가 우물로 기어가는 경우' 인간이라면 깜짝 놀라면서 구하려는 마음이 직각적으로 일어날 것이라고 하면서 자신의 선천주의 도덕론을 정당화하지만, 그에 대한 반론도 충분한 근거를 지닌다.

제나라의 변론가였던 순우곤(淳于髡)은 맹자 도덕론에서 모순적인 상황이 발생하는 경우를 날카롭게 지적한 적이 있다. 당시에는 남자와 여자가 손으로 주고받기를 직접 하지 않는 것이 예법으로 통용되고 있었으며, 맹자 역시 그러한 예법은 선천적 양지에서 발원한 것이라고 믿었을 것이다. 이에 대해 순우곤은 형수가 물에 빠진 위급한 상황에서 손을 내밀어 구해야 하느냐고 맹자에게 물은 적이 있다.[23) 만약 형수가 물에 빠졌을 때 형수의 손을 잡지 않는 예법과 형수를 살리려는 의지가 모두 선천적 양지에서 발로한 것이라고 한다면 선천주의 도덕은 심대한 딜레마에 봉착하고 말 것이다. 결국 그러한 딜레마를 해결하기 위해 맹자의 사려는 더 고단한 변론을 해야만 한다.

맹자는 위와 같은 선천주의 도덕론의 딜레마를 풀기 위해서 "급한 것에 먼저 힘쓴다(急先務)."는 조건을 제시한다. 맹자에 의하면 요순의 지혜라도 모든 사물에 미칠 수 없으므로 먼저 해야 할 것을 급히 하고, 요순의 인(仁)으로도 모든 사람을 아낄 수 없으므로 현명한 자를 친근히 하는 것을 급히 해야 한다.[24) 또한 맹자에 의하면 남녀가

23) 『맹자』, 「이루상」, 17장. "淳于髡曰, 男女授受不親禮與? 孟子曰, 禮也. 曰, 嫂溺則援之以手乎?"

서로 접촉하지 않는 것은 예이지만 형수가 물에 빠졌을 때는 손을 잡아서 건지는 것이 급선무라고 보면서 주어진 상황에서 가치를 저울질하는 '권(權)'이라는 개념을 제시한다.[25] 맹자가 언급한 '권'이라는 개념은 물건들의 무게를 모를 때 저울에 달아서 헤아려보는 것에서 유래한 것으로서, 여러 예법 중에서 어느 것이 더 중대한지를 사려해 봄으로써 알 수 있음을 뜻한다.[26] 이와 같이 맹자의 '급한 것에 먼저 힘쓰는 정신'이나 사태의 경중을 헤아리는 '권' 등의 개념은 후천적 사려에 의해서 서로 충돌되는 선천적 도덕 동기들을 조절하는 장치이다. 그러한 점에서 맹자의 후천적 사려는 소극적으로 선천적 도덕 동기를 인식하는 것을 넘어서 충돌되는 도덕 동기들 간의 갈등을 해소하는 적극적 역할을 부분적으로 수행한다. 맹자는 사려 개념을 통하여 선천주의 도덕론의 현실적 약점들을 봉합하려고 한다.

그렇다고 맹자의 선천주의적 도덕론이 후천적 도덕 담론의 장점들에 적극적으로 주목하는 것은 아니다. 맹자는 사려를 통하여 초월적 도덕 동기만을 확인하려고 할 뿐, 도덕 동기들 간의 불일치를 적극적인 도덕 담론의 대상으로 부각시키지 못하였다. 맹자의 사려는 깨어진 도덕 현실에서 무엇이 진정한 도덕적 난제인지를 찾는 데까지 나아가지 않는다. 확고한 도덕률이라고 여겨지던 것들이 역사적 상황의 반전에 따라 무너져 내리면서 초월적 규범에 균열이 올 때 우리가 할 수 있는 일은 무엇일까? 그러한 상황에서 최상의 도덕은 담론의 도덕일 것이며, 그러한 담론 도덕의 기초는 헤아림으로서의 사려일 수밖에 없다. 조선시대의 유자들이 초월적 의무라고 여겼던 '남녀칠세부

24) 『맹자』, 「진심상」, 46장. "堯舜之知而不偏物, 急先務也. 堯舜之仁不偏愛人, 急親賢也."

25) 『맹자』, 「이루상」, 17장. "男女授受不親禮也, 嫂溺援之以手者權也."

26) 『맹자』, 「양혜왕상」, 7장. "權然後知輕重, 度然後知長短, 物皆然心爲甚."

동석'이라는 개념이 현대사회에서는 전혀 고려의 대상이 되지 않는 것은 무엇 때문일까? 맹자는 자신의 마음을 헤아려보면 도덕적 의무의 선후와 경중이 드러날 것이라고 낙관했지만, 현실적으로 그렇지 않은 도덕적 딜레마들이 여전히 사려의 품 안에서 길항하고 있다. 예를 들어 낙태, 동성애, 이혼, 호주제 폐지 등의 윤리적 난문에 대해서 어떠한 선천적 동기가 유일무이하게 확실한 답인지를 찾는 일은 마음으로 헤아려보아도 쉽지 않을 것이다. 그러므로 맹자의 사려는 선천적 도덕 동기를 알려주는 전령사의 역할에 한정되지 말고, 무엇이 도덕적 문제인지를 알려주는 문제의 발견자로서의 역할에까지 확대될 필요가 있다.

4. 사려 개념 확장의 요구

맹자의 선천적이고 직관적인 성선설이 무조건적 낙관만을 표출하는 것은 아니다. 맹자의 선천적 도덕 동기는 이상적으로 보면 좋은 것임에도 불구하고 현실적으로 보면 너무나 불완전한 것이다. 그래서 맹자는 도덕적 동기의 취약한 환경을 개선하기 위한 방안을 모색한다. 맹자는 먼저 현실적으로 발생하는 선 실행의 불발을 설명하기 위하여 선 인식과 선 실행 사이의 균열을 예리하게 지적하고 있으며, 다음으로 그러한 불발을 방지하기 위하여 사려라는 개념을 활성화한다. 맹자는 선 인식의 교란과 선 실행의 무기력이 선 실행 의지의 결핍으로 귀결된다고 판단하며, 그러한 선 실행 의지의 취약성을 개선하기 위하여 사려를 통하여 도덕 동기를 현실에 복권하고자 애쓴다.

그러나 맹자는 선 실행 의지를 강화하기 위하여 사려의 기능을 선천적 도덕 동기에 대한 인식에 한정함으로써 도덕 담론의 축소화를 야기한 측면도 있다. 나는 맹자의 사려가 선에 대한 적극적인 고려

정도로 그 외연이 확대되어 이해될 필요가 있다고 생각한다. 현실적 도덕 담론에서는 어떠한 것이 진정한 도덕 동기인지 불분명할 경우에 오히려 더 많은 사려가 요청되기 때문이다. 맹자의 도덕론에서 사려가 유일한 도덕 동기의 확증 수단이 아니라 더 좋은 도덕 동기에 대한 탐색으로서 확장되어 기능할 때라야 비로소 자신의 도덕 판단과 상이한 도덕률들에 대해서 적극적으로 대화를 시작할 것이다.

혹자는 맹자의 도덕철학이 도덕을 우선시한 나머지 생리적 욕구를 도외시했다고 생각할 수도 있으나 이는 오해이다. 맹자는 음악, 사냥, 섹스 등의 생리적 욕구 그 자체를 비도덕적인 욕망이라고 말하지 않는다. 오히려 맹자는 도덕의 담론이 생리적 욕구와는 다른 영역의 것이라고 인식하면서 생리적 차원의 아름다움과 도덕적 차원의 좋은 동기를 구분한다. 다만 맹자가 생리적 차원의 아름다움에 대하여 적극적으로 논설을 펼치지 않은 측면은 약점으로 지적될 수 있다. 맹자가 도덕 판단에 적용하였던 사려의 기능은 도덕 외적인 아름다움, 즉 생리적인 것에까지 확대 적용될 필요가 있다. 맹자가 도덕 담론에서 나아가 생리의 미학으로서의 사려를 더 적극적으로 보완하였다고 한다면, 맹자를 감싸고 있는 두꺼운 도덕 절대주의의 껍질이 훨씬 유연해진 포괄적 철학으로 발전했을 것이다. 만약 그렇게 된다면 선천적 도덕 동기로 편향되었던 사려의 빛이 생리적 좋음을 찾기 위해서도 팔을 걷어붙일 것이다. 그에 따라서 사려는 사적인 미(美)와 공적인 선(善)을 위해서 공평하게 봉사할 것이다.

제 4 장

순자의 권위적 경험주의의 도그마

순자(荀子)는 권위적 경험주의에 기초한 외재적 가치론을 주장한다. 순자는 유전학적 본능이나 형이상학적 본성에 의해서 인간의 후천적 경험을 연역적으로 해석하려는 어떠한 시도도 용납하지 않으면서 후천적 경험 그 자체의 가치론적 우위를 주장한다. 또한 순자는 경험론자이면서도 인간에게 주어진 생득적 내용을 경험의 출발 조건으로 여겼다는 점에서 선천성과 후천성의 균형 있는 분별을 가했다고 평가할 수 있다. 순자는 선천적 조건들을 인정한 상태에서 후천적 경험지의 개발을 주장함으로써 현실 적용 가능성 혹은 현실 설명 가능성이 훨씬 높은 경험주의 이론을 구조화하였다. 이와 같이 순자는 후천적 경험을 철학의 대상으로서 적극적으로 내세웠다는 점에서 중국사상사적 참신성을 갖는다.1)

1) 중국철학사를 기술할 때 풍우란(풍우란, 박성규 옮김, 『중국철학사』, 상권, 까치, 1999, 453쪽)과 임계유(임계유 편저, 전택원 옮김, 『중국철학사』, 까치, 1990, 168-171쪽)는 순자의 철학을 유물론으로 평가한다. 그러한 평가는 순자 철학의 경험론적 특성과 관련되지만 논거가 너무 소략하여 여전히 철학적으로 세밀한 분석을 가할 필요가 있다. 한편 노사광(노사광, 정인재 옮김, 『중국

그러나 그러한 참신성이 순자의 경험주의적 한계를 보상해주는 것은 아니다. 순자는 과거의 성공적인 경험적 사례에 지나치게 권위를 부여함으로써 후천적 경험을 독단적으로 축소하는 편향을 벗어날 수 없었다. 순자의 사상은 권위 있는 성인이 전래한 예법이나 지식을 최고의 모범으로 삼아서 삶의 가치를 제고하는 수단으로 삼는다는 점에서 권위적 경험주의라고 명명할 수 있다. 순자는 공자와 같은 유교의 성인을, 혹은 오경(五經)과 같은 종래 유교의 텍스트를 절대적 경험의 지표로서 삼음으로써 경험주의가 취할 수 있는 다양성과 창의성을 사장하고 말았다.2) 이 점에서 순자는 후천적 경험에서 유래하

사상사』, 고대편, 탐구당, 1991, 327-346쪽)의 기술은 순자의 경험론적 특성을 충분히 부각시키지 못하고 있다. 노사광은 결정론적 입장에서 순자의 성악설을 비판하면서, 순자의 주장처럼 인간의 본성이 악하다고 하다면 어떻게 선왕의 모범적 법도가 나올 수 있겠느냐고 반문한다. 그러나 노사광의 성악설에 대한 결정론적 비판은 순자가 제시한 선천성과 후천성의 구분을 무시하는 오류를 범하고 있다. 순자의 사상에서는 선천적 본성이 후천적 경험을 절대적으로 지배하는 관계에 있는 것이 아니라, 오히려 후천적 경험은 조련을 통하여 새로운 가치를 적극적으로 창출해낼 수 있다. 그러한 점에서 순자 철학의 경험론적 특성을 적극적으로 분석함과 더불어 그 한계를 지적함으로써 순자 경험론의 중국철학사적 위치를 가늠해볼 수 있다.

2) David S. Nivison, *The Ways of Confucianism*, Open Court Publishing Company, 1996, p.210. 니비슨에 의하면 순자는 결과론(consequentialism)을 취하면서도 의무론적(deontological) 도덕과 등치될 수 있는 권위적 대안을 제시하려는 모순된 태도를 보인다. 순자는 인간에게 주어진 선천적 조건에 만족하지 않으면서 후천적으로 좋은 경험이 좋은 결과를 가져올 것이라고 주장하였지만, 그와 더불어 유교 텍스트를 의무론적 지침으로서 제시한다. 그러나 순자가 제시한 권위로서의 유교 텍스트를 모든 개인에게 의무적인 것으로서 적용할 경우 경험 이전의 탈경험적 혹은 초경험적 선택(meta-choice)을 강요하게 된다. 따라서 순자의 지침에 대한 초경험적 선택은 자신의 경험론적 결과론과 모순을 일으킨다. 그것은 마치 어떤 사람이 자신의 짝을 사랑하기 전에 그 짝과 결혼하기로 결정하고서 그 짝이 좋은 아내가 될 것이라고 믿는 것과 같은 가설적 확신 이상의 것이 아니다. 순자의 사상에서 그러한 괴리가 해소되기 위해서는 유일의 지침을 무조건적으로 강권하기 이전에, 경험론에 기

는 여러 가치들을 적극적으로 수용하지 못하고, 오직 유교 텍스트에 권위를 부여하여 거기에 순종하려는 소극적 경험주의를 넘어서지 못하였다.

우선적으로 순자의 권위적 경험주의에 대해 다음과 같은 질문을 던질 수 있다. 어떻게 모든 인간이 순종할 수 있는 유일의 권위를 이해 가능한 방식으로 정당화할 수 있는가? 또한 기존의 권위적 모델이 나중에 고안된 창의적 삶의 양식들보다 미래에도 우월할 것이라고 어떻게 미리 예단할 수 있는가? 유교 텍스트를 앞세운 순자의 권위적 경험주의는 그 유일성이 어떻게 경험론적 다원성과 창의성보다 우월한지 먼저 설명되어야 할 것이다. 그러한 선결문제가 논증될 때까지 순자의 권위적 경험주의는 보편적으로 일반화되어서는 안 될 논리적 취약성을 지닌다고 하겠다.

순자의 권위적 모델은 절대적 자리를 버리고 임시적 자리로 하향 조정되어야 마땅하다. 어떠한 권위가 인간의 삶의 양식과 관련된다고 한다면, 즉 인간의 경험적 가치와 관련된다고 한다면, 그러한 권위는 임시적으로 유력한 대안일 수는 있어도 절대적으로 유일한 대안인 것은 아니다. 그렇다면 어느 시점에서 어떤 특정의 권위가 공동체적 집단을 유지하기 위한 매우 유력한 수단이라고 하더라도, 나중에 혹은 다른 곳에서는 더 좋은 경험의 방식이 창안될 수 있다. 즉 권위의 옹립이란 인간의 경험에 내재하는 창조성과 다양성에 따라서 선택적이고 가변적인 것이다. 순자의 권위적 경험주의는 인간 삶의 가치를 향상시키는 유력한 수단을 넘어 유일한 권위로 자리매김하려고 할 때 인간의 자유로운 창의성에 대한 근원적 제약으로 작용할 수밖에 없다.

반을 둔 행위의 지침을 어떻게 마련할 것인지에 대한 충분한 고려가 선행되어야 한다.

인간의 경험이 다양성에 의존하고 있다고 한다면 순자의 권위적 경험주의는 그러한 다양성의 제약을 수용해야만 정당한 경험의 조련사가 될 수 있다. 그러나 여러 종류의 경험적 다양성을 모두 충족시킬 수 있는 정당한 권위적 표준을 마련하기란 극히 어렵다. 인간의 다양한 삶의 양식은 여러 시공간적 조건에 따라서 무한에 가까울 만큼 찾아낼 수 있기 때문이다. 따라서 기존의 권위는 특수한 다양성이 등장할 때마다 끊임없이 재고되는 부정의 변증 앞에서, 자의든 타의든 자신의 훈장을 떼고 또다시 논쟁의 장으로 나와야 할 것이다.

1. 경험의 선천적 조건

순자는 경험주의를 취하고 있지만 인간이 백지상태에서 시작한다고 보지 않는다. 만약 인간이 백지상태의 완전한 무지에서부터 경험을 통하여 지식을 획득한다고 가정한다면, 도대체 최초의 경험은 어떤 이유로 일어나게 되는지 그 동인을 설명할 수 없게 된다. 순자는 그러한 경험주의적 무한 소급의 함정에 빠졌던 맹목적 경험주의자는 아니다. 그는 억지로 모든 것을 후천적 경험에 짜 맞추려는 무모한 경험주의 신화를 쓰려고 하기보다 본능이나 본성과 같은 인간의 선천적 특성을 수용하여 경험의 출발점으로 삼고 있다.

순자가 제시하는 경험의 선천적 조건으로서 자연의 운동과 인간의 본능적 욕구를 들 수 있다. 그는 자연의 변화와 인간의 본능이 후천적으로 경험하기 이전에 주어진 것이라고 생각한다. 먼저 순자가 말하는 자연 운동의 필연성에 대해 살펴보자.

> 자연 운동에는 일정한 법칙이 있으니, 그것은 성군이었던 요(堯) 임금 때문에 존재하는 것도 아니요, 폭군이었던 걸(桀) 임금 때문에 사라

지는 것도 아니다.[3]

순자에 의하면 자연의 운동은 인간의 목적론적 의도와 아무런 관련이 없이 그 자체에 필연적인 운동 법칙이 내재한다. 순자는 자연과학적 필연성의 문제를 인간의 감정적 좋음과 싫음의 영역에서 분리한다. 순자는 인간이 자연의 외피에 덧칠해놓은 인간중심주의적인 맹목적 해석들을 헛된 집착이라고 보면서 그러한 자의적인 해석들을 비판한다.

> 펼쳐진 별들이 하늘을 돌고, 해와 달이 번갈아 비추고, 사철이 계속 바뀌고, 음양이 크게 변하고, 바람과 비가 널리 내리니, 만물은 각기 그러한 조화를 얻어서 생하고, 그러한 양분을 얻어서 성장한다. 자연이 왜 그렇게 운동하는지는 알 수 없으나 자연 운동의 결과는 알 수 있으므로 신비하다고 부른다. 자연 운동이 이루어놓은 결과를 알 수 있으나 자연 운동 그 자체는 형체가 없어서 알 수 없으니, 그것을 일러 자연 운동이라고 부른다. 오직 성인만이 하늘을 알려고 하지 않는다.[4]

자연 운동은 인간의 의지와 무관하게 존재하는 것이므로, 그것에 의해서 인간의 삶을 해석해내려는 시도는 맹목적으로 자연 운동에 의존하게 하는 결과를 낳게 된다. 그렇기 때문에 순자는 자연과 인간의 영역을 분리함으로써 지나친 자연 환원론 혹은 물리 환원론을 경계하는 것이다. 이와 같이 순자는 그 자체로 필연적 법칙을 갖는 자연과 자의적 의지를 갖는 인간을 분리함으로써 천인지분(天人之分)

---

3) 『순자』, 「천론」. "天行有常, 不爲堯存, 不爲桀亡."

4) 『순자』, 「천론」. "列星隨旋,日月遞炤, 四時代御, 陰陽大化, 風雨博施, 萬物各得其和以生, ,各得其養以成. 不見其事而見其功, 夫是之謂神. 皆知其所以成, 莫知其無形, 夫是之謂天. 唯聖人爲不求知天."

의 테제를 내놓는다. 순자는 인간이 자연의 필연성을 넘어서는 비사실적 절대 담론을 자의적으로 기도하는 것에 대하여, 인간의 헛된 몽환으로써 자연을 인격화(anthropomorphism)하려는 미신적 주술쯤으로 생각한다. 순자는 자연 운동의 체계 자체를 넘어서는 메타적 확실성을 찾기 위한 무한 순환의 끝없는 여행을 떠나는 대신에, 물리적 법칙을 삶의 필요조건으로 수용함과 동시에 그러한 기초적 자연 운동 위에서 인간의 경험적 활동을 어떻게 개발할 것인지에 집중한다.

순자가 자연의 물리법칙을 수용했다고 하여 물리법칙 자체를 형이상학적 토대에 의해서 절대적인 것으로 상승시킨 것은 아니다. 순자는 일상적 경험의 체계 전체를 확증하는 절대적 체계, 즉 자신은 움직이지 않으면서 우주의 모든 것을 움직이게 하는 부동의 원동자와 같은 토대를 찾으려는 시도를 무모하게 생각한다. 환언하자면 순자는 자연법칙을 초월하여 자연법칙을 가능케 하는 그러한 토대에는 관심이 없다. 현상적 자연법칙의 절대적 근거로서의 형이상학에 대한 순자의 부정은 "어떤 하나의 가정에 대한 모든 검사, 모든 확증과 반증은 이미 어떤 하나의 체계 내에서 일어난다."[5]는 비트겐슈타인의 언명과 궤를 같이한다. 예를 들어 우리는 일반적으로 별들과 태양이 만유인력에 따라서 천체를 운행하고 있다는 것을 알지만, 왜 그러한 만유인력의 관성적 운동이 있어야 하는지 그 이유를 근본적으로 설명할 수는 없다. 경험주의적 지식의 한계를 지적하면서 자주 등장하는 일출의 예에서도 자연 운동의 필연적 인과성을 확증할 길은 없어 보인다. 하루에 한 번씩 하늘에 떠올랐던 태양이 내일 다시 떠오를 것이라는 예측은 경험적인 근거에서 볼 때 그 가능성이 높지만 그렇다고 절대적 확실성을 담보하는 것은 아니다. 지동설과 만유인력의 원

5) 비트겐슈타인, 이영철 옮김, 『확실성에 대하여』, 서광사, 1990, 33쪽.

리에 의거하여 현재까지의 태양 운행의 주기를 설명한다고 할지라도, 내일 태양이 그러한 궤도를 이탈하지 않으리라는 보장은 어디에도 없기 때문이다. 순자의 자연 운동에 대한 불가지론 역시 인간의 지식이 가질 수밖에 없는 근원적 한계에 대한 매우 솔직한 표현이다. 자연 운동의 근원적 확실성을 찾으려는 시도는 칸트가 말했던 것처럼 이성의 한계를 넘어서 사유하는, 일종의 형이상학적 변증에 불과하다. 순자는 인간의 사유에 한계를 설정하여 자연 운동의 필연적 법칙을 인간의 기획에서 분리함으로써 사유와 경험이 형이상학적 독단이나 미신적 맹종으로 흐르지 않도록 경험주의자의 필수적인 조치를 취하고 있다.

순자가 제시하는 선천적 조건에는 자연 운동의 필연성과 더불어 인간의 본능이 있다. 순자의 성악설은 인간의 본능에 대하여 후천적 경험 이전에 주어진 선천적 조건이라고 명쾌하게 정리한다. 순자는 성악설을 통하여 (1) 인간에게 본능적으로 주어진 욕망이 있으며, (2) 그러한 선천적 본능이 인간의 후천적 경험을 지배하는 본질적 원인일 수 없다고 하는 두 가지 전제를 취한다.

먼저 순자 성악설의 첫째 전제인 인간에게 본능적으로 주어진 욕망이란 신체의 다섯 감각기관의 활동, 식색과 같은 생리적 욕망, 구쾌피고의 심리적 반응 등을 가리킨다.[6] 이러한 본능은 심리적 혹은 생리적으로 주어진 것으로서 동물에게도 있는 생득적 욕구에 관련되며, 인간의 도덕적 가치와 같은 고차원의 이념적 가치와는 관련이 없다. 맹자의 성선설에서는 인간의 본성으로서 선천적 도덕 감정인 인의예지(仁義禮智)가 인간의 심성에 보편적으로 내재한다고 봄으로써 도덕적 선천주의를 옹호하고 있지만, 순자의 성악설에서 말하는 심리

6) 채인후(蔡仁厚), 천병돈 옮김, 『순자의 철학』, 예문서원, 2000, 70-71쪽.

적, 생리적 본능은 적극적으로 구현해야 할 절대적 가치도 아니고 그렇다고 폐기해야 할 죄악의 뿌리도 아니다. 순자의 사상에서 인간의 심리적, 생리적 본능이란 그 자체로는 어떠한 가치론적 평가를 내릴 수 있는 대상이 아니며, 자연 운동에 필연적 법칙이 내재하듯이 인간에게 보편적으로 내재하는 삶의 출발점일 뿐이다.

성악설의 두 번째 전제에서는 후천적 경험을 선천적 본능에서 분리하여 새로운 가치를 부여하고 있다. 순자는 선천적 본능을 필요조건으로서 인정하지만, 그렇다고 선천적 본능에만 의거하여 인간을 해석하지 않는다. 왜냐하면 순자는 인간의 본능이란 후천적 개발을 통해서 훨씬 상위의 새로운 가치를 획득할 수 있다고 믿기 때문이다. 그래서 순자는 「권학(勸學)」 편에서 "배우기를 그쳐서는 안 되니, 푸른색을 쪽에서 취했으나 쪽보다 푸르고 얼음이 물에서 나왔으나 물보다 차갑다."는 명구로써 경험의 중요성을 역설한다. 순자가 보기에 인간을 질적으로 향상시키는 기술과 윤리적 덕성은 선천적 가능성(potentiality) 안에 선취적으로 짜여 있는 결정적 프로그램이 아니라, 오히려 후천적 개발과 행위에 의해서 새롭게 만들어지는 것이다. 만약 인간의 경험이 결정적 가능성(determinate potentiality)에 좌우된다고 한다면, 마치 중력에 의해서 떨어지는 돌을 숙달된 훈련에 의해서 위로 치솟게 할 수 없는 경우처럼 인간 삶의 행로는 정해진 운명처럼 진행될 것이다. 그러나 순자는 그러한 결정론적 사유를 따르지 않는다. 순자에 의하면 인간의 경험은 후천적인 학습에 따라서 상이한 결과를 야기하는 비결정적인 과정이다. 마치 집을 지어봄으로써 건축가가 되고, 거문고를 탐으로써 악사가 되는 것과 같이, 인간은 경험을 통해서 새로운 존재로 거듭날 수 있다.[7]

---

7) 아리스토텔레스, 최명관 옮김, 『니코마코스 윤리학』, 1984, 제2권 1장, 61-63쪽. 순자의 가치의 습득이란 아리스토텔레스의 덕이나 기술처럼 후천적인 개

이제까지 살펴보았던 것처럼 순자는 자연의 필연성과 인간의 선천적 조건으로서의 심리적, 생리적 본능을 삶의 출발점으로 삼는다. 순자는 자연을 신화화하려는 어떠한 미신도 부정하며, 인간의 선천적 조건에 본질적인 가치를 부여하려는 본질주의자들의 맹목성도 비판한다. 순자는 자연의 필연성과 인간의 작위성을 분리하고, 나아가 인간의 선천적 조건과 경험적 개발이 서로 다른 가치를 지닌다고 선언한다. 순자는 경험적 가치를 자연적 필연성과 인간의 선천성에서 분리하는 천인지분을 테제로 하여 본격적으로 경험주의 철학을 전개한다.

2. 경험론적 가치의 출현

순자의 경험적 가치는 인간의 선천적 조건에 대한 냉엄한 시선에서 비롯한다. 순자는 인간의 자연스럽게 타고난 선천적 감정이나 욕구 등은 조야한 것이어서 그대로 방치해서는 위태롭다고 생각한다. 이러한 순자의 현실 인식은 타고난 자연성을 극복하려고 했다는 점에서 노자(老子)의 무위사상(無爲思想)이나 맹자의 성선설적 낙관론과 상충된다. 순자의 후천적 경험주의는 노자의 소박한 자연주의나 맹자의 동기주의 사상 등이 야기할 수 있는 약점을 잘 지적하고 있다.

발에 의해서만 성취된다. 아리스토텔레스는 선천적 능력으로서의 본성과 후천적 습득으로서의 덕(혹은 기술)을 내용상 분명하게 구분한다. 아리스토텔레스에 의하면, "도덕적인 덕들은 본성적으로 우리 속에 생기는 것도 아니요, 본성에 반하여 우리 속에 생기는 것도 아니다. 오히려 우리가 본성적으로 그것들을 받아들이도록 되어 있으며, 또 그것들은 습관에 의하여 완전하게 되는 것이다. 또 본성적으로 우리에게 생기는 모든 것에 있어서 우리는 먼저 능력을 얻고 그 후에 활동을 전개한다. 그러나 덕의 경우에는 우리가 먼저 실천함으로써 비로소 덕을 얻게 된다. 여러 기술의 경우에 있어서도 이와 마찬가지다."

순자의 경험주의를 이해하기 위해서는 그와 반대되는 노자 및 맹자의 사상을 먼저 이해할 필요가 있다. 노자의 무위사상은 인위적 지식에 대하여 비판적 입장을 취한다. 노자에 의하면 지식이나 능력이 뛰어난 현자를 높이지 않아야 백성이 다투지 않으므로, 아무런 인위적 가식이 없을 때라야 세상이 평안해진다. 같은 맥락에 따라 노자는 언표할 수 있는 도(道)에 대해서 부자연스러운 것이라고 비판한다.[8] 노자는 무위자연에 입각하여 과도한 인위적 욕망을 해체하고 소박한 생리적 욕구를 충족하는 데서 삶의 행복을 찾는다.[9] 노자는 오직 과도한 소유욕을 버려야만 자연스러운 평안에 안착할 수 있다고 생각한다.[10] 맹자도 노자와 마찬가지로 인간의 타고난 본성을 행복의 조건으로 미화한다. 다만 맹자는 노자와 달리 사회적 예법 등이 인간의 심리적 동기에 선천적으로 구비되어 있다고 생각한다. 맹자는 고자가 생리적 욕구만을 인간의 본성으로 삼는 학설에 반대하면서 인간의 사회적 윤리야말로 제일 중요한 인간의 본성이라고 역설한다. 그래서 맹자는 후천적 가공보다는 주어진 본성을 양성하는 데에 주안점을 둔다.[11]

---

8) 왕필(王弼), 『노자주(老子注)』, 1장. "可道之道, 可名之名, 指事造形, 非其常也."

9) 『노자』, 3장. "不尙賢, 使民不爭, 不貴難得之貨, 使民不爲盜, 不見可欲, 使民心不亂. 是以聖人之治, 虛其心, 實其腹, 弱其志, 强其骨. 常使民無知無欲, 使夫智者不敢爲也. 爲無爲, 則無不治."

10) David S. Nivison, "Hsun Tzu and Chuang Tzu", *Chinese Texts and Philosophical Contexts*, edited by Henry Rosemont, Jr., Open Court, 1991, p.136. 니비슨은 순자와 장자 사상의 관련성을 '허정(虛靜)'의 관념에서 추적하고 있다. 그러나 순자의 사상이 마음을 비운다는 측면에서는 노장의 사상과 유사할지라도, 실질적으로 순자의 '허정'은 노장과 같이 탈권력적이고 탈욕구적인 마음의 평정으로서의 종교적 'ataraxia'와 같은 관념을 추구하지 않는다. 순자의 사상에서 마음을 비우는 '허정'은 명확한 사고와 올바른 판단을 위하여 편견에 집착하지 않으려는 자세라고 할 수 있다.

순자가 보기에 위에서 언급한 노자의 무위사상과 맹자의 심리학적 동기주의는 자연 상태와 사회 상태에 대한 구분을 제대로 하지 못하였다. 노자는 땅과 하늘을 본받으면서 자연의 도와 합일되려고 하고, 맹자는 하늘에서 부여한 선천적 동기를 실현함으로써 하늘과 합일하려는 사상을 펼치지만, 순자가 보기에 이들은 인간의 가치가 후천적으로 규정된다는 사실을 도외시하고 있다. 순자에 의하면 인간은 생리적으로나 본성적으로 태어난 그대로 살아서는 안 되며, 인위적 가공을 통하여 그 이상의 가치를 얻어내야 한다. 순자는 노자나 맹자와 다르게 자연을 가장 잘 이용하기 위한 경험의 고양을 주장한다. 순자에게 자연이란 개발되어야 할 대상이고, 인간의 조야한 본성이란 극복되어야 할 취약한 조건에 불과하다. 그래서 순자는 지적인 창조를 통한 기술의 습득을 매우 중시한다.[12] 순자 사상의 특징은 이미 주어

---

11) 맹자의 선천적 본성론은 『맹자』「고자상」 장에 나오는 고자와의 논변에서 뚜렷하게 제시된다. 고자는 인간의 본성이 중성적인 것 혹은 생리적인 욕구에 한정해야 한다고 주장하는 반면, 맹자는 인간의 본성에 인의예지(仁義禮智)가 구비되어 있다는 선천적 도덕 동기론을 펼친다. 그 중 하나의 예를 들자면 고자는 인간의 본성이 자연 상태의 버드나무와 같다면 인의(仁義)의 정신은 버드나무로 만든 그릇과 같이 후천적인 것이라고 주장한다. 이에 대해 맹자는 버드나무의 본성적 결을 따라서 그릇을 만드는 것이지, 고자의 주장처럼 버드나무의 본성에 해악을 끼쳐서 그릇을 만드는 것이 아니라고 비판한다. 즉 맹자에 의하면 고자와 같이 도덕의 후천성을 주장한다면 선천적 도덕 동기인 인의에 화를 끼치게 된다(『맹자』, 「고자상」, 1장. "告子曰, 性猶杞柳也, 義猶桮棬也. 以人性爲仁義, 猶以杞柳爲桮棬. 孟子曰, 子能順杞柳之性而以爲桮棬乎? 將戕賊杞柳而後, 以爲桮棬也, 如將戕賊杞柳 而以爲桮棬, 則亦將戕賊人, 以爲仁義與? 率天下之人而禍仁義者, 必子之言夫."). 맹자와 고자에 대한 논변에 대해서는 임헌규가 지은 『유가의 심성론과 현대철학』(철학과현실사, 2001), 71-100쪽에 상세히 언급되어 있다.

12) 김형효, 『물학 심학 실학』, 청계, 2003, 119-129쪽, 135쪽. 김형효는 맹자 사상은 본성의 실현이라는 측면에서 존재의 철학(philosophy of being)으로, 순자 사상은 지능에 의한 세상의 소유라는 측면에서 소유의 철학(philosophy of having)으로 분류한다. 나아가 그는 가브리엘 마르셀의 『존재와 소유』에 나오

진 가치에 그대로 순종하기보다 새로운 가치를 경험의 개발을 통해 인위적으로 획득하려고 시도한다는 점에 그 참신함이 있다.

자연이 인간의 가치를 창조하지 않고, 인간이 인간의 가치를 창조한다는 순자 사상의 방법론적 전제는 성악설에서 출발한다. 순자는 자연을 차가운 시선으로 바라보듯이 인간의 심성에 적극적 가치를 부여하기보다 오히려 조야한 상태라고 인식한다.

> 사람의 본성은 나쁘다. 사람의 좋은 것은 인위적 노력(僞)이다. 사람의 본성은 태어나면서부터 이로움을 좋아한다. 그러한 본성을 따르기 때문에 싸움이 생기고 양보가 사라진다. 사람의 본성은 태어나면서부터 나쁜 것을 싫어한다. 그러한 본성을 따르기 때문에 강탈과 도적이 생기고 충신이 사라진다. 사람의 본성은 태어나면서부터 귀와 눈의 욕구가 있어서 소리와 여색을 좋아한다. 그러한 본성을 따르므로 음란함이 생기고 예의와 법도가 사라진다. 그러므로 사람의 본성과 감정을 따른다면 반드시 싸움이 일어나 분수를 범하고 이치를 어지럽혀서 폭력으로 귀착된다.[13)]

경험론자인 순자는 인간의 자연 상태가 본래 불안정하다고 생각한

는 두 가지 소유 양식인 점유적 소유(l'avoir-possession)와 함유적 소유(l'avoir-implication)를 소개한다. 점유적 소유란 대상을 자기 밖에서 소유하는 것이고, 함유적 소유란 기술이나 능력을 자기 안에서 소유하는 것을 말한다. 순자 사상은 점유적 소유뿐만 아니라 함유적 소유를 적극적으로 취하고 있다. 왜냐하면 순자는 고대의 모범적 예법이나 기술을 내면화시키는 함유적 습득을 통하여 존재됨의 가치가 상향된다고 보기 때문이다. 다만 맹자와 비교한다면 맹자의 함유적 소유는 본성에서 기원한 것인 반면에 순자의 함유적 소유는 후천적 경험을 통하여 습득된다는 차이가 있다.

13) 『순자』, 「성악」. "人之性惡, 其善者僞也. 今人之性, 生而有好利焉, 順是故爭奪生而辭讓亡焉, 生而有疾惡焉, 順是故殘賊生而忠信亡焉, 生而有耳目之欲, 有好聲色焉, 順是故淫亂生而禮義文理亡焉. 然則從人之性, 順人之情, 必出於爭奪, 合於犯分亂理而歸於暴."

다. 물론 자연 상태라는 개념은 가설적인 것이어서 현실에서 그것이 무엇인지를 실제로 찾아내기는 어렵다. 인간이 사회적 동물인 한 학습되지 않은 자연 그대로의 천진난만함이란 상상적인 것이다. 그런 의미에서 순자가 말한 성악설은 '만약 인위적 노력이 없다면'이라는 가설적 전제 위에서 성립한다. 순자는 그러한 가설을 통하여 선천적 본성의 조야함을 지적하면서, 인위적 노력에 의해서 삶의 양식을 더 가치 있게 변형시킬 수 있다고 주장한다.

순자의 입장에서 볼 때 자연 상태로서 인간 본성의 구체적 형태는 이기적 욕구이며, 이기적 욕구는 그 자체로 적극적 가치를 지닐 수 없다. 순자는 인간의 가치는 이기적 욕구를 넘어 사회적 학습을 통해서 경험적으로 획득된다고 본다.

> 사람의 본성은 배고프면 배부르게 먹고자 하고, 추우면 따뜻하고자 하고, 피곤하면 쉬고자 하니, 이런 것들이 사람의 성정(性情)이다. 이제 굶주린 사람이 어른을 보고서 감히 먼저 먹지 못하는 것은 사양하는 바가 있기 때문이고, 피곤하여도 감히 휴식을 구하지 못하는 것은 대신하려는 바가 있기 때문이다. 대저 자식이 아버지에게 양보하고, 동생이 형에게 양보하고, 자식이 아버지의 수고를 대신하고, 동생이 형의 수고를 대신한다. 그러한 두 가지 행동은 모두 본성에 반하고 감정에 거스르는 것이다. 따라서 효자의 도리는 예의(禮義)로 꾸민 질서이다.[14)]

순자는 인간의 이기적 상태를 선천적인 것으로 보는 한편, 인간의 사회적 질서에 대해서는 후천적인 것으로 해석하면서 후천적 가치를 선천성에서 분리한다. 순자는 자식이 아버지에게 양보하고 동생이 형

---

14) 『순자』, 「성악」. "今人之性, 飢而欲飽, 寒而欲煖, 勞而欲休, 此人之情性也. 今人飢, 見長而不敢先食者, 將有所讓也, 勞而不敢求息者, 將有所代也. 夫子之讓乎父, 弟之讓乎兄, 子之代乎父, 弟之代乎兄, 此二行者, 皆反於性而悖於情也. 然而孝子之道, 禮義之文理也."

에게 양보하는 윤리조차 후천적인 학습을 통해서 성취된다고 본다. 순자는 사회적 질서의 근본이라고 할 수 있는 타자의 존재를 인정하는 효도와 공경의 정신 역시 선천적 감정에 반하는 현상이라고 본다. 순자에 따르면 인간이 타자를 수용하는 사회적 관용으로서의 윤리는 경험적 습관의 결과일 뿐이다.

이와 같이 순자는 인간의 선천적 이기성과 후천적 학습을 구분함으로써 사실의 세계와 가치의 세계를 분리한다. 『순자』「천론」 편에는 인간의 소망과 무관하게 돌아가는 사실 세계의 객관성에 대해 자세히 기술하고 있다.[15] 사실 세계로서의 자연에는 일정한 법도가 있어서 사람의 소망과 관계가 없이 사계절의 변화가 나타난다. 순자는 사실의 세계에 인간적 가치를 들이대는 것이야말로 가장 몽매한 짓이라고 본다. 순자의 천인지분 사상에 의하면 하늘과 인간이 인격적으로 소통한다는 애니미즘적 천인감응설은 자연 운동의 비인격성을 깨닫지 못한 무지의 소치이다. 예를 들어 하늘은 사람들이 추위를 싫어한다 하여 겨울을 없애지 않고, 땅은 사람들이 광야를 싫어한다 하여 그 광야를 없애지 않는다.[16] 사람들 중에는 하늘에서 운석이 떨어지는 것을 두려워하는 자가 있지만, 그것은 천지음양의 조화이므로 두려워할 하등의 이유가 없다. 또한 기우제를 지내어 비가 오는 것은 요행일 뿐으로 기우제를 지내지 않더라도 내릴 비는 내릴 것이다. 마찬가지로 사람의 관상을 보고서 귀천을 판단하는 것 역시 사실 세계와 가치 세계를 혼동하는 과오를 범하는 것에 불과하다.[17] 인간의 귀함과 천함은 선천적으로 타고난 생김새에 의해서 결정되는 것이 아

---

15) 채인후, 천병돈 옮김, 『순자의 철학』, 예문서원, 2000, 43-88쪽.

16) 『순자』, 「천론」. "天不爲人之惡寒也輟冬, 地不爲人之惡遼遠也輟廣,"

17) 사실의 세계와 가치의 세계를 혼동하는 것에 대한 순자의 비판은 『순자』 「비상(非相)」 편에서 집중적으로 드러난다.

니라 인간의 후천적 활동에 의해서 좌우된다. 그래서 순자는 다음과 같이 말한다.

> 옛날에 폭군이었던 걸왕과 주왕은 기골이 장대하고 잘생긴 천하의 걸물로, 근력이 매우 강하여 백 사람을 대적하였다. 그러나 몸은 죽고 나라는 망해 천하의 큰 죄인이 되었으니, 후대에 악인을 언급할 때 반드시 그들을 떠올렸다. 이것은 용모에 의한 근심 때문이 아니라 견문이 적고 논의가 비루한 까닭이다.[18)]

순자는 사람의 선천성에 의해서 후천적 결과를 해석하려는 자연성의 권위화에 대해 철저하게 부정한다. 순자는 자연에서 제공한 신체의 아름다움이 인간의 적극적 가치를 도출하지 못하며, 오히려 견문을 넓힘으로써 인간의 자질이 발전한다고 본다. 옛 폭군인 걸왕과 주왕처럼 기골이 장대한 걸물이라도 후천적 경험이 천박하다면 조야한 자연 상태에 머물 뿐이다. 이와 같이 순자는 인간의 경험적 가치를 자연법칙에서 분리하여 철학의 가장 중요한 대상으로 삼음으로써 경험론적 철학의 문을 활짝 열었다.

3. 경험의 모델로서 권위적 도구

선천적 사실과 후천적 가치의 세계를 분리하는 순자의 천인지분 사상을 따를 경우 자연 그 자체는 더 이상 인간의 가치를 향상시키거나 저하시키는 요인일 수 없다. 사실로서의 자연은 인격적 자유의지가 모두 박탈당한 물리법칙으로서의 의미 이상을 넘어서지 못한다.

---

18) 『순자』, 「비상」. "古者, 桀紂長巨姣美, 天下之傑也, 筋力越勁, 百人之敵也. 然而身死國亡, 爲天下大僇, 後世言惡,則必稽焉. 是非容貌之患也, 聞見之不衆, 論議之卑爾!"

오히려 인간존재에 대한 가치론적 평가는 후천적 학습 여하에 따라서 결정된다. 인간은 하늘에서 폭우를 내리지 말아달라고 기도할 것이 아니라, 우 임금처럼 수로를 내어 폭우를 관리하는 자에게 가치론적 정당성을 부여하면서 그러한 사람을 권위자로서 취급해야 한다. 순자에 따르면 합리적 권위자는 인간이어야 하며, 그 중에서도 후천적 학습을 통해 삶의 가치를 고양하는 자여야 한다.

순자는 자연적 사실과 후천적 가치의 구분을 통해서만 더 인간적인 인간으로 변모할 수 있다고 믿는다. 순자의 경험주의에 따르면 인간의 삶의 방식은 후천적으로 선택하는 것이므로, 마치 사물을 사용하는 기술이 다종이듯이 경험적 개발에 의해 다양한 삶의 양식이 생성될 수 있다. 인간의 삶이란 존재론적으로 심성에 주어진 일점 근원을 당위적으로 향하는 것이 아니라, 다종의 삶의 양식들 중에서 끊임없이 선택하는 과정이다.[19] 순자는 좋은 수단을 선택함으로써 더 인간다운 삶의 양식을 획득할 수 있다고 본다. 순자는 인간의 경험이 좋은 경험적 도구를 만남으로써 가치를 배가시킬 수 있다는 경험론적 도구주의를 취한다.

> 내가 일찍이 종일토록 사유한 적이 있으나 잠시 배우느니만 못하였다. 내가 일찍이 발꿈치를 들고 멀리 보려고 하였으나 높은 곳에 올라가 널리 바라보는 것만 못하였다. 높이 올라가 손짓을 하면 팔뚝이 더 길어지는 것은 아니나 멀리까지 보이고, 바람을 따라 부르면 소리를 크

---

19) David S. Nivison, *The Ways of Confucianism*, pp.115-116. 도덕적 측면에서 볼 때도 순자는 도덕적 삶의 방식을 선택의 문제로 보고 있다. 현명한 사람은 적당한 훈련을 함으로써 도덕적으로 발전할 수 있다는 점에서 소크라테스의 입장과도 동일하다. 순자는 인간의 본성 이외에 후천적 지적 능력이 또 다른 인간 삶의 가치적 원천이라고 정의함으로써, 인간을 두 개의 재료(two sources)에 의해서 해석하였다. 순자의 그러한 인간관은 맹자가 인간의 심성적 동기 하나에 의해서만 인간의 도덕적 정당성을 확립하려는 것과는 다르다.

게 지르지 않더라도 뚜렷하게 들린다. 수레와 말의 힘을 빌리면 빠른 발이 아니더라도 천 리 길을 갈 수 있고, 배와 노를 이용하면 물에 익숙지 않더라도 강을 건널 수 있다. 군자는 선천적으로 남과 다른 것이 아니라, 사물을 잘 이용할 줄 아는 데 그 특징이 있다.[20]

순자에 의하면 인간은 주어진 그대로의 자연 상태를 넘어 자연을 다스릴 수 있는 더 좋은 기술을 취할수록 더 많은 가치를 얻는다. 순자는 '발전' 혹은 '진보' 등의 개념이 인간 경험의 발전 과정과 일치한다고 확신한다. 순자는「권학」편에서 학문을 경험을 통한 질적 진보로서 규정한다.

배우기를 그쳐서는 안 된다. 푸른색을 쪽에서 취했으나 쪽보다 푸르고, 얼음은 물에서 만들어지나 물보다 차갑다. 나무가 곧아서 먹줄에 들어맞을지라도 굽혀서 수레바퀴를 만들면 곱자에 맞게 구부러지니, 비록 볕에 바싹 말리더라도 다시 펴지지 않는 것은 굽혔기 때문이다. 그러므로 나무는 먹줄을 대면 반듯해지고, 쇠는 숫돌에 갈면 날카롭게 되니, 군자가 널리 배워서 날마다 세 번씩 자신을 반성한다면 지혜가 밝아지고 행동에 과실이 없을 것이다. 그러므로 높은 산에 오르지 않으면 하늘이 높다는 것을 모르고, 깊은 계곡에 가보지 않으면 땅이 두텁다는 것을 모르고, 선왕이 남긴 말들을 듣지 않으면 학문의 위대함을 모른다.[21]

---

20) 『순자』,「권학」. "吾嘗終日而思矣, 不如須臾之所學也, 吾嘗跂望矣, 不如登高之博見也. 登高而招, 臂非加長也, 而見者遠. 順風而呼, 聲非加疾也 ,而聞者彰. 假輿馬者, 非利足也, 而致千里. 假舟檝者, 非能水也, 而絶江河. 君子生非異也, 善假於物也."

21) 『순자』,「권학」. "學不可以已. 青取之於藍, 而青於藍. 氷水爲之, 而寒於水. 木直中繩, 輮以爲輪, 其曲中規, 雖有槁暴, 不復挺者, 輮使之然也. 故木受繩則直, 金就礪則利, 君子博學而日參省乎己, 則知明而行無過矣. 故不登高山, 不知天之高也, 不臨深谿, 不知地之厚也, 不聞先王之遺言, 不知學問之大也."

순자의 학문관은 사실 차원에서의 조야한 자연을 주어진 조건으로 삼아 경험적으로 문화를 발전시켜나가는 것을 주요한 목적으로 삼는다. 순자는 후천적 경험을 고차원적으로 단련함으로써 선천적인 조야한 조건을 더 가치 있게 개발하려고 한다. 순자는 인위적 경험을 어떻게 할 것인지, 즉 선천적인 것이 아닌 후천적인 것의 개발을 어떻게 할 것인지로 사유를 전회한다.

순자는 후천적 경험을 통하여 진보적 가치를 발생시킬 수 있는 이유로 사려와 작위를 든다.

> 성인이 사려(慮)를 쌓고 과거의 작위(僞故)를 익힘으로써 예의와 법도가 생겨났다. 그렇다면 예의와 법도는 성인의 작위에서 생겨난 것이지 사람의 본성에서 생겨난 것이 아니다. (중략) 그러므로 성인이 일반 대중과 같으면서 다르지 않은 것은 본성이고, 일반 대중과 다르면서 더 뛰어난 것은 작위이다.22)

순자는 성인의 사려와 작위로부터 사회적 가치인 예의와 법도가 생겨났다고 주장한다. 여기에서 사려란 여러 생각들 중에서 더 좋은 것을 골라내는 정신적 활동이고, 작위란 더 좋다고 생각되는 가치를 직접적인 실천에 옮기는 것을 말한다. 순자에 의하면 성인이 필부보다 뛰어난 점은 더 좋은 생각을 고안해낼 뿐만 아니라 그것을 실천에 옮기는 데에 있다. 성인이란 사려와 작위를 통하여 경험적 가치를 극대화한 자이다. 순자에 의하면 자연 상태로부터 차츰 경험론적 가치가 개발되는 과정은 다음과 같다.

---

22) 『순자』, 「성악」. "聖人積思慮,習僞故, 以生禮義而起法度, 然則禮義法度者, 是生於聖人之僞, 非故生於人之性也. (중략) 故聖人之所以同於衆其不異於衆者, 性也, 所以異而過衆者, 僞也."

본성(性)의 좋아하고 싫어하고 기뻐하고 성내고 슬퍼하고 즐거워하는 것 등을 감정(情)이라고 부른다. 그러한 감정이 드러나면 마음이 선택하는 것을 사려(慮)라고 부른다. 마음이 사려하여 행동으로 옮기는 능력(能)을 작위(僞)라고 부른다. 사려가 쌓이고 능력이 익숙(習)해진 뒤에 이루어지는 것을 작위(僞)라고 부른다.23)

선천적으로 주어진 자연 상태의 본성에서 시작하여 경험론적 가치가 개발되는 작위 상태에까지 전개된다. 그 과정을 정리하자면 '본성(性) → 감정(情) → 사려(慮) → 작위(僞)'의 순서로 인간의 가치가 개발된다. 순자의 사려와 작위가 구체화된 경우를 옹기장이와 목수의 경우에서 볼 수 있다. 순자는 옹기장이가 흙으로 항아리를 만들고, 목수가 나무를 깎아서 그릇을 만드는 비유로써24) 자연물이 경험적 가치물로 변화하는 과정을 설명한다. 자연물인 흙과 나무는 그 자체로는 인간에게 아무런 가치의 대상이 아닌 무작위의 존재이지만 거기에 인간의 사려와 노동이 들어감으로써 항아리나 그릇과 같은 상품 가치를 탄생시킬 수 있다. 그런 의미에서 순자의 사려란 자유로운 선택의지를 가리키고, 작위란 기술의 습득을 통한 가치의 구체화를 가리킨다. 옹기장이가 탄생시킨 사려와 실천의 산물인 항아리가 더 좋은 가치물로 판정받으려면 더 좋은 기술과 더 세심한 실천이 투여되어야 한다. 이와 같이 순자의 경험론적 가치론에서 기술과 노력은 가장 큰 비중을 차지한다.

그러나 순자는 자신이 찾아낸 사려라는 경험론적 보석을 적극적으로 활용하지 못하고 단순한 반복 학습을 위한 도구로 하락시키고 만

23) 『순자』, 「정명」. "性之好惡喜怒哀樂謂之情. 情然而心爲之擇謂之慮. 心慮而能爲之動謂之僞. 慮積焉能習焉而後成謂之僞."

24) 『순자』, 「성악」. "陶人埏埴而爲器, 然則器生於工人之僞, 非故生於人之性也. 故工人斲木而成器, 然則器生於工人之僞, 非故生於人之性也."

다. 순자가 주장한 '사려의 쌓임'이란 새로운 기술의 계속적 창안이라기보다 기존의 학자들이 만들어놓은 개념적 모델들에 대한 이해로서 변용된다. 그런 의미에서 순자가 말한 사려는 기존 지식을 수용하는 소극적 사려만을 의미하며 창조적 지식의 창출에까지 적극적으로 나아가지 못한다. 순자는 인간이 계속적인 노력을 통해 지금보다 더 탁월한 기술을 개발하기보다, 이미 개발된 기술들 중에 가장 최고의 기술이 존재한다고 여긴다. 순자가 보기에 이미 인류가 개발한 최고의 경험적 가치로서의 기술은 유교적 성인이 개발해놓은 삶의 방식들이다. 그런 측면에서 순자는 자유와 창조를 기반으로 하는 경험론보다는 인류의 과거 경험들 중에서 가장 권위 있는 모델을 찾아서 거기에 의존하는 권위적 경험론을 채택한다.

순자가 인간의 자유로운 창의적 정신을 적극적으로 해석하지 못한 이유는 그의 사상적 목적이 당시의 국가들이 당면한 문제를 시급하게 혁신함으로써 강성한 국가를 효과적으로 건립하는 데 있었기 때문일 것이다. 『순자』에 나오는 편명을 보더라도 「왕제(王制)」, 「부국(富國)」, 「왕패(王霸)」, 「군도(君道)」, 「신도(臣道)」, 「의병(議兵)」, 「강국(强國)」 등 국가론에 대한 것이 대부분이다. 현실적으로 국가를 운영하기 위해서는 많은 사람들이 이해하고 따를 수 있는 구체적인 모델이 필요했을 것이다. 순자는 그러한 효과적인 경험의 모델로서 유교적 성인이 제시해놓은 문화와 제도를 선택하였다. 이러한 연유로 애초 그의 경험론 철학의 출발점인 자유롭고 창의적인 사려의 기능은 거의 제 기능을 잃었음에 비하여, 권위적 학습 이론은 강성 국가를 위하여 크게 극대화된다. 순자가 보기에 마음의 사려는 기존의 성현을 이해하는 도구로 변모하고, 몸은 마음이 이해한 모델을 실천하는 학습의 용기와 같이 이해된다. 이제 순자의 권위적 경험주의 안에서 몸과 마음은 창의적 활동체이기보다 옛 이론을 흡수하는 스펀지와 같은 수용적 도구로서 자리매김된다.

> 군자의 학문은 귀로 들어와서 마음에 안착하고, 온몸에 퍼져 행동으로 나타난다. 단정히 말하고 점잖게 움직여 한결같이 법도로 삼을 만하다. 소인의 학문은 귀로 들어와 입으로 나온다. 입과 귀 사이가 4촌(寸)밖에 안 되니, 어찌 7척(尺)의 몸을 아름답게 할 수 있겠는가? 옛날 학자들은 자신을 위한 학문을 하였으나, 요즘 학자들은 남을 위한 학문을 한다. 군자의 학문은 자신의 몸을 아름답게 가꾸지만, 소인의 학문은 동물이 되려고 한다.25)

위의 인용문에서는 인간의 마음과 몸에 성현의 학문을 수용하는 과정이 잘 드러나 있다. 순자의 주장을 해석하자면 마음이란 정보를 모방하여 흡수하는 기능을 하고, 몸이란 마음이 흡수한 정보를 구체적으로 실행하는 기능을 한다. 인간은 마음과 몸을 통해서 더 고차원적 정보를 흡수하여 실행하지만, 동물은 그러한 지적 수용력과 몸의 훈련이 불가능하므로 인간보다 저차원의 상태에 있다. 그래서 순자는 소인의 학문을 미적 가치를 창출하지 못하는 동물과 같은 상태에 비유하고 있다. 순자에 의하면 인간이 동물보다 우월한 것은 전대의 좋은 가치를 학습에 의해 마음과 몸에 재생한다는 사실에 있다. 순자는 모방과 학습을 통한 수용적 재생이야말로 인간의 후천적 경험이 지닌 중대한 가치라고 판단한다.

순자의 경험론적 화두는 견문에서 얻은 좋은 지식을 이해하여 현실로 재현하는 것이다. 그런데 순자는 경험론적 가치의 재생산의 모

---

25) 『순자』, 「권학」. "君子之學也, 入乎耳, 箸乎心, 布乎四體, 形乎動靜, 端而言, 蝡而動, 一可以爲法則. 小人之學也, 入乎耳, 出乎口, 口耳之間則四寸耳, 曷足以美七尺之軀哉? 古之學者爲己, 今之學者爲人, 君子之學也, 以美其身, 小人之學也, 以爲禽犢."

델을 권위적인 역사적 실례에서 찾는다. 순자의 경험주의는 옛 성현이 창시한 가치를 동일하게 재생산하는 것에 최고의 가치를 부여한다.

> 스승이 될 만한 사람을 모방하여 군자의 언설을 익힌다면 존엄함이 널리 퍼져서 세상에 편재할 것이다. 그러므로 학문은 모범이 되는 사람을 가까이하는 것보다 편리한 것이 없다고 한다. 학문의 요체는 모범이 되는 사람을 가까이하는 것보다 빠른 것이 없고, 예를 존중하는 것이 그 다음이다.26)

절대적 지표로서의 스승을 닮아가려는 순자의 권위적 경험주의는 깃대와 같은 하나의 목적론적 모델을 설정한다. 순자는 유교의 성인과 오경(五經)이 바로 그러한 깃대라고 생각하였다.

> 성인이란 도의 중추(管)이다. 천하의 도의 중추가 이것이다. 모든 왕의 도가 하나로 관통하는 것이 이것이다. 그러므로 『시경』, 『서경』, 『예기』, 『악기』 등의 귀착처가 이것이다. 『시경』에서는 성인의 뜻을 말하고, 『서경』에서는 성인의 일을 말하고, 『예기』에서는 성인의 행위를 말하고, 『악기』에서는 성인의 조화를 말하고, 『춘추』에서는 성인의 미언대의(微言大義)를 말하였다.27)

애초에 순자의 경험주의적 발상은 인간의 모든 가치를 선천적인 본성으로 환원하는 것에 반대하는 것에서 출발했으나, 이제 인간의

---

26) 『순자』, 「권학」. "方其人之習君子之說, 則尊以徧矣, 周於世矣. 故曰, 學莫便乎近其人. 學之經,莫速乎好其人, 隆禮次之."

27) 『순자』, 「유효(儒效)」. "聖人也者, 道之管也. 天下之道管是矣, 百王之道一是矣, 故詩書禮樂之歸是矣. 詩言是其志也, 書言是其事也, 禮言是其行也, 樂言是其和也, 春秋言是其微也."

경험을 유교적 문화유산이라는 역사의 특정 사례로 소급시키려는 선천주의와는 또 다른 형태의 환원을 시도한다. 그러한 환원을 권위적 경험주의라고 부를 수 있다. 순자의 권위적 경험주의가 추구하는 일차적 목적은 유교라는 사상적 분파를 경험론적으로 정당화하는 데에 있다. 중국사상사에서 순자를 유가의 영역으로 분류하는 것도 그가 유교의 경전을 권위적 도구로 삼고 있기 때문이다. 순자의 권위적 경험주의는 유교 경전에 따라서 학습할 때 가장 훌륭한 삶의 가치를 이끌어낼 수 있다는 유교적 권위주의라고 정의 내릴 수 있다.

4. 권위적 재생의 도그마

이제 순자가 제시하는 권위주의적 경험주의 철학에 대해 그 부조리한 측면을 비판할 차례이다. 순자는 후천적 경험을 유교 텍스트의 모방적 재생산에 한정함으로써 실천의 목표를 확연하게 정하지만, 한편으로는 경험에 내재하는 자유로운 창의적 정신을 무화시키는 일방적 도그마를 전제하기도 한다. 순자 경험주의의 교조적 성격은 인간의 후천적 경험을 유교 텍스트에 한정함으로써 인간의 경험을 닫힌 경험으로 고착화하는 데 있다. 순자가 내세운 유교 텍스트는 인간의 경험을 지배하는 전능자라기보다 다양한 경험의 방식들 중의 하나로 취급되어야 마땅할 것이다. 인간의 후천적 경험을 인도하는 어떤 가치 있는 도구로서의 텍스트 혹은 순자가 말하는 유교 텍스트가 비록 경험의 방법을 교훈적으로 시사한다고 할지라도, 그러한 텍스트는 유일한 것이라기보다는 다양한 것들 가운데 하나일 뿐이다. 더욱이 유교 텍스트가 유력한 경험의 인도자라고 할지라도 그것은 좋은 경험의 방법을 알려주는 표시적 도구(denotative instrument)[28]로서 취급되어야 마땅하다. 순자가 지정한 텍스트가 경험에 대한 유일의 권위적 지표로서 옹립된다면, 인간의 삶은 그 텍스트의 수단으로 전락됨으로써 후천적 경험의 깊이와 폭은 고정적 도그마의 형틀에서 벗어나지 못할 것이다. 그런 의미에서 순자가 절대의 권위로서 제창한 유교 텍스트 역시 여러 텍스트 중의 하나인 표시적 도구로서 자리매김되어야만 권위적 도구주의의 도그마에서 벗어날 수 있다.

순자의 모방적 재생산에서 동반되는 경험의 교조화는 "유교 텍스트가 인간의 후천적 경험을 전적으로 지도할 만큼 가치가 있느냐."는 문제를 넘어서, 더 근원적인 문제가 기다리고 있다. 순자의 권위적 경험주의는 인간이 처한 환경 혹은 역사적 현실에 대한 해석에서도 그 다양성에 대하여 주목하지 못하고 있다. 한비자가 제시했던 수주대토(守株待兎)의 어리석음에 경청할 필요가 있다. 한비자에 따르면 성인이란 옛날 방식을 그대로 따르지 않기 때문에 영원불변한 규범에 얽매이지 않는 데서 나아가 그 시대에 알맞은 방안을 찾아서 적용하는 사람이다. 만약 우 임금 시대에 나뭇가지를 엮어 새둥우리 집을 지었다고 하여 후대에도 그와 똑같은 행위를 반복한다면 천하의 웃음거리로 전락하고 말 것이다. 그와 같이 옛 선왕의 정치를 단순 반복을 통하여 재생산하려는 행위는 마치 우연히 그루터기에 부딪쳐 죽은 토끼를 얻었다고 하여 나중에도 그러하기만을 기다리는 어리석은 짓과 다르지 않다.[29] 옛 선왕이 정치에 썼던 옛 방식은 현대에 그대로 재현하기에는 많은 제약이 따르기 때문이다. 순자의 유교 텍스

28) 표시적 도구(denotative instrument)에 대해서는 실용주의자 존 듀이의 학설을 참고. 존 듀이, 신득렬 옮김, 『경험과 자연』, 계명대학교 출판부, 1982, 21쪽.

29) 한비자는 순자의 경험론을 계승하면서도 경험의 창조성을 부각시킴으로써 훨씬 진취적인 경험론을 전개한다. 순자는 고대의 권위적 모범으로서의 텍스트로 현재의 경험을 환원함으로써 모방적 경험으로 고착되고 말았다. 그에 반해 한비자는 고대의 권위적 모범들이 현실에 맞지 않는 낡은 것이라고 주장함으로써 창의적 경험을 철학의 화두로 제시하는 데 있어 선구적 역할을 하였다.

트 결정론은 인간의 사려 기능을 하나의 고정된 울타리 안에 제약함으로써 새로운 상상력과 가설을 부정하는 경직된 태도를 보인다. 순자의 유교 텍스트 결정론은 인간의 경험에서 새로운 가설을 고려하지 않음으로써 일방적이고 수동적인 경험을 강요하고 말았다. 이러한 순자의 일방성은 인간에 대하여 스스로 상상하고 인정하고 선택하는 자율적 존재로 이해하기보다, 어떻게 하면 원본을 닮은 복사본이 될 것인가라는 재생의 차원에서 이해한다.

듀이는 경험을 단순히 대상을 지각하는 일차적 경험과 그러한 일차적 경험을 반성적으로 설명하는 이차적 경험으로 나누었는데,[30] 이 구분에 따르자면 순자의 모방적 재생은 인간의 반성적 사고의 폭을 위축시킨다. 순자가 말한 경험이란 오관에 의한 감각적 지각으로서의 경험에 근거하여 모방적 재생으로서의 학습을 강조한 것으로, 창조적 사유로서의 경험을 간과하고 있다. 순자의 방식대로 유교의 텍스트만을 경험의 원본으로 수용하게 된다면 인간의 사유에 창조적으로 머리를 내미는 가설과 상상의 체험을 매장하고 말 것이다. 나아가 순자의 유교 텍스트가 인간의 반성적 체험에 앞서 권위자로서 옹립된다면, 그것은 비경험적인 방식으로 경험론을 구성하는 형식상의 오류까지 범하게 된다. 어떠한 모범적 텍스트가 권위를 갖기 위해서는 행위자 스스로의 경험과 실험에 의해서 검증되고 인정받아야만 함에도 불구하고 순자는 선경험적 구조로서 경험의 지표를 획정하고 말았다. 그와 같은 고정된 선경험적 지표의 주입적 반복에서 발생하는 폐단을 극복하기 위해서는, 인간의 경험 과정에서 행위 주체에게 선택의 폭을 넓혀줌으로써 독단적 교조주의의 맹종을 견제해야 할 것이다. 과학적이든 철학적이든, 사고의 목적은 선택을 제거하는 것이 아니라

30) 존 듀이, 신득렬 옮김, 『경험과 자연』, 20쪽.

선택이 덜 독단적이게 하는 데 있기 때문이다.[31] 순자의 권위주의적 경험 모델은 마치 기독교에서 신의 왕림을 절대적 진리로 받아들이는 것과 같이 주체가 아직 경험해보지 못한 어떤 것을 무조건적으로 수용하라고 함으로써 도그마를 생성한다. 맹자가 인간의 선천적 본성으로 후천적 경험을 정초하려고 한다면, 순자는 권위적 텍스트로 인간의 후천적 경험을 정초하려고 한다. 비록 순자의 권위주의적 경험 모델이 맹자의 본성주의적 정초는 아니라고 할지라도, 그 역시 선경험적 권위로서의 텍스트에 근거함으로써 행위 주체의 선택적 경험의 자유를 앗아가고 말았다. 이러한 권위적 텍스트주의의 가장 큰 폐단은 권위를 형성해가는 경험적 창발성이 소외되고 그 대신 유교 텍스트를 절대적 이데올로기로 옹립하려는 데에 있다. 고대 주나라 시대에 쓰이던 윤리와 도덕률이 순자 당시의 현실에서 그대로 적용될 수 있는지에 관한 현실적 물음의 피드백을 거치지 않은 채 고대의 텍스트만을 절대적인 권위로서 옹립하는 것은 개인의 자율적 경험에 대한 폭력으로서 기능할 뿐이다.

인간의 현실을 해석할 때 후천적 경험주의를 받아들인다고 한다면 기존 권위의 적용 가능성이 현실에 대한 해석 가능성보다 선취되어서는 안 된다. 또한 선천적으로 주어진 자연 환경과 본능이 경험을 절대적으로 규정하지 않는다는 순자의 전제에 의거한다면, 후천적 경험은 인간의 사려 혹은 다양한 해석 가능성에 열려 있어야 한다. 초막을 짓고 부모의 삼년상을 행하던 옛 유교의 예법을 오늘날 다시 찾기 어려운 것은 왜일까? 초막을 짓지 않고 삼년상도 지내지 않았던 흉노의 풍습을 동물과 같은 오랑캐의 풍습으로 여기던 화이관(華夷觀)은 정당한 것인가? 조선 말기에는 머리를 풀어헤치고 다니던 서양

31) 존 듀이, 신득렬 옮김, 『경험과 자연』, 42쪽.

인을 동물로 여겼지만, 지금은 왜 머리에 염색을 하고 맨살이 드러나는 짧은 옷을 입고 다니는 것일까? 이러한 여러 가지 변화된 사실에서 볼 때 인간의 사려와 작위는 그대로 반복되지 않고, 오히려 다양한 해석 가능성에 의해서 부단히 새로운 모델로 교체되어간다는 것을 부정할 수 없다. 그렇다면 순자가 제시한 역사적 권위 모델인 유교 텍스트는 경험의 해석 가능성을 풍부하게 하는 도구의 하나로서 자리매김되어야 할 것이다.

5. 경험과 창조성

이제까지 순자의 권위적 경험주의에 내재하는 선천적 조건, 유교 텍스트의 권위화, 순자적 권위주의의 도그마 등에 대해 고찰하였다. 우선 순자 사상은 자연의 물리적 법칙이 인간의 가상적 두려움에 의해서 맹목적으로 신화화되는 것에 대하여 통렬히 비판함으로써 경험론 철학을 전개한다는 데서 그 철학사적 특징을 찾을 수 있다. 순자의 천인분리 사상은 자연이 인간 삶의 목적을 실현해주지 못한다는 것에 대한 정직한 고백이자 후천적이고 경험적인 가치의 중요성을 잘 지적해주고 있다.

자연이 욕구하는 것을 따라 인간이 욕구한다는 천인합일의 자연신화적 유치함은 고대의 애니미즘에만 있는 것은 아니다. 순자의 천인분리 사상은 자본주의적 상품과 인간의 관계에도 시사점을 준다. 현대의 자본주의 시장에 나와 있는 상품들은 인간의 행위 양식을 훌륭하게 제어하면서 '무엇을 하고 싶은지'와 관련한 주체의 예술적 갈망을 망각의 저편으로 데려가고, 그 대신에 상품에 내장된 욕구 프로그램대로 인간의 욕구가 잘 구동되기를 강요한다. 천인합일의 사상이 인간의 자율적 사고를 옥죄듯이 자본주의적 상품의 소유와 인간의 욕구 실현을 동일시하려는 시도들은 인간의 자발적 창의성을 마비시키고 있다. 고대 인디언들이 독수리의 깃털을 머리에 꽂았다고 하여 독수리의 날개와 부리가 제 몸에 생겨나지 않은 것처럼, 자본주의 상품을 많이 소유하였다고 하여 주체의 미적 가치가 반드시 상승되는 것은 아니다. 순자의 주장처럼 인간이란 전적으로 자연에 귀속될 수 없듯이, 전적으로 상품에도 귀속될 수 없는 자기 창조적 행위의 영역을 갖기 때문이다. 이와 같이 순자의 경험주의는 인간의 경험적 작위성을 강조하면서, 경험을 다른 어떤 것으로 환원시키려고 하는 사상들을 참되지 못한 신화적인 것이라고 비판한다.

물론 순자의 경험주의가 완전한 것은 아니다. 순자 사상은 자연신화의 외피를 벗겨낸 장점에도 불구하고, 모범적 사례에 절대 권위를 부여함으로써 인간의 역사에 근거하는 또 다른 신화에 기대고 만다. 즉 순자 사상의 부정적 측면은 권위적 모범의 절대화에 있다. 그는 유교의 오경에 의해서 삶을 반복한다면 가장 유익할 것이라고 하면서 또 다른 절대주의 신화를 구가한다. 어떠한 권위라도 행위 주체의 창의성과 다양성 앞에 열려 있어야 할 것이다. 그렇지 않은 유일의 철옹성과 같은 권위의 옹립은 정당성을 확보하기 어렵다. 왜냐하면 주어진 모델로서의 권위 이외에도 다양한 형태의 경험 방식을 인간의 사려가 모색할 수 있기 때문이다. 설령 인간이 동일한 원본을 하나의 권위적 모델로서 선망하면서 재생한다고 할지라도 거기에 새로움이 동반될 때라야 예술적 실천으로 상승할 수 있다. 마치 조선 말기의 권위자인 신재효의 판소리 춘향가가 현대에는 임권택의 영화 춘향전에 자리를 내주듯이 인간의 경험이란 반복조차도 창의적 변형이 가해진다. 삼년상을 지내던 유교 전통의 장례 문화를 비롯하여 대부분 삶의 경험 방식은 이제 이미 새로운 차원으로 형태 변화하고 있음을 직시할 수 있다. 인간의 경험에서 변형과 창조란 좋음과 아름다움을 상승시키는 중요한 요소임에 틀림없다. 인간의 경험이란 권위에 의존하는 경우가 많지만 그렇다고 모든 경험이 권위에 종속하는 것은 아니다. 인간이란 다양한 삶의 양식을 모색하는 일종의 아이러니스트이기도 하다. 로티의 극단적 표현을 빌리자면 삶과 관련하여 "올바른 서술이란 존재할 수 없다. 왜냐하면 비록 철저한 아이러니스트가 더 나은 재서술이란 개념을 사용할 수 있다고 하더라도, 그는 그 용어의 적용 기준을 갖고 있지 않으며, 따라서 올바른 서술이란 개념을 사용할 수 없다."[32] 경험의 과정에서 삶에 관한 다양한 서술 가능성을 수용한다면, 후천적 경험의 과정에서 진리의 최근사치처럼 행세하려는 절대 권위의 모델이란 몽상적으로 안일을 희구하는 변형된 천인합일의 헛된 욕심일 뿐이다. 인간의 후천적 경험이란 다양성과 창조성에 열려 있으며, 그렇다면 인간이란 고정된 모델을 수동적으로 재생하려는 나약한 모방자를 넘어 여러 가치 혹은 더 나은 가치를 고려하면서 실험적 도전을 계속하는 탐구적 존재여야 건강하게 삶을 영위할 수 있을 것이다.

32) 리처드 로티, 김동식 · 이유선 옮김, 『우연성 아이러니 연대성』, 민음사, 1996, 189쪽.

제 2 부

유교의 본질 담론

제 5 장
존재론적 언어

1. 언어와 사실

맹자에서 성리학으로 이어지는 내재적 가치론자들은 존재론적 언어를 자신들의 논거로 삼는다. 맹자 계열의 내재론자들은 존재론적인 본성을 선천적 언어의 일종이라고 믿는다. 그러나 도가는 이러한 유가의 존재론적 언어관을 강하게 비판한다. 도가의 무위자연 사상은 스스로 그러한 그것 자체로서의 사실을 전제하면서도, 스스로 그러한 사실을 그대로 언표할 수 있는 것은 아무것도 없다고 본다. 그러한 점에서 도가사상가들이 사용하는 언어조차도 어떤 것을 표상하기 위한 것이 아니라, 여러 가지 사실들이 섞여서 만나는 하나의 교차점일 뿐이다. 이 비어 있는 교차점 안으로 많은 사실들이 왔다가는 다시 가버리므로 언어가 사실의 정확한 모습을 반영하기 어렵다. 그래서 장자는 언어로써 사실을 정확히 지시하고 표상하기보다 뜻을 넌지시 암시하는 우언(寓言), 남의 말을 끌어다 쓰는 중언(重言), 처음과 끝을 알 수 없는 치언(卮言)을 사용하여 말을 했다.[1] 이 세 가지 언어 사용은 모두 의미의 시작점과 끝점에 대해 알 수 없다는 것을 함축하고 있다. 우언은 알레고리적 의미 함축이므로 매우 임의적이고, 중언은 아주 오랜 옛날 사람의 말을 끌어다 사용하므로 발언자 본인이 의도하는 의미에 대한 확인이 불가능하고, 치언은 고리와 같이 처음과 끝을 분간할 수 없고 과정적 의미만 존재하는 언어이다.[2] 이러한 도가의 언어는 그림자와 빛의 어렴풋한 경계 부분(衆罔兩)과 같이 정확히 무어라고 규정하기 어렵다. 도가가 볼 때 모든 사실은 정확히 표상되지 않고 도자기를 빚을 때 사용하는 물레처럼 혹은 수레바퀴처럼 끊임없이 돌고 도는 과정이며, 장자는 그러한 도리를 천예(天倪)나 천균(天均)이라고 불렀다. 도가가 발설하는 언어도 사실의 모습을 정확히 드러내기보다, 돌고 도는 고리의 연속적 과정 속에 어렴풋하게 존재한다. 이러한 도가의 언어관에 따른다면 언어란 안주할 곳 없이 계속적으로 변화하는 과정 안에 존재하는 끝이 없는 고리와 같다.

도가에게 언어가 어슴푸레한 반(半) 그림자나 끝이 없는 고리라고 한다면, 유가에게 언어는 매우 환한 빛이다. 유가는 언어의 명시적 의미를 지향하면서 언어를 통해 최상의 가치가 설명될 수 있다고 믿는다. 맹자는 보통 사람들도 요순과 동일한 마음을 갖고 있다는 것을 언어를 통해 명시적으로 지시한다. 또한 성리학자들은 성현의 글을 익힘으로써 좋은 삶의 방식을 훨씬 분명하게 터득할 수 있다고 생각한다. 유가는 언어로써 진리와 비진리를 분명하게 판별할 수 있다고

---

1) 『장자』, 「우언」.

2) 치언에 대해서는 '巵'자를 어떻게 해석하느냐에 따라 세 가지 뜻이 있다. 첫째 줄기가 없이 '가지(支)'들만 존재하는 것과 같은 언어를 뜻하고, 둘째 '비스듬히 기운 술잔(酒器)'에 술을 가득 부으면 옆으로 기울고 술이 비면 바로 서는 것과 같은 언어를 뜻하고, 셋째 '둥근 고리(圜器)'처럼 시작점과 끝점이 없는 과정만이 존재하는 언어를 뜻한다. 백승도, 「『장자』에서 '도'는 어떻게 말해지고 있는가?」, 『도교문화연구』, 제23집, 한국도교문화학회, 2005, 217-221쪽.

확신한다. 그래서 유학자의 삶은 진리를 담은 성현의 글을 배우는 것에서 시작하여 그것을 실천하는 것에서 끝나며, 심지어 죽은 뒤에는 족보나 묘비명에 죽은 자의 삶에 관한 사항을 기록해 그 사람의 삶의 행적을 기린다. 유가에서는 언어야말로 삶을 이해하기 위한 필수 불가결한 요소이다. 이와 같이 유가의 언어는 사람이 거처하는 집과 같은 것이며, 사람들은 유가가 발견한 언어 속에서 높은 가치에 도달할 수 있다.

언어에 대한 도가와 유가의 입장 차이는 보편적인 의사소통의 토대를 전제하느냐 마느냐에 달려 있다. 유가는 서로가 공유할 수 있는 보편적인 언어 지평을 수용하지만, 도가는 개별자들 간의 차이를 소통시켜줄 수 있는 보편적 언어 지평을 거부한다. 도가에서 말하는 어둠(玄), 비움(虛), 없음(無) 등과 같은 해체론적 개념들은 개별자들 간의 차이를 그 안에 아우르지만, 어떤 사람도 그러한 해체론적 아우름에 대해 언어로써 정확하게 묘사하지 못한다.[3] 그러므로 도가사상에서 모든 사물들의 구별과 차이는 인식론적인 규정 밖에서 유래한 것이며, 굳이 그 원천을 찾는다면 어둡게 비어 있는 알 수 없는 어떤

---

3) 도가에서 사용하는 '玄'자를 '검음'이나 '어두움' 등으로 번역할 수 있을 것이다. 도가는 '玄'자에 내포된 가뭇가뭇하고, 그윽하고, 어둡고, 신묘한 뉘앙스를 가시고서 노를 비유적으로 표현한다. 『설문해자』에 의하면 '玄'이란 "검으면서도 붉은색이 있는 것(黑而有赤色者)"이며, 왕필에 의하면 '玄'이란 어둠(冥)이다. 이러한 설명에 따른다면 도가의 '玄' 개념은 도(道)가 해질녘의 하늘처럼 그 끝을 알 수 없을 만큼 가물가물하고 신묘하다는 것을 함축한다. 참고로 『장자』 「추수」 편을 보면, "남쪽도 없고 북쪽도 없이 크게 사방으로 풀려 있어서 헤아릴 수 없는 데에 머물고, 동쪽도 없고 서쪽도 없이 검고 어두운 데(玄冥)에서 시작하여 크게 통하는 데로 돌아간다. 그대는 세세하게 살피려고 하고 논변하려고 하니, 이것은 단지 대롱 구멍으로 하늘을 보는 것이요, 송곳으로 땅을 재는 격이다. 역시 하찮은 일이 아니겠는가?"라는 말이 나온다. 이와 같이 장자는 검고 어두움(玄冥)이라는 말을 통해 세세한 분석과 논변 너머에 있는 신묘한 도를 암시한다.

곳일 뿐이다. 도가가 보기에 한 개체(一)가 생겨나와, 두 개(二)로 나뉘고, 셋(三) 이상으로 분화되는 과정에는 어떤 보편적 토대도 없다. 이와 다르게 유가적 개별자들은 서로를 이해할 수 있는 빛의 공간에서 만난다. 갑과 을이 서로 다른 사람일지라도 공통적인 지향점을 갖는다. 유가에서 말하는 본성과 이치는 모든 사물에게 부여된 보편적 토대이다. 그러한 의미에서 유가의 본성과 이치는 존재의 근거이자 언어의 근거이다. 개별자 갑과 을은 본성과 이치의 공간 안에 있을 때라야 참된 보편의 언어를 깨친 것으로 평가된다. 유가는 갑과 을이 서로를 환히 알아보도록 비추어주는 "비어 있으면서도 신령스럽고 어둡지 않은(虛靈不昧)" 밝은 덕의 공간을 전제한다.4)

유가의 보편적 토대에 대한 도가의 공격은 집요하다. 도가가 보기에 갑과 을을 (혹은 음과 양을) 포괄하는 보편성을 말하려고 하자마자 유위적 의도의 개입으로 인해 자연스러운 사실을 왜곡하고 만다. 그래서 도가는 갑과 을이 빛의 공간이 아닌 오직 황홀(恍惚)한 어둠 속에서만 포용될 수 있다고 믿는다.

그렇다면 과연 유가는 이러한 도가의 비판에 대해 어떻게 대응할까? 도가의 비판처럼 유가는 보편적 가치를 추구하려다 언어적 속박에 고착되어버린 것일까? 또한 유가는 언어적 표상을 사용하려다 사실 왜곡의 오류를 범하고 만 것일까? 유가는 서로 다른 개별자인 갑과 을을 포괄적으로 비추어줄 수 있는 보편적 언어가 성립 가능하다는 논거를 어떻게 제시할까? 유가에서 제시하는 진선미의 보편성은

---

4) 유가의 도가 빛이라면 도가의 도는 어둠이다. 주희는 『대학』의 첫째 강령인 밝은 덕에 대해 "사람이 하늘에서 얻은 것으로 비어 있으면서도 신령스럽고 어둡지 않으면서 모든 이치를 갖추고서 만물에 응하는 것"이라고 설명한다(주희, 『대학장구』, 1장). 이에 반해 노자가 말하는 도가의 진리는 검고 검은 것(1장), 검은 암컷(6장), 검은 덕(10장), 희미하고 애매하면서 황홀한 것(14장), 검은 통함(15장), 검은 아우름(56장) 등으로 묘사된다.

어떤 방식으로 현실에 존재하며, 어떻게 사람에게 알려질까?

2. 존재론적 언어

사실이란 무엇일까? 우리가 보통 사실이라고 말하는 것은 거짓이 아닌 것을 뜻한다. 한자 '實'자와 '虛'자가 대조를 이루면서 여러 가지 의미를 함축하는데, 그 중에서 '實'자가 참된 사실(事實)을 가리키고, '虛'자가 거짓된 허위(虛僞)를 가리키는 용례로 많이 쓰인다. 이러한 분류법에 의하면 어떤 것이 사실인지 아닌지는 참이냐 거짓이냐에 따라 결정된다. 도가와 유가는 무엇이 참된 사실인지에 대해 이견을 보이지만, 허위적으로 꾸민 것이 아닌 그 자체로 존재하는 사실이 있다는 것에 대해 일치된 의견을 보인다. 도가와 유가는 '스스로 그러한 것(自然)', '본래 그러한 것(本然)', '진실로 그러한 것(固然)' 등의 개념을 자신들의 사상적 토대로 사용한다. 도가의 스스로 그러한 것이란 외적인 영향력에 의해 조작되지 않고 존재 스스로 자신의 특성을 발휘하는 것을 뜻하며, '무위자연(無爲自然)' 사상으로 집약된다. 도가뿐만 아니라 유가도 사람에게 존재하는 본래적인 것을 사상적 토대로 삼는다. 본성을 낙관하는 맹자의 성선론이나 성리학의 '무극이태극론(無極而太極論)'은 스스로 그러한 존재를 사유의 출발점으로 삼고 있다. 이와 같이 도가와 유가는 거짓과 꾸밈이 없이 스스로 그러한 것을 존재의 근원적 사실로 상정한다.

그렇다면 스스로 그러한 존재들의 구체적 모습은 무엇일까? 먼저 음기와 양기의 이항 대립적 상호작용을 들 수 있다. 유가와 도가는 눈에 보이고 귀에 들리는 것들, 즉 지각되는 존재론적 사실들을 음기(陰氣)와 양기(陽氣)로써 개념화한다. 『노자』에서는 "만물은 음기를 지고 양기를 안고 있다."[5]고 말하고, 『주역』에서는 "한 번 음하고 한

번 양하는 것이 도”[6]라고 말한다. 유가와 도가는 음기와 양기의 맞물림이라는 개념으로 존재론적 사슬을 구성한다. 음기와 양기의 존재론적 사슬은 종적인 것과 횡적인 것으로 나뉜다. 횡적인 것은 음-양, 남-여, 해-달, 밤-낮 등과 같이 서로 성격이 다른 요소들이 하나의 짝을 이룬다. 이에 반해 종적인 것은 ‘양-남-해-낮’이나 ‘음-여-달-밤’ 등과 같이 인접한 것들끼리 한 계열의 족보를 형성한다. 횡적인 것이 서로 내용이 다른 존재들 간의 결합이라고 한다면 종적인 것은 서로 인접한 것들을 모은 하나의 계보이다. 중국사상 일반에서 모든 존재자는 횡적으로는 음과 양의 교차에서, 종적으로는 계보의 연속에서 성립한다.[7] 개별자들은 횡적인 것과 종적인 것의 엮임에 의해 다른 존재들과 중첩됨으로써 자신의 존재론적 정체성을 갖는다. 음기와 양기의 관점에서 보자면 종적인 계보와 횡적인 교감에 의해 유기적으로 형성된 스스로 그러한 사물들이 세계 안에 존재한다.

도가와 유가가 모두 음기와 양기의 상호작용을 인정하지만, 여전히 양자 간에는 사상적 간극이 있다. 종적이고 횡적인 짜임으로서의 존재들이 가치론적인 위계 구조를 갖느냐 마느냐에 대해 유가와 도가 사이에 입장 차이가 존재하며, 그러한 차이는 호리지차천리지무(毫釐之差千里之繆)이다. 유가적 존재는 가치론적 위계 구조를 갖지만 도가적 존재는 그렇지 않기 때문이다. 본체가 절대적 선이냐 아니냐에

5) 『노자』, 42장.

6) 이 말은 『주역』 「계사상」에 보이는 말이지만, 정주 성리학은 이 부분에 대해 음기-양기라는 존재론적 사슬 자체를 형이하적인 것으로, 음기와 양기를 가능케 하는 근거(所以一陰一陽)를 형이상적인 도로 해석한다. 그 결과 성리학은 형이하(形而下)를 넘어 형이상(形而上), 기(器)를 넘어 도(道), 기(氣)를 넘어 이(理) 등을 전제함으로써 자연적 존재 내부에 초월적 가치를 상정한다. 김석진 옮김, 『주역전의대전역해(周易傳義大全譯解)』, 하책, 대유학당, 2003, 1363쪽.

7) 정용환, 『장재의 철학』, 경인문화사, 2007, 98-107쪽.

관한 유가와 도가의 논쟁은 존재론적 사실을 어떻게 규정할 것인지와 관련하여 중요한 의미를 지닌다. 유가와 도가의 대립은 “모든 개인들이 이해하고 동의할 수 있는 설득력 있는 보편적 선이 가능한가?”라는 물음에 대한 대답의 차이에서 시작한다. 도가가 근본적인 상호 이해가 소멸된 깜깜한 곳 혹은 비어 있는 곳으로 들어간다면, 유가의 상호 이해는 환히 밝힌 빛의 공간으로 나온다. 유가는 다원적 개별자들 사이의 차이에도 불구하고 서로를 이해할 수 있는 보편적 토대가 모든 존재에게 구비되어 있다고 생각한다. 존재에게 내재한 본성과 사물에 내재한 이치가 그것이다. 공맹 유학에서 보자면 사람의 본성이란 서로 가까운 것 혹은 서로 동일한 것이다. 특히 맹자 사상은 본성의 동일함을 일반화하는 데에 주의를 집중한다. 나아가 북송 이후의 성리학 이론 역시 사물에 내재한 이치가 동일하다는 것을 전제한다. 조선시대의 성리학도 예외는 아니다. 조선시대 성리학자들의 『천명도』를 보면 동물과 식물과 사람은 서로 기질이 다를지라도 동일한 이치를 타고난 것으로 그려진다.[8] 유가에서 제시하는 존재론적 보편성 혹은 동일성을 성리학의 용어로써 정리하자면 “품부 받은 기질이 다를지라도 모든 존재가 동일한 이치를 갖는다.”는 말로 묘사할 수 있다. 성리학의 이기론적 구도에 따르면 개별자들은 기질지품(氣質之稟)에 따라 재능, 지능, 성향, 수명 등에서 서로 차이가 있지만, 개별자들은 그러한 차이에도 불구하고 동일한 이치 혹은 이념적 메시지를 공유한다. 모든 존재 안에 내재하는 초월적 이치는 주희가 말한 “소리도 없고 냄새도 없는 것”이다. 초월적 이치는 내용적으로

8) 조선시대 성리학자가 그린 『천명도』로는 추만(秋巒) 정지운(鄭之雲), 하서(河西) 김인후(金麟厚), 퇴계(退溪) 이황(李滉)의 것이 있다. 유권종, 「천명도 비교연구: 추만, 하서, 퇴계」, 『한국사상사학』, 제19집, 한국사상사학회, 2002; 정병련, 「추만의 『천명도설』의 제작과 퇴계의 정정」, 『철학』, 제38집, 한국철학회, 1992.

는 개별자의 기질을 초월하면서도 실제적으로는 개별자에게 내재한다. 초월적 이치는 구체적 물질이 아니라는 점에서 감각기관과 구별되지만, 한편으로 인식의 내용을 구성하는 근원이라는 점에서 지각 활동과 긴밀히 연관되어 있다. 초월적 이치는 감각기관처럼 물리적 형체가 없으면서도 마치 눈이 꽃을 보듯이, 귀가 새소리를 듣듯이, 코가 풀냄새를 맡듯이, 모든 지각되는 것들 속에 내재한다. 그러한 초월적인 이치나 본성의 메시지가 바로 존재들에게서 흘러나오는 본래 언어이다.

성리학자 주희는 주돈이(周敦頤)의 『태극도설』과 『통서』를 해석하면서 유가의 가치론적 위계 구조를 천명한다. 주돈이는 『태극도설』에서 "무극이면서 태극"이라고 말하고, 『통서』에서 "성(誠)은 무위(無爲)이고, 기(幾)는 선과 악으로 나뉜다."[9]고 말한다. 이와 관련하여 주희는 『태극도설해』와 『통서해』를 지어 주돈이가 제시한 "무극이면서 태극"이라는 말을 "참된 이치의 스스로 그러함(實理自然)"으로 해석하면서 존재론적인 최고 지위를 부여한다.[10] 이러한 주희의 존재론적 본체는 허무적멸한 것이 아니라 진선미의 가치를 함축한다. 주희에 의하면 무극으로서 본체는 소리와 냄새가 없을지라도 이미 유(有) 계열인 태극을 함축한 무극이며, 본체에 함축된 태극은 도덕적 선을 가리킨다. 유가는 존재론적 본체가 선으로 이루어졌다고 봄으로써 존재 즉 당위의 구도를 취한다.

---

9) 주렴계, 『통서』, 「성기덕(誠幾德)」.

10) 주희는 "태극 밖에 다시 무극이 있는 것이 아니다."라고 말한다. 이처럼 주희는 무의 계열을 독립적 본체로서 상정하기보다 태극이라는 유가적 구도 안에 포섭하여 이해한다(『주자전서(周子全書)』, 대만: 상무인서관, 중화민국57, 5쪽). 나아가 선진 유학에서도 무 계열만을 적극적으로 개진하지 않는다. 공자는 『논어』「위령공」편에서 '무위'라는 말로 순 임금의 정치를 칭송하지만, 공자의 무위가 도가처럼 선/악의 이분법을 해체하는 데로 나아가지는 않는다.

물론 도가도 유(有) 계열의 개념과 무(無) 계열의 개념을 대비적으로 사용한다는 점에서 유가와 매우 유사하다. 도가의 본체는 유가 무에서 나오고, 유욕(有欲)이 무욕(無欲)에서 나오고, 유명(有名)이 무명(無名)에서 나온다.[11] 도가는 '시/비'와 '선/악'과 같은 가치론적 이분법을 정당화해줄 수 있는 존재론적 근거가 없다고 생각한다는 점에서 유가와 다르다. 도가에서 선이란 개별자의 상대적인 기호나 취향과 관련되어 있다. 도가의 선은 개별자의 주관적인 취미판단 이상을 넘어서지 않는다. 예를 들어 개별자들 사이의 서로 다른 특성들은 설득을 통해 상호 이해나 보편적 이해에 도달하지 못한다. 나뭇가지를 좋아하는 매미와 구만리 창공을 좋아하는 붕새는 서로 다른 취향을 가짐으로써 공통적인 이해의 토대를 형성하지 못한다.[12] 마찬가지로 우물 안 개구리와 바다에 사는 거북이도 서로가 각기 다른 취향을 지님으로써 서로의 입장을 이해하지 못한다.[13] 도가는 무엇이 참이고 옳은 것인지에 대한 견해 역시 개별자들의 서로 다른 취향과 마찬가지로 공약 불가능하다고 본다. 노자에 따르면 "세상 모든 사람들이 선이라고 여기는 것이 악이기도 하다."[14] 그래서 도가는 '~이 절대 옳다'고 주장하는 유가에 대해 "스스로 그러한" 상대주의적 실상을 알지 못한다고 비판한다.

도가사상에서는 좋음과 옳음에 대한 서로 다른 개별적 취향들이 하나의 존재론적 사실로서 주어져 있을 뿐이다. 노자는 다양한 개별자들이 모여 있는 상태를 "빛을 조화시키고 티끌을 아우른다(和光同塵)."[15]고 표현한다. 도가의 개별자들은 서로의 차이에 대해 우열을

11) 『노자』, 1장.

12) 『장자』, 「소요유」.

13) 『장자』, 「추수」.

14) 『노자』, 2장.

가리지 못하고 커다란 블랙홀 속에서 형언할 수 없는 통합을 이룬다. 그래서 도가의 도는 검은색에 비유된다. 도가의 도는 사람들에게 알려지지 않고 이해되지 않는 검은 어둠이다. 또한 도가의 도는 깜깜한 어둠이면서도 모든 오묘한 것들을 만들어내는 창조적 문이기도 하다. 도가는 알려지지 않으면서도 존재하는 어둠 속의 도를 비어 있음(虛), 검음(玄), 없음(無) 등으로 기술한다. 도가는 유가와 달리 언어로써 본성을 기술할 수 없다고 생각한다. “아는 사람은 이야기하지 않고 이야기하는 사람은 모른다.”[16]고 노자는 말한다. 도가가 볼 때 사람들의 언어는 실재의 모습을 불완전하게 표상하고 지시한다. 도가에서 언어는 이미 존재하는 사실을 재구성해서 설명하는 이차적이고 제한적이며 심지어 왜곡적인 도구에 지나지 않는다. 따라서 도가의 존재론적 사실이 언어로부터 독립해 있는 일차적인 것이라고 한다면, 언어는 존재론적 사실을 표상하고 지시하는 이차적 도구에 불과하다.

도가에게 존재론적 사실은 끊임없이 자연스럽게 유출되는 동적인 과정임에 반해, 언어는 규약에 묶인 정적인 것이다. 관습적 규약에 묶여 있는 정적인 언어가 출렁이는 파도와 같은 존재론적 실상을 그대로 묘사하는 것은 불가능하다. 도가적 존재는 언어에 의해 고정시킬 수 있는 지점이나 멈추어진 상(象)을 갖지 않는다. 설령 존재론적 유동의 과정을 영화의 필름처럼 수만 개의 프레임으로 분절시킨다고 할지라도 그러한 분절은 존재의 원초적 유동이라기보다 이차적 지시에 의한 또 다른 고정에 불과하다. 오히려 도가는 사람이 만들어낸 유위적인 왜곡에 의해 본래의 자연적 존재가 시해된다고 본다. 장자는 자연적 존재의 시해 과정을 ‘혼돈(渾沌)’의 우화로 묘사한다.

---

15) 『노자』, 4장.

16) 『노자』, 56장.

남해의 황제는 숙(儵)이고, 북해의 황제는 홀(忽)이고, 중앙의 황제는 혼돈(渾沌)이다. 숙과 홀이 때마침 혼돈의 땅에서 서로 만났는데, 혼돈이 그들을 매우 잘 대접해주었다. 숙과 홀은 혼돈의 은덕에 보답할 것을 의논하였다. "사람에게는 모두 일곱 개의 구멍이 있어서 보고 듣고 먹고 숨을 쉬는데, 혼돈에게만 없으니 구멍을 뚫어줍니다." 그렇게 말하고는 하루에 구멍 한 개를 뚫었는데, 칠일 뒤에 혼돈은 죽고 말았다.[17)]

이 우화에서 혼돈이 무위자연의 태초 상태를 비유한다면 혼돈의 죽음은 유위가 무위자연을 시해하는 것을 비유한다. 도가에 따르면 유위적 언어는 무위적 존재 상태를 결코 완전하게 지시할 수 없으면서도 계속 지시하려고 시도함으로써 무위의 세계를 시해하는 오류를 저지르고 만다. 도가는 인간중심주의를 통하여 지시되지 않는 것을 언어로써 지시하려는 시도를 자가당착적인 무모한 욕망이라고 본다.

과연 도가의 주장처럼 언어는 사실을 파악하고 지시하려는 무모한 욕망 혹은 이차적 도구에 불과한 것일까? 유가는 도가의 언어 해체론적 태도를 비판한다. 유가는 임의적 기호에 대한 규약을 넘어 존재론의 영역에서 언어의 기원을 찾는다. 유가의 존재론적 언어는 다른 대상을 표상하거나 지시하기보다 자신의 존재됨을 스스로 드러낸다. 유가에 의하면 사람이란 애초부터 본능과 본성이라는 존재론적 언어 속에서 살아간다. 아기가 태어나서 옹알이를 하는 것, 모음과 자음이 미분화된 자연스러운 웃음과 울음을 터트리는 것, 환호성을 지르는 것, 친근한 사람에게 미소를 짓는 것 등이 존재론적 언어의 흔적들이다. 유가에 의하면 존재론적 언어는 세계를 시해하기보다 세계를 전개시킨다. 유가의 존재론적 언어는 객관적으로 대상을 모사하기보다

17) 『장자』, 「응제왕」.

스스로 세계를 만들어낸다. 도가가 유가의 언어를 유위적인 허위라고 비난했지만, 유가는 인간에게 존재론적인 본래 언어가 있다고 보면서 유위적 언어의 모태인 무위적 언어를 제시한다. 주돈이의 표현을 빌리자면 그것은 "무극이면서 태극"인 상태의 언어이다. 나아가 맹자와 성리학자가 말하는 인간의 선한 본성이야말로 유위적 언어를 가능케 하는 무위적 언어 혹은 '본래 언어'이다. 맹자가 제시하는 사람의 마음에서 발생하는 네 가지 단서(사단)인 측은하게 여기는 마음, 잘못을 부끄러워하는 마음, 사양하는 마음, 시비를 가리는 마음이 바로 무위적 언어의 현실태이다. 이러한 유가의 본래 언어는 학습하기 이전에 미리 주어진 존재론적 조건이며 유위적인 것의 토대이다.

유가적 본성이라는 본래 언어는 듣고 이해할 수 있지만 누가 말하는지 화자를 알 수 없다는 점에서 무위적이다. 그 이야기를 발화하는 주체의 정체를 확인할 길이 없다. 유가적 본성의 이야기가 비록 1인칭의 마음속에서 발생하는 것일지라도 1인칭이 의도적으로 만들어낸 것이 아니라는 점에서 1인칭적인 것이 아니다. 또한 유가적 본성은 주변의 다른 사람들이 알려준 이야기가 아니라는 점에서 2인칭적인 것도 아니다. 그것은 현장에서 발생하는 이야기이면서도 현장에 발화 주체가 없다는 점에서 제3의 어떤 곳에서 들려오는 이야기이다. 그것은 발화의 주체를 확인할 수 없으므로 인칭을 초월한다. 이와 같이 화자를 알 수 없거나 화자가 없는 이야기가 바로 '함이 없는 스스로 그러함(無爲自然)', '본래부터 그러한 본성(本然之性)', '의도와 형체가 없는 이치' 등의 개념을 형성한다.

유가적 본성을 설명하는 '自然', '本然', '固然' 등의 어휘는 가주어가 포함된 유럽어의 존재 문장과 동일한 어법으로 구성되어 있다. 영어 문장의 'It + be'나 독일어 문장의 'Es + ist'는 3인칭적 가주어와 존재 동사가 결합되어 있다. 3인칭적 가주어가 포함된 이들 존재 문장을 한국어로 번역하면 '그것은 ~이다'이다. 그와 마찬가지로 유가의 본성을 설명하는 개념인 '自然', '本然', '固然' 등의 개념도 가주어와 존재 동사가 결합된 형태로 되어 있다. '自然'은 '스스로(自)+그러하다(然)'는 문장으로, '本然'은 '본래(本)+그러하다(然)'는 문장으로, '固然'은 '진실로(固)+그러하다(然)'는 문장으로 구성되어 있다. 맨 앞에 나오는 가주어인 '自', '本', '固' 등의 글자는 유럽어의 3인칭적 가주어인 'It'과 동일한 기능을 하며, 존재 동사인 '然'자는 'be' 동사와 동일한 기능을 한다. 여기에서 유의할 점은 가주어인 '自', '本', '固' 등의 글자가 대명사적 기능을 하지만 실제로는 누구를 가리키는 대명사인지 알 수 없다는 것이다. 왜냐하면 이들 글자는 구체적인 특정 주체를 대신 가리키는 말이 아니라 특정한 주체를 알 수 없거나 아예 특정 주체가 없을 때 사용하는 가주어이기 때문이다. 고대 한문인 '自然', '本然', '固然' 등의 어휘가 오히려 유럽어보다 더 정확하게 특정 주체가 없음을 보여준다. 예를 들어 영어 문장에서 가주어 'It'은 특정한 주체가 없는 존재 현상을 설명할 때 사용하지만, 대명사가 사용됨으로써 마치 특정한 주체가 있는 것과 같이 여기게 만든다. 예를 들어 "It is sunny today(오늘은 날씨가 화창하다)."라는 영어 문장에서 'It'은 의미론적으로 불필요함에도 불구하고 가주어로 사용됨으로써 오늘의 날씨를 화창하게 해주는 특정한 주체가 있는 것처럼 보이게 한다. 그러한 대표적인 사례가 신(God)이다. 기독교와 같이 유일신을 믿는 문화권에서, 세계는 'It'으로서의 '신(God)'에 의해 창조된 것으로서 이해된다. 한편 '自然', '本然', '固然' 등에서 '自', '本', '固' 등의 가주어는 특정의 주체를 전혀 가정하지 않는다. 엄밀하게 보자면 '自然'이란 숨어 있는 누군가가 유위적으로 창조하거나 조작해서 생기는 현상이 아니라는 점에서 무인칭적이고 무주체적이다. 본성은 무인칭적이므로 거주 장소도 없고 형체도 없다(無方所無形體). 그렇다면 '自然'과 같은 무인칭적 개념어들은 유가의 본성과 이치가 누군가에 의해서 발화되는 이야기가 아니라 저절로 존재하는 이야기임을 말한다. 우리가 일상적으로 사용하는 말들은 누군가에 의해서 발화되지만, 역설적이게도 유가의 본성 혹은 본래 언어는 발화하는 자 없이 발화되고 있는 이야기이다. 무인칭적 본성은 마음속의 초월적 공간에서 그 의미가 발생되지만 그것을 발화하는 얼굴이 없다. 이러한 본성의 이야기란 얼굴 없는 자의 이야기, 저자 없이 쓰인 책과도 같다. 그래서 본성의 이야기는 모든 형체를 초월하면서도 구체적 존재들에게 이야기를 건네는 초월 즉 내재의 형식을 취한다.

맹자의 "우물로 들어가는 아이를 보고서 측은해 하는 마음"이 바로 무주체적 본래 언어의 한 사례이다. 이정에게서 배웠던 사량좌(謝良佐)는 맹자의 이 말을 적극적으로 변호한다. 그에 의하면 "사람이라면 반드시 그러한 참된 마음을 알아야 한다. 문득 아이가 우물로 들어가는 것을 볼 때에 마음이 깜짝 놀라게 되니 그것이 참된 마음이다. 그러한 마음은 생각해서 얻은 것이 아니고, 힘써서 적중한 것도 아니다. 하늘의 이치가 스스로 그러한 것(天理之自然)이다."[18] 성리학의 집대성자인 주희 역시 맹자의 그 구절에 대해 사량좌의 입장과 동일한 지평에서 해석한다. 주희에 의하면, "예컨대 아이가 우물에 들어가는 것을 보고 측은해 하는 까닭은, 모두 참된 하늘의 이치가 유행하여 피어 드러나 스스로 그러하고 그러한 것(自然而然)이어서, 조금도 사람이 미리 그 사이에 끼어듦이 있지 않다. 이것이 스스로 그러한 곳(自然處)이다. (중략) 한 번 움직였다가 한 번 고요한 까닭은 이치가 스스로 그러한 것(理之自然)이 아님이 없다."[19]

---

18) 주희, 『맹자집주』, 「공손추상」, 2장.

19) 주희, 『주희집』, 「답진안경3(答陳安卿三)」.

다시 유가와 도가의 사상적 대립 구도로 돌아가보자. 도가는 개별자들이 음기/양기로 대표되는 물리적 기질의 상태 이상으로 나아가려는 시도들을 부정하지만, 유가는 무인칭적인 본성의 이야기가 존재의 근원이라고 주장한다. 그러나 본래 언어로서의 본성을 내세우는 유가의 주장에도 불구하고 여전히 도가의 비판이 완전하게 해소된 것은 아니다. 맹자와 주희가 제시하는 초월적인 본성이 구체적으로 무엇인지, 그것이 본능과 어떻게 다른지가 아직은 막연하다. 유가가 주장하는 것처럼 '~해야 한다'는 당위 명제가 본성에서 유래하는 본래 언어일까? 아니면 후천적으로 만들어진 것일까? 자식이 부모를 사랑하고, 부모가 자식을 아끼고, 부부 사이에 구별이 있어야 한다는 유가의 말은 매우 당연한 것으로 들리지만, 어떤 방식으로 부모를 사랑하고 자식을 아끼고 부부 사이에 구별을 둘 것인지에 대해서는 시대적 차이나 자신이 처한 상황에 따라 서로 다른 해석을 할 수밖에 없지 않을까? 만약 유가가 모성애나 부성애와 같은 이타적 본능 자체를 도덕적 본성이라고 주장한다면 자연주의적 오류를 벗어나지 못하게 된다.[20] 그렇다면 유가는 본성과 본능을 어떻게 구별할까? 본성과 본능의 차이점에 대한 유가의 설명은 무엇일까?

3. 본능 언어와 본성 언어

유가에 따르면 모든 존재는 본능과 본성이라는 두 종류의 본래 언어 안에서 살아간다. 우리가 맺어놓은 언어적 규약 이전에 본능과 본

20) 고자에 의하면 맹자처럼 모성애, 부성애, 자식애, 부부애 등과 같은 본능 자체를 사회적 규범으로 동일시할 경우 자연주의적 오류를 저지르게 된다. 고자가 볼 때 맹자가 말하는 본성이란 본능과 동의어일 뿐이며, 도덕규범은 사회적 차원에서 논의되어야 할 문제이다. 정용환, 「고자의 성무선악설과 맹자의 성선설」, 『동양철학연구』, 제51집, 동양철학연구회, 2007, 127-130쪽.

성이 먼저 이야기를 한다. 그러한 측면에서 보자면 본능과 본성이야말로 존재의 가장 근원적인 무위 언어이다. 본능의 이야기와 본성의 이야기로 빚어놓은 것이 사람이다. 주희는 그것들을 기질지성과 본연지성이라는 이름으로 부른다. 성리학적 세계는 본성의 계열인 이치와 본능의 계열인 기질의 오묘한 조합이다. 이렇게 본능과 본성은 서로 내용이 다르면서도(不相雜) 어느 하나를 배제할 수 없다(不相離).

현대인이 유가의 본래 언어라는 말을 들으면 생물학적 본능을 먼저 떠올릴 것이다. 현대 유전자학에서 본다면 본능을 구성하는 DNA야말로 무인칭적 본래 언어에 해당한다. 그런데 왜 성리학에서는 본성을 상위에 놓고 기질지성에 속하는 본능을 하위에 놓을까? 본능도 유가적 본성과 마찬가지로 본래 언어이지만 형체나 장소에 의존한다는 점에서 본성과 다르다. 본성의 이야기가 비어 있으면서도 신령스러운(虛靈) 곳에서 발생한다면, 본능의 이야기는 물리적 매체인 신체에서 발생한다는 점에서 서로 다르다. 성리학에서는 사람의 몸에서 발생하는 욕구를 기질지욕(氣質之欲)이라고 부른다. 더 구체적으로 설명하자면, 본능은 몸이 몸 자신을 위해서 욕구하는 것이다. 이와 같이 성리학자들은 본능과 본성을 철저하게 구별한다. 주희는 몸이 몸 자신만을 위하는 본능을 형체와 기질의 사사로운 욕구(形氣之私)라고 부르고, 형체에 국한되지 않고 어디에나 편재하는 본성을 성명의 바름(性命之正)이라고 부른다.[21] 이러한 논리에 따르면, 본성과 본능은 본래적 측면에서는 서로 유사하지만, 본성이 기질을 초월함에 반해 본능은 기질에 의존적이라는 점에서 서로 다르다. 다만 유가적 입장에서 보자면 본능이 자신의 욕구를 스스로 실현하려고 하듯이, 본성 역시 자신의 도덕적 의도를 현실에서 스스로 실현하려고 한다

21) 주희, 『중용장구』, 「중용장구서」.

는 점에서 유사할 뿐이다.

맹자에 의하면, 사려를 통해 본성적 가치가 본능적 가치보다 훨씬 크다는 것을 쉽게 알 수 있다. 이러한 시각에 의하면 사람의 삶이란 본능들과 본성들 중에서 가치의 비중을 확인하여 더 높은 가치를 실현하는 과정이다. 사람은 물고기 요리보다 곰발바닥 요리가 더 맛있다는 것을 조금만 사려해보면 깨달을 수 있다. 사람은 본능적으로 물고기 요리에 대한 식욕과 곰발바닥 요리에 대한 식욕을 갖고 있지만, 곰발바닥 요리가 더 맛이 좋다는 것을 스스로 알고 있다. 마찬가지로 사람은 본성이 본능적 욕구보다 좋다는 것을 스스로 판정할 수 있다. 그래서 사람은 구차한 삶보다 정의로운 죽음을 택하게 된다.[22] 유가의 본능과 본성은 둘 다 존재론적으로 주어진 것이지만, 사려해보고 경험해보면 그것들 간에는 가치론적 차이가 분명하게 존재한다. 유가의 본성은 "어떻게 타인과 관계해야 하는가?" 혹은 "어떻게 살아야 하는가?"와 같은 물음이 등장했을 때 궁극적 대답을 주는 하나의 존재론적 사실이다. 특히 본능과 본성 사이에 가치론적 갈등이 발생했을 때 '본성이 본능보다 더 급선무'라는 데서 양자 간의 가치론적 차이점이 분명해진다. 그래서 맹자는 본능을 소체(小體)로, 본성을 대체(大體)로 규정한다. 맹자에게 본능과 본성은 사람이 존재하는 한 피할 수 없는 관성적 충동과 같은 것이지만, 가치론적으로 본성이 우위에 있다. 반성적 능력이 활성화되어 "생각하면 (본성을) 얻고, 생각하지 않으면 (본성을) 잃을 뿐이다."[23] 이처럼 맹자의 본성은 가치론적으로 본능보다 훨씬 중요한 본래 언어이다.

외재적 가치론자인 순자 계열보다 내재적 가치론자인 맹자 계열의 사상이 본성의 우월성을 증명하는 데 더 노력을 기울인다. 도가가 유

22) 『맹자』, 「고자상」, 10장.

23) 『맹자』, 「고자상」, 6장.

가의 가치판단적인 언어를 모두 허위적인 것으로서 배제함에 반해, 맹자 계열의 유학은 가치의 근거를 존재론적 본래 언어에서 찾는다. 유가의 내재론적 가치론은 양지(良知), 천지지성, 본연지성 등의 개념을 통해 가치판단의 존재론적 기원을 제시한다. 이러한 논리에 따르면 본성을 단념한 본능만의 삶은 존재론적 가치를 충분히 실현하지 못한 것이다. 그래서 『대학』에서는 "마음이 없으면 보아도 보이지 않고, 들어도 들리지 않고, 먹어도 맛을 모른다."[24]고 한다. 이 말은 마음에 내재하는 본성이 본능의 세계에 관여되어 있어야 한다는 것을 뜻한다. 본능이 표층에 있는 가치라면 본성은 심층에 있는 더 중요한 가치 혹은 근원적 가치이다.[25]

존재론적인 본능과 본성은 유가적 서사에서 빼버릴 수 없는 원초적 상징으로서 나타난다. 맹자 계열의 유학에서 사람들 사이의 갈등은 기본적으로 본능과 본성의 갈등으로 환원된다. 본능과 본성의 갈등이 세계의 수많은 갈등을 일으키는 원천이다. 본능을 따라 상대의 것을 약탈할 것인가? 아니면 본성에 따라 상대를 존중할 것인가? 이러한 양자 간의 갈등 속에서 군자가 본성의 이야기를 본받는다면, 소인은 본능의 이야기에 몰입한다. 유가 텍스트는 본능을 따르는 소인의 이야기와 그와 대비되는 군자의 이야기가 대비적으로 상징화된다. 예를 들어 공자가 "군자는 정의에 밝고 소인은 이득에 밝다."[26]고 한 것에서 군자/소인 구도를 볼 수 있다. 또한 『춘추좌씨전』에 나오는 정나라 장공과 그의 어머니 무강의 이야기는 그러한 이분법적 구도

---

24) 『대학』, 전7장.

25) 정주의 이기론과 장재의 천지지성과 기질지성의 구도는 심층과 표층의 구도로 되어 있다. 그러한 구도에서 볼 때 좋은 삶이란 얼마나 존재의 심층을 잘 발휘하느냐에 달려 있다. 정용환, 『장재의 철학』, 경인문화사, 2007, 152-156쪽.

26) 『논어』, 「이인」, 16장.

를 뚜렷하게 보여준다.

정나라 무공(武公)이 무강(武姜)을 아내로 맞아들여 첫째 아들 오생(寤生)과 둘째 아들 공숙단(共叔段)을 낳는다. 무강은 첫째 아들을 몹시 힘들게 낳아서인지 그를 매우 미워한다. 그래서 무강은 둘째 아들을 태자로 세우려고 하나 무공이 반대해 소원을 이루지 못한다. 결국 첫째 아들 오생이 정나라 장공(莊公)이 되어 왕위를 잇는다. 왕위에 못 오른 둘째 아들 공숙단은 형 장공에게서 경(京) 땅을 봉토로 받는다. 공숙단은 그 땅을 고마워하기는커녕 그곳을 근거지로 하여 어머니인 무강과 모의해 정나라를 치려고 반란을 일으키지만 실패로 돌아간다. 동생 공숙단은 결국 자결한다. 장공(오생)은 어머니 무강을 영(潁) 땅에 유배시킨다. 장공은 어머니 무강을 유배시키면서 "황천에 이르지 않으면 서로 보지 않으리라(不及黃泉, 無相見也)."고 맹세한다. 장공은 하루하루 지나면서 어머니를 보고 싶은 마음이 생겨나지만, 만나지 않기로 한 맹세 때문에 이러지도 저러지도 못한다. 당시에 영고숙(潁考叔)이라는 효자가 있었는데, 그 사람이 좋은 생각을 낸다. 영 땅에 우물을 파서 누런 물(黃泉)이 나오게 하여 거기에서 정나라 장공이 어머니를 만나게 한다.[27]

위의 이야기는 본능과 본성에 관한 유교적 서사로 되어 있다. 어머니와 첫째 아들 사이에는 본능과 본성에서 유래한 감정이 서로 복잡하게 얽혀 있으며, 사람에게 본성과 본능은 버릴 수 없는 존재론적 충동들임을 확인할 수 있다. 사람이란 선의 출처인 본성뿐만 아니라 악을 유발하는 충동, 광기, 야망, 혐오, 저주 등에도 매우 취약하기 때문에 쉽게 비극에 빠지게 된다. 어머니 무강과 첫째 아들 오생의 삶에는 서로를 혐오하거나 미워하는 기질지성이 깃들어 있다. 어머니 무강은 첫째 아들 오생을 본능적으로 싫어하며, 이렇게 싫어하는 감

27) 『춘추좌씨전』, 「은공1년」.

정은 중요한 일이 생길 때마다 영향력을 행사하는 배경이 된다. 어머니 무강은 첫째 아들 오생을 낳는 순간부터 미워한다. 그래서 첫째 아들 '오생(寤生)'이라는 이름에는 '거꾸로 발부터 나왔다', '어렵사리 나왔다', '나면서부터 눈을 뜨고 볼 수 있었다' 등과 같이 매우 거스르는 의미가 담겨 있다.[28] 첫째 아들 오생이라는 이름에 이미 어머니 무강의 혐오가 깃들어 있음을 쉽게 유추할 수 있다. 사정이 그런데도 첫째 아들 오생이 왕위를 계승하자 어머니 무강은 자신이 아끼던 둘째 아들 공숙단과 함께 무모한 반란을 꿈꾸다가 먼 곳으로 유배당하고 만다. 어머니 무강의 인생뿐만 아니라 오생의 인생 역시 기질지성으로 점철되어 있다. 오생은 자신에게 반란을 꿈꾸던 동생을 죽음에 이르게 하고 어머니를 유배시킴으로써 복수심과 분노라는 기질지성을 극대화한다. 그러나 비록 무강과 오생에게 서로에 대한 파괴적 감정이 있을지라도, 부모 자식 사이의 존재론적 친밀감을 전복하지는 못한다. 유가적 구도에서 보자면 이것은 본능의 극단화가 본성을 완전히 소멸시키지 못한다는 것을 뜻한다. 오생은 어머니에 대한 본능적 복수심에 불타올랐을 당시에 맹세했던 '보지 않으리라'는 말을 뒤집고서 결국 다시 만나게 된다. 왜냐하면 '어머니와 친해야 한다'는 본성의 언어가 오생에게 여전히 살아 숨 쉬고 있기 때문이다. 무강과 오생의 이야기에서 보듯이 유교에서 본능과 본성은 군자와 소인의 이분법을 낳는다. 본성이 배제된 본능만의 추구가 소인의 삶이라면, 본성을 중시하는 것이 군자의 삶이다. 그렇게 본다면 어머니 무강과 아들 오생이 황천에서 만난 것은 매우 가치 있는 일이라고 평가할 수 있다.

유가가 본능과 본성의 대비 혹은 소인과 군자의 대비를 통해 삶을

28) 양백준(楊伯峻), 『춘추좌전주(春秋左傳注)』, 「은공1년」, 중화서국, 1990, 10쪽.

파악하는 방식은 인간이 물리적 법칙을 넘어 본래 언어 안에서 살아간다는 것을 말해준다. 유가의 기획에서 보자면 본능과 본성의 이야기는 후천적으로 만들어진 것이 아니라 존재와 함께 본래부터 있었다. 곧 사람이 세계에 대해서 이야기하기 전에 세계 자체가 본래부터 본능과 본성의 이야기를 토해내고 있다. 나아가 사람 또한 단지 오감을 지닌 물리적 존재에 머물지 않고, 군자의 이야기나 소인의 이야기를 안에 담고서 밖으로 발화하는 존재이다. 그래서 유가는 자기 자신을 마주한 상대의 눈빛과 몸짓과 언어의 저변에 담겨 있는 본성적인 이야기와 본능적인 이야기를 식별하려고 애쓴다.

맹자가 "말을 안다(知言)."고 했는데, 이것은 타인의 말을 통해 타인의 존재론적 흔적들이 어떻게 발휘되고 있는지 간파하는 것을 뜻한다. 맹자는 "(상대의) 치우친 말에서 무엇에 가리어 있는가를 알고, 음란한 말에서 무엇에 빠져 있는가를 알고, 삿된 말에서 무엇이 괴리되어 있는가를 알고, 숨는 말에서 궁함을 알았다."[29] 맹자는 사람의 말과 마음과 일이 본능이나 본성의 상징적 흔적이라고 여긴다. 왜냐하면 맹자가 "말을 안다."고 할 때의 앎이란 단순한 사회적 규약으로서의 기호적 의미에 대한 이해라기보다 존재론적 흔적에 대한 이해를 뜻하기 때문이다. 맹자가 언급한 네 가지 불길한 존재론적 언어는 "마음에서 생겨나 정치에 해를 끼치고, 정치에서 발생하여 일에 해를 끼친다."[30] 이처럼 사람은 본능과 본성이라는 두 갈래의 존재론적 언어 안에 존재한다.

---

29) 『맹자』, 「공손추상」, 2장.

30) 『맹자』, 「공손추상」, 2장. 맹자가 "말을 안다."고 한 것은 고자와의 논쟁과 관련된다. 고자는 의외설(義外說)을 주장한 도덕 객관론자이다. 고자는 도덕적 가치가 외부 사물의 양적 체계에 달려 있다고 주장한다. 한편 맹자는 고자의 도덕 객관론이 주체의 마음을 도외시했다고 비판한다. 따라서 맹자가 "말을 안다."고 한 것은 고자의 말에 내재하는 불길한 상징을 의미한다.

맹자의 본능과 본성에 대한 존재론적 논의는 카시러의 상징 해석에서 나오는 표정 지각과 유사하다. 카시러는 사람의 지각 현상을 신화적 세계관인 표정(Ausdruck) 지각과 과학적 세계관인 사물(Ding) 지각으로 구분한다. 세상에는 대상극인 사물의 세계만 있는 것이 아니라 해석이 개입된 사람의 세계가 존재한다.[31] 그런데 대상의 객관성에 심취한 근대의 과학적 경향이 사람들로 하여금 사람의 세계로부터 멀어지게 만들었다. "과학은 믿음직함, 두려움, 너그러움, 친절함, 무서움 등의 성격을 즉 표정 성질을 먼저 없애고 이 대신에 색깔, 소리 등과 같은 감각 성질로 된 세계를 구성한다."[32] 엄격한 물리주의에 따른 대상에 대한 양적 규정들이 사람의 세계를 망각하게 만든다. 한편 표정 지각은 세계를 하나의 이야기로서 받아들인다. 세계는 눈이 보는 색채나 귀로 듣는 소리로만 구성된 것이 아니라, 개별자들이 서로 건네는 이야기로서 존재한다. 사람이란 본래부터 존재론적 표정을 갖고 있으며, 이러한 표정은 곧 사람이 본래부터 이야기와 함께 태어났음을 뜻한다.

주돈이의 "무극이면서 태극"이라는 말은 표정 지각의 존재론적 원천을 잘 서술하고 있으며, 사람이 존재론적 언어와 함께 살아갈 수밖에 없는 운명임을 알려준다. 그래서 주희는 태극의 이야기가 가장 원초적인 존재론적 언어임을 천명하기 위해 태극을 배제한 무극을 받아들이지 않는다. 그는 무극과 태극을 따로 나눌 수 없는 한 쌍으로 여긴다. 무극과 태극 사이의 '而'자는 무극과 태극을 적극적으로 연계해주는 역할을 한다. 따라서 "무극이면서 태극"이라는 말은 "감각할 수 있는 물리적 대상을 초월해 있는 가장 궁극적 의미"를 뜻한다.

---

31) 에른스트 카시러, 박완규 옮김, 『문화과학의 논리』, 도서출판길, 2007, 146-147쪽.

32) 에른스트 카시러, 박완규 옮김, 『문화과학의 논리』, 148쪽.

"무극이면서 태극"이라는 말은 아무것도 없는 것처럼 보이는 극이 없는 상태에서조차도 궁극적 본성(혹은 태극)의 이야기가 존재한다는 사실을 뜻한다. "무극이면서 태극"이라는 말은 종이 위에 쓰인 어휘를 넘어서 있는 본래 언어를, 형체를 넘어서 있는 본성의 표정을 뜻한다. "무극이면서 태극"인 상태는 사물 지각과 관련된 물리적 세계를 넘어 표정 지각과 관련된 존재론적 언어가 발출되고 있는 상태이다.

유가적 본래 언어의 구체적 모습은 풍모(風貌)로서 나타난다. 본래 언어가 자신의 몸에 충분히 표현될 때 그러한 몸을 풍모라고 한다. 이러한 풍모 개념은 사람의 몸을 마음의 비유나 마음의 상징으로 이해한다. 풍모로서의 몸은 마치 예술작품이 어떤 의미를 담고 있는 것과 유사하다. 훌륭한 예술품을 두고 '혼을 담은 작품'이라고 할 때 '혼'이라는 말이 바로 '깊은 이야기'를 뜻한다. 이와 같이 마음이 품고 있는 본래 언어는 몸에 드러난다(誠於中, 形於外). 기질지성이 몸에 드러나는 것과 동일한 방식으로 본연지성도 몸의 세계에 드러난다. 다만, 유가적 인간은 기질지성과 본연지성 중에서 후자가 가치론적으로 훨씬 더 중요하다는 사실을 즉각적으로 알아차린다. 그래서 맹자는 모든 사람이 물고기 요리보다 곰발바닥 요리를 맛있게 여기듯이, 경험 과정에서 본성의 중요함을 충분히 자각할 수 있다고 말한다. 또한 『대학』에서는 부귀가 집안을 윤택하게 하는 것과 마찬가지로 덕이 몸을 윤택하게 한다고 말한다. 본성이 물리적인 형식을 충분히 얻게 될 때 맹자가 말하는 "호연지기"와 『대학』에서 말하는 "마음이 넓고 몸이 편안(心廣體胖)"한 상태에 도달하게 된다. 주희에 따르면 "마음에 부끄러움이 없으면 넓고 크고 너그럽고 평안하여 몸이 항상 크게 펴진다."[33] 그렇다면 풍모는 본성의 이야기가 몸에 상감(象嵌)되어 있는 상태이다. 유가의 몸은 단지 돌과 같은 유기물처럼 모양과 형태만을 가진 물리적인 질료가 아니라, 진선미와 같은 본성의 이야기를 현실에 상감해낸다.

4. 새로운 경험과 사려에 대한 고려

유가의 입장에서 보자면 세상에 존재하는 사실에는 세 가지 종류가 있다. 오감에 지각되는 사물, 본능, 본성이 그것이다. 유가는 이 세 가지 모두를 수용하지만, 도가는 유가의 본성이 무위적인 것이라기보다 허위적 가공에 의해 만들어진 유위적인 것이라고 비판한다. 도가는 유가가 본성에서 유래하는 것이라고 제시하는 것들이 실상은 자연스러운 삶을 방해하는 유위의 산물이라고 생각한다. 그래서 도가는 본성과 관련된 유가의 상징 언어적 규범을 해체하려고 한다. 도가는 유가의 상징 언어적 속박들을 해체할 때라야 본래 주어진 존재론적 사실에 충실하게 다가설 수 있다고 본다. 그렇다고 해서 도가가 모든 언어를 모조리 해체하는 것은 아니다. 왜냐하면 도가 자신도 대화를 할 뿐만 아니라 서적도 남기고 있기 때문이다. 도가가 해체하고자 하는 것은 보편적인 진선미로서 제시하고 있는 유가의 상징들이다. 도가는 진선미에 대해 보편적 기준을 제시하는 유가의 본성론이 사실은 허위에 기초해 있으며 불필요한 억압에 불과하다고 생각한다.

한편 유가는 언어가 의미를 표상하는 도구에 국한되지 않고 존재론적 성격을 갖는다고 주장한다. 유가의 존재론적 언어는 사람들 행위의 원천이다. 유가는 사람이 본래 언어에 근간한 상징적 어휘를 사용한다는 사실을 중시한다. 유가의 주장처럼 사람은 뛰어난 상징 능력을 갖고 태어난다. 왜냐하면 사람은 헬렌 켈러와 같이 신체적 조건

33) 주희, 『대학장구』, 전6장.

이 매우 나쁜 상황에서도 상징적 세계를 만들어내기 때문이다.[34] 유가는 사람의 상징체계를 구성하고 있는 본래 언어를 본능과 본성으로 나누고 본성에 절대적 가치를 부여한다. 유가가 볼 때 진선미는 후천적으로 혹은 유위적으로 만들기 이전에 주어진 존재론적 사실이다. 사람의 본성은 물리적 법칙을 뛰어넘어 진선미를 상징적으로 발출한다. 사람에게 본성이 있는 한 그에게서 진선미의 이야기가 저절로 흘러나온다. 맹자가 경계하는 "잃어버린 마음을 찾는 것"도 존재론적인 본성의 언어를 회복하는 것에 다름 아니다. 유가는 보이지 않고 들리지 않지만 분명하게 존재하는 본성의 이야기를 자아의 토대로 삼는다. 그래서 『중용』에서는 도리를 잠시도 떠날 수 없다고 하면서 "보이지 않는 것에 대해 경계하고, 들리지 않는 것에 대해 두려워한다."[35] 이렇게 보이지 않고 들리지 않지만 잠시도 떠날 수 없는 도리가 유가의 본래 언어이다. 유가는 사람의 경험과 사려 과정에서 본성에 구비되어 있는 진선미의 절대적 가치가 매우 자연스럽게 인지된다고 생각한다.

도가와 유가는 진선미에 대한 해석에서 가장 큰 차이를 보인다. 도가는 유가가 진선미를 존재 일반의 공통된 뿌리로 여기는 것에 대해 위선적 이데올로기일 뿐이라고 비판함에 반해, 유가는 도가가 진선미에 대한 보편적 근거를 포기하는 것을 허무주의적이라고 비판한다. 우리는 양자의 대립에서 두 가지 취약점을 찾을 수 있다. 도가는 진선미에 대한 보편적 근거를 부정하면서 가치에 대한 상호 이해의 가능성을 해체하고 만다. 우리는 진선미에 대한 보편적 기준에 대해 서로 일치하지 않을지라도 진선미에 대한 합의 가능성을 생각하면서 충분히 대화할 수 있다. 아직 진리에 대한 보편적 해답이 발견되지

34) 에른스트 카시러, 최명관 옮김, 『인간이란 무엇인가?』, 서광사, 1988, 65쪽.
35) 『중용』, 1장.

않았다고 해서 그것이 전혀 불가능한 것이라고 하면서 도가처럼 상대주의적 해답을 제시하는 일은 협의와 토론을 해나가려는 노력들을 무용하게 만들 것이다. 한편 유가는 진선미에 대한 보편적 기준이 이미 본성 안에 존재한다고 봄으로써 진선미의 영역을 선천적인 것에만 국한시키고 만다. 인간이 '선천적으로 본성의 언어를 타고난다는 것'이 '진선미를 선천적으로 완전하게 획득했다는 것'을 의미하기 어렵다. 비록 인간이 선천적으로 진선미에 대한 감수성을 갖고 있다고 할지라도, 그러한 감수성이 후천적인 경험과 대화를 통해 새로운 종합을 일으킬 때 더 높은 가치에 도달할 수 있을 것이다.

언어에 대한 도가와 유가의 대립에서 새롭게 구해내야 할 부분은 대화와 경험의 영역이다. 도가의 상대주의와 유가의 절대주의는 확고하게 선취된 부정이나 긍정의 답을 제시함으로써 진선미에 대한 감수성을 개발할 수 있는 기회인 대화와 경험의 장을 크게 약화시키고 만다. 도가적 상대주의에서는 진선미에 관한 어떠한 보편적 종합도 봉쇄당하고, 유가적 절대주의에서는 대화와 경험 이전에 진선미에 대한 판단이 미리 마무리되어 있다. 그러나 현실은 진선미에 대한 완전한 부정이나 완전한 긍정이 쉽게 성립하지 않으며, 여전히 종합적 가치판단을 위한 대화와 숙고의 과정에 열려 있을 뿐이다. 유가사상은 도가의 상대주의를 극복하기 위해 언어의 존재론적 성격과 보편적 진리의 추구 가능성을 열었다는 점에서 사상사적 의의를 갖지만, 한편으로 본성과 진리 사이에 적절한 거리를 유지할 필요가 있는 것으로 보인다. 존재론에 의해 당위의 문제가 전부 해결될 수 없다고 한다면, 유가의 존재 이해 역시 일정 부분 조정될 필요가 있다. 만약 유가의 내재론과 같이 확실한 진리 판단의 기준이 본래 언어 속에 모두 내재한다고 여긴다면, 진리는 본래 언어의 충동에 불과하게 될 것이다. 또한 유가의 진리 담론이 내재적 본성으로만 환원될 때 진리는 본성의 독백에 불과할 것이며, 대화와 토론에 의한 후천적 진리 모색을 무용하게 만들 것이다. 따라서 유가가 본래 언어가 삶에 대한 이해의 폭을 넓혔다고 할 수 있지만, 그러한 본질로서의 언어를 어떻게 추구해야 좋은지를 결정하기 위해서는 후천적 종합의 과정에 크게 문을 열어야 한다.

제 6 장

성리학에서 본질과 표현

내재적 가치론에서 상정하는 본성론은 성리학에 이르면 본질에 관한 유교 형이상학을 건립한다. 성리학은 인간이 추구해야 할 본질이 존재 속에 내재한다는 것을 제일의 전제로서 취한다. 성리학은 그러한 전제에 의거하여 존재론적 본질을 어떻게 현실화시킬 것인지에 모든 노력을 경주한다. 성리학에서 본질의 구체화는 본질의 표현과 본질의 재현으로 구분하여 이해할 수 있다. 표현의 방식은 주관의 의지가 반영되어 새로운 결과물이 창조되는 것이라고 한다면, 재현의 방식은 원본으로시의 본질을 동일하게 재생산하는 것을 뜻한다. 표현의 방식이란 감정을 표현하는 표정과도 같다. 마치 같은 슬픔이라도 사람에 따라 표정이 다르듯이 표현은 표현자와 표현 매체가 의미를 형상화할 때 매우 중요한 요소로서 관여한다. 한편 재현의 방식은 하나의 표현 형식이 고정된 틀로 굳어져 다수의 동일한 결과물을 산출해내는 것을 말한다. 하나의 원본이 있으면 재현을 통해 다수의 복사물이 생겨난다. 하나의 표현 방식이 원본으로 굳어질 때 재현을 통해 대량생산이 가능해진다. 마치 하나의 천 원짜리 도안에 따라 매우 많은 천 원짜리 지폐가 찍혀 나오는 것과도 같다.

성리학의 본질 담론 역시 본질과 표현의 관계와 본질과 재현의 관계에 의해서 분석해볼 수 있다. 성리학에서는 본질의 표현에 대해 늘 고민하지만, 한편으로 성리학적 표현 양식을 고정함으로써 재현의 방식을 통해 본질의 대량 유포를 기도하기도 한다. 중국 송나라 시대에 주희에 의해 집대성된 성리학이 조선으로 넘어오면 존재론적 본질을 재현하는 몇 가지 방식이 고착화된다. 성리학의 본질 담론은 애초에 주체가 본질을 어떻게 표현할 것인지에 대한 깊은 성찰이었으나, 본질의 표현 양식이 단조로워지면서 표현의 원본이 정립된다. 그럼으로써 새로운 표현보다는 동일한 재현의 방식이 사회에 일반화되는 것을 볼 수 있다.

이 장에서는 먼저 성리학자들이 고민하였던 본질과 현상의 관계를 표현 개념을 통해 분석한다. 그런 뒤에 제7장과 제8장에서 본질과 재현의 관계를 논의할 것이다. 본질과 표현의 관계에 대한 분석을 통해 성리학자들이 추구했던 본질 담론의 본래 의미를 잘 파악할 수 있다. 성리학자들은 내재적 본질이 재현되기보다 주관의 의지에 의해 자율적으로 표현되기를 희망한다. 행위자 스스로가 의지를 가지고서 자신의 본성을 표현한다는 점에서 성리학의 수양론은 자기실현(self-realization)을 추구한다.

1. 표현 개념이 왜 필요한가?

흔히 동해에 가서 직접 대면한 '있는 그대로의 바다'를 가정할지 모르지만, 인식론적으로 '있는 그대로의 사실'이라는 것이 가능할까? '있는 그대로의 바다'라는 것도 이미 언어에 의해 표현되거나 제약되고 있지 않은가? 화가라면 그 바다를 보고 '그림으로 그린 바다'로 묘사할 수 있고, 시인이라면 '시로 쓴 바다'로 읊을 수 있고, 생태 윤리학자라면 '바다의 생태 윤리적 의미'를 사유할 것이다. 이와 같이 '있는 그대로의 세계'는 '표현하는 세계'와 불가분의 관계에 있다. 마찬가지로 성리학의 심성론적 욕구와 정감 역시 단순히 '있는 그대로의 세계'에서 나아가 '느끼는 세계' 혹은 '느낌을 능숙히 표현하는 세계'에까지 관련되어 있다. 근대 과학 기술의 객관성만을 신봉하면서 인문학적 가치가 무슨 실용성이 있느냐고 묻는 사람이 있다고 한다면 이렇게 묻고자 한다. "당신은 동해 바다에서 무엇을 느꼈는가? 그것을 시로 쓸 수 있는가? 타인과 자신의 느낌과 사유를 공유할 수 있는 표현의 기술을 익히고 있는가?" 우리가 가정하는 '사실의 세계'란 '느낌의 세계'와 관련되어 있고, 느낌은 '느낌을 표현하는 세계'와 불가분의 공모관계를 형성한다. '있다'는 것은 일차적 사실일 수 있지만 그것에 느낌과 표현이 동반할 때 가치론적 비중이 커진다. 행위자 자신이 자기의 감정을 적극적으로 표현할 수 있을 때 '그저 있음'은 '의미가 풍부한 있음'으로 바뀐다. 현대의 인터넷에 떠도는 많은 정보와 옛 고전에 전해져 오는 지혜들 역시 그 자체로는 '그저 있음'에 지나지 않지만, 만약 주체가 그러한 정보들을 능숙히 느끼고 표현할 수 있을 때 유의미한 것으로 경지가 바뀐다. 본성의 메시지를 담은 성리학 텍스트 역시 주체의 표현 기술을 통해서만 유의미한 텍스트로 비약될 수 있다.

유교의 위기지학은 '자기실현(self-realization)'으로 번역되듯이 주어진 자아에서 나아가 실현하는 자아를 지향한다. 유교적 자아는 동태적으로 스스로가 자신을 표현하면서 자아의 의미를 획득해간다는 측면에서 근대 예술사에서 사실주의에 대립하여 등장한 표현주의와 부분적으로 동일한 요소를 갖는다.[1] 성리학의 이(理)와 기(氣)의 구도에서 표현의 방식이 분명하게 드러난다. 아라키 겐고(荒木見悟)의 본래성과 현실성의 구도나 윤영해의 초월과 현실의 구도에 의해 성리학의 이와 기 혹은 이일분수를 설명할 수 있다.2) 이와 같이 성리학

1) 성리학의 '자기실현'은 정신적인 의미가 생기 있게 발휘하는 과정이라는 점에서 표현주의에 닿아 있다. 예를 들어 러시아 출신의 화가였던 칸딘스키(Wassily Kandinsky)의 예술론은 재현을 비판하면서 정신적인 것의 표현을 추구한다. 그러면서 그는 예술에서 사실주의적 재현이 주체의 정신을 상실시키고 있다고 비판한다. "대상이라는 것은 변하지 않고 이러나저러나 여전히 마찬가지이기 때문에 오로지 그것을 재현하는 것만이 예술의 목적이라고 사람들은 생각한다. '무엇'을 표현했느냐 하는 문제는 없어지고, '어떻게' 표현했느냐 하는 문제만이 남는다. 말하자면 동일한 물질적 대상이 어떻게 예술가에 의해서 재현되는가 하는 방법만이 '신조'가 될 뿐이다. 예술은 그 영혼을 잃고 있다."(칸딘스키, 권영필 옮김, 『예술에서의 정신적인 것에 대하여』, 열화당, 2000, 29쪽) 또한 '재현' 개념에 대립적으로 '표현' 개념을 제시하는 철학자로는 들뢰즈(Gilles Deleuze)를 들 수 있다. "들뢰즈가 회화의 재현적 특징을 비판한 이유는 재현의 사유가 지닌 동일성의 사유를 비판하기 위해서이다. 들뢰즈는 동일성이 아니라, 차이에 근거한 사유를 시작하기 위해서, 먼저 재현에 대립적인 의미로 표현 개념을 제안한다. 따라서 들뢰즈의 표현 개념은 '재현'에 대립적인 의미를 지닌다."(김영희, 「들뢰즈의 '표현(Expression)'에 관한 연구」, 『대동철학』, 제23집, 2003) 여기에서 칸딘스키와 들뢰즈를 인용한 것은 성리학 역시 동일성적 모사가 아닌 표현적 특징을 사상 안에 함축하고 있다는 점을 지적하기 위해서이다. 나아가 성리학 본체-작용의 표현적 관계에 대한 논의는 성리학을 이해하는 구도이기도 하지만, 또한 현대 표현주의에 대한 논의의 폭이 다양화될 수 있는 새로운 계기라고 생각한다.

2) 아라키 겐고의 경우 주희의 이기론을 본래성과 현실성으로 파악한다. "주희를 정점으로 하는 근세 유교의 사상운동이 가능하였던 것은 유교와 노불을 포함하는 공통의 토양이 있었기 때문일 것이다. 필자는 그것을 본래성이라 이름 붙였는데, 그 '본래성의 자기 한정'을 어떻게 해석하느냐에 따라 다양한 교학이 발생하여 서로 대립하게 되었다고 생각한다. 그러한 다양성을 촉진한 원동력, 즉 본래성의 자기 한정을 '현실성'이라고 한다면, 중국 근세 사상사는 본래성과 현실성을 대립적으로 파악하면서 그 둘의 일치를 추구하는 양상으로 발전하고 운동하였다고 규정할 수 있다."(아라키 겐고, 심경호 옮김, 『불교와 유교』, 예문서원, 2000, 4-5쪽) 윤영해의 경우 초월과 현실이라는 구도에서 주자의 불교 비판을 다룬다. 그에 의하면 주희는 불교의 인과응보설에서 상정하는 내세나 무차별적인 사랑을 베푸는 무연자비(無緣慈悲) 등의 개념들이 출세간적인 초월성만을 추구함으로써 사회적 현실을 도외시하는 참되지 않은 학

에 대한 본래성과 현실성, 초월과 현실, 초월과 내재 등의 통일적 관점에서 주목할 부분은, 왜 성리학적 본체가 그 자체로 독립하기보다 자꾸 작용의 지평으로 미끄러져 내려오느냐는 것이다. 또한 왜 성리학적 본질이나 이치는 '동일성(理一)'으로 규정되는 것이면서도, 반드시 작용의 영역으로 분열하면서 현실적 차이(分殊)를 배태하는 것일까? 안에 감추어진 본질이 껍데기로 외화(外化)되는 것, 상위의 본체가 작용에 제약되어 아래로 미끄러지는 것 등을 '표현'이라는 개념으로 규정하고, 그 의미를 논의해볼 수 있다.

성리학에서의 '표현'적 특성을 다룬 선행 연구를 찾을 수 없지만, 예술과 문학 등을 필두로 여러 분야에서 표현주의가 성행하였다. 간략히 개괄하자면 철학 분야에서는 작용 혹은 현상을 본체에 대한 불완전한 모사로 보는 관점에 대해 비판하면서 '표현'이라는 개념을 매개로 본체와 작용의 통일성을 추구하며, 예술에서는 보는 자의 관점과 보이는 대상을 분리하는 사실주의를 넘어서 예술가의 감정과 예술작품의 통합성을 추구하며,[3] 문학에서는 주관의 의식과 열정을 작

문이라고 비판하였다. 따라서 주희의 사상적 지평은 불교의 출세간성을 비판하면서 유교의 관점에서 사회적 현실을 새롭게 해석하고 체계화하는 측면에서 이해할 수 있다(윤영해, 『주자의 선불교비판 연구』, 민족사, 2000, 15-21쪽, 341-353쪽).

성리학자가 자신의 유학을 실학이라고 부르는 이유는 본래성(理一)이 언제나 현실(分殊)에서 작동하고 있기 때문이다. 예를 들어 공자가 엎어지거나 순가락질하는 사이에도 반드시 이치에 따르려고 했던 것도 본래성의 발휘에 예의주시한 것이다. 그 점에서 성리학의 본래성이란 구체적 현장에서 구동하고 있는 활물(活物)이다. 따라서 현실성(氣)도 본래성(理)을 얻기 위한 방법적 수단이나 도구로 전락하지 않는다. 오히려 기는 이의 현실적 자기 전개 과정일 때 가장 이상적이다. 그것은 마치 부모에게 효도하는 행위가 효심을 획득하기 위한 도구가 아니라 효심 자체의 현실적 모습인 것과 같다. 이와 같이 성리학적 이일분수는 이치의 현실적 표현이나 구현의 과정을 압축적으로 정리한 개념이다.

3) 표현주의 화가들은 사실성의 묘사에 치중하기보다 색을 기분 내키는 대로 사

품에 표출하려는 경향성을 띤다.[4] 표현주의적 경향을 지닌 작품을 남긴 사람들로는 니체, 들뢰즈, 도스토예프스키, 헤세, 카프카, 에즈라 파운드, 엘리엇, 칸딘스키, 뭉크, 쉴레, 클림트 등을 들 수 있다. 이와 같이 광범위한 표현주의자들의 성향들 역시 층차가 다양할 것이며 억지로 통일시키려고 한다면 알맹이 없는 견강부회가 될 위험이 크다. 따라서 이 글에서 취하는 '표현' 개념은 동일자의 재현에 반대하는 입장, 사실주의에 대립하여 주체-객체의 통일성을 지향하는 특성, 주관적 의욕의 표출을 추구하는 경향 등에 한정된다. 또한 이 장의 주된 목적은 여러 표현주의적 사조를 의사(擬似)적으로 따라가기보다 성리학에서의 '표현'적 특성을 추적하는 데 있다. 성리학적 본체 그 자체가 무엇이냐는 본질주의적 태도를 지양하고, 대신 본체를 현실적 제약이 수반되는 표현의 지평으로 끌어와 분석할 것이다. 성리학의 본체-작용의 관계를 '표현'이라는 관점에서 분석함으로써 동일자의 반복적 재현의 구도를 비판하고, 본체가 현실적 계기를 통하여 다양한 차이를 발생시킨다는 점을 밝히고자 한다.

2. 관조와 표현의 구별

성리학적 도(道)의 표현은 관조와 구별된다. 도가사상이 관조를 중시하면서 무욕(無欲)을 주장하는 것에 반해, 유교는 본성에서 발생하는 감정을 가장 잘 표현하는 경지를 중요시한다. 성리학에서 말하는

용한다. 또한 그들은 산하나 들에서 주제를 찾는 대신 작업실이나 카페에서 동료들과의 열띤 논쟁을 통해 문학, 철학, 신화 등에서 주제를 찾기 시작했다(김광우, 『뭉크, 쉴레, 클림트의 표현주의』, 미술문화, 2003, 19쪽). 그러한 점에서 표현주의 작품들은 예술가의 정신의 일부이다.

4) 문학에서 표현주의 기원에 대한 개략적인 소개는 R. S. Furness, 김길중 옮김, 『표현주의』, 서울대학교 출판부, 1985, 1-29쪽을 참조.

자득(自得)도 본체에 대한 정신적 관조라기보다 구체적 행동을 통한 표현의 경지이다. '체득(體得)', '함양(涵養)', '절기체험(切己體驗)' 등의 낱말들이 본체의 표현을 의미한다. 성리학적 도의 원본은 초월적으로 존재하는 것이 아니라 표현을 통해서 현상에 실현되어야 할 대상이며, 표현을 통해서 행위 주체에게 도의 가치를 확장하는 방법을 배양하도록 한다. 비록 성리학적 도의 원본이 꾸며지지 않은 비의도적 유출이라고 할지라도 행위 주체는 어떻게 표현할 것인가에 대해 자기 창조성을 발휘하지 않을 수 없다. 관조는 변형을 꺼리지만 표현은 창조적 변형을 수용한다. 다음에 인용한 소옹(邵雍)의 구절로부터 표현과 관조의 차이를 논의해보자.

(1) 본성이란 도의 형체이므로 본성이 다치면 도도 그렇게 된다. 마음이란 본성의 성곽이므로 마음이 다치면 본성도 그렇게 된다. 몸이란 마음의 집이므로 몸이 다치면 마음도 그렇게 된다. 사물이란 몸의 탈것이므로 사물이 다치면 몸도 그렇게 된다. 따라서 도로써 본성을 보고, 본성으로써 마음을 보고, 마음으로써 몸을 보고, 몸으로써 사물을 보면, 다스림대로 다스려지지만 그럼에도 여전히 해로움에서 벗어난 것이 아니다.[5]

(2) 더 좋은 방법은 도로써 도를 보고, 본성으로써 본성을 보고, 마음으로써 마음을 보고, 몸으로써 몸을 보고, 사물로써 사물을 보는 것이다. 그렇게 한다면 비록 서로 다치게 하려고 해도 불가능하다. 그렇다면 집으로써 집을 보고, 나라로써 나라를 보고, 천하로써 천하를 보아야 한다는 것도 알 수 있다.[6]

---

5) 소옹, 『이천격양집』, 「격양집자서(擊壤集自序)」. "性者道之形體也, 性傷則道亦從之矣. 心者性之郛廓也, 心傷則性亦從之矣. 身者心之區宇也, 身傷則心亦從之矣. 物者身之舟車也, 物傷則身亦從之矣. 是知以道觀性, 以性觀心, 以心觀身, 以身觀物, 治則治矣, 然猶未離乎害者也."

위의 소옹의 인용문에서 (1)은 도로부터 유행하는 현상을 집약적으로 정리하고 있다. '도-본성-마음-몸-사물'은 서로 다른 개념들이면서도 분리할 수 없이 묶여 있다. 이러한 일련의 접합의 논리는 표현을 핵심적인 도구로 삼고 있다. 도가 본성에 표현되고, 본성이 마음에 표현되고, 마음이 몸에 표현되고, 몸이 사물에 표현된다. 만약 상위에 접합된 가치가 하위의 항에 표현되지 못한다면 본성은 도에서 일탈할 것이고, 마음은 본성을 방치할 것이고, 몸은 마음을 잃을 것이고, 사물은 자기와 상관없는 별개의 것이 되고 말 것이다. 도에서부터 사물에 이르기까지 묶여 있는 현상을 '천도(天道)의 유행(流行)'이라고 말한다. 도가 유행하여 사람의 마음에는 인의예지의 본성이 갖추어져 있으니, 맹자의 '네 가지 단서'를 통해 현상에 드러나기 시작한다. 사람의 몸은 그러한 네 가지 단서를 구현해야 마땅하고, 자신이 접한 사물에 대해서는 그 단서를 실천해야 한다.

인용문 (2)의 논리는 유추에 의한 관조이다. 여기에서는 도-도, 본성-본성, 마음-마음, 몸-몸, 사물-사물 등 대등한 개념 쌍이 인식 근거이자 인식 대상으로서 대응되어 있다. 유추적 관조에 의한 인식론은 본래 『노자』 54장에 나오는 "몸으로써 몸을 보고, 집으로써 집을 보고, 마을로써 마을을 보고, 나라로써 나라를 본다."는 것과 동일하다.[7] 이러한 도가 인식론은 각 사물의 자유를 가장 자연스러운 것으로 보면서 유교적 표현을 인위적인 것이라고 비판한다. 오징(吳澄)에 따라 노자의 유추 논리를 해석하자면 사물들은 서로 간여하지 않고 달라붙지 않고 초연해야 한다. "덕을 몸에 닦아서 천하에까지 하나라

---

6) 소옹, 『이천격양집』, 「격양집자서(擊壤集自序)」. "不若以道觀道, 以性觀性, 以心觀心, 以身觀身, 以物觀物, 則雖欲相傷其可得乎? 若然則以家觀家, 以國觀國, 以天下觀天下, 亦從而可知之矣."

7) 『노자』, 54장. "以身觀身, 以家觀家, 以鄉觀鄉, 以國觀國."

도 닦이지 않음이 없지만, 대상의 자연스러움에 따르면서 간여하지 않는다. 사물들이 각각 자신의 사물됨을 부여하면서 서로 묶거나 달라붙지 않는다. 그 사물이 처한 곳에 따라서 그 사물의 추구하는 것을 본다. 사람들은 모두 스스로 자신의 분수를 얻는다. 이것이 위대한 도의 시키지 않는 정치이다. 마음과 자취가 두 개로 나뉘지만 초연하여 얽매임이 없다. 예컨대 잘 세우는 자는 세우는 바가 없고 잘 포괄하는 자는 포괄함이 없는 것과 같다."[8] 도가적 관조에서는 포괄함과 포괄됨의 상관적 표현이 사라지고 각자가 저대로 있는 세계를 고요하게 반영하는 것을 궁극적 가치로서 찬양하고 있다.

소옹은 (1)에서의 표현에 의한 포괄의 논리를 인정하면서도 거기에서 나아가 (2)의 관조의 세계가 훨씬 더 가치 있는 세계라는 미련을 버리지 못한다. 그가 보기에 마음과 감정으로 사물을 표현하는 유교적 방식은 최상의 경지가 아니다. 오히려 사물을 대할 때 인간의 마음과 감정이 거울처럼 고요해져서 있는 그대로의 대상을 마음에 비추이는 반영의 세계를 최상의 경지로 본다. 그에 의하면 "사람의 눈이 참으로 사물로써 사물을 볼 수 있다고 한다면 나와 사물이 둘 다 다치지 않는다. 왜냐하면 그 사이에 누를 끼치던 감정이 모두 잊히기 때문이다. 아직 잊히지 않은 것만이 시에 남아 있게 된다. 그러므로 아직 그 실재를 잊지 않았을지라도 잊은 것이나 다름없다."[9] 그는 감정과 사물이 접할 때 관조를 중요시하면서 느끼는 자에 의해서 느끼

8) 오징(吳澄), 『도덕진경주(道德眞經註)』, 46장. "德修於身, 以及於天下無一不修, 然亦因彼之自然, 吾無與焉. 物各付物, 不相繫著. 隨其所在, 觀其所止. 人人皆自得其分願. 此大道無爲之治. 心迹兩迹, 超然無累, 如善建者無所建, 善抱者無所抱也."

9) 소옹, 『이천격양집』, 「격양집자서(擊壤集自序)」. "眼也誠爲能以物觀物, 而兩不傷者焉, 蓋其間情累都忘去爾. 所未忘者, 獨有詩在焉. 然而雖曰未忘其實, 亦若忘之矣."

는 대상이 꾸며지거나 포괄되는 것을 부정한다. 그는 사람과 사물의 반응에서 감정은 감정대로 사물은 사물대로 저마다 기술되어야 한다고 본다.

그러나 성리학 일반의 인식론은 소옹이 말하는 관조적 방법보다 주관 감정의 표현을 적극적으로 추구한다. 성리학은 대상에 상관되어 있는 주관의 감정을 표현하는 데 의미론적 비중을 둔다. 주관의 감성적 흥취는 대상과 교감할 때 표출된다. 느낌의 주체로서의 상위 항이 대상인 하위 항과 상관적으로 접합되어 표현되는 경우를 정이(程頤)의 산문에서 생생하게 음미할 수 있다. 정이는 스물두 살 때 부인이 시장에서 물고기를 사 와서 고양이에게 먹인 것을 보고는 마음이 아팠다. 그래서 그는 그 물고기들을 뜰 앞의 연못에 풀어주고서 뿌듯해 하였다. 그의 마음 안에 있던 인(仁)이 이와 같이 사물을 키우고서 다치지 않게 하였던 것이다. 정이의 마음이 사물을 접하고서 그 의미를 표현하는 것이 이와 같았다.

> 나는 강과 바다가 너희가 본성을 이룰 수 있을 만큼 크다는 것을 알기 때문에 거기에 너희를 놓아주고 싶지만, 그렇게 할 길이 없으니 다만 몇 말의 물로써 너희의 생명을 영위하게 할 수 있을 뿐이로다. 너희를 살리는 것이 진실로 나의 마음이었고, 너희는 삶을 얻은 것이 이미 많았다. (이러한 사실을 경험하였으니) 천지 가운데 만 가지 종류에 대해서 내 마음이 장차 어떠하겠는가? 물고기여! 물고기여! 내 마음을 슬프게 감동시키는 것이 어찌 물고기뿐이리오?[10]

정이의 물고기 경험은 관조를 넘어서 물고기와 교감하였던 감정의

10) 『이정문집』, 권8. "吾知江海之大, 足使爾遂其性, 思置汝於彼而未得其路, 徒能以斗斛之水, 生汝之命. 生汝誠吾心, 汝得生已多, 萬類天地中, 吾心將奈何? 魚乎! 魚乎! 感吾心之戚戚者, 豈止魚而已乎?"

표현으로서 사실이다. 물고기 경험은 단순히 "정이와 물고기가 있다."는 사실 명제를 넘어서 정이가 물고기에 느꼈던 측은한 감정과 측은한 행동이라는 표현의 관점에서 이해할 수 있다.11)

성리학적 표현의 출발은 자연스러운 감정에서 출발한다. 정이의 물고기에 대한 슬픔에서, 그리고 그 슬픔의 표현에서 성리학 사상의 세계 이해가 인간의 자연스러운 심성에서 시작한다는 것을 볼 수 있다. 인감의 심성은 나와 타자의 겹쳐짐 혹은 매개의 지점에서 자연스럽게 형성된다. 나란 이미 타자와 겹쳐져 있다는 측면에서 부분적으로 타자에게 알려진 존재이고, 타자 역시 나에게 느껴지는 존재이다. 이렇게 감응하는 성리학적 주관은 자신의 느낌을 예의주시하면서 그것을 능숙히 표현하고자 한다. 따라서 성리학은 인간의 가장 사적이고 내밀한 영역인 '주관의 느낌'을 철학화하려는 시도이며, 주관의 내밀한 감정을 중시하는 경향은 "홀로 아는 것에 신중히 하는"12) 신독(愼

11) 여기에서 정이의 물고기에 대한 경우를 인용한 것은 의미-표현의 공모관계를 설명하기 위한 것이다. '물고기의 헐떡거림'이 처음에는 물고기에서 시작했으나, 나중에 정이가 그 물고기에 대해 불쌍한 감정을 표현하면서부터 '정이가 상관된 불쌍한 헐떡거림'으로 의미의 생성이 이루어진다. 대상에 대한 주관의 감정이 표출되고 표현됨으로써 대상의 의미는 새로운 차원으로 확장된다. 정이 역시 대상에 대한 감정적 발출을 중요한 의미의 생성으로 보고 있다.
참고로 윤리적 판단과 관련하여 정이가 물고기를 살려준 것에 대하여 충분히 반론을 제시할 수 있다. 예를 들어 정이와 같은 상황에서 만약 고양이가 몹시 굶주린 상태였다고 한다면, 배고픈 고양이도 불쌍하고 헐떡거리는 물고기도 불쌍할 것이다. 이렇게 모순적 감정들이 충돌하는 경우에 어느 것을 살리는 것이 윤리적으로 더 좋은 행위인지의 기준은 불확실해진다. 그러한 모순적인 상황에서 어떤 선택이 윤리적으로 더 좋은가 하는 기준에 대해 오로지 행위자의 선천성에 근거해서 결정적으로 판단하기 어려울 때가 많으며, 그럴 때는 후천적 협의를 통해 조정될 필요가 있다.

12) '신독(愼獨)'에 대한 번역은 주희의 해석을 따랐다. 『중용장구』 1장에 나오는 주희의 해석에 의하면 " '독'은 남들이 모르지만 자기만 홀로 알고 있는 것이다(獨者 人所不知而己所獨知之地也)."

獨)의 태도에서도 확인된다.13)

성리학의 의미론이 근거하는 주관의 느낌이란 억지로 조장한 것이 아니라 가장 자연스러운 것이다. 주희의 경우에도 참된 학문이란 대상에 대한 자연스러운 감정의 합리화이다. 주희는 죽기 몇 년 전(60대 후반)에 공자와 맹자를 참칭해서 젊은이들을 거짓으로 이끄는 위학의 선동자로 몰려서 자신도 죽음의 위험에 직면했을 뿐만 아니라 채원정을 비롯한 많은 지인들이 유배를 떠나는 고초를 겪어야 했다. 그와 같이 참혹한 상황에서도 주희가 자신의 학문이 허학(虛學)이나 위학(僞學)이 아닌 실학(實學)이라고 변론할 수 있었던 것은 자연스럽게 드러나는 도에 대한 확신에서 찾을 수 있다. 실학으로서의 도란 생각해서 고안한 것이 아니라 타자와의 교류 과정에서 저절로 인간의 심성에 주어진다.14) 그러한 점에서 성리학의 참됨이란 데카르트의 코기토와 같은 능동적 의도라기보다 비의도적 자연성에서 시작한다. 주희는 주체 스스로가 의도적으로 생각하지 않더라도 저절로 생각된

13) 또한 성리학적 주관성의 표현은 네 가지 덕성과 네 가지 단서에 대한 추구에서도 찾을 수 있다. 주희에 의하면 "인간의 마음은 모든 이치를 갖추고 있다."고 하면서 그러한 이치를 인의예지라고 하였고, 거슬러 올라가 맹자는 측은지심, 사양지심, 수오지심, 시비지심 등의 네 가지 단서로서 마음의 경향성을 분석하였다. 성리학에서 네 가지 덕성과 네 가지 단서는 표현을 위한 주요한 소재이다.

14) 성리학적 본성처럼 인간의 본래성을 주장하는 경우를 융의 자기(self) 개념에서 볼 수 있지만 그 내용은 서로 다르다. 성리학적 본성이 인식론적 장애가 없이 의식에 드러나는 것에 반해 융의 무의식에 기반한 '자기(self)'는 의식 속에 불투명하게 스며 있다. "의식의 중심으로서의 자아는 '본연의' 내가 아니며, '본연의' 내가 되기 위해서는 의식의 좁은 한계를 벗어나 내 안에 있는 무의식적인 요소를 깨달아가는 과정이 필요하다. 따라서 '본연의 나'의 존재란 의식뿐 아니라 무의식까지도 포함한 전체적인 인격을 가진 존재이며, 융은 이러한 존재를 자아라는 용어와 구별하여 자기라는 개념을 사용한다." 성현숙, 「『데미안』에 나타난 자기실현의 문제와 현대문명에 대한 비판」, 『헤세연구』, 제2집, 1999, 84쪽.

것을 가장 가치 있는 것이라고 믿는다. 그런 의미에서 성리학적 존재란 자연스러운 의도의 자발적 펼침이다.[15)]

성리학에서 추구하였던 비의도적이고 자연스러운 감정으로는 도덕적 감수성과 감성적 풍류가 있다. 맹자의 '우물에 빠지려는 아이를 볼 때 느끼는 감수성'이나 정이의 '헐떡거리는 물고기를 살려주는 감수성'에서 도덕적 감수성을 볼 수 있다. 성리학에서는 도덕적 감수성이야말로 삶의 의미를 풍부하게 해주는 것이라고 여기면서 공경(敬)과 정성(誠) 등의 수양을 통하여 생명력을 보존하려고 애썼다. 혹자는 성리학적 도덕 감수성이 남존여비의 사회구조를 고착화시킴으로써 삶을 옥죄는 정조대와 무엇이 다르냐고 물을 수 있다. 그러나 성리학적 도덕 감수성이 단단한 결정론이 아닌 주관의 지향성을 중시한다는 측면에서 보면 새롭게 해석할 여지가 많다. 성리학적 도덕론에서 긍정적으로 주목할 부분은 도덕적 대화의 장에 나아가기 위한 주관의 심성론적 동기이다. 성리학이 현대의 도덕론에 기여할 수 있는 부분은 '성리학이 모든 도덕적 문제에 해답을 제시하는 것'이 아니라, 오히려 '인간에게 타인을 배려하는 감수성이 있다는 것'이다. 유가에서는 "부모가 아이를 돌보려는 감수성"[16)]이나 "부모의 시신을

---

15) 성리학에서의 자연스러운 의도의 발휘는 하이데거의 존재 개념을 떠오르게 한다. 하이데거는 자연의 근본 현상을 근대의 물리학에서 탐구하고 있는 원자나 전자같이 정신의 영역이 배제된 물리론적 환원으로서의 존재 개념을 비판하면서 고대 그리스의 피지스 개념을 새롭게 해석한다. 그에 의하면 그리스의 피지스 개념은 '나투라(natura)'라는 라틴어로 번역되기 이전에는 '전체로서 있는 것 그대로'라는 매우 생성적 의미를 내포한다. "피지스는 무엇을 말하는가? 이것은 자기 스스로로부터 열려 피어오름(예를 들어서 장미의 피어남), 스스로 열려 펼쳐짐, 이러한 펼쳐짐 속에 자신을 나타냄, 그리고 그 속에 머무르고 견뎌 다스림, 짧게 말해서, 펼쳐지고-머무르는 다스림을 의미하는 것이다." "피지스는 숨겨져 있음으로부터 스스로 밖으로 벗어나와, 그래서 처음으로 그것으로서 있게 하는 '스스로 나타나-이루어짐(生-成/Ent-stehen)'인 것이다." 하이데거, 박휘근 옮김, 『형이상학 입문』, 문예출판사, 1994, 40-41쪽.

쉬파리가 빠는 것에 충격을 받고 땅에 고이 묻으려는 감수성"[17] 등을 통해 주관에게서 계속적으로 흘러나오는 주관의 지향성에 주목한다.

유교의 감성적 풍류에 대한 추구에서도 주관의 지향성에 대한 지지를 볼 수 있다. 유교의 감성적 풍류는 시와 음악에서 잘 드러난다. 고대 유교의 교육과정인 육례(六禮)에 음악이 들어가 있으며, 공자 또한 당시의 시들을 산정할 만큼 시에 뛰어났을 뿐만 아니라 음악에도 심취하였다. 공자는 "시에서 감흥이 일어나고, 예절에서 몸을 세우고, 음악에서 완성한다."[18]고 하면서 풍류적 감흥의 예술적 완성도를 추구하였다. 주희 역시 감흥의 표현을 삶의 자연스러운 과정으로 이해한다. 그에 의하면 마음에서 발생하는 감성적 흥취는 시와 음악을 통해서 자연스럽게 표출된다.

> 사람이 나면서 고요한 것은 하늘이 준 본성이고, 사물에 느껴 움직이는 것은 본성의 욕구이다. 이미 욕구가 생겨나면 생각하지 않을 수 없고, 생각하면 말이 없을 수 없다. 이미 말이 생겨나면 말로 다할 수 없는 것이 있으니, '아'라고 하면서 탄성과 함께 읊조리는 데서 발생하는 것은 반드시 자연스러운 음향(音響)과 절주(節奏)가 생겨나 그것을 그칠 수 없다. 이것이 시를 짓는 이유이다.[19]

---

16) 『대학』, 전9장. "「강고」에 말하기를 어린아이를 돌보듯이 한다고 하였다. 마음으로 정성스럽게 구한다면 비록 정확하지는 않을지라도 도에서 멀어지지는 않을 것이다. 자식 기르기에 대해 배운 다음에 시집가는 사람은 없다(康誥曰, 如保赤子. 心誠求之, 雖不中, 不遠矣. 未有學養子而后, 嫁者也)." 이 구절에서 볼 때 유교 도덕적 감수성을 주장하는 부드러운 도덕으로 해석된다. 인간이 모든 상황에서 정확하게 도덕적 내용을 다 알고 있는 것이 아니라, 이 구절은 주관이 자신의 도덕적 감수성을 소중하게 간직함으로써 삶의 질을 향상시킬 수 있다는 것을 '자식 기르기'라는 비유를 통하여 설명하고 있다.

17) 『맹자』, 「등문공상」, 5장.

18) 『논어』, 「태백」, 8장.

주희에 의하면 인간의 본성은 고요한 것이지만 사물과 함께 있을 때 욕구의 움직임을 갖는다. 고요함과 움직임이 별개의 것이 아니듯이 욕구는 본성과 별개의 것이 아니다. 오히려 욕구는 본성에서 나오므로 '본성의 욕구'라고 하였다. 나아가 마음에 욕구가 생겨나면 생각이 생겨나고, 생각이 생겨나면 말이 생겨나고, 말이 생겨나면 탄성을 동반하고, 탄성은 음향과 절주를 동반한다. 이것이 바로 마음의 감흥이 말과 음악과 시로 이어지는 발휘의 과정이다. 비록 주희가 "감흥하는 내용에 사특함과 바름이 있다."[20]고 하면서 도덕적 잣대로 시를 재단했을지라도 감성적 풍류는 여전히 중요한 기능을 한다. 공자와 주자가 도덕적으로 바르다고 평가했던 「주남」의 시들 중에 연애시가 많이 나오는 것을 보더라도 유교에서 풍류의 멋을 추구했음을 알 수 있다. 또한 공자의 제자 증점(曾點)은 봄이 오면 옷을 새롭게 갖추어 입고 어른 대여섯 명, 어린 사람 서너 명과 함께 기수(沂水)에서 목욕을 하고 무우(舞雩)에서 바람을 쐰 뒤에 노래를 읊으면서 돌아오고자 하였다. 성리학자들도 산수(山水)에 노닐면서 감흥을 달래기를 좋아하였다. 주희는 운곡(雲谷)에 회암(晦菴)을 짓고(1175) 거처하면서 「운곡 26영」과 「운곡잡시 12수」를 지어 산과 물과 구름 속에서 살아가면서 그 감흥을 읊었다.

> 차가운 구름은 계절을 가리지 않고
> 산골짜기 도처에 깔려 있네.
> 요행이 쏟아지는 소나기가
> 어찌 고독의 즐거움을 방해하리오.[21]

---

19) 주희, 『시경집전』, 「서」. "人生而靜, 天之性也. 感於物而動, 性之欲也. 夫旣有欲矣, 則不能無思. 旣有思矣, 則不能無言. 旣有言矣, 則言之所不能盡, 而發於咨嗟詠歎之飮者, 必有自然之音響節族, 而不能已焉. 此詩之所以作也."

20) 주희, 『시경집전』, 「서」. "心之所感有邪正."

주희는 위의 시에서 구름과 골짜기와 소나기를 관조하는 데 그치지 않고, 자연과 어우러져 한가히 즐기는 고독의 감흥을 읊었다. 이 하나의 시뿐만 아니라 그가 생활하였던 대부분의 곳에서는 으레 감성적 흥취를 시와 산문으로 쏟아내었다. 주희뿐만 아니라 퇴계(退溪)도 「도산잡영」을 지어 도산에서의 삶의 감흥을 읊은 적이 있다. 북송오자, 주희, 조선의 성리학자들을 포함한 대부분의 성리학자들은 삶에서 발생하는 감흥을 시로 읊었고, 그러한 시는 그들 문집에 편찬되어 있다.

성리학에서 주관의 마음이란 대상을 관조자로서 관찰하는 데 멈추지 않고 대상에 감응한 주관의 지향을 표현하는 데까지 고양된다. 대상에 자연스럽게 감흥한 주관성의 표현은 도덕적 감수성을 발휘하여 세상의 비탄에 동정심을 발휘하는 데서, 그리고 감성적 흥취를 발휘하여 미적인 즐거움을 취하는 데서 충분히 해독할 수 있다.

3. 재현과 표현의 구별

성리학적 도는 말로 표현할 수 있고 행위로 표현할 수 있을 뿐만 아니라 그렇게 표현되어야 마땅하다. 도가의 비조인 노자는 도를 온전히 말로 표현하기를 꺼렸을 뿐만 아니라 도를 표현하려고 하는 인위적 양식을 부정하였지만, 성리학은 적당한 언사와 적당한 실천에 의해서 진리를 획득하려고 한다. 하늘의 도와 땅의 도에 사람의 도를 병렬시킨 것은 인간의 표현 행위가 독립적 가치를 지닌다고 보았기 때문이다. 『논어』에서 "사람이 도를 넓히지 도가 사람을 넓히지 않는다."[22]고 말한 것도 도가 주체와 분리된 객관적 실체로서 독립하는

---

21) 『주희집』, 1책, 권6, 「운곡26영」 중 '운곡', 279쪽. "寒雲無四時, 散漫此山谷, 幸乏霖雨姿, 何妨媚幽獨."

것이 아니라 사람의 표현 행위 속에 수반된다는 뜻을 함축한다. 성리학적 도 역시 '존재하는 그 자체'로서 객관주의를 넘어 '표현할 때 드러나는 것'으로서 주관주의적 성향을 지닌다. 성리학적 도가 객관적으로 존재하지 않고 행위자의 표현 안에 존재한다고 한다면 그러한 도는 주관의 구체적 현장에 존재한다. 성리학적 도는 구체적 현장인 가정, 이웃, 사회, 국가 등에 표현된다.

성리학적 도를 표현의 층위에서 다룰 때 먼저 반복적 재현과 어떻게 다른지를 검토하고 넘어가야 한다. 성리학적 수양론에서의 '자득(自得)', '체득(體得)', '함양(涵養)' 등의 주요 개념은 원본 자체의 발휘이지 동일성의 반복적 재현을 뜻하지 않는다. 동일성의 반복적 재현이란 카메라의 필름이 외부의 피사체의 모습을 그대로 반영하듯이 혹은 복사기가 원본을 동일하게 복사하듯이 동일한 형체의 재생산을 뜻한다. 그것은 마치 사실주의 화가가 그림의 중심 주제가 아닌 배경의 형태를 자세히 사실적으로 묘사하는 것과 같다. 그러한 사실주의적 재현의 개념은 동일성의 모방을 뜻하는 플라톤의 미메시스에 의해서 성립한다. 하나의 원본을 동일하게 재생하는 미메시스적 재현이란 하늘에 하나의 달이 뜨면 천 개의 강물에 천 개의 같은 달이 모습을 드러내는 월인천강(月印千江)과도 같다. 하나의 불성이 천 개의 다른 모습 속에 들어 있는 것, 하나의 파일이 수없이 동일한 복사 파일을 만드는 것, 사라진 과거의 건물을 똑같이 복원하는 것 등이 재현이다. 플라톤의 철학에서 하나의 이데아에 따라 다수의 구체적 사물이 가능하듯이 하나의 설계도에 따라 다수의 동일한 사물이 생산되는 경우가 지시적 재현에 해당한다.[23] 이러한 대응적 재현 개념은

22) 『논어』, 「위령공」, 28장.

23) 플라톤이 제시한 '모방=재현'의 개념은 나중에 그대로 계승되지 않고 예술의 긍정적 기능으로서 변형되어 해석된다. 애초에 플라톤이 제시하는 '모방=재

원본의 내용을 동일하게 반복함으로써 시간적 혹은 공간적으로 동일자를 유포한다.

성리학의 이치는 이념적으로 동일한 것(理一)임에도 불구하고 현실에서 표현될 때에는 매체에 의한 변형을 수반한다.[24] 성리학적 원

현'이란 실재하는 대상에 대한 불완전한 지시로 이해할 수 있다. 플라톤의 존재에는 (1) 이데아, (2) 구체적 사물, (3) 모방한 것이 있다. 이데아는 자연에 있는 것이자 신이 만든 것으로 오직 하나이고, 구체적 사물이란 기술자가 이데아에 따라 구체적으로 만든 사물이고, 모방한 것이란 화가나 시인 등이 마치 실재하도록 착각하게끔 닮게 묘사한 것을 말한다. 따라서 구체적 사물은 이데아의 재현이라고 볼 수 있지만 모방은 불완전한 흉내 내기에 불과하다. 모방의 기술은 진실한 것에서 어쩌면 멀리 떨어져 있으며, 그러한 허구성에 근거하여 모든 걸 만들어낸다. 모방의 기술은 각각의 것의 작은 부분을 건드릴 뿐인 데다, 그것마저도 영상(影像, 模像, eidolon)에 불과하다(플라톤, 박종현 역주, 『국가/정체(政體)』, 10편, 서광사, 1997, 609-619쪽). 그러나 굿맨(Nelson Goodman)에 의하면 그림의 재현이란 그리는 대상을 상징적으로 지시(reference)한다고 봄으로써 회화에 독자적인 의미를 부여한다. 즉 재현이란 좌우 대칭적 유사(resemblance)가 아닌 다양한 회화적 상징을 통하여 지시 대상을 묘사하고 표현하는 것이다. 그림의 상징적 묘사는 대상과의 유사성 여부에 달려 있는 것이 아니라 주어진 체계 안의 상이한 상징들 간의 관계이다. 그러므로 일련의 의미론적 체계를 담고 있는 미술 작품은 단지 사실의 그림자가 아니라, 작품의 견지에서 본 세계와 세계의 견지에서 본 작품들이 상호적으로 재편성될 수 있는 해석학적 활동을 수반할 수 있다(넬슨 굿맨, 이은주 옮김, 『예술과의 대화』, 학문사, 1998, 17-20쪽, 247-267쪽).

24) '모방=재현'은 외재적 대상을 대응적으로 지시하기 위한 단순한 모사를 넘어 표현주의적으로 확대하여 이해해야 정당하다. 곰브리치에 의하면 사진조차도 실제 대상물을 동일하게 모사할 수 없다. 마찬가지로 미술가의 재현이란 미술가가 색, 2차원의 면, 원형 효과 등의 표현 매체에 의존하여 대상을 해석한 결과이다(E. H. 곰브리치, 차미례 옮김, 『예술과 환영』, 열화당, 2003, 55-59쪽). 따라서 재현이 실재적 대상을 지시한다고 하여 재현 자체에 내재한 표현적 기능이 소멸되는 것은 아니다. 예를 들어 『장길산』에 묘사된 장길산은 그의 존재나 그의 성질이 전적으로 그 재현(작품)에서 어떻게 묘사되었느냐에 깊게 의존한다(오종환, 「재현과 허구의 관계에 대한 고찰」, 『미학』, 제22집, 한국미학회, 1997, 140-144쪽). 재현이 그것의 대상을 실재로 가지고 있다고 할지라도 대상의 실재성과는 다른 차원에서 재현의 표현성이 의미를 갖는다. 이렇게

본은 하위의 개체들을 동일하게 규정하는 보편적 포섭자가 아니라 표현의 공모에 의해서 의미론적 두께와 깊이를 현실에 발휘한다. 성리학의 이일-분수, 본체-작용, 근본-말단, 형이상자-형이하자 등의 관계가 원본과 표현의 관계로 되어 있다. 분수는 이일에 대해 깊이와 폭을 갖고 표현하는 관계에 있다. 하나의 이치라고 하더라도 표현하는 풍격에는 자득(自得)의 경지에 있는 성인과 중인 사이에 차이가 난다. 공자가 "본성이 같으나 익히는 것이 차이 난다."고 한 말은 표현에서의 풍격의 차이이다. 맹자 역시 원본과 표현의 관계를 "형체와 색깔은 하늘이 준 본성(天性)이니, 오직 성인이라야 그러한 형체를 표현할 수 있다(踐形)."[25]고 말한다. 이 말에 의하면 형체와 색깔을 띤 사물의 원본의 층위는 그러한 원본을 표현하는 층위에 의해서 현실적 풍격을 형성한다.[26] 원본은 모든 사람에게 동일하게 주어지지만 표현하는 경지에 의해서 원본의 내용은 성인에서 범인에 이르기까지 다양한 격차가 존재한다. 표현의 다양한 풍격은 잘 실현된 원본과 그렇지 않은 원본 간의 현실적 차이를 가늠하는 잣대이다. 성리학적 표

재현은 외부의 실재를 지시하기 위한 기호적 수단에 국한되지 않고, 오히려 재현 자체가 의미를 생성하고 있다는 측면에서 표현적인 역할을 한다.

25) 『맹자』, 「진심상」, 38장. "形色天性也, 惟聖人然後, 可以踐形."

26) 맹자의 원본과 표현의 구도를 충실하게 계승하고 있는 대표적인 경우를 주희에게서 볼 수 있다. 주희는 이(理)와 기(氣)라는 개념적 구도에 의해서 맹자의 원본과 표현의 관계를 설명한다. "사람의 형체와 색깔에는 각각 자연스러운 이치가 있지 않음이 없으니 그것을 하늘이 준 본성이라고 부른다. '실현한다'는 것은 말을 실천하는 것과 같다. 일반 사람들은 자신의 형체가 있으면서도 거기에 부여된 이치를 다할 수 없으므로 자신의 형체를 실현함이 없다. 반면에 성인은 자신의 형체가 있으면 거기에 부여된 이치를 다 실현할 수 있으므로 자신의 형체를 부족함이 없이 실현한다(人之有形有色, 無不各有自然之理, 所謂天性也. 踐如踐言之踐. 蓋衆人有是形而不能盡其理, 故無以踐其形. 惟聖人有是形而又能盡其理, 然後可以踐其形而無歉也)." 『맹자집주』, 「진심상」, 38장.

현은 단순히 원본의 충실한 반복이 아니라 어떻게 표현하느냐에 따라서 본래적 원본의 질적 가치가 다양한 양태로 현실화된다.

이일분수에서 이일(理一)이 본래적 도의 본체이고, 분수(分殊)가 도의 현실화라고 할 때 분수는 이일을 모사적으로 재생산하는 거울이 아니라 이치의 분출 과정일 뿐이다. 맹자는 이치의 그와 같은 현실적 분출을 솟아나는 샘물이나 타오르는 불길에 비유하였다. 또한 조선의 성리학자였던 퇴계도 말년에 도산서원으로 물러나 거처할 때 끊임없이 조금씩 솟아나는 앞뜰의 샘물에 '몽천(蒙泉)'이라는 이름을 붙이고 자신의 일상에서 유출되는 이치를 주시하고자 하였다. 따라서 성리학적 도의 본체와 작용 간의 관계는 둘로 분리될 수 없는 관계이다. 도의 현상적 작용은 그것이 곧 본체의 한 모습일 뿐이다. 도의 본체와 작용이 하나인 것은 마치 표현주의 화가인 뭉크의 「절규」라는 그림이 어떤 대상을 모사하여 대신한 것이 아니라 그 그림 자체가 화가 자신의 감정인 것과 마찬가지다.[27] 표현주의 화가에게 그림이 대상에 대한 복사가 아니라 자기감정의 사출이듯이 성리학적 작용 역시 본체의 발휘이다.

성리학에서 도의 본체와 도의 작용의 관계는 본질/수단의 도구주의적 이원론을 배격한다. 성리학의 형이상자는 흔히 도의 내용물에 비

27) 뭉크는 노르웨이 출신의 표현주의 화가이며 「절규」는 그의 대표작이다. 그는 대상을 사실적으로 재현하기보다 자신의 정신과 감정을 그림으로 표현하였다. 그래서 불필요한 세부적 특징이나 형태들은 과감히 생략되고 표현에 필요한 색과 선이 주로 사용되었다. "뭉크의 미학은 한마디로 '혼의 고백'이라고 할 수 있다. 내면 깊은 곳으로부터 더 이상 숨길 수 없는 혹은 표현하지 않을 수 없는 것들을 고백의 형상들로 창조해냈는데, 「절규」를 보면 자신의 얼굴을 만화처럼 과장하고 왜곡시켰다."(김광우, 『뭉크, 쉴레, 클림트의 표현주의』, 미술문화, 2003, 22쪽) 성리학의 본체-작용의 관계 역시 작용이 본체를 대응적으로 재현하기보다 본체를 표현한다. 그 점에서 체용론의 작용은 본체를 기술하는 도구가 아니라 본체 그 자체의 일부이다.

유되고 형이하자는 내용물을 담는 그릇에 비유되는데, 형이하자를 음식을 담는 그릇과 같은 수단으로서 이해한다면 도구주의적 오해에 빠지게 된다. 성리학적 도의 본체와 작용은 떨어질 수 없는 상즉(相卽)적인 관계이며, 본체는 보고 듣는 감각적 세계에 표현될 뿐이다. 형이하자적 그릇이 본체 자체의 드러남이라고 한다면 그것은 사람의 피부나 눈동자와 같은 것이다. 유자들에게 피부는 신체의 내용물을 담고 있는 거적이나 껍데기가 아니므로, 그들은 제사를 지낼 때 피부를 청결히 함으로써 정신을 정화한다는 느낌을 받는다. 또한 인간의 눈은 마음의 드러남이므로 타인의 눈을 보는 것을 타인의 내면을 보는 것이나 다름없이 생각한다.[28] 이처럼 그릇이란 용기가 아니라 내면의 정신을 드러내는 피부나 눈동자로 이해해야 성리학적 본체와 작용의 구도에 부합한다. 그러므로 정자(程子)는 본체적 형이상자인 도와 형이하자인 그릇이 이원적인 것이 아니라고 보면서 "도도 그릇이고 그릇도 도다."[29]라는 유명한 말을 남긴다.

성리학의 본체와 표현의 관계는 상징을 매개로 하나로 통합되어 있다. 상징 안에서 이념과 현실은 서로 분리할 수 없는 한 덩어리이다. 비유적 관계에서는 비유하는 것과 비유되는 것이 각각 서로 다른 개별적 주체이지만, 상징에서는 상징하는 주체와 상징되는 대상이 서로 포함하는 포괄적 관계에 있다.[30] 마치 기독교 신자가 교회라는 상

28) 『맹자』, 「이루상」, 15장. "사람이 품은 것을 볼 때는 눈동자보다 좋은 것이 없다. 눈동자는 자신의 악의를 숨길 수 없다. 마음이 바르면 눈동자가 맑고, 마음이 바르지 않으면 눈동자가 흐리다. 말을 듣고 눈동자를 보면 어찌 숨기겠는가(存乎人者, 莫良於眸子. 眸子不能掩其惡, 胸中正則眸子瞭焉, 胸中不正則眸子眊焉. 聽其言也, 觀其眸子, 人焉廋哉)."

29) 『이정유서』, 권1. "器亦道, 道亦器."

30) 한스 게오르크 가다머, 이길우 외 옮김, 『진리와 방법 1』, 문학동네, 2000, 142-143쪽. 가다머는 상징과 알레고리를 구분하면서 상징이 지닌 이상과 현실 사이의 통합적 특성을 강조한다. "상징은 그 의미로써 다른 의미에 관계하는

징적 공간을 통해서 신의 계시에 참여하듯이 성리학적 주체는 가족적 피의 따뜻함을 통해서 하나의 세계에 포괄되는 느낌을 받는다. 장재(張載)의 『서명』이 혈연적 피라는 상징을 통해서 세계를 포괄적으로 이해하였듯이 성리학적 작용은 본체의 상징적 현실화이다. 장재와 마찬가지로 주희가 말한 이상적 시초로서의 본성은 피의 따뜻함이라는 상징을 통해 혈연주의적 이념으로 세계를 조직화하는 근거이다. 이(理)와 기(氣), 나와 타자는 상징적 현장을 통해서 포괄적으로 통합된 하나의 덩어리이다. '우물로 기어가는 아기'나 '도살장에 끌려가는 소' 등의 사건을 통해서 이와 기가 공모하여 드러나고 나와 타자는 분리할 수 없는 감정이입의 공동 존재감을 형성한다. 비록 이(理)와 기(氣)가 내용적으로 '서로 섞일 수 없는' 관계일지라도 현실적으로 '서로 떨어질 수 없는' 하나의 상징적 덩어리이다. 먼지 이는 메마른 땅에서 물고기가 헐떡거리는 것을 보고서 안타까워하는 마음이 들듯이 성리학의 이치란 삶의 현장에 은밀하게 머리를 내밀면서 외화(外化)된다.

성리학적 이치가 마음에서 몸으로 드러나고 몸에서 사회로 드러나는 과정은 마치 씨앗이 싹을 틔우고 꽃봉오리가 벌어지는 것과 같이 선-후와 본-말이 하나로 통일되어 있다. 성리학적 본체/작용은 이성/감성, 본질/현상, 본체/가상, 의미/도구 등으로 분리되는 파르메니데스

것이 아니라, 감각적으로 분명한 그 고유의 존재가 '의미'를 지니기 때문이다. 그것은 직접 보여주는 것으로서, 우리는 거기서 어떤 다른 것을 인식한다. 정표(情表, tessera hospitalis)와 같은 것이 그러하다. 상징이라고 부르는 것은 그 내용으로뿐 아니라 직접 보여줄 수 있음으로써 유효한 것이다. 말하자면, 한 공동체의 구성원들이 그것을 통하여 서로 알아보는 증빙 자료라고 할 수 있다. 그것이 종교적 상징이든 혹은 세속적 의미를 지니고 나타나든, 아니면 하나의 부호나 증명 또는 암호로서 나타나든 간에 상징의 의미를 그 현현에 근거하며, 보이고 말해지는 것의 현존에 의하여 비로소 그 대표적 기능을 얻게 된다."

류의 이원론을 배격한다.[31] 부모를 공경하는 행위 자체가 효도이지 공경하는 행위를 수단으로 하여 효도의 본질에 도달하는 것은 아니다. 말은 이치를 기술하는 도구가 아니라 그 자체가 이치의 흔적이다. 마음과 몸의 관계에서 볼 때도 몸은 마음속에 품은 의미를 기술하기 위한 도구가 아니라 그 자체로 마음의 자취이다. 가령 타인을 찔러 죽이고서 자신이 한 것이 아니라 무기가 한 것이라고 둘러대는 경우가 성립할 수 없는 것과 마찬가지다.[32] 몸의 행위는 마음의 느낌 그 자체이자 의미이자 본질이지 마음을 기술하기 위한 부차적 수단인 것은 아니다. 왜냐하면 이치와 마음과 몸은 사건의 현장에서 통일되어 드러나기 때문이다.

본체와 작용의 분열에 의한 삶의 소외는 본체적 상징으로부터의 이탈에서 파악된다. 이치의 상징적 현장으로부터의 이탈은 과부, 홀아비, 고아, 자식 없는 부모 등과 같이 감응의 장을 상실한 경우에 해당한다. 그러한 사람들은 물리적으로 자신의 피붙이를 잃은 것에서 나아가 주어진 정신적 따스함을 표현할 토대를 잃었기 때문에 그들을 불쌍하게 여긴다. 이 밖에도 몸짓이나 언사가 의미를 기술하는 도구로만 사용될 때 삶은 소외된다. 왜냐하면 언어는 의사를 전달하는 수단인 것만은 아니며, 몸짓 역시 마음을 기술하는 수단인 것만은 아니기 때문이다. 오히려 언어와 몸짓의 행위 자체도 의미의 실현 과정 그 자체이다. 성리학적 이치가 말에 드러나면 시이고 몸에 드러나면 예이듯이 의미와 표현은 단절되지 않는다. 그래서 성리학자는 "발걸음은 무겁게, 손모양은 공손하게, 눈은 단정하게, 입은 다물고, 목소

---

31) 정용환, 『장재의 철학』, 경인문화사, 2007, 80-90쪽.

32) 『맹자』, 「양혜왕상」, 3장. "타인을 찔러 죽이고서 내가 한 것이 아니라 무기가 그랬다고 하는 것과 무엇이 다르겠는가(是何異於刺人而殺之曰, 非我也兵也)."

리는 고요하게, 머리는 곧게, 분위기는 엄숙하게, 설 때는 점잖게, 안색은 씩씩하게 한다." 만약 몸짓과 언사를 의사 전달의 수단으로만 취급할 경우 본체의 맛과 느낌을 잃어버리는 문제를 야기하게 된다. 마음이 지향하는 느낌이 수반되지 않는다면 눈으로 보아도 보이지 않고 먹어도 맛을 모르듯이, 성리학적 몸짓과 언사는 항상 공경심과 정성이 주재한다.

성리학적 작용은 본체의 복사적 재현이 아니라 본체의 발휘이다. 주희에 의하면 "세상의 사물은 다 참된 이치의 표현이다. 그러므로 반드시 이치를 얻은 뒤에야 사물이 있다. 얻은 이치가 다 발휘된다면 사물도 자신을 다 발휘하여 남음이 없다."[33] 성리학에서는 본체가 잘 발휘되고 표현된 세계를 "본체와 작용이 둘이 아니다(體用不二)."라거나 "현상과 본질에 사이가 없다(顯微無間)."고 정리한다.

4. 요약과 평가

성리학적 체용론은 '발휘'나 '표현'에 의하여 본체와 작용의 간극을 없애면서 존재를 이원화하려는 여타의 시도를 여지없이 반박한다. 몸이 마음을 기술하는 도구가 되거나, 언어가 의미를 전달하는 수단이 되는 경우 도의 본체는 현상과 동떨어진 것으로 소외된다. 그러나 성리학적 본체는 도구에 의해서 기술되거나 재현되는 것이 아니라 물이 흐르듯 혹은 불이 타오르듯 유동적으로 표현되고 있는 생성의 과정 그 자체이다. 본체와 작용의 표현적 관점에서 볼 때 성리학적 예법도 본체를 모사하는 그림이 아니라 본체 그 자체의 활동 과정으로 이해할 수 있다. 성리학적 본체의 활동은 문학과 예술에서의 표현

33) 주희, 『중용장구』, 25장. "天下之物, 皆實理之所爲, 故必得是理然後, 有是物, 所得之理旣盡, 則是物亦盡而無有矣."

주의적 발휘와 유사하며 사실주의적 기술과 대비된다. 사실주의적 기술이 비트겐슈타인의 언어 그림 이론처럼 세계를 대상으로 삼아 똑같이 그리려고 하는 것에 반해, 표현주의적 발휘는 작품에서 주관의 정신을 발휘하려고 한다. 마찬가지로 성리학적 체용론도 몸짓과 언사에 도의 본체가 발휘된다고 봄으로써 본체와 표현을 통일시킨다. 성리학적 도의 발휘 과정에서 본체나 본성은 주관의 감정, 몸짓, 언사를 통해 현실에 얼굴을 생성할 뿐이다. 몸짓은 마음을 기술하는 도구가 아니며, 언사는 의미를 수식하고 전달하는 수단이 아니다. 성리학자들은 본체와 작용의 관계를 꽃이 피어나는 과정과 같이 하나로 통일된 것으로 생각했으며, 그러한 사상 경향은 이일분수, 체용불이, 현미무간 등으로 개념화된다.

유교의 역사를 살펴본다면 분명 지나친 형식주의와 엄격주의적 폐단이 많이 존재하지만, 적절한 표현을 통해 삶의 의미를 실현하려는 본래의 취지를 음미할 필요가 있다. 유교에서 도가 넘는 감정의 억제나 감정의 과잉을 조절하기 위하여 중용의 논리를 제시하고 있으며, 이와 관련된 연구가 더 필요하다고 생각한다. 예컨대 입체파의 미술에서처럼 대상의 형태와 색채를 그로테스크하게 뜯어 붙이는 것과 같은 지나친 과잉은 유교에서 억제된다. 그렇다면 유교적 맥락에서 표현의 추구는 사실에 대한 과잉된 왜곡을 자제하면서도 '주관성'의 의미를 실현하고자 하는 두 뿔 사이의 모험적 요소를 내포한다. 유교는 과잉된 표현에 의한 지나친 주관화 및 표현 형식의 지나친 고정화를 견제하려고 한다. 과연 그러한 시도가 얼마나 성공적이었는지, 성공적이지 못했다면 그 대안은 무엇인지 등이 앞으로 밝혀야 할 지난한 해석학적 과제라고 할 수 있다.

제 7 장
성리학적 본질의 현실 주재

1. 재현과 증식

성리학적 본질 담론은 끊임없이 표현과 재현 사이를 오간다. 성리학의 본질 담론은 기본적으로 본질의 표현에 관심을 두지만, 한편으로 재현을 통해 본질을 무한 증식시키는 것에도 상당한 관심을 둔다. 그런 연유로 성리학의 본질 담론을 종합적으로 이해하기 위해서는 본질과 표현의 관계와 더불어 본질과 재현의 관계를 충분히 성찰해 보아야 한다.

아름답게 표현된 것을 보고는 그것을 재현함으로써 대량 유포하려는 경우를 떠올려보자. 흠모하는 어떤 것을 대량생산하려고 할 경우 본질과 표현의 관계는 본질과 재현의 관계로 전환된다. 그래서 본질 담론에서 표현이 재현으로 전환되는 것과 관련하여 표현과 재현의 차이를 인식할 필요가 있다. 재현이 표현과 가장 다른 점은 동일한 원본을 무한으로 증식시킬 수 있다는 데에 있다.

먼저 표현의 관점에서 보자면 표현된 것들 사이에는 비록 유사성이 있을지라도 동일성은 존재하지 않는다. 가령 부모와 자식 간에 얼굴 생김새가 서로 닮았을지라도 약간씩 다른 모습을 하고 있듯이 표현된 것들 간에는 의미의 차이를 내포한다. 부모는 자식의 원본일 수 없으며, 자식은 부모를 동일하게 재생한 것일 수 없다. 비록 무엇인가를 표현할 때에 표현하고 있는 의미 혹은 본질이 하나일지라도 그 구체적 모습은 서로 다를 수밖에 없으므로, 본질 역시 다양한 차이 속에서만 제대로 이해될 수 있다. 표현된 사물의 변형이나 손상은 곧바로 본질의 변형이나 손상을 불러온다.

이에 반해 재현은 동일한 것들을 확대 재생산한다. 확대 재생산하기 위해서는 동일한 원본이 필요하다. 원본이 마련되면 그에 따라 많은 복사본들이 재생산된다. 복사기가 동일한 문서를 복사하듯이, 동일한 모델의 자동차들이 길거리를 누비듯이, 노동자들이 공장의 동일한 생산 라인에서 동일한 상품을 생산하듯이, 재현은 하나의 불변적인 원본을 마련하여 그에 따라 동일한 사물을 재생산하는 체제를 구비한다. 그러한 점에서 원본으로서 본질은 늘 동일성을 유지하면서 언제나 재생 가능하고 교환 가능한 재생물들과 일정한 거리를 유지한다. 재생물들이 변형되거나 손상되더라도 추상적인 원본에는 변함이 없다는 측면에서 원본으로서의 본질은 영원불변에 가깝다. 그것은 마치 실제의 자동차들이 변형되거나 손상되더라도 그 본래 설계도가 그대로인 것과 같다. 본질과 표현의 관계가 나눌 수 없는 불가분의 관계라면, 본질과 재현의 관계는 서로 분리됨으로써 역할을 달리하게 된다. 본질과 재현의 관계에서는 원본으로서 본질이 해체되면 재현적 사물들은 모두 의미를 상실하고 낱낱의 것으로 독립하게 된다. 반대로 재현 과정에서 원본으로서 본질이 정립되어 있는 한 얼마든지 동일한 사물들을 대량으로 재생할 수 있다.

성리학적 본질이 모든 다른 것들이 복사해야 할 원본으로서 고정될 때 재현적 엄격주의가 등장한다. 고정된 원본의 재생만이 사회적 권위를 누릴 때 행위자의 주관적 지향성은 자유로운 창조 정신을 잃게 됨과 동시에 엄격한 재생으로서의 훈련만 남게 된다. 그래서 유교적 수양에서 보이는 엄격한 몸짓과 격식을 중시한 말투 등은 지나치게 형식화된 도덕적 엄격주의라는 비판을 받기도 한다. 김경일이 쓴 『공자가 죽어야 나라가 산다』라는 책의 유교 비판은 "유교라는 명교가 사람을 죽인다."라는 루쉰의 입장에 닿아 있다. 이런 종류의 비판에는 공히 "유교가 현실적 삶을 옥죄는 낡고 고정된 형식을 강요한다."는 가정이 전제되어 있다. 역사적으로도 유교는 『예기』, 『의례』, 『주자가례』 등을 편찬함으로써 표현 형식을 고정화했을 뿐만 아니라 행위 주체의 지나친 엄격주의를 야기했다는 비판에서 자유로울 수 없을 것이다. "이치가 하나이지만 (구체적으로) 나뉘면 서로 다르다(理一分殊)."는 성리학적 테제는 본질의 무한 증식을 위해 본질과 표현의 관계가 본질과 재현의 관계로 전환될 수 있다. 영원불변의 성리학적 이치를 구체화할 수 있는 동일한 설계도가 확정됨으로써 구체적 사물들은 그 설계에 따라 동일하게 재생되어야 할 것들로서 인식된다.

동일한 원본을 재현해보고 싶은 욕구는 원본이 매우 아름답다고 여길 때에 발생한다. 만약 매우 아름다운 그림이 있다고 한다면 우리는 그 그림과 똑같은 그림을 그려보고 싶을 것이다. 만약 우리가 여행을 가서 좋은 건축물을 감상하였을 경우 실제로 그 건축물과 똑같은 건축물을 지어서 소유해보고 싶을 것이다. 이러한 욕구들이 바로 재현의 욕구이다. 성리학 역시 자신들이 발굴한 본질과 그 본질이 표현된 구체적 모습이 매우 아름답고 좋은 것이라고 여김으로써 그것들을 재현의 양식으로 구조화하려고 한다. 어떻게 사는 것이 가장 좋은 것이냐는 물음에 대해 유교적 성인이 추구하였던 성학(聖學)의 자취들을 원본으로 삼아 특정한 재현의 양식을 제시한다. 유교 텍스트에서 규정한 일정한 삶의 양식이 원본으로 고정됨으로써 성리학적 본질은 더 굳건한 위치를 차지하게 되고, 주체의 행위는 특정한 재현 양식에 포섭된다. 성리학에서 제시한 특정한 재현의 방식이 사회에 일반화될수록 성리학적 본질은 형이상학적 주재자의 자리를 누리지만, 한편으로 삶의 새로운 표현 방식에 대한 성찰은 그만큼 후퇴하게 된다. 동일한 것의 무한 복사는 행위자의 주관적 개성을 최소화시킴으로써 삶을 단조롭게 만든다. 마치 무한하게 유포된 천 원짜리 지폐가 예술적 매체가 아니라 경제적 교환가치를 알리는 기호일 수밖에 없듯이, 성리학적 재현으로서의 존재는 자신이 누구인지 스스로 묻기 이전에 성리학에서 제시해놓은 규범적 기호에 의해 이미 파악되어 있는 존재로서 단순화된다. 모든 존재의 행위를 지배하는 고정된 원본의 권위가 강화될수록 새로운 삶의 양식을 성찰할 수 있는 시간이 주어지지 않는다. 그러한 점에서 성리학적 본질이 재현에 의해 무한 증식되는 현상에 대해서는 계속적인 비판적 성찰이 필요할 것으로 보인다. 비단 성리학적 본질주의뿐만 아니라 형이상학적 본질을 재현의 양식으로 고착화하여 현실에 무한 증식시키고자 하는 모든 본질주의 사상이 다 그러할 것이다. 아주 아름다운 그림을 그대로 그려보고 싶은 욕구를 가진 사람들도 있겠지만, 모든 사람이 마땅히 그 그림을 아름답다고 느끼면서 그대로 따라 그려야만 한다고 말할 수 있을까? 과연 성리학은 어떠한 재현의 양식을 제시함으로써 본질의 대량 유포 체계를 구성할까? 우리는 재현에 의한 성리학적 본질의 대량 유포 체제를 어떻게 보아야 할까?

2. 주재자로서 본질

감히 아무도 흉내 낼 수 없을 듯이 놀라운 손놀림으로 아름답게 흘려내는 바이올린 연주가의 선율을 듣노라면 어떻게 저러한 연주의 경지에 올랐을까 감탄이 절로 나온다. 아무리 좋은 곡이라도 유려한 연주가가 없다면 아름다운 음률을 현실에 드러내지 못할 것이다. 작곡가가 독특하고 유일한 곡조를 창조하면 수많은 다른 연주가들은 반복과 연습을 통해 동일한 곡을 섬세하게 연주하기 위해 열정을 불사른다. 어느 곡을 완벽하게 재현하기 위해 반복적으로 훈련한 결과로서 연주에서의 자기 성취감이 연주가에게 동반된다. 숙련된 연주가는 초보자처럼 서툴게 허둥대지 않고 매우 세련되게 곡을 연주해냄으로써 곡과 신묘한 합일을 이룬다.1)

성리학에서 본질에 합일하려는 수양 이념은 음악에서 연주자와 악보의 관계에 비견될 수 있다. 연주자가 열정적으로 연주하여 악보와 일치를 이루는 것과 마찬가지로 성리학적 수양의 과정에서 수양자의 열정이 성리학적 본질을 실현할 때에 가장 이상적 상태에 도달한다. 성리학에서는 각 개인들이 가지는 기질의 차이들을 인정함에도 불구하고 그러한 다양한 차이들이 동일한 성리학적 본질을 실현할 수 있다는 믿음을 전제한다.2) 이치, 본성, 형이상자, 태극 등으로 불리는

---

1) 음악에서 가장 화려한 예술적 종합은 연주를 통해 드러난다. 악보는 기록되지 않은 가락들을 채집하는 기록 매체이면서 동시에 연주를 위한 창작적 기호이기도 하다. 따라서 악보는 조각가의 해머나 화가의 이젤과 마찬가지로 완성된 작품을 위한 단순한 기록 매체로서의 도구를 넘어, 실제로는 연주의 처음부터 끝까지 어떤 작품에 대한 권위 있는 신분증으로서의 역학을 한다. 그러한 측면에서 악보는 어떤 음악작품의 동일성을 확인하는 기호법이다. 넬슨 굿맨, 이은주 옮김, 『예술과의 대화』, 학문사, 1998, 143-146쪽.

2) 성리학에 대한 본질주의적 해석으로는 임헌규의 논의를 들 수 있다. 그에 의하면 현대 영미의 물리론적 심리철학은 오직 대상적인 것만을 인정하고, 대상

성리학적 본질은 순수지선(純粹至善)하다는 측면에서 초월적인 이념이지만, 다양한 현실에서 당위적으로 구현해야 한다는 점에서 실천을 요청한다. 성리학에서는 기질, 감정, 형이하자, 음양 등 과불급(過不及)의 편차 때문에 생기는 불안정한 현실에 대해 본질의 주재를 강화함으로써 가치론적 상승을 추동한다. 성리학적 도학자들은 기품(氣稟)의 구애나 사욕(私慾)의 불안정에서 나오는 혼란스러운 삶을 구제하기 위한 방도를 본질의 주재력 회복에서 찾는다. 성리학에서 기질과 이치의 합일, 몸과 예법의 합일, 언어와 진리의 합일 등의 구도는 현실에서 드러나는 특이성들을 다스려 거대한 이법적 질서 속에 편입시키고자 한다. 성리학적 수양이란 본성, 예법, 경전 등에 무젖어서 그것과 하나가 될 수 있도록 집중하는 것을 말한다. 성리학에서 본질에 대한 경모는 일종의 '하늘＝이치＝본질'의 이념에 수양자의 몸과 마음을 동일화하려는 욕망이다.[3] 공자가 꿈속에서 주(周)나라 정치의 입안자였던 주공(周公)을 꿈꾸며 흠모한 것, 성리학자들이 공자를 성

화되지 않는 자기-이해 차원의 마음을 논의 밖에 두고 있다는 한계를 지닌다. 반면 맹자와 주희가 제시한 마음은 주체로서 혹은 자기관계로서만 존재하는 절대적, 비대상적인 차원의 것으로서 세계의 의미를 구성한다. 임헌규, 『유가의 심성론과 현대 심리철학』, 철학과현실사, 2001, 364쪽 참조.

3) 성리학을 포함하여 유학에서 주장하는 본질에의 동일화에 대한 최근의 비판으로는 신정근의 연구를 들 수 있다. 정이와 주희는 '하늘＝이치＝인(仁)' 등의 등식을 고안하여 이것을 진리 혹은 절대적 공공성으로 확정하였다. 유학자들은 이러한 이상을 제시하는 데 골몰하면서 '왕이 올바른 마음을 먹기만 하면 …', '선인이 중요한 자리에서 역할을 하면 …', '성인의 가르침이 제대로 가르쳐지기만 하면 …' 이상이 현실에 도래할 것으로 믿었다. 그러나 유학적 본질을 저버리는 개인들의 사적 욕망들이 처한 현실적 상황들은 유학자들을 당혹케 한다. 이러한 유학의 본질주의적 경도의 폐단을 개선하기 위해서는 현실만 탓할 것이 아니라 유학사상이 어떻게 현실적 욕망들을 향해 접점을 마련할 것인지를 새롭게 검토하여 새로운 예법을 모색할 필요가 있다. 신정근, 「유학의 특성과 현실의 규제 가능성」, 『동양철학연구』, 제44집, 동양철학연구회, 2005, 209-233쪽 참조.

인으로 추모하며 그와 같은 성인이 되기를 바라는 것, 지금의 현실을 아주 먼 요순의 성군 시대로 되돌리고자 소원하는 것 등이 모두 성리학적 본질을 향한 동일화의 욕망들이다. 마치 인기 있는 가수나 스포츠 선수가 되었으면 하고 바라는 청소년들, 빌 게이츠와 같은 부호였으면 하고 바라는 중년의 사람들, 아무런 고통이 없는 저 흘러가는 구름이었으면 하고 바라는 노인들처럼, 성리학자들은 모두 성리학적 본질에 합일하기를 꿈꾼다. 이러한 성리학적 합일에의 소망은 주체로 하여금 성리학적 이념을 자신의 본질로서 모시면서 진심 어린 공경심으로 사숙(私淑)하게 한다.

우리가 이성적 사유라고 말할 때의 이성의 기능이 세계에 존재하는 차이들을 하나의 정합적인 질서 속에서 이해하는 것이라고 한다면, 성리학적 이치나 본질 역시 개별자들이 갖는 특이성들을 포괄적으로 주재하기 위한 개념임에 틀림없다. 3백 가지와 3천 가지의 세세한 예법의 차이들이 비록 특이한 형식들로 되어 있지만 궁극적으로는 하늘의 이치를 실현하고 있다는 의미에서는 동일한 이치를 실현하기 위한 현실적 장치들이다. 그래서 공자는 시 3백여 편이 각기 다양한 감정들을 쏟아내고 있지만 "생각함에 사특함이 없다."는 하나의 도덕적 명제로 귀결된다고 말한다.[4] 마찬가지로 성리학에서 모든 생명들의 활동은 제일 이념으로서의 인(仁)을 실현하려는 의지들로 충만해 있다. 성리학에서 인을 구현하려는 의지는 사람뿐만 아니라 동물과 식물 혹은 거기에서 나아가 깨진 기와 조각까지도 함유하고 있는 보편적이고 절대적인 가치이다. 성리학은 형이상자와 형이하자의

4) "생각함에 사특함이 없다."는 구절은 『시경』「노송/경(駉)」에 나온다. 주희에 의하면 "『시경』의 모든 말 중에서 선(善)한 것은 사람의 선한 마음을 감동시켜 피어나오게 할 수 있고, 악(惡)한 것은 사람의 게으른 뜻을 징계할 수 있으니, 그 쓰임은 사람으로 하여금 올바른 성정을 얻는 데로 귀결될 따름이다." 주희, 『논어집주』, 「위정」 2장.

소통, 이치와 분수의 소통, 이치와 기질의 소통, 본성과 감정의 소통 등을 통해 현실 세계를 본질적 가치의 세계로 상승시키려고 한다.[5)]

과불급의 기질적 현실이 본질을 회복하기 위해서는 기질과 본질이 관련을 맺지 않을 수 없다. 이상익의 연구에 의하면 성리학에서 이치와 기질은 상호 주재적이다.[6)] 현실상에서 보자면(物上看) 기질이란 청/탁/수/박의 정도에 따라 본질에 제약을 가함으로써 영향력을 발휘하지만, 이념상에서 보자면(理上看) 본질의 주재성이 기질의 장악력보다 더 당위적이고 근원적인 가치이다. 그래서 이이(李珥)는 본질적인 가치를 현실에서 실현하기 위해, "기질의 세계에 이치가 탄다."고 하는 기발이승(氣發理乘)을 주장한다. 기발이승의 논리에 따르면 유위유형(有爲有形)으로서의 불완전한 기(氣) 영역이 무위무형(無爲無形)으로서의 완전한 이치를 그 목적으로 지향함으로써 기질의 수양을 요청하게 된다.[7)] 그런 까닭에 이치란 어느 곳에나 편만해 있으며, 기질이 이치를 얼마만큼 실현하느냐에 따라 본질 실현의 가치론적

---

5) 성리학자들에 의하면 도가의 양생술은 삶의 이념을 깊이 자각하지 못하고서 생리적 측면에 매몰되었고, 선불교의 좌선은 현실을 담보하지 못한 현허(玄虛)한 신비주의에 매몰되고 말았다. 그래서 성리학자들은 체용불이(體用不二)의 이념을 내걸고서 본체와 현실의 소통 구조를 획득하는 것을 이론적 토대로 삼았다.

6) 이상익에 의하면 성리학에서 이치(理)와 기질(氣)의 관계는 상호적인 관계에 있다. 만약 이치와 기질의 상호성을 인정하지 않고 이치의 주재만을 옹호한다면 공허한 이상주의로 흐르게 되고, 한편 기질의 주재만을 강조한다면 현실적 속물주의로 흐르게 된다. 주희가 이치와 기질의 주재성을 공히 강조한 것은 이치의 주재에 의해서 무질서한 현실의 비판적 준거를 확보하고, 기질의 주재에 의해 진리에 대한 인간의 능동적 주체성과 책임을 묻기 위해서였다. 이상익, 「주자학에 있어서 이와 기의 상호 주재와 그 의의」, 『철학』, 한국철학회, 2003, 100쪽.

7) 황의동, 「율곡의 이기설에 관한 고찰: 이기지묘를 중심으로」, 『동서철학연구』, 제3집, 한국동서철학회, 1986, 111쪽 참조.

등급의 층차가 생겨난다. 기질이 성리학적 이치를 구현하는 정도에 따라 성인/군자/중인/소인 등과 같은 다양한 등급의 차이를 만들어낸다. 성리학적 수양론은 기질의 매체적 수행 능력의 독자적 영역을 인정함에도 불구하고 여전히 이념적으로는 본질을 최상의 가치에 둠으로써 끊임없이 기질로 하여금 본질을 향한 비약에의 의지를 갖도록 유도한다.[8] 정주의 이일분수(理一分殊)나 이이의 이통기국(理通氣局)과 같은 본질과 현상의 통일적 관계는 기질적 특이성들이 동일한 본질을 향하도록 하는 데 초점이 맞추어져 있다. 성리학에서 다양한 개별자(分殊)의 존재 의의는 궁극적으로 본질의 장엄한 승리를 구가하는 것에 긴밀히 연계되어 있다. 현실적 개체들은 각각 기질의 독특성을 유지하면서도 동일한 본질을 지향함으로써 동근원적인 목적을 갖는다. 성리학의 수양자들은 자신의 몸과 마음이라는 기질적 환경을 반복적으로 훈련함으로써 본질에 무젖어들고자 애쓴다. 마치 동일한 곡에 대해 바이올린 연주나 피아노 연주가 가능하듯이, 혹은 동일한 대상에 대해 판화나 유화가 가능하듯이, 기질적 차이에 따른 다양한 환경적 특이성들에도 불구하고 수양자의 열정적 노력을 통해 궁극적 이치가 현실에 발휘된다.

기질 수양의 궁극적 목적지로서의 이치는 내용적으로 볼 때 순수

---

8) 성리학적 본체는 표현 활동을 통해 작용과 통일적 관계에 있다. 작용에 의한 본체의 표현, 감정에 의한 본성의 표현, 기질에 의한 이치의 표현, 몸에 의한 참된 마음의 표현 등에서 전자에 해당하는 본체가 현실의 세계에 즉해 있음과 동시에 후자에 해당하는 작용은 도구로 전락하지 않고 본체의 발휘로서 이해된다. 이와 같이 성리학에서는 본체와 작용을 통일적 관계로 이해함으로써 현실에서 찾기 어려운 지나치게 고상한 현허(玄虛)로 빠지는 선불교나 반대로 어떤 명분도 모색하지 않은 채 자신의 몸만을 양생하고자 하는 위아주의를 경계하고자 하였다. 성리학적 본체와 작용의 통일적 관계에 대한 논의로는 다음의 논문을 참조할 수 있다. 정용환, 「성리학적 본체-쓰임의 관계에서 표현의 역할」, 『철학연구』, 제95집, 대한철학회, 2005, 347-369쪽.

지선의 불변적 가치이다. 그러한 점에서 성리학적 본질은 유위적으로 조작될 수 있는 것이 아니라 그 스스로 존재하는 것이다. 도가사상이 무위자연을 삶의 본원으로 여긴 것과 마찬가지로 성리학적 본질 역시 도구적 합리성에 의해 만들어진 것이라기보다 '스스로 그러한 것(自然)'이다.[9] 따라서 성리학적 본질이란 기술에 의한 작위의 대상이라기보다 존재론적으로 확인해야 할 대상일 뿐이다. 진리가 확인의 대상이라는 생각은 맹자와 성리학적 전통을 통해 분명하게 표명된다. 맹자는 성군이라고 칭송받는 요 임금이든 보통 사람이든 모두에게 똑같이 좋은 마음이 있다고 말함으로써 진리의 편재를 선언한다. 성리학에서도 본연지성의 보편성을 주장함으로써 맹자의 사상을 충실히 계승한다. 성리학적 성인이란 자기에게 내재한 도심을 잘 확인하고 보존한 사람이다. 혼란한 인심(人心)의 현실에서 도심(道心)을 확인하는 것이야말로 성리학의 화두이다. 주희의 미발(未發)적 본체(本體)는 맹자의 양지양능(良知良能)처럼 주관의 마음속에 내재하는 도심의 일종이다. 성리학의 집대성자인 주희에 의하면 주관 속에 내재하는 성리학적 본질은 시대를 초월하여 언제나 존재하는 것이므로 격물궁리(格物窮理)의 공부를 통해 끊임없이 사욕(私欲)의 장막을 걷어내어 환히 밝혀야 할 대상이다.[10]

---

9) 도가사상과 유가사상 모두 '스스로 그러함(自然)'을 수용하지만 양자는 서로에 대해 비판적 태도를 취한다. 도가는 주로 유가의 관례주의(conventionalism)에 대해 비판적이다. 유가의 관례주의는 예학 텍스트, 시, 역사서 등으로 구성된 언어의 집적물에 대한 학습을 통해 수행된다. 성리학자들 역시 그러한 유가적 텍스트에 기술된 도(道)를 내면화할 때까지 부지런히 배우고 실천하기를 멈추지 않는다. 도가사상은 유가의 경전 학습에 의한 구속적인 자기 통제를 비난한다. 도가는 유가사상 전반에 일반화되어 있는 이름 짓기, 구별, 가치 평가 등에 따른 관례적으로 분화되어 있는 시스템이 지나치게 인위적이라고 공격한다. Chad Hansen, "Linguistic Skepticism in the Lao Tzu", *Philosophy East and West*, Vol. 31, No. 3, University of Hawai'i Press, July, 1981, p.329.

3. 본질을 향한 기질의 변증법

성리학에서 제시하는 이기론(理氣論)은 이념적으로는 천인합일을 추구하지만 현실적으로는 기질이라는 다양한 특이성들로의 분산을 수용한다. 주희가 볼 때 본질은 개별자들의 기질적 환경에 따라 다층의 스펙트럼으로 펼쳐져 있으며, 기질적 환경을 극복하여 본질적 근원으로 돌아가려는 데에 성리학적 수양론의 주된 문제의식이 있다. 아무리 개별자들 간의 기질적 차이가 있을지라도 모든 사물이 본질을 실현할 가능성을 갖는다. 사람들 사이에 청(淸)/탁(濁)/수(粹)/박(駁)이라는 기질적 스펙트럼의 차이가 있더라도 인의(仁義)라는 본질적 휴머니티의 주재성을 뒤바꿀 수 없다. 그래서 성리학에서 거론하는 야만성 혹은 소인(小人)에 대한 부정은 완전 부정이 아니라, 본질에 대한 대전제 위에서의 기질적 환경에 대한 부분 부정일 수밖에 없다. 아무리 패륜적인 아버지일지라도 자신의 고귀한 지위를 버리면서까지 함께 살아야 한다는 무모하리만치 끈질긴 인간애는 맹자를 거쳐 성리학적 본성론으로 그대로 이어지면서 본질에 대한 동경이 일반화된다.

성리학적 본질에 대한 동경이 공허한 담론으로 흐르지 않도록 하기 위한 노력을 이이(李珥)의 이기묘합(理氣妙合) 논의에서 볼 수 있다. 이기묘합 이론은 주희가 주장한 이치와 기질의 불상리(不相離), 불상잡(不相雜)을 계승한 것으로 본질과 현실이 하나이면서 둘인 관

10) 맹자와 정이(程頤)는 몸의 내적 자연성으로서의 도덕성에 대해서 논의한다. 이들에 따르면 몸이란 도덕성과 동물적 욕구의 긴장관계 안에 놓여 있다. 몸이 가진 도덕성이 동물적 욕구를 완전히 통제하게 될 때 인간은 도덕적 주체가 된다. 따라서 인간은 자신의 내적 도덕성에 구속됨으로써 자신의 동물적 욕망으로부터 해방될 수 있다. 김성태, 「몸: 주체성의 표현 형식」, 『철학』, 한국철학회, 1995, 39쪽.

계로 본다.

> 이치란 기(氣)의 주재자이고, 기란 이치가 타는 것이다. 이치가 아니면 기가 뿌리를 내릴 곳이 없고, 기가 아니면 이치가 의지할 곳이 없다. (이치와 기는) 두 가지 사물도 아니고 한 가지 사물도 아니다. 한 가지 사물이 아니므로 하나이면서 둘이고, 두 가지 사물이 아니므로 둘이면서 하나이다.[11)]

이통기국(理通氣局)으로 말하자면 이치(본질)가 사람과 사물을 관통하여 보편적 이념으로서 자약(自若)하게 내재하지만, 현실적 존재의 모습은 기의 제한성 때문에 개별자들 간에 종차가 있을 수밖에 없다.[12)] 성리학적 본질이 기질적 간섭을 받게 됨으로써 세상에는 인간/동물/식물 등의 다양한 층차의 사물들이 존재한다.[13)] 사물에게서 드러나는 인간/동물/식물 등의 차이와 사람에게서 드러나는 성인/군자/중인/소인 등의 차이는 본질로의 수렴 과정에서 드러나는 기질적 차이다. 식물은 뿌리를 하늘과 정반대인 땅에 박고 있으므로 하늘의 법

---

11) 『율곡전서』, 권10, 「답성호원2」, 한국문집총간, 한국고전종합DB(http://db.itkc.or.kr).

12) 최정묵, 「율곡 철학의 주자학적 지평」, 『한국사상과 문화』, 제21집, 한국사상문화학회, 2003, 406-408쪽.

13) 성리학에서는 본질과 기질의 상관관계에 의해 존재론적 차이가 드러난다. 장재(張載)의 『정몽(正蒙)』「삼량(三兩)」 편에 보면 이렇게 말한다. "숨을 쉬는 것들(동물)은 하늘에 근본하고, 숨을 쉬지 않는 것들(식물)은 땅에 근본한다. 하늘에 근본하는 것들은 쓺에 막히지 않고, 땅에 근본하는 것들은 처소에 막히니, 이것이 동물과 식물의 구분이다." 또한 주돈이의 『태극도설』에서는 인간이 사물 중에서 가장 신령스럽다고 함으로써 인간을 동식물보다 상위에 위치시킨다. 이와 같은 인간의 존재론적 우월성에 대한 성리학적 신뢰는 조선시대 추만(秋巒) 정지운(鄭之雲)의 『천명도(天命圖)』에서 인간을 직립자(直立者), 동물을 횡생자(橫生者), 식물을 역생자(逆生者)로 순서 지우는 것에서도 볼 수 있다.

칙과 정반대로 자리한 존재이고, 동물은 엎드려 네 발로 기어 다니므로 반쯤 정도 하늘의 이치에 근접한 존재이고, 사람은 직립하므로 하늘에 가장 근접한 존재이다. 본질은 기질을 떠날 수 없다는 점에서 현실적 저항을 만날 수밖에 없다. 본질은 좋아함/싫어함의 감정, 장수/요절의 수명 등과 같은 기질의 제약을 받는다. 본질이 기질보다 중요하다는 점에서 둘은 내용상 선후관계에 있지만, 둘 사이에 틈이 벌어져 떨어질 수 없다(無間斷)는 점에서 서로 유대관계에 있다. 성리학적 본질은 기질에 의존적이고, 그와 같은 기질 의존성 때문에 기질의 표현 능력이 떨어질 경우 본질은 자체의 확연함에도 불구하고 현실에서는 불투명해지고 만다. 결국 보편적 본질로서의 이치는 무위(無爲)의 범주에 속하고 제약자인 기질은 유위(有爲)의 범주에 속하지만,[14] 기질과 연계되어 있는 본질은 기질의 표현 능력에 따라 현실에서 생생한 것이 되기도 하고 희미한 것이 되기도 한다.

본질이 기질의 표현 능력에 의해서 현실화되므로 기질이란 일종의 기술(技術) 개념을 내포한다. 마치 노련한 장인이 능숙하게 도자기를 구워내듯이 성리학적 수양론의 궁극적 목표는 기질을 다루는 솜씨의 습득에 있다. 공자는 나이 일흔 살이 되었을 때에 몸과 마음이 바라는 대로 하여도 법도에서 벗어나지 않았다고 회고한다. 이와 같은 공자의 경지는 몸과 마음이 본질과 합일에 이르고 있음을 보여준다. 본질을 표현하기 위한 좋은 기술이란 기질을 신중히 정돈하여 본질을 표현하는 것에 다름 아니다. 그래서 기질로 하여금 자기만의 사사로운 욕구의 실현에 빠지지 않고 본질을 실현하는 일에 충실할 것을 요구한다. 성리학적 기질은 자기 스스로의 사사로운 욕망을 이기고 본질을 우선적 목적으로 수용함으로써 우주적 거대 질서를 획득할 수

14) 『율곡전서』, 권10, 「답성호원2」, 한국문집총간, 한국고전종합DB(http://db.itkc.or.kr).

있다. 그러한 의미에서 기질로서의 마음과 몸은 끊임없이 본질에서 빗나가려는 사사로운 의지들을 이기면서 본질을 향한 자기 상승을 일으킬 필요가 있다.15) 사람이 도를 넓히는 것이지 도가 사람을 넓히는 것은 아니다. 일왕월래(日往月來)하며 천지의 도가 스스로 쉬지 않듯이 삶 역시 쉬지 않고 추구해야 할 마땅한 법칙이 있으니 그것이 바로 본질과 관련된 소당연(所當然)의 법칙이다. 물리적 자연의 세계가 순환을 통해 성장해가듯이 기질적 지평 역시 본질적 가치를 더 구현하고자 자기 변증을 일으킨다.

성리학적 수양론에서 드러나는 도심을 향한 인심의 갈구는 현실적 일탈 행위에 대한 자율적 감시를 동반한다. 성리학적 수양론이 음/양의 수평적 교합과 태극/음양의 수직적 계보의 통합적 구도를 취하면서 당시 양생술사와 선사의 비사회성과 비현실성을 강력히 비판하고 있음에도 불구하고, 성리학 역시 초탈에의 자기 증식의 길을 열어놓고 있다.16) 성리학에서 가족, 학교, 정치 등의 사회조직에서 발생할

---

15) 본질을 향한 자기 상승의 욕구는 성리학적 고상함을 획득한 사대부 혹은 선비라는 엘리트 계층을 탄생시킨다. 쇄소응대(灑掃應對)의 소학 공부를 통한 예법의 우아한 실현, 성인의 경전에 대한 학습, 휴머니즘에 따른 혈연주의적 공동체의 형성 등을 통해 성리학적 엘리트들을 육성해낸다. 이러한 성리학적 엘리트주의는 부르디외가 말하는 일종의 귀족적 본질주의라고 말할 수 있다. 그에 의하면 "귀족들은 본질주의자들이다. (중략) 이들은 오직 어떤 행동이 비록 형태는 조금씩 다르더라도 각 행위가 수행될 수 있도록 해주는 어떤 본질을 영구화하고 널리 알려주는 특정한 영감에 따른 결과하는 사실이 분명하게 드러나는 경우에만 그 행동을 상찬한다. 이들이 그러한 본질이 요구하는 바 그대로 스스로에게 부과하고, 그 밖의 다른 누구도 요구할 수 없는 바를 스스로에게 요구하고 자신의 본질에 '부끄럽지 않은 삶을 살아가도록' 강제하는 것 또한 바로 이러한 본질주의라고 할 수 있다." 피에르 부르디외, 최종철 옮김, 『구별짓기(上)』, 새물결, 2005, 57쪽.

16) 음/양의 수평적 교합과 태극/음양의 수직적 계보의 성리학적 구도는 주돈이의 『태극도설』에서 잘 드러난다. 성리학 이론은 음양오행의 체계를 받아들임으로써 수평적 감응을 수용하면서도, 나아가 음양오행이라는 자연 운동 위에 도학

수 있는 문제에 대한 해결 방식이 기본적으로 천리와 인욕의 이분법에 근거하며, 양자 중에서 후자(인욕)는 현실적으로 극복해야 할 위험한 충돌들의 집합에 속한다. 성리학적 군자라면 예법이라는 사닥다리를 이용하여 현실적으로 위태로운 감정적 충돌들을 지혜롭게 제어할 수 있어야 한다. 성리학자들은 인욕에 대한 극복의 과정을 바로 공자가 말했던 "자기를 이기고 예로 돌아가는 것이 인(仁)이다."[17]라는 구절에서 찾았다. 주희에 의하면 '자기를 이기는 것'에서의 '자기'란 '몸의 사사로운 욕구'이다. 감각적인 욕구들을 상당 부분 중화시킴으로써 본질의 실현태로서의 예법을 획득하게 된다. 이러한 성리학적 예법 획득의 과정은 몸의 감각적 욕구들을 덜어냄으로써 몸을 본질화하는 것에 다름 아니다. 예법 교육을 통해 자신의 몸에서 관능적 일탈이 일어나지 않도록 숙련함으로써 이치를 실현한다.

그렇다면 성리학적 이치의 현실화는 구체적으로 어떻게 목격될까? 예의 마술사인 공자의 신출귀몰한 현실적 모습은 어떠할까? 예법에 따라서 감정이 중화된 사람의 실제 행동은 어떠할까? 유교의 성인이 5백년 만에 한 번 나올까 말까 하고, 맹자 이래로 북송사자에 이르러 도통이 전해졌다는 설명을 감안한다면, 성리학적 이치를 완전하게 습득한다는 것은 현실적으로 얻어내기 매우 어려운 이념이다. 기질지성의 다스림에 의한 본연지성의 발휘란 수만 번의 구워내기를 통해 얻어지는 열정적 도자공의 위대한 작품처럼 기질이 자기부정에 의해

적 본질인 태극을 둠으로써 수직적으로 성리학적 이념을 사물의 근거로서 정당화하였다. 이 양자의 체계 중에서도 수직적 계보의 체계는 성리학의 궁극적 목표를 이루고 있다. 성리학의 수직적 계보의 체계는 "만물을 주재하는 원리로서의 이(理) 속에 만물생성의 덕으로서 인(仁)이 내재해 있다고 생각함으로써 자연의 질서와 인간의 질서 사이에 연속성을 가정하였다." 김혜숙, 「음양적 사유와 인과적 사유」, 『철학적 분석』, 한국분석철학회, 2000, 57쪽.

17) 『논어』, 「안연」, 1장.

본질로 향상되어가는 과정이다.[18] 인욕(人欲)을 멀리하며 자기 정화를 계속적으로 추구하는 성리학적 수양의 과정은 일상에 대한 자기 통제를 동반한다. 어느 위대한 발레리나의 마디마디 뒤틀리고 볼썽사납게 튀어나온 발가락들처럼, 성리학적 수양이란 예법에의 몰입을 통해 관능적 감각들을 통치함으로써 숙달된 삶의 예술가의 경지에 이른다. 발레리나가 추하고 구부러진 발가락으로 나비처럼 사뿐사뿐 스텝을 밟아나가듯이, 그리고 시어머니의 늙은 손이 음식 맛을 우려내듯이, 성리학자들은 경전과 법에 합일함으로써 자신에게 내재한 본질을 자유자재하게 표현해내기를 소망한다.

성리학의 본질을 향한 자율적 자기 변증으로서의 수양법은 체계적 규모와 절차를 갖춘 도덕적 자각론으로 귀결된다. 맹자의 성선설에 기초한 도덕적 직각주의는 성리학에 이르면 훨씬 세세한 형태를 구비한 도덕적 자각론으로 전개된다. 성리학적 천리란 즉각적으로 알 수 있는 것이 아니라 격물궁리를 통해 하루하루 노력함으로써 달성할 수 있는 것으로서 재해석된다.[19] 그래서 주희는 『대학장구』의 「격

18) 성리학적 현실 세계는 이치와 기질로 구성되며, 수양론도 거기에 부응하여 이치를 궁구하는 것과 기질을 변화시키는 것으로 정립된다. 주희가 이치와 기질의 종합적 수양법으로서 제시하였던 거경궁리(居敬窮理)란 기질 변화를 통해 순수지선한 표준으로서의 이치를 능동적으로 현실 세계에 드러내는 것을 뜻한다. 이상익, 「주자학에 있어서 이와 기의 상호 주재와 그 의의」, 『철학』, 한국철학회, 2003, 96-97쪽 참조.

19) 주희는 유학 내부에서 육구연, 왕수인, 이탁오 등에 의해 지리멸렬하다고 비판받았지만, 그 자신의 학문은 노장사상과 선불교에 대해 주관주의적이라고 비판하면서 성립하였다. 주희는 진리가 주관성으로 해체되는 것을 막기 위하여 「대학장구서」에서 "하늘을 계승하여 표준을 세운다."고 하면서 성리학적 이치의 객관성을 정초한다. 나아가 하늘의 보편성에서 유래한 객관적 이치인 인의예지의 현실태를 확보하기 위하여 각종 교육제도, 경전의 주석, 예법의 완비 등에 온힘을 기울였다. 주희의 이러한 세세한 과정적 규범들이 나중에 양명학 계열의 학자들에게 지리멸렬하다는 비판을 받기는 했으나, 진리의 현실태를 확보하고자 하는 매우 진지한 노력임에 틀림없을 것이다. 주희의 노불 비판과

물보전장」에서 어느 날 아침에 환히 꿰뚫게 되는 수양의 전제로서 격물의 노력을 제시한다. 맹자가 의지의 나태를 주된 비판의 대상으로 삼는다면, 주희는 격물치지설을 통해 도덕적 실천에서 나아가 도덕적 인식의 어려움을 적극적으로 해소하고자 한다. 바로 이 점에서 성리학적 이념의 자기 변증적 이론 체계를 엿볼 수 있다. 성리학자들은 사회적 갈등에서 야기되는 문제들을 개인 수양의 문제로 환원하는 이론적 장치를 만든다. 성리학자는 모든 부정적인 사회문제들이 천리(天理)가 아닌 개인의 인욕(人欲)에 의해서 발생하는 것으로 파악한다. 성리학자는 어떤 정치적 사안이 발생했을 때 그것이 천리에서 나온 것인지 인욕에서 나온 것인지를 확인해야 할 대상으로 여기며, 만약 인욕에서 나온 것이라면 누구의 인욕에서 나왔는지 그 출처를 따진다. 결국 그러한 사려의 과정에서 퇴치해야 할 것은 개인의 사사로운 인욕이다.

성리학적 수양의 과정은 인욕과의 거리 두기로 정리할 수 있다. 인욕을 중화시켜서 먼 거리에 두는 것이야말로 은미한 본성을 활발하게 보호하는 길이다. 성리학에서는 "마음을 보존하고 본성을 기르는 것(存心養性)"을 슬로건으로 내걸면서 인욕에 의한 주관의 전도된 자기 집착을 제거하고자 한다. 그래서 성리학은 양생술사와 선사를 비사회적이라고 비판하면서 사회적 영역을 주관의 의식 차원과 긴밀하게 결부시킨다.[20] 이황의 『성학십도(聖學十圖)』에 실려 있는 『숙

양명학자들의 주희 비판에 대해서는 다음의 논문을 참조. 이상익, 「주자학의 주객합일론과 그 해체」, 『한국정치사상연구』, 제4권, 한국정치사상학회, 2001, 99-131쪽.

20) 성리학자들은 양생술사의 양생법과 선사의 좌선이 도에서 일탈하고 사회에서 일탈한 편향된 수양법이라고 본다. 성리학 사상은 본질이라는 이념과 그 이념에 결부된 기질적 지평을 통일적으로 고려한다. 그래서 도학적 이념을 추구하면서도 남/녀라는 교합의 쌍과 부모/자식이라는 계보학적 피의 전개를 필연적

흥야매잠(夙興夜寐箴)』을 보면 마음에 내재한 초월적 본질을 자율적으로 확보하려는 성리학적 자기 성찰의 과정을 그대로 볼 수 있다.

아침에 일어나 닭이 울어 잠이 깨면, 이러저러한 생각이 점차로 일어난다. 어찌 그동안에 조용히 마음을 정돈하지 않겠는가! 혹은 과거의 허물을 반성하기도 하고, 혹은 새로 깨달은 것을 생각해내어, 차례로 조리를 세우며 분명하게 이해한다. 근본이 세워졌으면 새벽에 일찍 일어나 세수하고 빗질하고 의관을 갖추고 단정히 앉아 안색을 가다듬은 다음, 이 마음 이끌기를 마치 솟아오르는 해와 같이 밝게 한다. 엄숙히 정제하고, 마음의 상태를 허명정일(虛明靜一)하게 가진다. 이때 책을 펼쳐 성현들을 대하게 되면, 공자께서 자리에 계시고, 안자와 증자가 앞뒤에 계실 것이다. 성현의 말씀을 친절히 경청하고, 제자들의 물음과 변론을 반복하여 참고하고 바로잡는다. 일이 생겨 곧 응하게 되면 실천으로써 증험한다. 천명은 밝고 밝은 것, 항상 여기에 눈을 둔다. 일에 응하고 난 다음에는 나는 곧 예전과 같다. 마음을 고요히 하고 정신을 모으며 잡념을 버린다. 움직임과 고요함의 순환을 오직 마음이 볼 수 있다. 고요할 때는 보존하고 움직일 때는 살펴 마음이 두 갈래 세 갈래로 갈려서는 안 된다. 독서하고 남은 틈에는 틈틈이 쉬면서 정신을 가다듬고 성정(性情)을 기른다. 날이 저물고 사람이 권태로워지면 흐린 기운이 엄습하기 쉬우니 장중히 가다듬어 밝은 정신을 떨쳐 일으킨다. 밤이 늦어지면 잠자리에 들되, 손을 가지런히 하고 발을 모은다. 잡생

인 기질적 조건으로 인식한다. 선사는 본질을 실현하는 필연적 조건으로서 수평적 교합과 수직적 계보의 짜임을 무시한 채 미세의식에만 의지하여 초탈적으로 비약하려고 함으로써 편향되었고, 양생술사는 도학적 본질을 소홀히 한 채 호흡과 운기라는 기질적 수양에만 집착함으로써 편향되고 말았다. 이와 같이 비록 성리학이 양생술사와 선사의 일탈을 지적하였을지라도, 성리학적 수양론 역시 자기 초월에 의지한 무한한 자기 상승의 주관주의적 해결 방식에 의지하고 있다. 즉 성리학의 출발은 남/녀, 부모/자식, 통치자/백성 등과 같이 철저히 정치 · 사회적 지평에서 시작하지만 그러한 지평에서 발생하는 문제들을 해결하는 과정은 대부분 주관의 사사로운 욕구를 스스로 극복하는 데로 돌아온다.

각을 일으키지 않고 심신이 돌아와 쉰다. 야기(夜氣)로써 길러 나가면 정(貞)이 원(元)으로 돌아온다. 이것을 마음에 새기면서 밤낮으로 쉬지 말고 부지런히 힘쓴다.21)

위의 인용문에 따르면 본성을 담은 주관의 마음이란 개인적 삶을 영위할 때 매우 의미심장한 출발점이다. '본성-마음-몸-가족-이웃-나라-천하-우주'라는 동심원적 구조에서 그 맨 안쪽에 본성이 위치한다. 주관이 자신의 마음 안에 있는 본성을 몸, 가족, 이웃, 나라, 천하, 우주에까지 이끌어내는 것이 성리학적 수양의 궁극적 목표이다. 성리학적 수양의 구체적 모습은 마음속에서 천리와 이치를 분별하여 현실에 발휘할 수 있도록 주관이 쉼 없이 인심과 도심 사이에서 자율적으로 변증하는 과정이다. 성리학에서 사회적 문제의 해결 방식은 마음속 본성으로의 회귀에 근거하여 사회적 현실을 이치에 합일시키려는 전략, 즉 애초의 본질로 되돌아가기(復初)에 의존한다.

4. 본질의 구체적 품격

본질 개념을 앞세워 다른 기질적 욕구에서 발생하는 문제를 해소하려고 하는 과정에서 체용론이 등장한다. 성리학에서 본성과 감정, 이치와 기질, 근본과 말단, 본체와 작용 등의 쌍 개념들은 서로 순환적 구조를 만들며 언제나 전자가 후자를 주재함으로써 체용불이(體用不二)와 현미무간(顯微無間)의 이기묘합(理氣妙合)적 경지를 달성한다. 본성에 의한 감정의 표출, 이치에 의한 기질의 운용, 근본에 의한 말단의 사용, 본체에 의한 작용의 활성화 등이 미학적, 윤리적으

21) 『퇴계집』, 권7, 차(箚), 『숙흥야매잠(夙興夜寐箴)』, 한국문집총간, 한국고전종합DB(http://db.itkc.or.kr).

로 칭송된다. 성리학적 본질이 그 실현 매체로서의 감정, 기질, 말단, 작용 등을 훈련시키는 체용합일의 현실적 결과로서 교양, 품위, 품격, 풍격, 격식, 풍모 등의 도학적 경지가 열린다.

요, 순, 우, 탕, 문, 무, 주공, 공자, 맹자, 북송사자 등이 바로 본질을 현실적 품격으로 확증하였던 모델들이다. 성리학 사상은 본질의 품격을 확증할 수 있는 한 계열의 도통론을 마련하여 수양의 모델로 제시함으로써 동일의식(同一意識)이나 정통의식(正統意識)을 합리화한다.[22] 가능성의 관점에서 보자면 누구나 성인과 동일한 마음을 가지고 있다. 또한 각 성현들의 몸이 처한 현실에는 다양한 차이가 있을지라도 그들의 내면적 정신세계는 동일성을 가지고 있다. '이치=성인'이라는 성리학적 등식을 통하여 모든 사람들로 하여금 성인이 되라고 독려한다. 모든 사람의 본성이 동일하다고 정의 내림으로써, 이치로서의 성인이 사람들의 현실적 욕망을 지도하도록 만든다. 또한 이치를 실현한 증인으로서의 성인은 모든 사람들이 뒤따라야 할 가

22) 임홍태에 의하면 유교 도통론은 동일의식(同一意識), 정통의식(正統意識), 홍도(弘道意識) 등으로 구성된다. 동일의식이란 유교적 성현들의 사상적 동일성을 말하며, 정통의식이란 유교를 정통으로 삼고 그 외의 사상을 비정통으로 간주하여 비판하는 것을 말하며, 홍도의식이란 도통을 계승하는 것을 학자의 임무로 삼는 것을 말한다. 이러한 유교적 도통론은 맹자의 공자 계승과 고자, 묵자, 양주에 대한 비판, 한유의 「원도(原道)」에서 요, 순, 우, 탕, 문, 무, 주공, 공자, 맹자 등에 대한 도통의 형성과 도가와 불가에 대한 비판 등에서 보인다. 『송사』「도학전」에 의하면 성리학적 도통관은 공자와 맹자의 도통을 주돈이, 장재, 정호, 정이, 주희 등이 계승하였다(임홍태, 「율곡 이이의 도통론과 도통의식: 『성학집요』의 '성학도통'론을 중심으로」, 『한국철학논집』, 한국철학사연구회, 2006, 49-51쪽). 또한 주희의 문인이었던 황간(黃榦, 1152-1221)의 「성현도통전수총서설(聖賢道統傳授總敍說)」이나 진순(陳淳, 1159-1223)의 「엄릉강의(嚴陵講義)」에 들어 있는 「사우연원(師友淵源)」 등에서 성리학적 도통론에 의거한 심학(心學)이나 선불교 등의 이단에 대한 배척적 태도를 확인할 수 있다(지준호, 「주자문인의 도통의식」, 『동양철학연구』, 동양철학연구회, 2003, 360-389쪽).

장 생생한 현실적 발자취이다. 성인의 자취란 마음속의 본성이나 사물 속의 이치와 같은 이념적 본질에서 나아가 현실에서 실제로 증명되었던 구체적 본질이라는 점에서 모든 사람의 수양 모델로서 이용된다. 성현들의 구체적 본질들을 연속적으로 나열한 것이 바로 성리학적 도통론이다. 후대로 여러 차례 전수하더라도 동일한 본질을 담고 있는 구체적 본질들이 성리학의 이념적 본질을 확인해주는 역할을 한다. 주희에 의하면 성현들 사이에 "첫 번째로 전수한 뒤에 두 번째로 전수하더라도 첫 번째와 똑같고, 다시 세 번째로 전수하더라도 두 번째와 똑 같다. 오직 요 임금, 순 임금, 공자, 안자 등만이 그와 같을 수 있었다. 요 임금은 나이가 들자 순 임금에게 보위를 선양하여 나라를 다스리게 하였다. 순 임금이 다스릴 때는 요 임금과 똑같았다. 그것이 이른바 진정한 합일이다. 맹자가 '(순 임금과 문왕이) 중원에서 뜻을 얻은 것은 마치 부절을 맞춰놓은 것과 같았다'고 했는데, 이것은 아무렇게나 말한 것이 아니다."23)

성리학적 수양의 실증적 모델들이 경전에 나오는 성인의 행적이라고 한다면 성인들의 삶은 예법에 의해 체계화된다. 성리학적 거대 담론에서 근본에 해당하는 본질의 동일성과 말단에 해당하는 기질의 다양성을 매우 안전하게 이어줄 수 있는 수단이 삶의 형식으로서의 예법이다. 성리학자는 거경궁리(居敬窮理)를 삶의 형식으로 삼아서 본질에 도달하려고 한다. 비록 가족적 신분의 차이, 나이의 고하, 사회적 지위의 존비, 정치 계급적 역할의 차이 등 수많은 현실적 차이들이 있다고 할지라도, 거기에는 동일한 하나의 본질에 도달할 수 있는 과정적 형식들이 이미 마련되어 있다. 이일분수에서 이념적인 하나의 본질(理一)과 현실적 다름들(分殊)이 소통하는 지점이 바로 삶

23) 『주자어류』, 10:95. 이주행 외 옮김, 『주자어류』(소나무, 2001)를 참조하였다.

의 형식으로서의 예법이며, 그러한 예법은 성인이 이미 실제로 확증한 구체적 본질이다. 성인의 예법이란 다양한 현실적 특수 상황들을 성찰하여 가장 적합한 행동 양식을 개발한 것들의 집합이다. 예법이란 넘어지고 고꾸라지는 사이에도 성(誠)과 경(敬)의 태도를 유지함으로써 이상과 현실 간을 통일한다. 그래서 성리학자는 신체와 관련하여 발을 무겁게 하기(足容重), 손을 공손하게 하기(手容恭), 눈을 단정하게 하기(目容端), 입을 다물기(口容止), 말소리를 고요하게 하기(聲容靜), 머리를 곧게 하기(頭容直), 호흡을 엄숙하게 하기(氣容肅), 덕 있게 서기(立容德), 낯빛을 씩씩하게 하기(色容莊) 등의 아홉 가지 태도로서 몸의 거동을 다스린다.[24] 예법으로 양식화된 삶을 영위함으로써 성리학적 말단은 본질과 통일될 수 있으며, 성리학적 목표인 성인되기가 달성 가능하다.[25]

성리학자가 본질을 구체화하고자 할 때 옛 성인의 삶은 자기 삶의 경전이다. 성리학자의 삶은 성인의 경전에 대한 독서를 통해서 부단히 훈련되어야 한다. 이러한 점에서 성리학자는 철저히 성인의 자취를 수양의 목표로 삼아 유위적으로 추구함으로써 도가의 무위적 생활 태도와 결별한다. 노자는 도를 말로 표현하기에 적당치 않다고 생각했지만, 성리학에서 공자의 언어는 도의 가장 생생한 현실화로서

---

24) 몸을 다스리는 아홉 가지 태도(九容)는 이이(李珥)의 『격몽요결(擊蒙要訣)』, 「지신(持身)」 장에 나온다.

25) 성리학적 성인되기는 사람들 사이에 삶의 질적 차별화를 낳는다. 성리학에서 정한 삶의 양식들을 따르는 사람들인 도학자들이 가장 많은 본질을 실현하는 계층이고, 그렇지 못한 사람들은 일반 대중에 속하고, 고의적으로 본질을 부정하는 사람들은 소인배 그룹에 속하게 된다. 조선시대에 이르면 성리학적 삶의 양식을 달성하기 위해 서당, 향교, 서원, 경연 등의 제도를 사회에 일반화함으로써 성리학적 식자층을 배양하였다. 결국 성리학적 이념은 사회에 양식과 장르를 만드는 과정을 통해 가장 탁월한 가치가 현실화되기를 희망하였다.

칭송받는다. 도가에서는 언어적 기호의 임의성에 착안함으로써 삶의 의미를 언어적 지평과 별개의 것으로서 묘사하지만, 성리학에서 성인의 언어란 본질이 가장 잘 발휘된 절대에 가까운 현실의 모범으로서 자리한다. 경전화의 방식을 통해 성리학적 도 혹은 본질은 성인의 언어와 밀월관계를 형성한다. 그래서 성인이 남긴 언어를 읽는 것이 성리학자 자신에게 내재된 본질(첫 번째로 중요한 가치)을 깨닫기 위한 두 번째로 중요한 사항이다. 주희는 이렇게 말한다.

> 독서는 두 번째 일이다. 대개 사람은 나면서부터 도리를 온전히 갖추었으나, 책을 읽어야 하는 까닭은 충분히 경험하지 못했기 때문이다. 성인이 많은 것을 경험했기 때문에 책에 기록하여 사람들에게 보여준 것이다. 이제 책을 읽는 것은 많은 도리를 보게 하려는 것이다. 이해한 뒤에는 역시 모두 자신에게 본디 있었던 것이지, 밖에서 끌어다 첨가한 것이 아니다.[26]

맹자가 "모든 것이 나에게 갖추어져 있다."고 하였듯이 성리학에서의 이치 역시 이미 주체 자신에게 내재하며, 경전에 대한 독서가 그러한 내재적 이치를 증명해준다. 그래서 "책을 읽을 때는 반드시 괴로움을 견디며 세밀한 마음으로 이해해야 하며, 절대로 마음이 거칠지 않아야 한다. '본니 손쉬운 빙법이 있는데 무엇 때문에 굳이 책을 읽는가?'라고 말하는 것은 곧 사람들이 기만하는 깊은 함정이다. 도리를 깨닫지 못했을 때는 마치 내부가 여러 겹으로 감싸인 물건과 같아서, 그 내용을 살필 방법이 없다. 반드시 오늘 한 겹을 벗겨야 한 겹을 알 수 있고, 내일 다시 한 겹을 벗겨야 한 겹을 알 수 있다. 가죽을 모두 제거해야 고기를 볼 수 있고, 고기를 모두 제거해야 뼈를

26) 『주자어류』, 10:2.

볼 수 있고, 뼈를 모두 제거해야 골수를 볼 수 있다. 만약 마음이 거칠어 기운이 들뜨면 가능하지 않다."[27] 그렇게 본다면 성리학자에게 경전의 독서는 자신에게 내재한 본질을 더 잘 알기 위해 좋은 거울을 들여다보는 행위와 유사하며, 독서의 궁극적 목적은 거울 보기를 통해 자신의 삶을 성인의 자취와 합일시키는 데 있다.

성리학에서 사서삼경이라는 경전은 자신을 보기 위한 가장 생생한 통로이다. 성인의 언어가 의미를 담는 수단 혹은 매체이지만 단순히 물리적인 덩어리가 아니라 도학적 본질과 불가분의 관련성을 갖는다. 성리학적 경전이 본질과 관련된 옳음과 좋음만을 담고 있다면 그 외의 서적들은 옳음과 그름, 좋음과 나쁨을 혼재하고 있다. 따라서 성인의 언어는 단순히 부품으로서의 매체가 아니라 본질과 긴밀하게 결합되어 있는 것으로서 가장 고귀한 신분을 부여받는다. 마치 살아 있는 사람의 피부가 더위나 추위에 대해 개폐함으로써 몸의 전체적 목적에 불가분적으로 결합되어 있듯이, 성인의 언어는 개인의 삶이 본질을 달성하려고 할 때 그 매체로서 수양자와 불가분적인 공모관계를 형성하고 있다. 성리학 사상은 경전을 매개로 하여 성인의 삶과 성리학자의 삶을 공통의 장에 수렴하려고 한다. 이 과정에서 유교 경

27) 『주자어류』, 10:80. 성리학에서 독서가 두 번째로 중요한 사항이므로 독서 그 자체에서 머물러서는 안 되고, 반드시 자신의 본질 실현과 결부되어야 한다. 그래서 주희는 독서의 수준이 아직 본질 실현의 단계에 이르지 못한 소순(蘇洵)을 비판한다. 비록 소순이 매우 많은 독서를 통해 훌륭한 문장가의 경지에 올랐을지라도 아직 자신의 본질을 깨달아 실현하지 못했다는 것이다. "노소(老蘇: 蘇洵)는 단지 『논어』와 『맹자』, 한유를 비롯한 여러 성인의 책을 7-8년 동안 편안히 앉아서 읽었는데, 후일 그렇게 수없이 훌륭한 문장을 지을 수 있었다. 그의 자질은 진정 우리가 미칠 수 없을 정도로 뛰어났지만, 그도 역시 그렇게 읽기만 했다. 그러나 그는 책을 읽을 때 단지 성인의 언어를 빌려서 문장을 지으려고 했을 뿐이다. 만약 그 마음과 그 자질로 의리를 궁구했다면, 도리를 깨달았을 것이다."(『주자어류』, 10:66)

전은 의미를 나르는 임시적 수단을 넘어 본질의 피부로서 그 지위가 상승한다. 사서오경과 같은 유교의 경전은 본질의 피부로서 상승함으로써 도학을 실현하기 위한 충분조건으로 자리매김된다.

주희는 공자, 맹자, 주돈이, 장재, 정호, 정이 등의 도통적 계보를 만들고 이들의 사상을 하나의 본질에 수렴하기 위해 주석을 가함으로써 성리학적 본질학을 집대성하였다. 주희는 유교 경전을 읽음으로써 성인의 경지에 근접해갈 수 있기를 간절히 희망하였다. 성리학자는 경전의 체득을 통해 성인의 학이 다시 재생되기를 꿈꾼다. 유교 경전에 나오는 고대의 예법을 그대로 재현함으로써 자신의 가치를 실현하는 것, 공자가 산정한 시들을 읽음으로써 바람직한 감정을 일으키는 것, 공자가 기록한 정치서와 역사서를 읽음으로써 현실 정치를 도학의 관점에서 평가하는 것 등에서 성리학이 추구한 경전 주석학과 경전 강론학의 목적을 볼 수 있다. 성리학자들은 성인의 언어에 대한 끊임없는 반복적 되새기기, 실컷 우려내기, 무젖어들기, 잠겨서 기르기 등의 독특한 도학적 언어관을 수양론의 핵심으로 삼는다. 성리학의 도학적 언어관이 성현의 탁월한 언어들을 경전으로서 옹립한 것은 공자가 시서예악을 산정했던 정신과 같은 맥락에 닿아 있다. 공자의 산정 정신이 전해오는 책들 중에서 옳은 것(可), 마땅한 것(當), 바른 것(正) 등을 범성하거나 저속한 것들로부터 분리하였듯이, 성리학자는 유교 경전을 삶의 거울로 삼아 현실 세계를 가치론적으로 재단하고자 한다. 주희에 의하면 "읽고 또 읽다 보면 깨닫지 못했던 것은 저절로 깨닫게 되고, 이미 깨달은 것은 더욱 맛을 느끼게 된다. 만약 익숙하게 읽지 않는다면 전혀 그러한 맛을 느끼지 못한다. 주석까지 그렇게 읽으라는 말이 아니다. 단지 경서의 본문만을 익숙하게 읽어서 걷거나 멈추거나 앉거나 누울 때 마음이 항상 거기에 있다면 저절로 분명히 깨닫게 된다."28) 이제 성인의 경전에 대한 독서는 성리학적 본질을 현실과 연결시켜주는 가장 강력한 지위를 차지하게 되었다.

5. 요약과 평가

초월적이면서 내재적인 것으로서의 성리학적 본질은 마음, 몸, 언어 등과 같은 구체적 현상들을 통해서만 현실에서 작동된다. 기호학적 관점에서 보자면 성리학적 본질이 기의라면 마음, 몸, 언어 등은 본성을 싣는 기표인 셈이다. 성리학적 수양론은 주체의 삶이 유교 경전에 내재한 이념에 따라 사회적 상호관계를 지배함으로써 궁리 공부-실천 공부, 형이상학-형이하학, 이치-기질, 본성-감정, 본체-작용 등을 종합하려고 한다. 물론 성리학적 본질과 현상의 종합의 과정에는 구별과 배제의 논리도 포함되어 있다. 성리학적 본질이 현실과 종합될 때 비본질적인 부정적 현상들에 대한 가치론적 구별 짓기가 동반된다. 성리학적 본질이 순수지선한 것이라면 본질을 실현하는 기질적 환경으로서의 마음, 몸, 언어 등은 바름/사특함이라는 상반된 가치체계를 갖는다. 기질로서의 마음은 이념적 가치로서의 본성과 부정적 측면의 사특함으로 이분화된다. 본성이 도심(道心)의 계열이라면 감정은 사특함을 일으킬 수 있는 인심(人心)의 계열이다. 몸 역시 체득자의 풍모를 갖춘 군자와 절도가 없이 방자한 소인의 모습으로 이분화된다. 군자의 인자한 품격은 산과 같이 두텁고 군자의 지혜는 물과 같이 담백하지만, 소인이 하는 짓은 낯빛을 꾸미고 교묘하게 말을 둘러댄다. 나아가 성리학적 독서의 대상인 책도 도학을 전수한 책과 그렇지 못한 책으로 이분화된다. 성리학적 가치 체계는 본질적인 것과

---

28) 『주자어류』, 10:65.

비본질적인 것으로, 바른 것과 사특한 것으로 현실을 구별한다.

성리학에서 도심/인심, 군자/소인, 경전/비경전 등의 분리는 전자에 해당하는 도심, 군자, 경전 등을 현실에 유포하고 후자에 해당하는 인심, 소인, 비경전 등을 현실에서 크게 제약시키려는 의도를 담고 있다. 성리학자는 본질 주재의 논리에 따라 도심, 군자, 경전 등의 고품격 범주들을 확대 재생산함으로써 현실을 지배한다. 도심은 자기 성찰적 자세인 성(誠), 경(敬), 성(省) 등의 자기 성찰적 태도를 일상생활에 일반화함으로써 자기 극복의 능력을 부여한다. 또한 군자는 성현이 경전에서 제정한 예법에 따름으로써 자신들의 행위를 제어한다. 성리학의 자기 성찰적 태도는 유교 경전을 행위의 절대적 표준으로 삼는다. 조선시대에는 유교식 교육기관의 국가적 일반화가 수양자의 자기 성찰적 태도와 표리관계를 유지함으로써 성리학적 본질은 무한하게 자기 증식할 수 있는 현실적 체계를 형성한다.

성리학적 본질학의 체계가 폐쇄적으로 고착되지 않기 위해서는 끊임없는 자기비판이 필요한 것으로 보인다. 성리학적 본질이 유교 경전에 의탁하여 자신의 무조건적인 가치 합리성의 성채를 만듦으로써 사회에서의 모든 대화와 비판을 자기 관계 안에서 선(先)규정하려고 할 경우 타자에 대한 호기심 및 무지 가능성을 무화시킬 수 있다. 만약 성리학 연구자가 타자와의 의사소통을 위한 표준적 모델이 유교 경전의 어휘 속에 다 들어 있다는 경전 환원론적 태도로 기울고 만다면 타자와의 창의적 의사소통을 크게 제약시킬 것이다. 성리학적 수양론이 개체들의 상호 주관성을 수용한다면,[29] 경전을 매개로 하는

29) 유교 전통에서는 나 혼자만의 '순수 의식'이 진리를 담보해주지 않는다. 나의 덕, 나의 감정, 나의 의지는 반드시 행위와 몸짓을 통하여 공동체의 상호 주관적 시선에 드러날 때 그 존재가 확인된다. 이런 점에서 본다면, 나의 '몸'뿐 아니라 나의 '마음' 역시 공동체의 상호 주관적 시선에 공개적으로 드러나 있는 것이다. 나의 '몸'은 공동체 구성원의 '독해(decoding)'를 기다리는 '기표'

성리학적 본질의 재현 과정이 타자에 대한 주입식 길들이기로 전락해서는 안 된다. 성리학에서 본질적 가치를 반복적으로 우려내는 재현으로서의 자기 길들이기는 매우 높은 자기 상승을 기약할 수 있지만, 한편으로 거기에 본질주의의 도그마가 개입할 경우 사회적 갈등에 대해 대화하고 숙고할 수 있는 기회를 앗아가고 말기 때문이다. 본질 재현으로서의 성리학적 수양론은 자기 폐쇄적 부작용의 계기들을 극복하면서 제자백가 등에 대한 열려 있는 독서, 유교 경전에 대한 자유로운 비판, 새로운 규범 및 체계의 고안 등에 열려 있을 때라야 훨씬 풍부한 미래적 전망을 생산할 수 있을 것이다.

가 되며, 내면의 덕과 감정은 이에 상응하는 '기의'가 된다. 마치 '기표' 없는 '기의'를 생각할 수 없듯이, '몸'을 경유하지 않는 '마음'은 영원히 이해될 수 없는 것이다. 이승환, 「'몸'의 기호학적 고찰: 유가 전통을 중심으로」, 『기호학 연구』, 한국기호학회, 1997, 49-52쪽.

제 8 장

성리학적 본질주의

자기 자신이 누구인지 안다고 할 때 무엇을 아는 것일까? 내 이름은 홍길동이고 운동화에 셔츠를 입었다고 해보자. 이러한 나의 정체성은 타인의 시선과 필요에 의해서 결정된 외적 규정이다. 나의 소속, 경력, 주소 등이 다 그러하다. 또한 내부에서 표출된 감정에 의해서도 나의 정체성을 규정할 수 있다. 달팽이 요리를 좋아하는 미식가의 식욕, 히말라야를 오르고 싶어 하는 등반가의 열망 등이 내적 감정에 의한 규정이다. 그러나 본질(본성)주의자들은 나에 대한 외적 규정과 내적 규정에서 더 나아가려고 한다. 그들은 외적 인식이 궁극에 이르면 사물의 이치를 자각하게 되고, 내적 인식이 궁극에 이르면 자신의 본성을 자각한다고 믿는다. 이렇게 하여 본질주의는 외적 현상과 내적 감정 안에 심오한 본질을 재형성시킨다.

동서를 막론하고 존재의 진정한 본질에 대한 질문은 철학의 전통에 깊이 뿌리내려 있으며 성리학도 그러한 유혹에서 예외가 아니다. 성리학은 분명히 구체적 일상성을 주요 화두로 내세웠지만, 다른 한편으로는 이기론(理氣論), 성정론(性情論), 혈연주의 등을 통해 일상성을 합리화하는 과정에서 존재의 본질 혹은 본성에 대한 논의로 나아가기도 한다. 성리학에서 이-기의 통일, 본성-감정의 통일, 본질-현상의 통일, 이일(理一)-분수(分殊)의 통일 등의 기본적 구도는 그 통일성에도 불구하고 기질, 감정, 분수 등의 현상을 수렴시킬 수 있는 순수한 절대적 본질을 갈망한다.[1] 성리학의 형이상학적 전제에 의하면 인간에게는 기질보다 상위 가치로서의 이치가 내재한다. '이치와 기질의 섞일 수 없음(理氣不相雜)'의 측면에서 본다면 이치는 기질의 간섭과 무관한 불변의 최고 가치라는 점에서 독립적 본질이다. 그러한 본질이 기질 안에 이치로서, 혹은 마음 안에 본성으로서 내재한다. 그리고 그러한 본질은 침범할 수 없는 독백적인 화자이다. 기질로 욕구하기 이전에 그리고 감정과 언사로 논의하기 이전에 본질 그 스스로가 말한다. 그런 맥락에서 '그 스스로 말하는 본질'은 초월적이면서도 사회적, 정치적 현실에 영향력을 끼침으로써 주재자 노릇을 한다.[2] 이와 같이 성리학은 이치와 기질, 본성과 감정의 통일성을 추구

---

1) 기본적으로 성리학적 본체와 현상은 통일적 관계에 있다. 성리학에서 현상적 일상은 본체를 기술하기 위한 이차적 수단이나 도구가 아니라 본체가 발휘된 현장의 일부로서 존중된다(정용환, 「성리학적 본체-쓰임의 관계에서 표현의 역할」, 『철학연구』, 95집, 2005, 347-369쪽). 그러나 일상과 본체의 통일성에도 불구하고 본체를 절대 순수의 것으로 본질화함으로써 엄격주의, 형식주의, 근본주의 등의 폐단으로 치달을 가능성을 부분적으로 갖는다. 그러한 폐단은 본체의 영역을 지나치게 초월화함으로써 본질 귀속적인 하나의 형식을 만들어 일상적 표현의 영역을 오직 거기에만 매몰시킬 때 발생한다.

2) 성리학적 '본성'과 '이치'는 도학의 정신에 부합하며 그러한 도학정신은 국가의 공론(公論) 형성의 토대이기도 하다. 조선시대의 공론 형성 과정에 공헌하였던 임금의 경연제도, 중앙의 성균관, 지방의 향교와 서원, 상피제도, 통문과 상소 등은 민주적인 토론 문화에 크게 기여하였지만(김용직, 「한국정치와 공론성(1): 유교적 공론정치와 공공영역」, 『국제정치논총』, 38집 3호, 한국국제정치학회, 1998, 74쪽), 여전히 공론의 본질은 개별자들 간의 조정이기보다 궁극적이고 이념적인 도를 지향하였다. 현대에서의 공론이라고 하면 최대공약수적인 국민의 정치적 합의(consensus)를 일컫지만, 조선시대에는 '천리'와 등치

함에도 여전히 초월적 본질론을 자신의 일부로 가지고 있다.

성리학의 초월적 본질론은 맹자의 본성론으로 거슬러 올라간다. 맹자는 "타고난 것이 본성(生之謂性)"이라는 고자(告子)의 언명이 본성의 진면목을 자각하지 못하였다고 공격한다. 그러면서 맹자는 본능과 본성의 층위를 나누어 삶의 일상 안에 초월적 본성을 세운다. 동물의 먹으려는 본능과 사람의 먹으려는 본능이 현상적으로 동일하지만, 인간에게는 마음의 심층에 동물과 다른 고차원적 본성이 있다는 것이다. 그러한 맹자의 본성 찾기는 성리학으로 이어진다. 주희는 장재의 기질지성/천지지성의 구분법을 취함으로써 본능과 본성의 층위 나누기에 성공한다. 성리학은 현상과 본질 사이에 거리 두기를 함으로써 선불교의 "작용이 곧 본성(作用是性)"이라는 구도가 본성의 지고한 가치를 자각하지 못한 것이라고 비판한다.[3] 주희의 설명에 따르자면

되었고 그것은 국가의 최고 의지로서 이해되었다(이현출, 「사림정치기의 공론정치 전통과 현대적 함의」, 『한국정치학보』, 36집, 한국정치학회, 2002, 117쪽). "조선조 공론은 '천리'를 담지한 것으로 지당한 것 또는 절대 옳음을 내포하고 있다. 그것 때문에 붕당 간의 대립이 격화되면서 각 붕당은 상대방의 당론을 공론으로 인정하지 않고 오로지 자신들의 당론만을 정당한 것으로 주장한다. 즉 자신만을 군자당이라 일컫고 상대당을 소인으로 지목하는 풍조가 심화되고, 이 과정에서 붕당 간의 기율의 강화, 즉 명분과 의리가 지나치게 엄격한 것은 심의와 토의 기능을 제한하는 역할을 하게 된다."(이현출, 「사림정치기의 공론정치 전통과 현대적 함의」, 132쪽)

3) 선불교의 "작용이 곧 본성"이라는 주장에 의하면 물을 긷고 땔나무를 나르는 곳이 신통묘용(神通妙用)의 처이므로 일상적 삶이 바로 본성과 동일시된다. 이 말은 현상이 곧 본질이어서 현상 너머에서 본질을 구하지 않겠다는 태도이다. 성리학은 현실성, 사회성, 윤리성 등을 진리의 기준으로 제시하면서 선불교의 "작용이 곧 본성"이라고 하는 현상론을 비판한다. 성리학적 진리는 현상적인 것 그 전체가 아니라, 현상적인 것에 깃들어 있는 초월적인 것이다. (불교와 유교의 관계에 대해서는 김석근, 「대승불교에서 주자학으로: 불교비판과 유학사의 재구성을 중심으로」, 『정치사상연구』, 제1집, 한국정치사상학회, 1999, 109-144쪽을 참조할 수 있다.)

'삶-지각운동-형이하자-기-본능' 등의 개념 그룹이 겉으로 드러난 존재의 현상이라면, '본성-인의예지-형이상자-이치-선함' 등의 개념 그룹은 주체 안에 내재하면서 변형되지 않은 본질에 속한다.4) 정주학에서의 이상적인 모델이란 본질이 유행하여 드러난 현상, 소이연(所以然)에 따른 소연(所然), 이(理)에 의한 기(氣), 본성에 의한 감정, 형이상에 의한 형이하, 도(道)에 의한 기(器)의 구성이다. 성리학적 이치(혹은 본성)로서 본체는 형체도 없고 소리도 없는 것이지만 존재를 가장 분명하게 지도하는 모범적 텍스트가 되었고, 우리에게 그 충실한 학습자가 되기를 요구한다.

송대(宋代)의 불교도가 인륜과 일상을 버리고 출가하여 자신의 본질을 찾아 탈세속적 염불과 묵좌에 빠졌다면, 성리학은 일상성 속에서 절대적 본질을 갈구한다. 성리학자는 구체적 일상에서 경외와 정성을 통하여 절대적 본질을 체득하기 위해 수양하였고, 군자나 성인의 경우처럼 자신의 본질 체험이 경지에 올랐을 때 공적 사회에서 권위적 모범으로서 인정을 받음으로써 사회적 지위를 획득한다.5) 이처

---

4) 주희, 『맹자집주』, 「고자상」, 3장. "본성이란 사람이 하늘의 이치에서 얻은 것이고, 삶이란 사람이 하늘의 기(氣)에서 얻은 것이다. 본성은 형이상자이고, 기는 형이하자이다. 사람과 사물이 나올 때 이 본성이 있지 않음이 없었고, 또한 이 기가 있지 않음이 없었다. 그러나 기로써 말하면 지각운동(知覺運動)에 대해 사람과 사물이 다르지 않지만, 이치로써 말하면 인의예지의 품부에 대해 어찌 사물이 온전히 얻었겠는가? 이것이 사람의 본성이 선하여 만물 중에 가장 신령스러운 까닭이다. 고자는 본성이 이치라는 것을 모르고서 기로써 거기에 배당하였다(性者, 人之所得於天之理也. 生者, 人之所得於天之氣也, 性形而上者也, 氣形而下者也. 人物之生, 莫不有是性, 亦莫不有是氣. 然以氣言之, 則知覺運動, 人與物, 若不異也. 以理言之, 則仁義禮智之稟, 豈物之所得而全哉? 此人之性, 所以無不善而爲萬物之靈也. 告子不知性之爲理, 而以所謂氣者當之)."

5) 본질 직관의 수양론은 사적인 덕성 윤리이면서 공적 합리성의 원천에 연계된다. 성리학의 수양론은 사적 덕성 윤리에 토대하여 공적 규범을 연역하려고 함으로써 공공성의 영역에 독자성을 부여하지 않는다. 따라서 성리학의 본질

럼 성리학은 일상 안에서의 본질 직관에 근거하여 공적인 공동체를 형성하려고 한다.6)

그러나 성리학의 일상성을 정당화하기 위한 절대적 본질의 형성과 그러한 본질을 지지하기 위한 절대적 텍스트의 수립은 삶의 다양성, 즉 기질적 욕구의 다채로운 표현과 자유로운 상상력의 발휘 등에 제약을 가하게 된다. 이치-기질의 환원론, 본성-감정의 환원론, 혈연주의적 환원론 등이 극단화된다면 기질적 본능은 이치에 의해서, 감정적 욕망은 본성에 의해서, 사회적 관계는 종법적 혈통에 의해서 본질 회귀적 폐쇄성을 야기할 것이며, 이와 더불어 삶의 일상은 추상적으로 규정된 본질적 실체에 동일화되려는 열망에 의해 지나친 엄숙주

직관적인 개인 수양은 공적 합리성을 획득하는 선결 조건이다. 성리학적 군자와 소인의 논변은 그러한 점을 잘 보여준다. "군자가 되기 위한 덕성 함양 공부는 단지 개인의 인격 완성을 위한 것에 그치지 않고, 군자를 공공 영역에서의 중요한 역할자로서 자리매김하는 전제가 된다. 왜냐하면 인격자로서의 군자에게 예법의 시행이나 타인에 대한 평가를 할 수 있는 자격이 부과되고, 이러한 역할 수행을 통해 도덕사회가 창출될 수 있다고 보기 때문이다." 김미영, 「성리학에서 '공적 합리성'의 연원: 군자/소인 담론을 중심으로」, 『철학』, 76집, 한국철학회, 2003, 62쪽.

6) 송대 성리학의 주요 비판 대상은 불교였으나, 사상적으로는 선불교에서 거짓 자아를 깨트리고 참자아를 찾아가는 수양법과 교섭한다. 양시(楊時)-나종언(羅從彦)-이연평(李延平)으로 이어지는 도남학파(道南學派)의 '존심(存心)'과 '묵좌징심(默坐澄心)'은 선불교 묵조선(默照禪)의 '좌선입정(坐禪入靜)'의 방법과 유사하고, 사상채(謝上蔡)-호오봉(胡五峯)-장남헌(張南軒)으로 이어지는 호상학파(湖相學派)는 지각(知覺)을 본성이라고 봄으로써 선불교의 "작용이 곧 본성(作用是性)"이라는 말처럼 이발(已發)의 움직임에서 본체를 관찰하려고 한다. 주희는 도남학파와 호상학파를 불교 논리라고 비판하였지만, 그 역시 그러한 경향에서 완전히 자유로울 수 없었다(김제란, 「성리학 형성 과정에 나타난 禪 불교의 영향」, 『한국불교학』, 제37집, 2004, 133-162쪽 참조. 아라키 겐고의 『불교와 유교』와 윤영해의 『주자의 선불교비판 연구』에서도 그러한 경향을 충분히 확인할 수 있다). 참자아를 찾아가려는 성리학적 본질주의는 사적 수양론에 기초하고 있으며, 공적 협의를 통해서 책임과 의무를 도출하는 책임 윤리에 대해 적극적으로 개진하지 못했다.

의에 빠지고 말 것이다.

1. 이치-기질의 환원론

성리학에서 천인합일(天人合一)의 명제는 가장 달성하기 어려운 성인의 극치 처이다. 한편으로는 하늘의 이치를 알아야 하고 다른 한편으로는 주체 자신의 본성을 알아야 하며, 그렇게 주체와 대상의 본질을 제대로 파악했을 때 천인합일에 도달한다. 주체는 내부적으로는 자신의 순수한 본성을 확인하기 위해서 매진하며, 외부적으로는 사물의 지극한 이치를 궁구하기 위해서 집중한다. 그러나 역설적이게도 천인합일론이 본질 환원적 구도에 지나치게 매몰되다 보면 주체의 본질과 대상의 본질에 도달하는 과정에서 주체-대상의 현상적 사이 세계를 증발시키고 만다. 내적으로 수순한 본성의 추구는 주체에 대하여 잡스러움/순수함, 탁함/깨끗함 등의 선천적 자기 균열을 가정하고, 외적으로 지극한 이치의 추구는 대상의 헛됨/참됨의 이분법을 구조화한다. 주체는 자신의 내적 본성으로 침잠하거나, 혹은 외적 사물에 대해서 겉모습을 꿰뚫고 들어가 깊은 이치를 탐구하는 초월적 들여다보기를 감행한다. 주체와 사물은 각각 현상/본질로 자기 분열을 일으키면서 존재의 심층적 참됨을 가정한다. 마치 심령술사가 내면에 깃들어 있는 영혼을 불러내듯이 성리학자는 존재의 본질을 현상 세계로 불러내고자 한다. 수양을 통하여 심층의 진리를 밖으로 불러내거나 심층의 본성으로 돌아가는 것 등을 통해 사물에 깃든 본질을 궁구하고(窮理), 자아에 깃든 참된 본성을 다 깨우치려고(盡性) 한다. 이 점에서 성리학자는 한편으로 참선가, 명상가, 정신분석가 등처럼 은폐된 자신의 본성을 보존하기 위해, 다른 한편으로 사물의 본질을 깨치기 위해 여행을 떠난다. 그리고 마침내는 이치에 대한 직관의 여부가 사회적 평화 모델로서 기능하는 데까지 확대된다.

이(理)는 기(氣)와 다른 절대적 가치로서 분화되어 기를 지도할 표준으로서 정립되며, 궁극에는 사회의 통치 토대로서 작용한다. 이치의 독립적 분화는 주체의 기질 속에서 본질을 찾으려고 하면서, 그리고 대상 속에서 본질을 깨치려고 하면서 발생한다. 주희의 격물치지설은 본질과 현상의 구분을 통해서 주체의 이중화와 대상의 이중화를 꾀하는 대표적인 사례이다.

> 앎을 다하는 것이 사물에 이르는 데 있다는 것은 나의 앎을 다하고자 하는 것이 사물에 나아가 그 이치(理)를 궁구하는 데 달렸다는 것을 말한다. 대체로 사람 마음의 신령함에는 앎이 있지 않음이 없고 천하의 사물(物)에는 이치가 있지 않음이 없다. 오직 이치를 궁구하지 못했으므로 앎에 다하지 못함이 있다. 이런 까닭에 대학에서 처음 가르칠 때에 배우는 사람들로 하여금 세상의 모든 사물에 나아가 자신이 이미 알고 있는 이치에 말미암아 더욱 궁구함으로써 그 궁극 처에 이르기를 구하지 않음이 없게 한다. 힘쓰는 것이 오래되어 하루아침에 환하게 꿰뚫게 되면 모든 사물의 겉과 속, 정밀함과 조야함에 도달하지 않음이 없고, 내 마음의 온전한 본체와 큰 작용이 밝혀지지 않음이 없다. 이것을 사물이 이른다고 말하고, 이것을 앎이 지극하다고 말한다.[7)]

여기서는 앎이 구체적 사물과의 교류에서 성립한다고 공표함으로써 일상성 속의 도리를 추구하는 성리학적 지식론의 대강을 잘 명시하고 있다. 격물치지설은 사물과의 교류를 통해서 사람의 인식 능력

---

7) 주희, 『대학장구』, 5장. “致知在格物者, 言欲致吾之知, 在卽物而窮其理也. 蓋人心之靈, 莫不有知, 而天下之物, 莫不有理. 惟於理有未窮, 故其知有不盡也. 是以大學始敎, 必使學者, 卽凡天下之物, 莫不因其已知之理而益窮之, 以求至乎其極. 至於用力之久, 而一旦豁然貫通焉, 則衆物之表裏精粗無不到, 而吾心之全體大用無不明矣. 此謂物格, 此謂知之至也.”

을 제고시킨다는 점에서 구체적 현실에 기초하는 유효한 이론임에 틀림이 없다.[8)] 그럼에도 격물치지설에서 인식의 궁극적 지점을 형이상학적으로 가정하는 점에 대해서는 비판적으로 성찰할 필요가 있다.

먼저 그 대강을 두 가지로 요약해볼 수 있다. 첫째로 모든 사물에는 이치가 내재해 있다. 마찬가지로 인간의 신령스러운 마음에도 이치가 본성으로서 내재하며 그에 대한 지각력도 동반되어 있다. 즉 "사람에게 몸이 있으면 반드시 마음이 있고, 마음이 있으면 반드시 이치가 있다. 인의예지가 그 본체이고, 측은, 수오, 공경, 시비 등이 그 작용으로서 모든 사람이 이것들을 가지고 있다."[9)] 둘째로 수양이 지극해지면 사물의 이치와 자기 마음의 본체를 다한다. 수양의 궁극적 경지에 도달하면 기품(氣稟)과 물욕(物欲)에 가리지 않으면서 주체가 함양 공부를 통하여 이치와 하나가 되어 간격이 없는 데에 이른다.[10)]

---

8) 참고로 이 책의 제12장에서 주희의 격물치지설을 정서와 숙고의 해석학으로서 재정립하기를 시도한다.

9) 『주희집』, 권80, 「악주주학계고각기(鄂州州學稽古閣記)」. "人之有是身也則必有是心, 有是心也則必有是理. 若仁義禮智之爲體, 惻隱羞惡恭敬是非之爲用, 是則人皆有之." 이 글은 소희 계축년 채계통을 통하여 육자정의 문인 악주교수(鄂州教授) 허중응(許中應)에게 지어준 것이다. 이러한 사례에서 본다면 주희는 이치에 대한 마음의 즉각적이고 생생한 지각력을 깊게 신뢰하고 있었던 것으로 추측된다. 주희의 말년 언급을 보면, "정력이 더욱 쇠약해지고 눈의 힘이 현저히 줄어들어 글자를 볼 수 없습니다. 눈을 감고 한가히 앉아서 놓친 마음을 거두어들이면서 예전에 밖으로 달려 나간 것이 적지 않다는 것을 알게 되니, 일찍 눈이 멀지 않은 것이 매우 한스럽습니다(但精力益衰, 目力全短, 看文字不得. 瞑目閑坐, 却得收拾放心, 覺得日前外面走作不少, 頗恨盲廢之不早也)."(『주희집』, 권80, 「답반숙도」)라고 하면서 마음의 지각력에 대한 체험을 적고 있다.

10) 『주희집』, 권80, 「악주주학계고각기(鄂州州學稽古閣記)」. "비록 이치가 자신에게 있을지라도 간혹 기품(氣稟)과 물욕(物欲)에 가리게 되면 스스로 볼 수 없게 된다. 배움이 비록 밖에 있을지라도 다 참된 이치를 익히는 과정이니, 이

주희의 격물치지설은 비록 이치에 대한 인식이 불완전할지라도 분명히 그 무엇으로서의 본질적 이치가 존재할 것이므로 확연히 그것이 인식될 때까지 궁리해야 한다고 말한다. 이러한 본질주의적 접근은 가설적 확신에서 출발한다. 주희의 본질 직관과 관련하여 왕수인(王守仁)의 실험은 매우 유명하다. 왕수인은 젊은 시절 주희의 이치에 대하여 본질주의적 접근법을 사용하여 며칠간 대나무만을 격물하다가 노이로제에 걸려 포기하고 그만둔 적이 있다. 왕수인은 나중에 자신의 대나무 격물(格竹)을 회고하면서 "본래 세상 사물에는 궁구할 것이 없다는 것을 알게 되었다."11)고 토로한다. 이러한 왕수인의 고백은 주희의 이치 탐구법을 잘못 활용할 경우 객관 사물에 대한 허상적 본질을 추구함으로써 헛된 번민의 악순환에 빠져든다는 것을 보여준다.

왕수인의 사례처럼 성리학적 이치의 궁구란 장막을 걷고 이제까지 접해보지 못했던 막연한 어떤 것을 찾아내는 것이 아니라, 이미 평소에 알려져 있는 자연스러운 본성적 감정을 예의주시하면서 몸과 마음을 통하여 현실에서 더욱 익숙하게 경험하는 것이다. 이치는 인위적으로 안배된 것이 아니라 기질적 잡스러움을 제거하는 주관의 경험적 고양의 과정에서 스스로 빛을 발휘하는 '본래적인 것'이다. 그래서 품부 받은 기질적 욕구를 거두고 이치를 함유한 '밝은 덕'을 밝힘으로써 애초의 순수한 '본래 상태'로 돌아가고자 한다.

치에 무젖고 관통하여 스스로 얻는 데 이르면 애초부터 안과 밖의 정밀함과 조야함의 간격이 없는 것이다(蓋理雖在我, 而或蔽於氣稟物欲之私, 則不能以自見. 學雖在外, 然皆所以講乎此理之實, 及其浹洽貫通而自得之, 則又初無內外精粗之間也)."

11) 왕수인, 『왕양명전집』, 상, 「전습록」 권3, 상해고적출판사, 1995, 120쪽, "知天下之物, 本無可格者."

> 밝은 덕이란 사람이 하늘에서 얻은 것으로 비어 있으면서도 신령하여 어둡지 아니하고, 모든 이치를 갖추고 있으면서 만 가지 일에 응하는 것이다. 다만 품부 받은 기질(氣稟)에 구애되고 사람의 욕구(人欲)에 가리면 때때로 어두워진다. 그러나 그 본체의 밝음(本體之明)이라면 사라진 적이 없으므로 배우는 사람이라면 본체가 드러나는 것에 말미암아 그것을 밝혀 처음으로 돌아가야 한다.[12]

성리학적 수양이란 기질의 이면에 깃든 본체로서의 이치(理)를 획득함으로써 현실을 주재(主宰)하는 것이다. 수양에서의 화두는 마음 안에 "선(善)으로서의 이치가 이미 애초부터 주어져 있으며, 행위자가 그 선을 얼마나 획득하였는가?"라는 경험적 숙달에 있다. 이치는 변함없이 맑은 거울로서, 승강부침하는 인간의 현실에 밝은 빛을 폭사하면서 행위자로 하여금 자기반성에 들게 한다. 증자가 하루에 세 차례 스스로를 반성했듯이 성리학자는 이치의 빛 앞에 기질적 자기 존재를 드러내어 반성한다. 성인/현인/군자/소인 등과 같은 등급의 구분법이 바로 개인이 수양을 통하여 밝게 쏟아지는 이치를 어느 정도 주시하여 함양했느냐의 경지를 구체적으로 보여주는 스펙트럼이다.

성리학적 수양론은 본래적 이치에 대한 주시와 통달로서 이해된다. 이치의 본래성과 현실성을 동시적으로 확보하려는 그러한 구도는 (1) 이치와 기질이 서로 섞일 수 없다는 것, (2) 이치와 기질이 서로 떨어질 수 없다는 것으로 드러난다. 이치는 기질로 구성된 물리적이고 생리적인 현실에 인접해 있으면서도 기질적 현실과 하나가 될 수 없는 어색한 동거자이다. 이치는 기질이나 욕구에 매우 근접해 있으면서도 기질에 의해서 절대로 변형되지 않는다. 사람이 기질적으로 타락할

---

12) 주희, 『대학장구』, 경1장. "明德者, 人之所得乎天, 而虛靈不昧, 以具衆理, 而應萬事者也. 但爲氣稟所拘, 人欲所蔽, 則有時而昏. 然其本體之明, 則有未嘗息者, 故學者當因其所發, 而遂明之, 以復其初也."

수 있을지라도 이치는 강등되거나 변질되지 않는다.[13] 이치는 이미 자기 결정적이며 수양자에게 이념적인 동경의 대상이다. 주희가 말한 대로 순수한 본래적 이치는 수양을 오래 하면 하루아침에 문득 환히 열린다. 이치가 기질적 경험의 과정에서만 애초의 밝은 면모를 현실에 드러낸다는 점에서, 기질은 이치를 가리는 것이기도 하지만 반대로 이치를 더 밝게 드러내는 이치의 얼굴이기도 하다. 기질의 이치화, 즉 초월적 이치를 체득하는 것이 수양의 목표이다. 나아가 이치를 체득한 개인은 사회적 지도자로서의 자격까지 갖는다. 기질에서 이치를 밝히는 수양이 사회적, 정치적 영역을 이끌어가는 결정적 요소로서 작용한다. 따라서 사회적 문제가 발생했을 때 이치의 확인을 통해서 해결하기에, 최고의 통치자인 왕도 경연을 통하여 유교 텍스트를 읽고 논의함으로써 늘 이치를 궁구하는 것으로서 통치의 근본을 다진다.

기질의 이치화에 근거한 사회의 이치화라는 성리학적 구도의 순수성이 난파하는 지점은 그 현실적인 일반화 과정에서 해석학적 균열이 발생할 때이다. 여러 의견이 충돌하는 현실에서 과연 누가 본질로서의 천리(天理)를 들었다고 할 것인가? 사서삼경이 성리학적 이치를 담고 있다고 한다면 누가 그 내용을 가장 확실하게 설명하고 변론해 줄 수 있을까? 본래적 이치를 가장 잘 발견한 자를 어떻게 가릴 것인가? 모든 사람이 감화되고 동일화될 수 있는 그러한 이치를 발견하여 공적으로 일반화시킬 수 있는 권능을 가진 사람이 누구일까? 기질을

13) 성리학의 이치는 아리스토텔레스의 형상과 비교해보면 그 순수한 동일성이 잘 드러난다. 형상이란 저급의 형상이 고급의 형상에 참여하기 위하여 변증법적 비약이 필요하지만, 이치에는 고하의 차이가 없이 언제나 동일한 하나의 이치만 있다. 그런 점에서 풍우란, 카순 창(Carsun Chang), 배종호 등이 이치를 형상에 등치시키려는 시도는 지나치게 인상에 의존하고 있다. 정용환, 『장재의 철학』, 경인문화사, 2007, 12-21쪽.

닦아서 천리를 함양한 군자란 주관적인 믿음의 측면에서 성립할 수 있지만, 그것을 공적으로 인정해줄 수 있는 합의된 근거를 마련하기가 쉽지 않다. 그래서 성리학 사회 내부에서조차 서로 의견이 대립할 경우 누가 군자이고 소인인지를 놓고 극심한 감정적 대립에 빠지기도 한다.[14] 송(宋)나라와 조선시대에 군자당과 소인당의 변별을 놓고 다투었던 붕당(朋黨)의 대립은 토론의 과정이기도 하지만, 한편으로는 순수한 이치를 어느 당파가 획득하였는지에 대한 순수 본질에 대한 논쟁이기도 하다. 이와 같이 이치의 보편적 동일성이란 가설적인 것이며, 그러한 가설이 현실에 적용될 때에는 다양한 차이와 논쟁에 의해서 분기될 수밖에 없다.

그렇다면 기질에서 이치의 발명이란 유일한 유교 경전의 획일적인 유포가 아니라, 오히려 개인들의 다양한 해석학적인 자기 개발의 과정으로 이해되어야 한다. 성리학적 이치가 지닌 일상성의 장점이 발휘되기 위해서는 무조건적으로 유일한 이치의 동일한 체험을 일반화하기보다 무엇이 이치인지에 관한 기초적 물음의 과정에 더 충실할 필요가 있다. 유일한 본질로서의 이치에 대한 지나친 순수주의적 편향에 빠지지 않기 위해서는 이치를 어떻게 볼 것이냐에 대하여 해석학적 다양성을 수용해야 한다. 수양의 과정에서 동일한 하나의 초월적 이치만을 발각해야 한다고 선취적으로 주장할 때, 그러한 이치는

---

14) 성리학적 '공공의 장'에서 군자/소인의 변별은 자기 당의 순수성을 군자에 등치시키고 다른 당의 불순성을 소인에 등치시킴으로써 타자에 군림하는 자아상을 세운다. 사회적 차이들을 조정하려는 절차적 합리성을 추구하기보다 자신의 인격을 온전히 발휘하는 공정한 군자를 대표적 모범으로서 옹립하여 모든 개별자들이 그와 동일하게 감화되기를 바란다. 따라서 "'공론의 장'은 토론의 장이 되기보다는 군자로서 승인된 자들 간의 세력 다툼의 양상을 띠게 되었다. 이는 성리학적 이념 하에 지배되었던 조선 사회에서 극렬하게 보인다." 김미영, 「성리학에서 '공적 합리성'의 연원: 군자/소인 담론을 중심으로」, 77쪽.

개인의 해석학적 물음의 과정을 무시한 채 인간 전체를 획일적으로 지배하려는 이데올로기적 절대 권력으로 전락하고 만다. 유일한 이치의 강권은 동일한 모델의 확대 재생산을 추구함으로써 개인과 사회와 국가를 교화하여 동질의 상품으로 획일화하는 데로 귀착된다.[15) 따라서 성리학적 이치가 개인과 사회를 통제할 만큼의 정치 권력적 장치로서 일반화되어 기능하기보다 개인들의 삶의 양식에 대한 미학적이고 해석학적인 여러 조언자 중의 하나로서 취급되어야 한다.

2. 본성-감정의 환원론

성리학은 인간의 심성을 본성과 감정으로 이분화함으로써 감정은 겉으로 드러난 것이고 본성은 감정의 이면에 간직된 것이라고 이해한다. 본성은 곧 이치와 동일하므로(性卽理) 가치적으로 절대적 탁월성을 가짐에 반해, 감정이란 기의 발산이므로 좋아함과 싫어함에 따라 과불급의 편향이 발생한다. 감정의 수양이란 본성으로 돌아감으로써 그러한 감정적 불균형이 다시 중정을 회복하도록 하는 데 있다. 감정이란 주체와 사물 사이에서 발생한 것임에도 불구하고, 발생한 감정의 과불급을 해결하는 일은 감정 발생자의 내면에 구비된 보석으로서의 본성을 향하는 데 있다. 본성은 이념적 순수성이면서 다른 한편으로 감정적 현실의 장에 상관되어 있다. 본성은 가치론적으로

15) 조선시대의 종교 국가적 특성은 개인의 해석학적 선택의 영역들을 제도적 정비에 의해서 동일화하려는 데 있다. 서양의 중세시대 종교가 국가의 권력과 융합되어 있었듯이, 조선시대 성리학 역시 개인의 덕성 수양과 관련된 학문임에도 불구하고 왕권과 강력한 융합을 통하여 사회의 통치 원리로서 작용하였다. 서당, 향교, 서원 등을 중심으로 송대 주석에 의거한 『소학』과 사서삼경의 교육을 거친 경력자를 정치 지도자로 선출함으로써 성리학적 국가를 연속적으로 재생산하였다.

초월적 지위에 있지만 수양의 측면에서 보자면 감정적 표출 과정의 현실에서 체득되어야 한다. 본성은 초월적이기 때문에 현실적으로 타협하고 비판받을 대상이 아니면서도 감정이 돌아가야 할 철두철미의 수양 원천이다. 본성은 감정적 발현 과정과 결부되어 주관적 체험에 의해서 인식되고 실현된다.

주관의 수양에서 지향해야 할 천리로서의 본성 중에서 가장 궁극적 가치는 인(仁)이며, 인을 자각하고 획득해가는 성리학의 수양 태도는 혼을 토해내려는 주관주의 시인의 언어와도 흡사하다.

> 인(仁)이란 천지가 사물을 낳는 마음이며, 사람과 사물이 얻어서 마음으로 삼는다. 오직 천지가 사물을 낳는 그 마음을 얻어서 자기의 마음으로 삼을 뿐이다. 그러므로 아직 감정으로 발생하기 전에 네 가지 덕이 갖추어져 있으니, 그것을 인의예지라고 하며 인이 나머지를 통일한다. 이미 발생하면 네 가지 단서가 드러나니 그것은 측은지심, 수오지심, 사양지심, 시비지심 등이며 측은지심이 나머지를 관통한다. 이것이 인의 본체와 작용이 무젖어 양육되어 혼연히 온전해지고 두루 흘러서 관통하며, 한 마음의 신묘함에 오로지 하여 선의 수장이 되는 까닭이다. 그러나 사람에게 몸이 있으므로 귀, 눈, 코, 입, 사지 등의 욕구가 있어서 인을 해치는 경우가 있다. 사람이 어질지 않으면 천리를 멸하고 사람의 욕심을 다하는 일에 더욱 이르게 된다. 이것이 군자의 학문이 애써서 인을 구하는 까닭이다. 인을 구하는 요점도 인을 해치는 것들을 제거하는 것일 뿐이다. 예가 아닌데도 보는 것은 사람의 욕심이 인을 해치는 경우이고, 예가 아닌데도 듣는 것은 사람의 욕심이 인을 해치는 경우이고, 예가 아닌데도 말하고 행동하는 것은 사람의 욕심이 인을 해치는 경우이다. 사람의 욕심이 인을 해치는 까닭이 여기에 있음을 알 수 있다. 그 근원을 뿌리 뽑고 막아서 이기고 또 이겨 어느 날 아침에 환하게 사람의 욕심이 다 사라지고 이치가 순수해지면, 가슴속에 보존된 것들이 어찌 순수하게 천지가 사물을 낳는 마음이 아니겠으며, 무수히 피어오르게 하는 따뜻한 봄볕과 같지 않겠는가?[16)]

위의 인용문은 주희가 석돈(石憞)[17]의 거처에 극기의 수양을 위해서 써준 기문(記文)이다. 그 핵심은 인(仁)이란 천지가 사물을 낳는 마음으로서 보편적인 것임에도 불구하고, 생리적 본능에서 나오는 사람의 욕심에 의해 방해받으므로 그런 방해물을 제거해야 한다는 것이다. 감정은 본성의 표현이면서도 욕심의 방해를 받음으로써 흔들리는 분열의 회오리에 놓여 있는 반면, 본성은 순수하고 고요한 절대의 것이다. 사람의 욕심에서 발생하는 괴리와 편향을 없애는 방법이란 따뜻한 봄볕과 같은 내재적 순수성(본성)으로 회귀하는 것이다. 귀, 눈, 코, 입, 사지 등의 신체적 본능의 방만함을 조절하기 위해 거기에 본성을 상정함으로써 표층적 자아와 심층적 자아의 구분을 사용한다. 이러한 껍데기와 알맹이의 관계에 의해서 주체는 수양을 통해 계속해서 껍데기 속의 알맹이를 주시하여 붙잡는 줄다리기를 지속한다. 성리학적 수양론은 표층적 형이하의 세계에 심층적 형이상의 본체를 붙잡아서 이끌어내는 데 치중함으로써 주관 속의 본성으로의 환원을 강화한다. 자기를 이기는 것(克己), 정성스러움(誠),[18] 경건함(敬)[19]

16) 『주희집』, 권77, 「극재기(克齋記)」. "蓋仁也者, 天地所以生物之心, 而人物之所得以爲心者也. 惟其得夫天地生物之心以爲心, 是以未發之前, 四德具焉, 曰仁·義·禮·智, 而仁無不統, 已發之際, 四端著焉, 曰惻隱·羞惡·辭讓·是非, 而惻隱之心無所不通. 此仁之體用所以涵育渾全·周流貫徹, 專一心之妙而爲衆善之長也. 然人有是身, 則有耳·目·鼻·口·四肢之欲, 而或不能無害夫仁. 人旣不仁, 則其所以滅天理而窮人欲者, 將益無所不至. 此君子之學所以汲汲於求仁, 而求仁之要亦曰去其所以害仁者而已. 蓋非禮而視, 人欲之害仁也; 非禮而聽, 人欲之害仁也; 非禮而言且動焉, 人欲之害仁也. 知人欲之所以害仁者在是, 於是乎有以拔其本·塞其源·克之克之而又克之, 以至於一旦豁然欲盡而理純, 則其胸中之所存者, 豈不粹然天地生物之心, 而藹然其若春陽之溫哉?"

17) 송나라 석돈(石憞)의 자는 자중(子重)이고 호는 극재(克齋)이다. 벼슬은 지남강군(知南康軍)에 이르렀다. 저서로는 『중용집해(中庸集解)』와 『극재문집(克齋文集)』이 있다. 그의 이름 '돈(憞)'자가 송사에는 '돈(墩)'자로 되어 있다.

18) 『중용장구』, 20장. "정성스러움이란 참되어 거짓이 없는 것으로 본래 그러한

등이 흔들리는 감정을 본성으로 통일시키려는 노력이다.[20])

주희의 구도에서 볼 때 맹자의 네 가지 단서(四端)는 감정의 범주에 속하고, 네 가지 덕(四德)은 본성의 범주에 속한다. 거기에서 본성은 언제나 감정에 대한 지고의 기준이다. 『논어』에서 말한 "자기를 이기고 예로 돌아가는 것(克己復禮)"에 대한 주희의 해석 역시 본성론에 의탁한다. 주희는 '자기를 이기는 것'이란 사사로운 욕구를 이기는 것이고, '예로 돌아가는 것'이란 마음의 온전한 덕으로서의 천리를 회복하는 것이라고 해석한다.[21]) 예라고 하는 것이 사회적 인간

천리(天理)이다. 정성스러워지는 것이란 참되어 거짓이 없는 경지는 아니지만 참되어 거짓이 없으려고 하는 것으로, 마땅히 그렇게 해야 할 사람의 일이다(誠者眞實無妄之謂, 天理之本然也. 誠之者, 未能眞實無妄而欲其眞實無妄之謂, 人事之當然也)."

19) '경(敬)'은 『논어』의 사례에서 보면 대부분 대상을 공경하는 태도를 말하지만, 성리학적 해석에서는 훨씬 더 주관의 내적 집중의 측면을 중시하였다. 그래서 주희는 『대학장구』 전7장 "마음이 있지 않으면 보아도 보이지 않고, 들어도 들리지 않고, 먹어도 그 맛을 모른다."는 구절에 대해 "마음이 보존되지 않으면 자기의 몸을 검사하지 못하므로 군자는 반드시 이것을 살펴서 경(敬)으로써 바르게 하였다. 그런 뒤에 이 마음이 항상 보존되어 몸이 닦이지 않음이 없다(心有不存, 則無以檢其身, 是以君子必察乎此, 而敬以直之, 然後此心常存, 而身無不修也)."라고 하였다.

20) 자기를 이기는 것(克己), 정성스러움(誠), 경건함(敬) 등의 성리학적 수양법은 좌선이나 참선과 같은 개인의 고립적 수양을 허망한 것으로 비판한다. 선불교에 대한 비판의 요지는 다른 사물과의 교섭의 장을 떠나서 혼자서 자신의 본성을 찾는 것을 겨냥하고 있다. 좌선은 사물과의 교섭을 끊고서 오로지 홀로 자신의 본성을 관조하는 데 폐단이 있다. 선불교가 사회적 현상을 떠나서 깊은 산사나 홀로 있는 곳에서 본성을 관조하는 수양을 한다는 측면에서 주관주의적 관조의 수양법을 채택하고 있음에 틀림없다. 그렇다고 하여 성리학의 수양법에 주관주의적 경향이 없는 것이 아니다. 성리학의 사물-감정-본성으로 연접된 이론적 구조에서의 수양이란 드러난 감정이 본성을 회복하는 데 달려 있으며, 본성으로 돌아가는 과정은 대부분 개인의 본질 자각에 근본한다.

21) 주희, 『논어집주』, 「안연」, 1장. " '기(己)'란 자신의 사사로운 욕구를 말한다, '복(復)'이란 돌아감이다. '예(禮)'란 천리(天理)의 절문(節文)이다. (중략) 대

관계에서 지켜야 할 외면적 속성이 매우 강한 것임에도 불구하고 주희는 '마음의 온전한 덕'으로 해석함으로써 주관에 내재한 본질로의 회귀를 그 근거로 삼는다.

예에 대한 본질 회귀적 경향은 맹자에게까지 거슬러 올라간다. 맹자는 의(義)가 주체의 밖에 있다고 주장한 고자의 인내의외설(仁內義外說)에 대해서 주관의 도덕적 감수성을 고려하지 못한 것이라고 비판하였다.22) 맹자에 의하면 의로움을 결정하는 기준은 의심할 여지없이 주관의 마음에 내재한다. 마치 구운 고기를 좋아함이 사람의 마음에 있듯이 연장자에 대한 공경심이 주체에게 내재한다는 것이다. 고자는 공경하는 대상이 나보다 어른이므로 공경의 당위성이 밖에서 결정된다는 외재론을 취하지만, 이것은 맹자가 보기에 행위 주체에 내재한 자발적이고 도덕적인 지향성을 무시하는 결과를 낳고 만다. 맹자는 통치자가 양심에 의존한 판단을 실천한다면 온 나라가 감화되어 도덕 왕국이 될 것이라고 유세하고 다녔다. 맹자를 계승한 성리학적 담론 역시 "내가 어떻게 행위할 것인가?"에 대하여 "나는 나의 본성에 따라서 행위해야 한다."는 본성 회귀에 의존함으로써 '우리의 규범'과 관련한 공적 토대를 본성의 강물 속에서 찾는다. 유교 심성론은 맹자에서 성리학으로 이어지는 동안 양파 껍질을 벗기듯이 감정 속의 본성을 찾아서 안으로 들어감으로써 개인과 사회의 문제에

개 마음의 온전한 덕은 천리가 아님이 없다(己謂身之私欲也. 復反也. 禮者, 天理之節文也. (중략) 蓋心之全德, 莫非天理)."

22) 맹자와 고자의 논쟁은『맹자』「고자상」에 보이며, 그에 대한 해석은 이 책 제2장에 나온다. 고자는 인내의외설을 주장하면서 도덕규범의 외재성을 강하게 시사하지만, 그럼에도 여전히 도덕의 사회적 담론의 측면을 적극적으로 논증하지 못하고 있다. 예를 들어 그는 어른을 어른으로 대하는 이유가 어른의 객관적 나이에 있다고 봄으로써 도덕이 형이상학적으로 결정되어 있는 것으로 여긴다. 맹자가 행위자의 마음으로 도덕규범을 환원한다면, 고자는 지나치게 객관 대상으로 환원하려고 한다.

답하려고 하였다.[23] 비록 홀로 있을지라도 내면의 본성이라는 거울을 통하여 자신의 감정을 스스로 비추어보는 자기 확신적인 자화상을 그리는 데 열정을 불살랐다.

감정적 과/불급의 부조화를 제거하기 위하여 본성으로 회귀하는 전략에는 일정한 제한이 필요하다. 만약 감정의 부조화가 주체의 안과 밖의 교차에서 일어난 것이라고 한다면 감정의 조화 역시 안과 밖 모두에서 모색될 수 있기 때문이다. 감정이 과/불급의 바람 앞에서 흔들리는 것이라고 한다면 감정과 연계되어 있는 내재적 본성 역시 편향의 불안정을 수용해야 할 것이다. 무엇이 본성이냐는 기준조차 내적으로 순수하게 결정하기는 힘들며, 오히려 외부의 비판적 토론 과정을 통해서 형성된다. 감정적 불균형에 직면하여 가치론적 기준을 모색할 때 외곬으로 내적인 본성에만 의탁한다면 훌륭한 기준이 아닌 또 하나의 편견에 도취될 수도 있다. 따라서 어떤 기준이 더 좋고 옳은가에 대한 해석학적 견해들은 내부와 외부 모두에서 모색될 때 훨씬 건강할 수 있다. 눈이 자신의 내부를 쳐다볼 수 없듯이, 감정 역시 자신의 진정한 가치를 확인하기 위하여 자기 내부의 깊은 곳으로만 회귀하여 표준으로서의 본성을 확인하는 것은 매우 어려운 일이다. 나아가 내재적 본성이 감정의 불균형에 대하여 실제적으로 아무런 조언도 해주지 못하면서 순수한 절대 표준이라고 가정된다면, 그것은 현실적 고민들에 대하여 둥근 삼각형과 같이 공허한 어휘 이상이 아닐 것이다. 주희는 본성의 일방적 초월을 제약하기 위해서, "이

23) 맹자의 성선설을 가장 먼저 포괄적으로 비판하면서 인간의 사회성을 본성과 분리하여 적극적으로 담론하였던 사상가는 순자이다. 그는 사회제도적 차원을 학문의 대상으로 적극적으로 취급하였지만, 그 역시 정해진 선왕의 구도를 반복적으로 재생하는 데 그침으로써 행위 주체를 공적 담론의 주체로서 상정하지는 못하였다. 정용환, 「순자의 권위적 경험주의의 도그마」, 『대동철학』, 제28집, 1-22쪽 참조.

치와 기질이 떨어질 수 없다."는 말과 "본성이 발하여 감정이 된다."는 말을 부가함으로써 이치와 본성이 현실을 망각하면서 공허한 피안에 빠져드는 것을 염려하였다. 그렇다면 일상 속의 본질마저도 절대의 것으로 막연하게 가정되기보다 여러 해석학적 질문들에 변론하는 과정에서 정당화되어야 한다.

3. 혈연주의적 환원론

유교 수양론의 중요한 특징 중 하나는 자기 수양과 효도의 연계에 있다. 공자의 제자 자로(子路)는 위(衛)나라의 괴외(蒯聵) 부자의 왕위 쟁탈전에 말려들어 창을 맞고 갓끈이 끊어지자, "군자는 죽더라도 갓을 벗을 수 없다."고 하고는 갓끈을 다시 매고서 죽었다.[24] 공자학파가 도를 지키는 과정은 철저하게 자신의 몸을 엄격히 하는 데서 시작한다. 그래서 자로가 죽으면서도 갓을 정제했던 일은 후대의 유자들에게 칭송되었다. 나아가 이러한 엄격한 자기 수양은 효도와 연계됨으로써 하나의 독특한 유교적 패러다임을 형성한다. 몸을 닦는 공부는 사실상 효 관념과 동질의 것으로 통일된다. 이런 해석을 여실하게 드러내주는 예를 공자의 수제자 중의 한 사람이었던 증자에게서 찾을 수 있다. 그는 죽어가면서 "내 손을 꺼내라, 내 발을 꺼내라."[25] 고 하면서 손과 발이 무사한 것을 확인한 뒤에 죽었다. 천지와 부모가 낳아준 자신의 몸을 끝까지 보존하였던 증자는 유교적 삶의 확실한 모범으로서 평가된다.[26]

---

24) 『춘추좌전』, 「애공15년」. 문선규 번역본 하책 503쪽 참조.

25) 『논어』, 「태백」, 3장. "啓予足, 啓予手."

26) 유교의 효에 입각한 혈연적 세계관은 도가나 법가의 비판에 직면하기도 하였다. 도가는 유가의 이러한 태도가 너무 인위적이라서 삶을 이데올로기에 얽매

성리학 역시 도와 효의 동질성에 근거하여 우주를 하나의 혈연적 울타리로 봄으로써 만물을 화해시키려고 한다.[27] 성리학에 의하면 사람이 세상에 나와서 살아갈 수 있는 까닭은 거시적으로는 천지가 사물을 낳아주기 때문이고 미시적으로는 부모가 길러주기 때문이다. 부모의 사랑을 받고 태어났기 때문에 자신의 몸에 함부로 해를 끼치는 것은 불효이며, 그것은 천지가 만물을 살리는 도리를 어기는 것과 마찬가지로 큰 잘못이다. 유교는 사회적 교류 방식을 혈연적 친화감의 확대로 이해한다. 건과 곤이 상호 친화적 교제를 하듯이 우주 안의 모든 사물은 상호적 친근감을 가지고 있다고 봄으로써 화해의 철학을 전개한다. 유비에 근거한 충서(忠恕)의 논리에 따라 내 부모를 대하듯이 선생님과 통치자를 대하고, 내 형님을 모시듯이 이웃 어른을 공경하라고 말한다. 혈연적 친근감의 렌즈가 더 소원한 사회적 관계에 유비적으로 확대 적용된다. 궁극적으로 성리학적 사회 구성 원리는 자연스러운 혈연적 친근감을 낯선 사회적 관계에 확대함으로써

이게 한다고 비판하였고, 반대로 법가는 유가가 사회적 작위성에 대해서 소홀하다고 비판하였다. 도가와 법가의 비판은 상반되지만 양 비판의 공통된 토대는 유가사상이 가정적 친화감을 너무 과도하게 일반화했다는 데 있다.

27) 친화감으로써 우주를 해석하려는 대표적인 경우가 "하늘을 아버지로, 땅을 어머니로" 삼는 장재의 『서명』이다. 친화감에 근거한 유교의 존재 해석은 "존재는 본성적으로 친화적이다."라는 전제를 깔고 있다. 오늘날에도 유교 연구자들은 이러한 본성론에 근거하여 사회문제나 생태문제 등을 다루려고 한다. 예를 들어 뚜 웨이밍(Tu Wei-ming), 성중영(Chung-ying Chung), 아이반호(Philip J. Ivanhoe), 터커(Mary Evelyn Tucker) 등이 현대 생태문제의 대안으로 우주적 휴머니즘, 포용적 휴머니즘, 유기체론 등을 제시한다(Mary Evelyn Tucker & John Berthrong eds., *Confucianism and Ecology: The Interrelation of Heaven, Earth, and Humans*, Massachusetts: Cambridge, Harvard University Press for the Harvard University Center for the Study of World Religions, 1998). 그러나 이러한 본성론적 대안은 구체적으로 생태문제를 어떻게 해결할 것이냐는 과정적 조건들을 자세히 제시하지 못하고 '화해적 본성'이라는 비현실적인 모호성으로 환원되는 결과를 낳고 만다.

거대한 화해를 창출할 수 있다는 논리로 귀결된다.[28]

혈연적 친근감을 사회와 사물에 확대하려는 기획은 이일분수에서도 잘 드러난다. 이일분수란 하나의 이치가 다양한 다른 사물들을 관통하는 것이다. 부모-자식, 남편-아내, 형-동생 등의 혈연관계는 정치, 사회, 우주 등을 관통하는 환원적 토대이다. 집에서 부모가 자식을 낳듯이 천지가 인간과 사물을 낳아주고, 집에서 남편과 아내가 서로 보조적이듯이 우주에는 건(乾)과 곤(坤)의 기운이 감응하고, 집에서 동생이 형에게 공손하듯이 사회에 나가면 연하자가 연장자를 공경한다. 우주와 인간과 사물을 모두 아우르는 하나의 이치는 『주역』에서의 "낳고 살리는 이치(生生之理)"이자 인(仁)이며, 인의 근본은 효이다.[29] 따라서 사물을 낳고 살리는 인으로서의 이치가 가장 명확하게 드러나는 곳이 가정이며, 나아가 우주 역시 하나의 거대한 가정이다.

성리학의 혈연적 환원론이 발생시키는 문제는 혈연 외적인 사회문제를 그 자체에서 풀기보다 혈연관계에 빗대어 풀려는 데서 발생한다. 군사부일체(君師父一體)라는 관념에 근거하여 통치자와 스승을 아버지와 동일시한다. 훌륭한 교육자는 아버지와 같고, 훌륭한 통치자도 아버지와 같다. 효도로서의 이치를 잘 닦은 성현이 왕이 되어 사회를 감화시키는 것이 성리학의 목표이다. 순 임금처럼 자신을 죽이려던 아버지를 끝까지 저버리지 않은 사람이야말로 가장 큰 이치를 지키는 사람으로서 묘사된다. 효도에 의해서 후세를 이치화하고 백성을 이치화하는 혈연 환원론은 통치자가 자신에게 내재한 효심을

28) 유교에서 혈연적 친근감은 족보나 제사 문화와 함께 실질적으로 강화되었고 정치체제나 사회제도의 구동 원리였다. 이러한 유교의 혈연적 사회 구성 원리는 이방인을 유사 혈연으로 편입하려고 함으로써 타자의 이질성을 어떻게 극복할 것인지에 대한 논의를 발전시키지 못했던 이유이기도 하다. 정용환, 『장재의 철학』, 242-275쪽.

29) 『논어』, 「학이」, 2장. "孝弟也者, 其爲仁之本與."

충실하게 실현하면 정치 일반이 성공적일 것이라고 가정하며, 그러한 가정에 따라 다양한 사회문제를 해결하려고 한다. 성리학은 정치제도와 교육제도 등의 사회적 공공성을 혈연주의적인 친교 방식에 의해서 강화할 수 있다고 믿는다. 이러한 논리는 혈연관계에서의 도식이 혈연 외적 사회관계에서도 반복된다는 점에서 파생적인 것이 본질적인 것에 일치하기를 추구하는 본질주의적 경향을 갖는다. 혈연주의 도식은 'X에서 유래한 Y'라는 어법을 통해서 구성된다. X는 본질이나 본체이며 Y는 본질에 포섭된다. 아버지에게서 유래한 자식, 하늘에서 유래한 만물, 임금에게 말미암은 신하, 스승에게서 배운 제자 등과 같이 주체의 정체성은 본체에 의해서 파생적으로 규정된다. 사실상 성리학에서 혈연관계는 사회관계의 본질이 되었으며, 그 결과 모든 사회관계는 혈연관계의 다시 나타나기로 이해된다.

성리학적 사회는 피의 연대를 모태로 하며, 피의 연대는 족보와 종법제로서 지탱되었다. 모든 존재는 피의 계보로 서로 연계되어 있으며 피의 '가까움'은 서로의 친근함을 뜻한다. 피의 계보를 정리하였던 조선시대의 가부장적 족보는 개인의 존재론적 근원을 밝히려는 노력의 일환이다. 또한 종법제는 피의 계보를 확실히 하기 위하여 여성에 대한 처/첩의 서열화와 자식에 대한 적자/서자의 계열화를 추구하였다.[30] 이러한 종법제와 족보에 의한 계보적 세상 보기는 혈연을 넘어 사회와 우주에까지 확대되며 그 궁극 처는 하늘이 아버지의 계보로 땅이 어머니의 계보로 비유됨으로써 완성된다. 혈연적 피의 따스함을 사회와 우주에 확대하여 우주적 혈연을 상정함으로써 사회와 우주를 혈연의 영역으로 환원한다. 이처럼 성리학의 혈연 환원론은 은유에 의해서 비혈연적 인간관계를 의사(擬似)적 혈연관계로 인식

30) 종법제에 관해서는 지두환, 『조선시대 사상사의 재조명』, 역사문화, 1998, 115-166쪽 참조.

하였다.

피의 연대성을 이상화하려는 혈연 환원론적 기획은 혈연관계에서조차 온전하게 적용되지 못하는 부분이 있을 뿐만 아니라, 나아가 사회관계에 심하게 적용할 경우 획일화의 병폐를 야기할 수 있다. 첫째, 가족 구성원 사이에는 피의 동일성 못지않게 서로에 대한 낯섦과 어색함이 현재하는 것도 사실이다. 세대 차이, 가정 폭력, 이혼, 아동 학대, 노인 학대, 가족 간 소송 등은 혈연적 피의 연대가 인간관계의 모태로서의 유일한 대안일 수 없음을 알려준다. 혈연관계에 따스함이 존재한다는 것이 분명한 사실이지만 거기에 내재한 풀어야 할 갈등과 문제들 역시 회피할 수 없는 사실이다. 가족 간의 의견 대립이 심각할 경우에는, 특히 성인의 경우에는 피의 동일성에 의해 무조건 봉합되기는 어렵다. 그럴 경우에 서로의 갈등을 최소화하기 위해서는 서로의 차이와 독립성을 적절하게 인정해줄 필요가 있다. 그렇다면 가족관계는 피의 연대성과 함께 상호간의 독립적 경향 역시 무시할 수 없는 조건으로서 고려되어야 한다. 둘째, 현대의 핵가족 사회에서 과거의 대가족제도에서와 같이 피의 연대성을 사회관계 일반에 일방적으로 적용하는 일은 비현실적인 면이 있다. 가족적 피의 연대성은 다른 사회관계를 송두리째 환원할 만큼 순수하게 지고한 가치로서 추앙받아서는 안 되며, 많은 사회관계들 중 하나의 방식으로서 참고하는 선에서 그쳐야 한다. 사회관계의 의사적 혈연화는 동종(同種)적 교제 방식만을 유포하게 되며 결국에는 이종(異種)적 교제의 퇴화를 가져온다. 의사 혈연적 동종 교제는 새로움을 주지 못한 채 여전한 형님-동생의 근친성만을 확인하는 무한 순환에 빠지게 한다. 따라서 가족관계를 포함한 사회관계는 피의 연대라는 일방적인 은유적 동종화를 벗어나서 이종적 교제의 독립성을 적절하게 수용할 때만이 다양성과 창의성을 활용할 수 있다. 그렇게 함으로써 성리학은 의사적 피의 연대라는 단조로움에서 벗어나 상호간의 이질성과 독자성을 더 적극적으로 개진할 수 있을 것이다.

4. 본질주의 비판

성리학은 도가와 불가의 허망함을 지적하면서 일상성 속에서 이치를 정립하려고 했던 사상이었지만, 그러한 일상성조차도 여전히 현실 초탈의 형이상학에 빠져들 위험이 남는다. 이치-기질의 환원론, 본성-감정의 환원론, 혈연주의적 환원론 등을 강화함으로써 순수한 본질을 가정하게 될 때 성리학적 일상성은 초월적 신격화에 접어든다. 순수 본질로의 환원이란 기질 안에 이치라는 초월적 주재자를 만들어 기질을 거기에 일치시키려 하고, 감정 안에 본성의 초월적 터전을 마련하여 감정을 거기에 일치시키려 하고, 사회 안에 혈연이라는 본질을 옹립하여 혈연과 유사한 사회를 만들려고 하는 것을 가리킨다. 순수한 본질을 희구할수록 현상은 잡스러운 것으로 분열되며, 순수함/잡스러움의 이분법에서의 수양이란 현상적 잡스러움을 버리고 본질적 순수함으로 회귀하는 과정으로 이해된다. 순수 본질로의 침잠은 객관 사물과 주관 내부 어딘가에 초월적 본질이 있다고 가정함으로써 그 주위에 견고한 성채를 쌓고서 그 안으로 잡스러움이 물들지 못하도록 부단히 감시한다. 물질적 욕구, 기질적 욕구, 감정적 분출 등은 순수한 본질 X에 의해 검열 받아야 한다. 성리학이 그러한 본질주의적 검열에 경도될 때 타 사상을 배제하는 유교 텍스트 권위주의, 제사에 근거한 종법제적 혈연주의, 자유로운 감정 표현의 억제 등으로 고착될 수 있다. 나아가 내재적 본질에의 자기 확신에 이르면 타자에 대하여 다름과 독립성을 인정해주지 못하고 하나의 거대한 의사적 혈연 체계를 만들어 그 안에 용해시키려고까지 한다. 중국이 고대부터 중화주의에 사로잡혀 자신의 나라를 세계의 중심으로 여기면서 주위의 족속을 오랑캐로 무시한 것이나, 조선시대에 사라진 명나라를 희구하면서 청나라를 멸시한 것이나, 조선 말기에 처음 접하는 서양인들에 대해 동물처럼 여긴 것 등이 본질주의적 환원에 입각하여 타자의 다름을 경시하였던 사례들이다. 상투를 트는 것이 매우 어색한 풍경으로 변화된 지금에 다시 한국의 근대를 평가해본다면 내재적 순수 본질을 향한 일방적 자기 회귀가 승리를 구가할 수 없었으며, 오히려 민주주의, 개인주의, 자본주의 등과 같은 타자적인 요소들이 수용됨으로써 현재의 정체성을 성립시켰다. 따라서 성리학적 본질이 시대를 초월한 절대적인 강령으로서 닫힌 체계에 머물지 않고 새로운 해석학적 상상력에 문호를 개방할 때라야 생리적 욕구의 미학, 감정적 표현의 창의성, 사회적 연대 방식의 다양성 등이 활성화될 수 있을 것이다.

성리학적 일상성이 과잉된 본질주의에 경도되지 않기 위해서는 세움과 파괴가 교차하는 현실적 고민 앞에 주체를 세움으로써, 그윽한 본질에 취하려는 유혹을 떨쳐버리고 끊임없이 현실적 논쟁의 공간으로 나와야 한다. 변형되지 않은 순수한 고향이나 터전으로서의 본질은 관념에만 존재할 뿐 실제의 주체성은 파괴와 생성이 몰아치는 회귀할 곳 없는 풍랑에 직면할 수밖에 없다. 성리학적 이치, 본성, 혈연 등의 가치 역시 순수한 본질로서 유폐되기보다 비판과 논쟁의 장에서 재해석됨으로써 새롭게 조정되어야 할 어휘일 뿐이다. 새싹이 안팎의 반응과 변형을 통해서 나무의 단단한 각질을 뚫고 나오듯이, 성리학의 본질적 가치 역시 재평가를 통하여 끊임없는 해석학적 모색의 과정을 통해서만 현실성을 획득할 수 있을 것이다.

제 3 부

유교와 반유교: 유위와 무위의 투쟁

제 9 장

타자: 맹자의 인술(仁術)을 해체하는 포정의 칼

중국사상사에 내재하는 다양한 사상들 간의 역동적인 상호 교섭과 대립을 흔히 백가쟁명(百家爭鳴)이라고 표현한다. 그 중에서도 유가와 도가의 대립은 어떻게 살아야 좋은지에 대한 윤리학적 관점 차이를 분명하게 보여준다. 유가는 사람에게 보편적 가치에 대한 인식이 내재한다고 보는 반면에, 도가는 유가가 제시하는 보편적 가치들의 목록이 근거 없이 자의적으로 꾸며진 것에 불과하다고 비판한다.[1)] 도가의 이러한 비판은 유가의 꾸며진 주장 혹은 헛된 주장을 비판하는 것에만 그치지 않고 그 너머에 있는 도가적 진리에 도달하려는 의도를 함축하고 있다. 도가는 유가가 주장하는 진술들의 위선과 오류를 폭로함으로써 진리에 대한 유위적인 장애들을 해체함과 동시에 자신들이 동경하는 세계를 제시하고자 노력한다.

1) 『장자』 텍스트 속에서 공자 및 유가에 대해 어떻게 기술하고 있는지를 정리한 것으로는 정세근(『노장철학』, 철학과현실사, 2002, 144-177쪽)의 연구가 있다. 또한 유가의 보편주의와 도가의 해체주의에 관한 비교 연구로는 다음이 있다. 정용환, 「마음: 유가의 보편주의와 도가의 해체주의」, 『철학연구』, 제108집, 대한철학회, 2008.

잘 알려져 있듯이, 장자는 도가적 입장에서 유가적 보편주의를 비판할 때 상대주의적 전략을 사용한다. 우리는 장자의 상대주의적 입장과 관련하여 자연스럽게 다음과 같은 물음을 던질 수 있다. 장자가 유위적인 사상을 비판할 때 사용하는 상대주의적 입장은 무슨 의미를 함축하고 있을까? 장자가 제시하는 무위(無爲)나 허정(虛靜)과 같은 개념들을 어떻게 이해해야 할까? 장자는 붕새와 매미, 장주와 나비, 서시와 미꾸라지 등과 같은 대비적 우화를 통해 상대성을 설파하지만, 다른 한편으로 지인이나 신인과 같이 무위와 허정 상태에 도달한 도가적 득도의 인간을 가정하는데, 그러한 고차원적 인간을 어떻게 이해해야 할까? 만약 장자가 강한 상대주의를 주장하지 않는다고 한다면 어떤 형태의 상대주의를 주장하는 것일까?

『맹자』의 제선왕 이야기와 『장자』의 포정해우 이야기를 대비적으로 분석함으로써 장자의 사상적 입장을 제한적 상대주의로서 정의할 수 있다. 장자의 제한적 상대주의는 유가의 유위적 보편주의를 여러 '작은 관점들' 중의 하나로 해체하면서도, 다른 한편으로 작은 관점들을 포괄하는 도가적 의미에서의 '큰 관점'을 제시한다. 제선왕 이야기와 포정해우 이야기에 대한 대비적 분석을 통해 장자의 제한적 상대주의가 유가적 보편주의를 어떻게 해체하는지, 그리고 도가의 무위적 삶을 어떻게 제시하는지를 파악할 수 있다.

1. 장자의 제한적 상대주의

하층 계급에 속한 지식인이었던 장자는 유가적 보편주의를 비판할 때 회의주의나 상대주의적 태도를 보이곤 한다.[2)] 유가에서 옳은 것

2) 사마천의 『사기』 「노자한비열전」에 보면 장자의 사회적 계급은 몽 지방 칠원의 아전(蒙漆園吏)이라고 했으니, 글자 그대로 해석하면 옻나무밭 관리인이다.

과 그른 것을 양분하여 어느 하나를 보편적 관점으로서 옹호하려고 할 때에 장자는 그러한 유가적 관점이 매우 자의적인 의견들 중의 하나일 뿐이라고 비판한다. 이러한 장자의 비판은 언뜻 보기에 옳은 것과 그른 것을 구분하지 않으려는 회의주의에 가까워 보일 수도 있다. 그러나 장자의 입장은 고차원적인 경지를 긍정한다는 점에서 모든 것을 부정하는 회의주의와는 다르다.[3] 언뜻 보면 장자가 언급하는 "자기를 잃어버림(喪我)"이나 "앉아서 잊어버림(坐忘)"과 같은 개념은 고대 그리스의 회의주의자의 주장과도 유사해 보인다. 마치 섹스투스 엠피리쿠스(Sextus Empiricus)가 사물의 참된 본질이 무엇인지에 대해 판단중지(epoche)를 통해 평정심(ataraxia)을 얻는 과정에서 지적인 이해를 부정하는 것처럼 장자의 주장도 그러한 회의주의처럼

리우샤오간의 해설에 따르면 "옻나무밭 관리인으로서의 장자는 상당히 한가해서 독서, 유람, 관찰, 상상할 수 있는 기회를 많이 갖게 되었고, 널리 대자연을 접하고 또 널리 사회생활의 각 방면과 하층 노동자들과 접할 수 있었다. (중략) 장자는 처음부터 끝까지 권세 있는 자에게 아부하려 하지 않던 하층의 지식인이다." 리우샤오간, 최진석 옮김, 『장자의 철학』, 소나무, 1990, 274-275쪽.

3) 리우샤오간은 장자의 사상이 기본적으로 감각적 인식을 믿지 않는다는 점에서 고대 그리스의 피론과 같은 극단적 회의주의라고 비판하지만(리우샤오간, 최진석 옮김, 『장자의 철학』, 179쪽), 다른 한편으로 장자는 피론과 달리 절대적인 정신적 자유에 대한 최고의 인식으로서의 직관주의를 긍정함으로써 현실과 대립되는 이상세계를 제시한다(181쪽, 218쪽). 크렐버그와 클라크가 지적하듯이, 감각적 인식의 부정을 고리로 하여 장자를 피론의 회의주의와 유사한 것으로 보는 데에는 상당한 무리가 따른다. 피론의 회의주의는 실재와 현상이라는 이분법적 이론 구도에 서 있는 반면 장자의 경우는 훨씬 더 사회 이데올로기에 대한 비판이 주조를 이루기 때문에 양자는 일정한 차이를 보인다(J. J. Clarke, *The Tao of The West: Western Transformations of Taoist Thought*, London: Routledge, 2000, pp.180-181). 또한 장자의 긍정으로서의 자유와 니체의 초인에 관한 최근의 비교 연구로는 다음이 있다. Ge Ling Shang, *Liberation as Affirmation: The Religiosity of Zhuangzi and Nietzsche*, State University of New York Press, 2006.

보인다. 그러나 장자의 사상은 본능적이고 자연적인 힘이 좋은 삶으로 이끄는 중요한 요소라고 간주한다는 점에서는 그러한 회의주의와 다르다.[4] 또한 장자의 입장은 철학사에 익히 알려져 있는 데카르트의 방법적 회의와도 일정한 차이를 보인다. 왜냐하면 데카르트의 회의 목적이 틀리거나 의심스러운 판단으로부터 참된 판단을 구별하여 지식의 안정적 구조를 찾는 데에 있다면, 장자의 회의 목적은 참과 거짓이라는 차이를 생성시키는 의식 자체를 해체함으로써 도가적 의미에서의 자연 상태에서 소요유적 삶을 즐기려고 하기 때문이다.[5]

장자에게서 회의주의적이거나 상대주의적인 언설들이 자주 나타나지만, 궁극적으로는 그러한 상대성을 넘어서는 고차원적 경지를 가정한다. 장자가 구하는 고차원적 경지는 이율배반적 역설을 통해 제시된다. 장자에 의하면 "큰 도는 일컬어지지 않고, 큰 변론은 말하지 않고, 큰 어짐은 어질지 않고, 큰 청렴은 자만하지 않고, 큰 용기는 해치지 않는다."[6] 장자가 제시하는 큰 도(大道), 큰 변론(大辯), 큰 어짐(大仁), 큰 청렴(大廉), 큰 용기(大勇), 큰 깨달음(大覺), 큰 지혜(大知), 큰 나이(大年) 등의 개념은 그와 대비되는 작은 변론(小辯), 작은 지혜(小知), 작은 나이(小年) 등과 같은 '작은 관점들'을 넘어서는 궁극적인 '큰 관점'을 가정한다. 장자는 전체와 통하지 못하고 부분에 국한되어 있는 '작은 관점들'을 비판함으로써 상대적 국한성을 넘어선 '큰 관점'을 긍정한다.[7] 결국 장자의 입장은 두 가지 측면에서

---

4) Paul Kjellberg, "Skepticism, Truth, and the Good Life: A Comparison of Zhuangzi and Sextus Empiricus", *Philosophy East and West*, Vol. 44, University of Hawai'i Press, 1994, pp.122-123.

5) Russel B. Goodman, "Skepticism and Realism in the Chuang Tzu", *Philosophy East and West*, Vol. 35, University of Hawai'i Press, 1985, pp. 232-236.

6) 『장자』, 「제물론」. "夫大道不稱, 大辯不言, 大仁不仁, 大廉不嗛, 大勇不忮."

이해할 수 있다. 유가적 보편주의를 작은 관점이라고 비판할 때면 그의 언설에서 상대주의적 경향이 강하게 나타나지만, 다른 한편으로 도가적 이상을 제시할 때면 상대주의적 주장들을 다 포괄할 수 있는 궁극적 진리로서의 '큰 관점'을 언급한다. 성중영에 따르면 장자의 사상은 낮은 차원에서 제한적 진리를 다루는 회의주의적 논변과 더불어 높은 차원에서 무제한적 진리를 다루는 도의 형이상학이 변증법적으로 결합되어 있다.[8] 따라서 장자의 상대주의는 회의주의와 동일시되기보다, 오히려 상대성을 인정하면서도 다른 한편으로 그러한 상대성을 포괄하려는 메타적 입장을 가정하고 있는 것으로 보인다.

그렇다면 큰 관점을 가정하는 장자의 철학적 입장을 상대주의라고 규정하는 것이 적절할까? 만약 그러한 장자의 사상적 입장을 상대주의라고 규정하는 것이 가능하다면 그것은 구체적으로 어떠한 상대주의일까? 오히려 장자의 상대주의는 자신의 궁극적 철학을 피력하는 과정에서 등장하는 중요한 한 부분 혹은 전략적 장치가 아닐까?[9] 서로 다른 주장들에 대한 판단을 중지하면서도 통합적 진리인 도(道)에 대해 언급하는 장자의 주장은 외양상 모순되는 것처럼 보인다. 장자

---

7) 양승권은 장자의 이러한 관점을 니체의 원근법과 같은 것으로 본다. 그에 의하면 원근법에는 좁은 의미의 원근법과 넓은 의미의 원근법이 있다. 「소요유」에 나오는 장자의 자유정신을 상징하는 대붕(大鵬)은 좁은 관점을 초월하면서 제한적인 현실적 관점들을 소거한다. 양승권, 「니체와 장자의 윤리적 상대주의는 가치의 박탈인가, 초월된 가치인가?」, 『니체연구』, 제12집, 2007, 110-113쪽.

8) Chung-ying Cheng, "Nature and Function of Skepticism in Chinese Philosophy", *Philosophy East and West*, Vol. 27, University of Hawai'i Press, 1977, p.141.

9) 이종성(2003; 2004), 김경희(2007), 김시천(2002), 리우샤오간(1990), 앨런슨(1989), 크젤버그(1994), 굿맨(1985), 거렁 상(2006), 클라크(2000), 성중영(1977) 등 대부분의 연구가 장자의 입장을 순수한 상대주의나 회의주의로 보기를 꺼리면서 장자가 가정하는 고차원의 층위를 밝히고자 노력한다.

의 텍스트에서 상대주의적 작은 관점들과 궁극적이고 통합적인 진리로서의 큰 관점이 동시에 언급되고 있는데, 그러한 역설적 주장이 불가능한 오류를 저지르고 있는 것인지, 아니면 우리에게 새로운 내용을 알려주는 것인지를 들여다볼 필요가 있다. 장자의 큰 관점과 작은 관점들 사이에 내재하는 역설 때문에 이제까지 많은 사상가들이 장자의 상대주의를 어떻게 볼 것인지를 두고 다양한 의견을 제시하였다. 앨린슨은 장자의 상대주의를 해석하는 방식들을 (1) 강한 상대주의(Hard Relativism: 크릴, 한센, 진영첩), (2) 약한 상대주의(Soft Relativism: 쿠아, 후기 그레이엄, 데이비드 웡), (3) 상대주의나 비상대주의가 아님(Neither Relativism nor Non-Relativism: 파커스, 초기 그레이엄), (4) 상대주의이자 비상대주의(Both Relativism and Non-Relativism: 러셀 굿맨), (5) 무정형적 상대주의(Asymmetrical Relativism: 앨린슨) 혹은 상대주의와 비상대주의 둘 중 하나이면서 둘 다(Either Relativism And Non-Relativism)라는 다섯 가지로 분류한다.[10)]

10) 앨린슨은 강한 상대주의 이하 앞의 네 가지 입장을 비판하면서 무정형적 상대주의로써 장자의 사상을 해석하는 것이 최선이라고 주장한다. 그의 무정형적 상대주의에 의하면, 상대주의적 상태가 깨어 있지 않은 꿈꾸는 의식과 관련된 반면에, 의식 상태는 철학자의 황혼 구역으로서 순수한 무지 상태보다 고차원적이며 "둘 중 하나(Either or)"를 넘어 "둘 중 하나이면서 둘 다(Either and)"를 구성한다. 상대주의 상태가 비자각적인 꿈꾸는 의식 상태여서 모든 가치가 동등하다면, 비상대주의 상태는 성인의 고차원적인 자각 상태이다. 장자는 부분적으로 무지하면서도 부분적으로 지혜롭다. 그는 무지 수준에서 지혜 수준으로 우리를 끌고 간다. 물론 두 가지 상태가 동시에 한 개인에게 해당할 수 없다. 무지와 지혜 사이에 전환이 있다. 'And'는 상대주의를 가리키고, 'Either'는 지식 상태를 가리킨다. 'Either'는 지혜 상태가 무지 상태와 대화할 때에만 가능하다. "만약 자각적일 때 자각적인 마음은 스스로를 자각적이라고 지시하지 않으며, 심지어 자신을 비상대주의자라고 지시하지도 않는다. 계몽 상태에서 'Either'는 자신을 전혀 지시하지 않는다. 자각 개념은 무지 상태에 있는 사람을 위한 설명 개념이지 기술적 개념이 아니다." Robert E. Allinson,

이 중에서 강한 상대주의는 회의주의에 가까우며, 약한 상대주의 이하 나머지 네 가지 입장은 장자의 사상을 회의주의나 순수한 상대주의로 해석하기 어렵다고 본다는 점에서 공통점이 있다. 장자의 사상을 약한 상대주의로 해석하는 것은 장자의 사상을 강한 상대주의나 회의주의로 해석하려고 할 경우 그에 대한 반례가 많기 때문에 등장하였다. 약한 상대주의라는 말에서 '약한'이라는 수식어는 이미 회의주의나 순수한 상대주의 개념으로는 장자의 사상을 충분히 설명할 수 없다는 사실을 내포하고 있다. 마찬가지로 비상대주의 및 무정형적 상대주의 등과 같은 여러 가지 해석 역시 회의주의나 순수 상대주의로 장자의 사상을 해석하기 어렵기 때문에 그것을 보완하기 위해 등장한 것들이다. 장자를 회의주의나 순수 상대주의라고 하기에는 애매한 구석이 많으므로 사상가에 따라 장자의 사상을 신비적 회의주의라고 명명하거나,[11] 반합리주의나 비합리주의로 명명하는가 하면, 관점주의로 명명하기도 한다.[12] 앨린슨 역시 장자의 사상을 상대주의나 회의주의만으로 해석하기에 미진하다고 보기 때문에 '무정형적 상대주의(Asymmetrical Relativism)' 혹은 '상대주의와 비상대주의 둘 중 하나이면서 둘 다(Either Relativism And Non-Relativism)'라는 상

"On the Question of Relativism in the Chuang-tzu", *Philosophy East and West*, Vol. 39, University of Hawai'i Press, 1989, pp.13-26; 로버트 앨린슨, 김경희 옮김, 『장자, 영혼의 변화를 위한 철학』, 그린비, 2004, 224-253쪽.

11) 크릴은 장자를 포함한 도가의 사상이 절대적인 도를 가정하므로 회의주의로만 규정하기는 미진하다고 보면서 신비적 회의주의라고 명명한다. 비록 그가 사용하는 '신비적'이라는 어휘가 장자의 사상을 명시적으로 한정하지는 않을지라도, 장자의 사상을 단순한 회의주의로만 설명하기에는 미진하다는 사실을 지시한다. H. G. Creel, *Chinese Thought from Confucius to Mao Tse-tung*, The University of Chicago Press, 1953, pp.110-114.

12) 다음의 글에 장자의 상대주의에 대한 다양한 규정들이 소개되어 있다. J. J. Clarke, *The Tao of The West: Western Transformations of Taoist Thought*, pp.166-184.

식적으로는 이해하기 어려워 보이는 매우 난해한 개념을 만들어 애써 자신의 주장을 변호한다. 이와 같이 장자의 상대주의 논쟁을 둘러싼 여러 규정들의 난립은 장자에게 상대주의적 요소가 있지만 그렇다고 장자에게서 상대주의만으로 해석할 수 없는 부분도 있기 때문에 발생한다. 쉽게 말해서 장자의 사상적 입장은 회의주의나 강한 상대주의로 해석하기 어려운 부분이 있으며, 그러한 점을 고려하고서 장자의 상대주의를 논의해야 장자 텍스트를 정합적으로 해석할 수 있다.

장자는 상대주의적 주장을 통해 모든 것을 의심하는 회의주의를 옹호하기보다 사회와 언어에 내재하는 강고한 편견을 깨기 위한 방편으로서 상대주의적 주장을 사용하고 있으며, 그러한 과정을 통해 궁극에는 무위자연의 존재 상태에 도달하고자 한다. 장자는 유가나 묵가의 보편주의를 비판할 때면 상대주의적 논거를 끌어들이지만, 정작 도가의 무위자연적 도 테제를 언급할 때에는 상대주의적 논의가 제약되고 도가적인 큰 관점이 제시된다. 장자는 상대적인 작은 관점들을 포괄하는 큰 도(大道)나 큰 변론(大辯)과 같은 큰 관점을 제시함으로써 현상적인 상대적 차이들에 대해 일정한 제약을 가한다. 이렇게 볼 때 장자의 사상적 입장은 회의주의나 강한 상대주의가 아닌 도가적 도를 조건으로 하여 성립하는 상대주의이므로 굳이 상대주의로 기술하자면 제한적 상대주의라고 명명해볼 수 있다.13) 정리하자면

---

13) Chung-ying Cheng, "Nature and Function of Skepticism in Chinese Philosophy", p.137, pp.143-144. 성중영에 의하면 회의주의는 무제한적인 주장일 수 없으며 일정한 제한 위에서만 성립할 수 있다. 다음의 두 가지 제약에 따르는 회의주의가 가능하다. 첫째, 모든 주장을 회의하는 불가지론적 회의주의라고 할지라도 자신의 회의주의적 주장까지 회의하는 자기모순을 범해서는 안 된다. 이러한 첫 번째 제약을 전제로 다른 모든 주장들을 회의하는 것을 부정적 회의주의라고 한다. 둘째, 고차원의 진리를 상정함으로써 저차원의 주

장자의 제한적 상대주의에는 다음과 같은 두 가지 특징이 내포되어 있다.

먼저, 장자의 제한적 상대주의는 언어기술적인 측면에서 보자면 발화에 있어 무한 후퇴적 수행 모순을 범할 만큼 자기 파괴적인 회의주의에까지 나아가지 않는다. 장자의 사상은 언어에 습합된 사회적 관례나 규정이 보편적 확실성을 갖는다는 관념에 대해 회의적이지, 감각을 통해 사물을 참되게 재현할 수 없다는 인식론적 회의주의와는 무관하다.[14] 오히려 장자는 자신의 상대주의를 기술할 수 있는 언어체계를 가지고 있다. 그는 언어를 사용해 자신의 상대주의를 규정하고 설명하는 것에 대해 긍정한다. 그는 "여러 주장이 상대적이다."라는 발화 행위, 곧 세계의 상대적 주장들을 지시하고 이해하고 발화하는 행위를 기꺼이 수행한다. 마치 아무리 회의하는 자라고 하더라도 회의하고 있는 자신에 대해서는 회의할 수 없듯이 장자의 상대주의 역시 상대성을 인식하는 주체에 대해서는 회의하지 않는다. 예를 들어 장자가 다리 위에서 물고기의 즐거움을 아는 것에 대해 혜시와 논쟁을 할 때, 혜시가 회의주의적 입장에서 비판을 하는 반면 장자는 객관 사물에 대한 감각적 인지와 지식이 성립할 수 있음을 수용함으로써 극단적인 회의주의를 수용하지 않는다.

다음으로, 존재론적인 측면에서 보자면 장자의 상대주의는 자연스

장들을 회의하는 경우이다. 이것을 긍정적 회의주의라고 한다. 이러한 긍정적 회의주의는 처음에는 방편적으로 저차원의 주장들을 회의하다가 궁극에는 고차원의 진리 안으로 끌어들여 변증법적으로 통합시킨다. 장자의 사상도 두 가지 제한 위에서 성립하므로 제한적 회의주의에 속한다고 볼 수 있다. 이러한 성중영의 논리를 수용할 수 있지만, 다만 장자 사상이 갖는 긍정성 및 장자 사상에 대한 상대주의 논의와의 연관성을 살리기 위해 '제한적 회의주의'라는 어휘 대신 '제한적 상대주의'라는 어휘를 사용하였다.

14) J. J. Clarke, *The Tao of The West: Western Transformations of Taoist Thought*, p.181.

럽게 주어진 무위적 존재 상태를 가정한다. 그는 유위적 언어를 해체하고 치유하는 과정에서 자신의 언어를 구사하고 있으며,15) 그러한 치유의 과정을 통해 무위적 존재 상태, 곧 모든 유위적 이데올로기가 비워진 자연스러운 참된 세계에 들어가고자 한다. 이처럼 무위적 존재에 대한 이해가 동반되어야 유위적으로 구획된 시/비, 선/악, 미/추 등의 구분을 해체할 수 있다. 그러한 점에서 무위적 존재에 대한 이해는 사물들의 상대성에 접근할 때 중요한 준거점이 된다. 수양론적 측면에서도 장자는 무위자연의 도를 획득하는 데 당위성을 부여한다. 그는 무위 상태에 이르렀을 때야말로 세계 내의 상대적인 것들이 총체적으로 가장 잘 화해할 수 있다고 본다. 그렇다면 장자의 상대주의는 상대적인 것들 사이의 몰이해에 그치지 않고 "어떻게 살아야 하는가?"라는 인간의 윤리학적인 물음에 대한 적극적인 대답을 제시한다. 그가 말하는 무위자연의 궁극적 원천인 도(道)는 모든 유위적인 것들을 중지시킴으로써 상대적인 것들이 상대적으로 살아가야 하는 이유를 알려준다.

그러면 이러한 시각을 기초로 하여 『맹자』의 제선왕 이야기와 『장자』의 포정해우 이야기를 대비적으로 분석함으로써 장자의 제한적 상대주의가 무엇을 의미하는지를 살펴보기로 하자.

2. 소를 보고서: 불인지심과 포정해우

장자의 포정해우 이야기에는 포정이 소를 잡으면서 칼을 다루는

15) J. J. Clarke, *The Tao of The West: Western Transformations of Taoist Thought*, p.183. 클라크는 장자의 치유로서의 언어가 언어의 오용에서 생기는 '마음의 속박(mental cramp)'으로부터 해방시키려고 했던 비트겐슈타인의 철학과 유사한 측면이 있다고 파악한다.

기술(技)과 도가적 무위자연의 도(道)가 응축되어 있다. 여기에서 한 걸음 더 나아가 포정의 칼 솜씨에는 유가의 보편주의에 대한 장자의 날카로운 비판도 내포되어 있다. 포정해우 이야기의 밑바탕에는 유가의 유위적 도가 위선적인 것이라는 비판이 복선으로 깔려 있다. 포정해우 이야기에 나오는 포정이라는 인물, 도살당하는 소, 도살에 쓰이는 칼 등은 이미 유가적인 유위와 도가적인 무위의 대립에 의해 해석될 때 훨씬 자연스럽다. 그러한 측면에서 장자의 포정해우 이야기와 가장 대척점에 있는 사례는 『맹자』에 나오는 제선왕 이야기이다. 두 이야기 모두 소 잡는 사람, 왕, 소, 칼 등을 소재로 하지만, 맹자는 제선왕 이야기를 통해 유가적 보편주의를 추구한 반면, 장자는 포정해우 이야기를 통해 도가적인 양생의 도에 기초한 제한적 상대주의를 개진한다.

1) 맹자의 불인지심

장자가 맹자를 직접 만나 논쟁을 했다고 한다면 유가의 보편주의를 매우 강하게 비판했을 것이다. 이러한 가정이 옳다면 맹자의 주장은 장자를 이해하기 위한 매우 좋은 거울 역할을 한다. 만약 장자가 맹사에게서 아래의 이야기를 통해 측은지심의 보편성 논증에 대해 들었다고 한다면 어떻게 비판했을까?

제선왕 : 소를 어디로 끌고 가느냐?
담당관 : 흔종의 예식에 쓰려고 합니다.
제선왕 : 놓아주어라. 소가 벌벌 떨며 죄 없이 죽으러 가는 것을 차마 보지 못하겠다.
담당관 : 그러면 흔종의 예식을 폐할까요?

제선왕 : 양으로 바꾸어라.[16)]

맹자는 사람이라면 누구나 측은지심과 인(仁)을 가지고 있음을 논증하기 위해 이 사례를 제시한다. 제선왕은 위의 이야기처럼 해놓고서도 왜 그렇게 했는지를 스스로 잘 이해하지 못한다. 제선왕이 왜 소를 살려주고 그 대신 양을 죽였는지의 이유에 대해 백성들과 맹자의 해석이 다르다. 먼저 백성들은 제선왕이 재물을 아끼기 위해서 소를 양으로 바꾸었다고 여기지만, 이러한 해석은 제선왕 자신에 의해 부정된다.[17)] 따라서 그러한 백성들의 해석은 오해이다. 백성들과 달리 맹자는 제선왕의 행위에서 불인지심 및 측은지심의 보편성을 추론하려고 한다. 과연 이 사례에 대한 맹자의 해석은 얼마나 타당할까? 특히 장자가 이 사례에 대한 맹자의 보편주의적 해석에 대해 직접 들었다고 한다면 도가적 입장에서 의문을 제기하면서 많은 논쟁을 펼쳤을 것으로 보인다.

이 사례를 분석하기 위해서는 다음과 같은 세 가지 사실이 서로 어떻게 연관되느냐를 이해해야 한다. 제선왕에게 측은지심이 발생했다는 사실, 어떠한 경우에도 흔종의 예식을 폐할 수 없다는 사실, 소를 양으로 바꾸어 잡은 사실이 그것이다. 이러한 사실들과 관련하여 맹자가 제선왕의 측은지심에서 인(仁)의 보편성을 추론하는 논증이 확정적이기 위해서는 다음과 같은 두 가지 물음에 대답할 수 있어야 한다. (1) 불인지심에도 불구하고 흔종과 같은 중요한 예식을 위해 반드시 짐승을 잡아야 할까? (2) 그리고 죄 없이 죽으러 가는 것은 마

16) 『맹자』, 「양혜왕상」, 제7장. “曰牛何之? 對曰將以釁鐘. 王曰舍之. 吾不忍其觳觫若無罪而就死地. 對曰然則廢釁鐘與? 曰何可廢也? 以羊易之.”

17) 『맹자』, 「양혜왕상」, 제7장. “王曰, 然. 誠有百姓者. 齊國雖褊小, 吾何愛一牛? 卽不忍其觳觫若無罪而就死地, 故以羊易之也.”

찬가지인데 소는 죽이면 안 되고 양은 죽여도 되는가?[18] 맹자는 이러한 두 가지 물음에 대해 모두 "예"라고 긍정하고 있고, 제선왕은 실제로 그렇게 시행했다. 그러나 이 두 가지 사항은 이미 발생한 불인지심과 상당한 마찰을 불러온다. 제선왕은 소를 차마 죽이지 못하는 불인지심과 국가 대사인 흔종을 행하기 위한 소의 희생 사이에서 갈등에 봉착하게 되며, 이러한 갈등은 유가에서 제시하는 인의 덕목이 현실적으로 보편적인 지위를 획득할 수 있는가에 대한 물음을 불러온다. 또한 제선왕이 소를 살려주는 대신 양을 희생으로 쓴 사실에서는 더욱 그러하다. 제선왕은 소를 불인지심의 대상으로 여겼으면서 왜 양은 불인지심의 대상으로 여기지 않았을까? 비록 맹자가 다른 사물에게 사랑을 펼치는 불인지심과 인술(仁術)을 가장 중요한 이념으로 내세우고 있을지라도, 제선왕은 흔종을 위해 소를 양으로 바꿈으로써 불인지심을 스스로 억제해야 하는 자기모순적 상황에 직면하고 만 것일까?

맹자는 제선왕이 보여준 것과 같은 인술의 난관을 어떻게 타개할까? 맹자에 따르면 이에 대한 완전한 해결은 불가능하다. 맹자의 관점에서 보자면 삶이 지속되는 한 다른 사물에 대한 인(仁)과 불인(不仁)의 대립적 갈등 상황은 해소되는 것이라기보다 적절하게 조절되어야 하는 것이다. 맹자는 제선왕이 도살장에 끌려가는 소를 살려주는 대신 양을 죽인 것에 대해 허용한다. 왜냐하면 비록 흔종이라는 예식이 불인지심과 충돌할지라도 그 또한 매우 중요하여 폐할 수 없기 때문이다. 결국 불인지심과 같은 인(仁)은 인간의 삶을 영위하기 위해 어쩔 수 없이 발생하는 불인(不仁)과 갈등을 일으키게 되며, 이러한 딜레마는 양자택일적으로 해소되기보다 현실 상황에 따라 조절

18) 이 물음은 맹자 스스로가 제선왕에게 던짐으로써 그를 난처하게 한 것이기도 하다. 『맹자』, 「양혜왕상」, 제7장. "王若隱其無罪而就死地, 則 牛羊何擇焉?"

될 뿐이다. 맹자는 인과 불인의 딜레마를 조정하기 위해 경험의 직접성을 그 기준으로서 제시한다. 제선왕이 양을 도살한 것을 맹자가 허용하는 근거는 불인지심을 체험하는 직접적 강도에 달려 있다. 소에 대한 불인지심이 직접 죽으러 가는 소를 보고서 발생했다면, 양은 직접 목격하지 않았으므로 죽여도 된다고 맹자는 말한다.[19] 사람의 삶을 위해 짐승을 죽일 수밖에 없는 현실을 받아들인 셈이다. 다만 맹자는 짐승에 대한 불인지심과 짐승을 잡는 갈등을 해소하기 위해 도살장과 주방을 주거 공간에서 떨어진 곳에 두라고 조언한다. 이러한 맹자의 논리에 따르면 우리는 삶 속에서 인과 불인이 혼재하는 갈등적 상황에 처할 수밖에 없으며, 맹자는 양자의 갈등적 상황에 마주칠 때 경험의 강도가 강한 것에 먼저 인술을 베풀어야 한다고 함으로써 우선적인 것과 비우선적인 것을 나누는 선후론(先後論)을 전개한다.

맹자의 인술(仁術)이 함의하는 바를 명확히 하기 위해 그의 선후론이 정당하다고 가정해보면 다음과 같은 추론이 가능하다.

(1) 인술을 실천하려면 사물을 보호해야 하지만, 어떤 경우에는 사물을 희생시켜야 한다. (희생의 발생)

(2) 어떤 사물을 희생시키는 행위는 인간의 자기 보존 및 행복한 삶을 위해 부득이한 경우에 허용된다. (희생의 기준)

(3) 다만 부득이하게 다른 사물을 희생시키는 행위는 인술의 행위

19) 주희 역시 맹자의 구절에 대해 이론적 원리에 의거하기보다 매우 즉흥적인 경험을 이유로 들어 설명한다. 주희에 의하면 "소를 보았으니 측은한 마음이 이미 발하여 막을 수 없고, 아직 양을 보지 않았으니 그 이치가 드러나지 않아서 방해될 것이 없다. 그러므로 소를 양으로 바꾸면 두 가지(흔종과 측은지심)가 모두 온전하여 해로움이 없으니, 이것이 인을 실천하는 방법이다(見牛則此心已發而不可遏, 未見羊則其理未形而無所妨, 故以羊易牛, 則二者得以兩全而無害, 此所以爲仁之術也)." 주희, 『맹자집주』, 「양혜왕상」, 제7장.

보다 흔쾌한 것이 아니므로 인간 삶의 공간에서 먼 곳에 두는 것이 좋다. (희생을 처리하는 방법)

맹자의 인(仁) 철학은 인간이 다른 사물에 대한 사랑과 희생이라는 딜레마적인 감정을 동시에 떠안을 수밖에 없는 운명에 처해 있다는 사실을 잘 알려준다. 맹자는 일정 부분 타자를 해치는 잔인함이 인간 자신의 삶을 영위해나가는 필요조건이라는 사실을 너무나 잘 직시하고 있다. 그렇다면 그가 평생 내세웠던 인 철학은 무조건적인 이타주의가 아니라 인간의 삶을 중심으로 하는 매우 제한적인 이타주의임이 자명하다.

맹자의 인 철학이 타자의 희생을 수용한다는 사실에서 볼 때, 그의 주장이 자기모순적인 것이 아닌가라고 의문을 제기할 사람도 있을 것이다. 어떻게 타자에 대한 불인지심과 타자를 죽이는 잔인함이 동시에 성립할 수 있단 말인가? 제선왕이 불인지심을 행할 때 그러한 인자함의 이면에 희생을 구하는 잔인성이 뗄 수 없는 그림자처럼 이미 동봉되어 있다고 한다면, 즉 소를 살려주는 대신 양을 죽여야만 한다면, 애초에 제선왕이 소를 살려주던 불인지심은 너무도 임시 미봉적인 것이 아닐까? 제선왕을 보자. 소를 살려주는 인자함이 있는가 하면 양을 죽이는 잔인함이 있지 않은가? 나아가 맹자를 보자. 짐승을 잡고 요리하는 도살장과 주방을 멀리에 두더라도 도살자와 요리사는 결국 칼에 피를 묻힐 수밖에 없지 않은가? 결국 사람들 중에 어느 누군가가 짐승을 살려주는 인술을 펼치겠지만, 다른 누군가는 짐승에게 해를 끼치는 행위를 할 수밖에 없지 않은가? 이러한 딜레마에 대해 맹자가 합당한 논리적 근거를 제공할 수 있을까?

제선왕 이야기에 나오는 인술과 잔인성에 대한 논의를 소나 양과 같은 짐승에서 나아가 사람에게 바로 적용하기는 어려울 것이다. 왜냐하면 어떤 사람을 살려주는 대신 다른 사람을 죽이라고 한다면 인권을 무시하는 결과를 낳기 때문이다. 사람은 짐승과는 달리 나와 동류에 속하기 때문에 소나 양처럼 마음대로 교환할 수 있는 대상과는 상당 부분 다르다. 그래서 맹자는 친친/인민/애물 순으로 사랑에 차등을 둔다. 맹자는 가족과 가장 친하고, 그 다음에 백성을 사랑하며, 그런 다음에야 다른 사물을 아끼라고 말한다. 맹자는 이와 같이 친함에 순서를 두는 선후론에 따라 사람보다 짐승을 먼저 희생시키는 것을 정당화한다.

또한 맹자는 사람과 짐승에 차등을 두는 것과 마찬가지로, 친친/인민의 구분에 따라 사람의 범주에서도 여전히 차등적 선후론을 적용한다. 맹자는 부득이한 경우 사람을 불인지심의 대상과 희생의 대상으로 나누는 것을 허용한다. 부득이한 사건에 휘말렸을 경우 맹자는 자기 가족을 먼저 보호하는 대신 자신과 거리가 먼 백성을 희생으로 삼는다. 예를 들어 맹자는 타인들(백성)이 치명적인 희생을 입었을지라도 부정을 저지른 아버지를 등에 업고 도망쳐서라도 구해야 한다고 힘주어 말한다.[20] 가정적이기는 하지만 맹자는 가족에 대한 사랑의 우선성을 절대화함으로써 부득이한 상황이 발생할 경우 타인의 희생을 허용하고 있다. 맹자의 친친/인민/애물의 구도에서 보면 비록 사람에 대한 선후론이 짐승에 대한 선후론과 차원이 다름에 틀림없을지라도, 여전히 맹자는 부득이한 상황에 직면하면 어쩔 수 없는 타인의 희생을 수용한다. 이와 같이 맹자의 선후론적 인 철학은 선후적 사랑의 이면에 부득이한 선후적 희생이 동봉되어 있다.

결국 맹자의 인술은 유가의 보편적 덕목으로서 표방되지만 현실

20) 『맹자』, 「진심상」, 35장. "桃應問曰, 舜爲天子, 皐陶爲士, 瞽瞍殺人則如之何? (중략) 曰, 舜視棄天下, 猶棄敝蹝也. 竊負而逃, 遵海濱而處, 終身訢然樂而忘天下."

세계에 적용될 때에는 많은 제한을 내포하고 있다. 맹자의 인술은 부득이한 잔인함이나 부득이한 희생을 부분적으로 허용하는 것을 조건으로 하여 성립한다. 과연 사람이 늘 자기 보존을 위해 부득이한 타자의 희생을 조건으로 하여 인술을 행한다고 한다면, 그러한 인술에 대해 보편적인 가치라고 말할 수 있을까? 소를 살려주는 것이 인술의 보편성을 지시한다면, 양을 희생시키는 일련의 사건은 인술의 보편성이 얼마나 허약한 토대 위에 있는지를 보여주는 반례가 아닐까? 맹자의 인술은 구체적 개인들로 하여금 언제 소를 죽이고 언제 양을 죽여야 좋은지에 대한 보편적 기준을 제공해주기에는 너무 상황 의존적인 논의를 전개하는 것은 아닐까?

2) 장자의 포정해우

장자가 볼 때 맹자가 제선왕 사례를 통해 보여준 불인지심이나 사단(四端)은 진리를 판단해줄 보편적 기준이 되지 못한다. 장자는 마음속에서 임의적으로 형성된 것을 성심(成心)이라고 하면서 마음의 우연성을 지적한다. 장자는 이렇게 말한다. "대저 성심을 따라 그것을 스승으로 삼는다면 누군들 스승이 없겠는가? 어찌 반드시 변화를 알고서 마음으로 스스로 취하는 사람만이 그것이 있겠는가? 어리석은 사람도 더불어 그것이 있다. 마음에서 이루어지지 않았는데도 시비가 있다고 하는 것은, 마치 '오늘 월나라에 가서 어제 도착했다'는 것과 같이 터무니없다."21) 이러한 장자의 시각에서 본다면 맹자의 사

21) 『장자』, 「제물론」. "夫隨其成心而師之, 誰獨且無師乎? 奚必知代而心自取者有之? 愚者與有焉. 未成乎心而有是非, 是今日適越而昔至也." 성심을 어떻게 해석할 것인가에 대해 두 가지 견해가 있다. 성심에 대해 인간이라면 모두 갖게 되는 보편적인 현상으로 보는 긍정적 견해가 있는가 하면(임희일, 석덕청, 마기창, 왕선겸, 장석창 등), 성심 자체를 편견과 동일시하는 부정적 견해도

단이라는 것은 마음에서 생겨난 임의적인 특정의 성심을 시비 판단의 준거로 일반화하려는 오류일 뿐이다.[22] 이처럼 장자는 맹자의 인술이 갖는 약점들에 대해 상대주의적 입장에서 비판적 시각을 드러낸다. 장자적 시각에 따르면 제선왕의 인술은 임시적인 것을 넘어 심지어는 많은 위선도 내포하고 있다. 장자의 포정해우 이야기는 유가의 인술(仁術)과 인정(仁政)이 위선적인 구호로 치달을 수 있는 위험성을 갖고 있음을 알려준다. 노자가 "천지는 불인하여 만물을 추구로 여기며, 성인은 불인하여 백성을 추구처럼 여긴다."[23]고 선언한 것처럼, 인에 대한 입장 차이는 유가와 도가가 매우 다르다. 유가가 어떻게 해서든지 인(仁)을 최고의 가치로서 건립하려고 한다면, 도가는 그러한 유가의 인 철학을 해체하려는 사유를 전개한다. 장자의 포정해우 이야기 역시 소와 포정을 매개로 하여 유가의 인 철학의 위선을 폭로하여 해체하려는 전략을 가지고 있다.

포정이 문혜군을 위해 소를 잡는데, 손이 닿는 곳, 어깨가 기대는 곳,

있다(성현영, 왕부지, 고형, 전목, 조초기, 왕숙민, 장경광, 이케다 등). 성심과 관련하여 곽상은 "대저 마음이 한 몸의 쓰임새를 제어하는 것을 성심이라고 한다. 사람들이 스스로 자기의 성심을 스승으로 삼게 되면, 사람들이 각자 스승을 갖게 된다. 사람들이 각자 스승을 갖게 되므로 거기에 붙여서 스스로 타당하다고 여긴다(夫心之足以制一身之用者, 謂之成心. 人自師其成心, 則人各自有師矣. 人各自有師, 故付之而自當)."(곽상, 『장자주(莊子注)』, 「제물론」)라고 풀이한다. 이러한 곽상의 해석을 따른다면 성심의 발생 자체가 긍정적이든 부정적이든 간에 사람들이 그것을 스승으로 삼음으로써 자기가 옳다는 판단을 만드는 데에 이르게 된다. 성심에 관한 긍정적 해석과 부정적 해석에 관해서는 정세근(2006), 강신주(2000), 조한석(2002)의 연구를 참조할 수 있다.

22) Lisa Raphals, "Skeptical Strategies in the 'Zhuangzi' and 'Theaetetus' ", *Philosophy East and West*, Vol. 44, University of Hawai'i Press, 1994, pp. 505-507.

23) 『노자』, 제5장. "天地不仁, 以萬物爲芻狗. 聖人不仁, 以百姓爲芻狗."

발이 밟는 곳, 무릎이 버티는 곳마다 스윽 쉬익 하면서, 칼을 휘익 하고 놀리자 모두 음에 맞지 않은 것이 없었다. 탕왕의 상림(桑林) 춤에 부합하였고 요 임금의 경수(經首) 음악에 맞았다.

문혜군 : 오, 훌륭하구나. 기술이 어떻게 이러한 경지에 이를 수 있었는가?

포정 : 제가 좋아하는 것은 도이며, 기술보다 앞섭니다. 처음에 제가 소를 잡을 때에 보이는 것이 소가 아닌 것이 없었지요. 3년 뒤에는 전체 소를 본 적이 없습니다. 바로 지금 저는 신으로써 만날 뿐 눈으로써 보지 않습니다(神遇而不以目視). 감각기관과 앎이 그치고 신이 바라는 대로 움직입니다(官知止而神欲行). 자연의 조리(天理)에 의지해 근골의 큰 틈을 비집고 골절 사이의 빈 곳으로 나아갑니다. 자연스러운 무늬에 따라 칼을 쓰니, 경락이 서로 연결된 부분을 따라 전혀 구애됨이 없습니다. 하물며 큰 뼈야 어떻겠습니까? 뛰어난 백정이 해마나 칼을 바꾸는 것은 살을 베기 때문입니다. 보통의 백정이 달마다 칼을 바꾸는 것은 뼈를 자르기 때문입니다. 저는 지금껏 19년 동안 수천 마리의 소를 잡았지만 칼날은 숫돌에 새로 간 것 같습니다. 소의 마디에는 틈이 있고 칼날에는 두께가 없습니다. 두께 없는 것으로 틈새 사이로 들어가니, 자유롭게 칼을 놀려서 반드시 여유로움이 있게 됩니다. 이 때문에 19년 동안 칼날이 숫돌에 새로 간 것과 같습니다. 비록 그럴지라도 매번 근육과 뼈가 닿는 부분에 이르면 다루기 어려움을 알기에, 두려워 경계하면서, 시선이 집중되고, 움직임이 느려집니다. 칼을 매우 미세하게 움직이면 휙 하고 갈라지는 것이 마치 흙덩이가 땅에 떨어지는 것과 같습니다. 칼을 잡고서 일어나 사방을 둘러보고, 머뭇머뭇하면서 만족하게 되면, 칼을 닦아 보관합니다.

문혜군 : 훌륭하구나. 내가 포정의 말을 듣고서 양생의 도리를 얻었도다.24)

---

24) 『장자』, 「양생주」. “庖丁爲文惠君解牛, 手之所觸, 肩之所倚, 足之所履, 膝之所踦, 砉然嚮然, 奏刀騞然, 莫不中音, 合於桑林之舞, 乃中經首之會. 文惠君曰, 譆, 善哉! 技蓋至此乎? 庖丁釋刀對曰. 臣之所好者道也, 進乎技矣. 始臣之解牛之時, 所見无非全牛者. 三年之後, 未嘗見全牛也. 方今之時, 臣以神遇

소를 잡는 행위를 두고 맹자의 유가적 해석과 장자의 도가적 해석은 사상적 대립 면을 극명하게 보여준다. 제선왕 이야기에서는 인에 근거한 발화와 행위가 가장 핵심적인 주제라고 한다면, 포정해우에서는 포정의 서슴없는 무도가 핵심적인 주제이다. 두 이야기는 모두 권력의 우두머리인 왕과 권력으로부터 가장 먼 거리에 있는 인물인 소 잡는 사람이 등장한다. 제선왕 이야기에서 소를 잡는 포정은 있으나 마나 한 희미한 존재에 불과하지만, 장자에게서 포정은 삶의 기술과 자연의 도리를 터득한 최상의 경지에 도달한 이상형으로서 상승한다. 또한 『맹자』에서 최고 권력자인 제선왕이 불인지심을 펼치면서 소 잡는 사람에게 명령을 내리던 것과는 달리, 포정해우 이야기에서는 최고 권력자인 문혜군은 그저 포정의 무도에 감탄할 뿐 아무것도 하지 못하는 희미한 존재로 전락한다.

제선왕에서 문혜군으로의 위치 변화를 통해 장자가 묻고자 하는 것은 "최고 권력자가 하는 일이 무엇인가?"에 있을 것이다.[25] 장자가 볼 때 맹자가 제시하는 제선왕의 불인지심은 잔인함을 은폐하려는 위선일 뿐이다. 제선왕이 소를 살려주면서 양을 대신 잡는 것에서 불인지심의 이면에 은폐된 잔인함이 잘 드러난다. 왜냐하면 사람이 삶

而不以目視, 官知之而神欲行. 依乎天理, 批大卻, 導大窾, 因其固然, 枝經肯綮之未嘗, 而況大軱乎! 良庖歲更刀, 割也. 族庖月更刀, 折也. 今臣之刀十九年矣, 所解數千牛矣, 而刀刃若新發於硎. 彼節者有閒, 而刀刃者無厚. 以無厚入有閒, 恢恢乎其於遊刃, 必有餘地矣. 是以十九年而刀刃若新發於硎. 雖然, 每至於族, 吾見其難爲, 怵然爲戒, 視爲止, 行爲遲. 動刀甚微, 謋然已解, 如土委地. 提刀而立, 爲之四顧, 爲之躊躇滿志, 善刀而藏之. 文惠君曰. 善哉! 吾聞庖丁之言, 得養生焉."

25) 옛 주석에서는 문혜군을 양혜왕이라고도 하였으나, 왕무횡에 따르면 그것은 '惠'자 때문에 견강부회적으로 해석한 것이며, 문혜군이 구체적으로 누구인지는 알려져 있지 않다(진고응, 『장자금주금역』, 상책, 대만: 상무인서관, 1975, 107쪽). 참고로 사마천의 『사기』「노자한비열전」에 보면 장자가 양혜왕(梁惠王) 및 제선왕(齊宣王)과 동시대 사람이라고 하였다.

을 영위하기 위해서는 어떤 짐승을 잡는 것은 피할 수 없는 자연스러운 행위이기 때문이다. 짐승을 잡는 행위가 사람의 삶을 위해 필수적인 것임에도, 맹자는 제선왕이 소를 살려주는 행위를 어진 행위라고 추켜세우면서 부각시키는 반면에, 양을 잡는 행위를 이야기의 주변부로 밀어낸다. 장자에 의하면 최고의 권력자인 왕이 칭송해야 할 것은 짐승을 살려주고자 하는 불인지심과 같은 자기모순적 판단이 아니라, 잡아야 할 짐승을 최고의 기술로 처리하는 포정의 무도이다. 포정의 칼끝은 망설임 없이 휘익 하고 뼈에서 살을 발라낸다. 포정의 칼에는 아무런 의도가 개입되어 있지 않다. 포정의 칼은 허정(虛靜)한 포정의 마음을 그대로 보여준다.[26] 포정의 주저 없는 자연스러운 무도에서 소에 대한 제선왕과 같은 불인지심을 찾을 수 없다. 그 광경을 목도한 문혜군은 불인지심을 느끼기보다 그 최고의 기술에 탄성을 내지른다. 포정해우 이야기에서 본다면 왕이 할 일은 실현 불가능한 이상 담론인 불인지심을 짐승에게 적용시키는 것이 아니라, 어떻게 하면 가장 좋은 기술로써 소를 잘 잡을 것인지를 고민하는 것이다. 장자는 실현 불가능한 헛된 정열로서의 불인지심을 지우고, 포정의 일처럼 비천하게 보이지만 사람에게 꼭 필요한 일들을 냉정하게 실현할 때라야 좋은 사회가 가능하다고 본다.

맹자기 최고 권력자인 왕에 대해 자세히 기술한다면 장자는 포정의 무도를 중심으로 화제를 이끌어간다. 장자는 포정처럼 익명적인 희미한 존재들이야말로 위선이 없는 참된 도에 가까운 삶을 산다고 본다. 포정은 인간중심주의적 의도를 가지고서 사회를 걱정하는 군자

26) 이강수에 따르면 이곳에서 "칼은 마음을 비유한 것이며, 소는 사물 · 사건들을 대신한 용어이다. 숫돌에서 갓 갈아낸 칼날처럼 마음을 갈고 닦아서 허(虛)하게 한 뒤 사물들의 자연스러운 결을 따라서 허심(虛心)으로 응하면 칼날이 상하지 않듯이 마음도 물(物)에 의하여 상하지 않을 있다." 이강수, 『이강수 교수의 노장철학이해』, 예문서원, 2005, 116쪽.

가 아니라, 자연의 흐름 속에 노닐면서 저절로 형성된 레비스트로스가 말한 "하찮은 일꾼(le bricoleur)"인 장인이다.[27] 포정과 같은 장인은 자연이 부여한 목적 속에서 그의 이름이 사회에 크게 알려지지 않은 채 익명적으로 살아간다. '문혜군'과 '포정'이라는 이름을 비교해 보면 양자의 이름에서부터 큰 차이를 확인할 수 있다. '문혜군'의 이름에서 '文'자와 '惠'자는 지식과 지혜의 탁월성을 표시하며 '君'자는 정치권력의 우두머리를 상징한다. 이에 반해 '포정'이라는 말을 번역한다면 짐승을 잡는 사람인 '백정' 정도에 해당한다. 하는 일에서도 문혜군과 포정은 상당한 차이를 보인다. 포정이 소를 잡는 데에 열중한다면, 문혜군은 소를 잡는 것을 관리하고 감독하는 간섭자 혹은 지휘자의 위치에 있다. 포정이 소를 잡음으로써 자연스러운 양생에 최선을 다하는 존재라면, 문혜군과 같은 왕은 타자들의 삶을 관람하고 간섭하고 지배하는 행위에 능숙하다. 이와 같이 권력과 명예를 누리는 문혜군과 익명적인 포정은 너무나 동떨어진 삶을 영위하는 극명하게 대비되는 두 존재이다. 그야말로 두 사람을 통해 명암이 교차한다. 문혜군이 밝음, 권력, 지배 등을 뜻하는 존재라면, 포정은 어두움, 격리, 익명 등을 뜻하는 존재이다.

포정의 희미한 익명성으로부터 장자의 무위자연 철학의 비판 정신을 읽을 수 있다. 장자의 무위자연의 도리에 비추어본다면 존재의 익명성은 너무나 당연한 사실이다. 장자는 특별한 이름이 없어야만 오히려 무위자연의 도에 가까워진다고 본다. 장자의 익명적 존재는 "유명(有名)이 만물의 어머니이며 무명(無名)이 천지의 시작"이라고 하는 노자의 주장과도 일맥상통한다. 그래서 우리는 장자가 말하는 포정이 누구인지 모를 뿐만 아니라, 포정이 사용하는 신묘한 칼에 대해

27) 김형효, 『노장사상의 해체적 독법』, 청계, 1999, 368-370쪽.

서도 그 이름을 알지 못한다. 장자는 세상에 알려진 명망가나 권력가 혹은 천하의 보검이나 명검이 희미한 익명적 존재인 포정과 그의 칼을 넘어설 수 없다고 생각한다. 포정은 이름으로써 의식화된 세계 이전의, 이름이 없는 자연스러운 세계를 몸으로 터득한 사람이다.28) 마치 하이데거가 경험이 풍부한 목수의 능수능란한 망치질이 몸에 밴 경지를 실천적 응용의 통찰력(Umsicht)이라고 부르는 것처럼, 포정과 같은 도인(道人)이나 달인(達人)은 문명의 이기와 관련된 이론적 지식의 단계를 넘어 자신의 직관과 환경이 자연스럽게 통일을 이루는 예지를 사용한다.29) 포정이 비록 사회적으로는 익명적일지라도, 그는 자신의 존재론적 삶의 환경에서 최고의 예지를 가지고서 삶을 잘 영위하고 있다. 그래서 마침내 최고 권력자인 문혜군조차도 익명의 도를 깨우친 포정의 무도에서 양생의 도리를 시사받는다. 이와 같이 포정해우 이야기를 차근히 음미해보면 장자는 익명적이거나 무명적인 도에 의거해 유명성의 부조리한 지배 욕망을 비판한다.

그렇다고 익명적 존재로의 돌아감 혹은 무(無)로의 돌아감이 전혀 아무것도 없는 것으로 돌아감을 의미하는 것은 아니며, 여전히 무엇인가가 그 속에서 일어나고 있음을 의미한다. 무(無)적인 사건에서 그것을 일으키는 의도적 주체가 불명확할지라도 흔적과 자취마저 없

28) 크릴에 의하면 포정의 무도는 대부분 무의식적인 수준에서 작동한다. 그에 의하면 사고를 당했을 때 술에 취한 사람이 깨어 있는 사람보다 상해를 덜 받듯이, 그리고 자전거를 잘 타는 사람이 무의식적으로 자전거를 운전할 수 있듯이, 도가는 무의식적이고 직관적이고 즉자적인 요소를 중시한다(H. G. Creel, *Chinese Thought from Confucius to Mao Tse-tung*, p.106). 이러한 크릴의 심리학적 해석이 일리는 있지만, 장자의 포정을 도가의 도와 관련하여 해석하기 위해서는 거기에서 나아가 익명적 존재에 관한 설명이 필요할 것으로 보인다.

29) 이광세 외, 『이강수 읽기를 통해 본 노장철학연구의 현주소』, 예문서원, 2005, 31쪽.

는 것은 아니다. 그러한 점에서 장자의 익명적 존재는 레비나스가 말한 익명적이고 무규정적인 존재를 연상시키기에 충분하다.

> '무언가가 일어난다'의 무규정성은 주체의 무규정성이 아니며, 어떤 명사와도 관계가 없다. 동사의 비인격적 형식 속의 3인칭 대명사처럼 이 무규정성은 잘 인식되지 않는, 행동의 주인을 지칭하는 것이 아니라 이 행동 자체의 특성을 지칭한다. 이를테면 이 행동은 주인이 없고 익명적이다. 존재의 이 비인격적이고 익명적인, 그러나 또 꺼버릴 수도 없는 '연소(燃燒)', 그것은 무 자체의 한복판에서 중얼거리고 있는 그런 것, 우리가 있음이라는 용어로 부를 수 있는 것이다. 인격적 형식을 가지기를 거부하는 있음은 '존재 일반'이다.[30]

장자의 익명적 존재 역시 무규정적이다. 왕이 포정을 지배하듯이, 유명적 존재가 무명적 세계를 지배하는 것처럼 보이지만, 실상은 유명적 존재자들은 무명적이고 익명적인 존재 앞에서 부서지고 침몰당한다. 도가에서는 익명적 존재의 보이지 않는 원천적 힘을 "아무것도 하지 않으면서도 하지 않는 것이 없다(無爲而無不爲)."라고 말한다. 또한 레비나스 표현에 의하면 "우리가 자아라고 부르는 것은 그 자체 밤 속에 휩쓸려버리며, 밤에 의해서 침범당하고 비인격화되고 질식되어버린다. 모든 사물이 사라지고 자아가 사라진 뒤에는 사라질 수 없는 것이 남는다. 즉 싫든 좋든 간에, 자발적인 주도권도 없이 익명적으로 모든 자들이 참여하는 존재의 사실 자체가 남는다."[31] 레비나스나 장자의 익명적 존재의 세계는 유위적 문명을 해체한 익명적인 어둠의 세계이다. 우리는 빛의 세계 속에서 모든 것이 가장 잘 드러나는 반면 어둠의 세계에서는 아무것도 없을 것이라고 상상하지만, 그

---

30) 레비나스, 서동욱 옮김, 『존재에서 존재자로』, 민음사, 2003, 93쪽.

31) 레비나스, 서동욱 옮김, 『존재에서 존재자로』, 94쪽.

렇지 않다. 모든 빛이 사라지고 어둠만이 남았을 때 그곳에 무규정적인 가장 자연스러운 존재가 남는다. 노자는 그러한 "가뭇가뭇하고도 가뭇가뭇한 것을 모든 것의 신묘한 문"이라고 부른다. 마찬가지로 장자도 빛에 의해 잘 체계화된 유위의 세계가 아니라 규정하기 어려운 희미한 세계야말로 모든 익명적 존재의 원천이라고 본다.

포정은 무규정적이고 익명적인 존재됨에 다가선 사람이다. 포정의 지위는 사회의 위계 구조에서 가장 주변부로 밀려나 있을 뿐이지만, 그는 오히려 그러한 비천함 속에서 왕이 여태까지 보지 못한 익명적인 도의 현전에 익숙하다. 왕이 빛에 의해 파악된 유명적 체계 속에서 산다면 포정은 빛 너머의 어둠 속에 다가가 삶을 영위하는 원천적인 기술을 획득하고 있다. 포정은 언어적 규정이나 의식적 규정 너머의 익명적인 빈 공간에서 삶과 앎을 운위한다. 심지어 장자는 포정과 같은 장인보다도 더 낙하하여 "똥에 도가 있다."고까지 말한다. 마찬가지로 레비나스는 무기력이나 피로 같은 것에서 익명적 존재의 모습을 본다. 그에 의하면 무기력이나 피로는 모든 해석에 선행해서 그 자체로 존재하는 것들이다.[32] 무기력이나 피로에 든 사람은 더 이상 미래를 위해 현재의 존재됨을 도구적으로 해석하지 않고, 피로 속에서 현재적 순간의 활동을 경험한다. 무기력이나 피로는 어떤 유위적 목적을 위한 해서이 사라지고 그 자체로서 존재한다. 무기력과 피로는 개인이 그저 있음이라는 시간 속에 있음을 깨닫게 한다. 그러한 점에서 레비나스의 무기력이나 피로는 도가의 익명적 존재가 펼치는 무위적인 삶 그 자체(無爲自然)의 한 상태이다.

문혜군은 익명적 존재인 포정의 무도에 감탄하면서 양생의 도를 깨우친다. 그렇다면 문혜군이 깨우친 양생의 도는 무엇일까? 문혜군

32) 레비나스, 서동욱 옮김, 『존재에서 존재자로』, 27-55쪽.

은 최고 권력자로서 규정의 세계 내에서만 파악하던 존재들의 질서를 잠시 탈피하여 무규정적인 익명성에 대해 성찰했을 것으로 추론된다. 문혜군은 온갖 사회적이고 정치적인 위계적 레테르 속에서만 살아왔기 때문에 무위적 존재 상태인 무기력이나 피로 같은 것을 애써 외면하거나 방치했을 것이며, 따라서 포정이 능숙했던 익명적 존재됨에 대해 알지 못했을 것이다. 문혜군은 온갖 명분과 관계가 없는 익명적 삶을 체득한 포정의 무도를 봄으로써 무규정적 존재에 대한 통찰을 얻었을 것이다. 제선왕의 이야기와 대비하여 기술하자면, 소에 대한 불인지심과 같이 특정한 의도와 권력이 결탁한 세상 해석하기가 정지된 곳, 바로 그곳에서 포정의 무도가 익명적 삶의 공간을 부활시키고 있다. 문혜군은 포정의 무도를 봄으로써 맹자의 불인지심과 같이 왕 혼자서 세상을 모두 구제하려는 과잉된 보편주의적 해석이 정지됨과 동시에 익명적 존재의 삶 자체를 목격했으므로, "양생의 도를 알았다."고 탄성을 자아낸다.

익명적 존재로서 살아가는 포정이 내두른 칼은 쓰이지 않는 곳에 이르러야만 그 쓰임새를 발견할 수 있다. 그의 칼은 19년 동안 한 번도 숫돌에 갈지 않고 그대로 사용했지만 언제나 처음처럼 여전하다. 아마도 그가 칼을 사용하지 않는 방법을 통해 칼을 사용했기 때문일 것이다. 이것은 무용지용의 역설로서 도가사상의 일관된 논리이기도 하다. 유위적 활동이 멈추는 곳이 바로 비활동적인 활동이 발생하는 지점이다.[33] 그렇다면 유위적 활동이란 무엇인가? 본문에서 보자면 유위적 활동의 근거는 감각기관에 의한 시비 판단(官知)이다.[34] 이미

33) 참고로 레비나스는 휴식을 비활동적 활동성이라고 명명한다. 레비나스, 서동욱 옮김, 『존재에서 존재자로』, 55쪽.

34) 와트슨은 '관지(官知)'라는 어휘를 'perception and understanding'으로 번역한다(Burton Watson, *The Complete Works of Chuang Tzu*, Columbia University Press, 1968, p.51). 그렇다면 장자는 감각기관과 지적인 시비 판단이 연

지적 시비 판단이 감각기관과 공모되어 유위적 활동을 일으키므로, 그러한 유위적 활동을 허정(虛靜)하게 비워야 무위 상태에 들어갈 수 있다. 유위에서 무위로의 전환은 감각기관의 활동과 지적 시비 판단이 연계된 활동을 비운다는 측면에서 무용지용과 동일한 패턴을 갖는다. 이미 무용지용에 익숙한 포정은 자신을 고요하게 비우고 있다. 포정의 칼은 사회적 레테르나 정치적 야욕이나 개인의 욕망의 끄나풀을 잊고, 익명적인 자연의 결(天理)에 따른다. 그의 무위적 무도는 소를 손으로 잡기(手解) 이전에 눈으로 잡고(目解), 눈으로 잡기 이전에 마음으로 잡으며(心解) 신으로 잡는다(神解).[35] 그래서 포정의 칼날은 소의 살과 살 사이에 놓인 익명의 공간을 자유롭게 날아다니면서 살을 발라낸다. 유명적 존재들이 소의 살코기에 사로잡혀 있다면 무위적 정신의 자유를 얻은 그의 칼날은 살들 사이에 있는 익명적인 허(虛)의 공간에서 노닌다.

장자가 표방하는 익명적 존재의 무위적 활동과 관련하여 무위와 유위의 관계에 관해 하나의 의문을 던져볼 수 있다. 장자가 과연 유위를 전면적으로 부정한 것인지, 아니면 무위라는 틀 속에서 유위를 어느 정도 허용한 것인지가 언제나 도가의 무위자연 사상을 논의할 때 등장하는 난문 중 하나이다. 포정해우 이야기를 통해서 본다면 유위가 전면적으로 부정되는 것은 아니다. 왜냐하면 포정은 상림(桑林)과 중경(中經)의 음악에 어울릴 만큼의 율동으로 무도를 행하기 때문이다. 장자는 그러한 포정의 무도를 통해 유위가 무위를 거슬리지 않은 경우를 가정하고 있다. 유위가 세속적인 것과 연관된다고 볼 때

계되어 과잉된 유위를 산출한다고 보고 있다. 따라서 장자의 유위에서 무위로의 전환은 지적인 수준에서 일어나는 시비 판단을 멈추는 것에서 나아가, 지적인 시비 판단과 감각기관의 공모까지를 해체의 대상으로 삼고 있다.

35) 왕보, 김갑수 옮김, 『장자를 읽다』, 바다출판사, 2007, 143쪽.

장자는 세속을 완전히 버리고서 저 너머에 떨어져 있는 무위로 비상하려고 하지 않는다. 예를 들어 장자는 세속의 영역인 '조릉의 울타리(雕陵之樊)'에 들어가서 주인에게 욕을 먹으면서 쫓겨나는 것을 통해 "사물들이 참으로 서로 누를 끼치는 것(物固相累)"에 대한 깊은 통찰을 얻게 되며, 그러한 세속적 연루를 체험함으로써 자신을 잊는 무위적 초월을 요청하게 된다.[36] 그렇다면 장자의 철학에서 무위의 세계란 갑자기 주어진 것이라기보다 유위적 세계와의 연관 속에서 획득된다. 무위의 무도를 터득한 포정은 무위의 경지에 올랐지만 여전히 세속적 요구에 부응하여 소를 잡고 있을 뿐만 아니라 상림과 중경의 음악에 비견되는 리듬과 동작을 보여준다. 포정은 무위의 경지를 해치지 않을 범위 내에서 유위를 허용한다. 비록 장자가 유위적 삶을 궁극적 목적으로 추구하지는 않는다고 할지라도, 여전히 유위를 무위의 범위 안으로 용해시킨다는 의미에서 세속적 유위에 대한 최소한의 적극성이 발견된다. 특히 포정해우의 우화에서는 그러하다. 포정은 무위를 통해 유위를 종합한, 최고 경지에 오른 삶의 양생술사이다.

3. 무위의 도

포정해우 이야기에서 소는 포정에 의해 너무나 자연스럽게 해체된다. 그러나 포정이 소를 해체하는 것과 관련하여 최고의 기술자에만 머무는 것은 아니다. 포정은 소를 잡을 때 기술을 넘어 도에 유의한다고 스스로 말한다. 그렇다면 기술과 도의 차이에 유념할 필요가 있다. 기술이란 특정 목적을 달성하기 위한 구체적 방법을 뜻한다면,

---

36) 김경희, 「장자의 사상적 전회: 자기 보존에 대한 관심으로부터 죽음의 긍정으로」, 『도교문화연구』, 제27집, 도교문화학회, 2007, 212-229쪽.

도란 삶의 가치론적 지향점을 의미한다. 포정이 도를 중시한다는 것에서 그가 단지 소를 해체하는 기술을 넘어 사람으로서 소를 대하는 철학적 관점을 읽어낼 수 있다. 포정은 단순히 소를 잡는 것에서 나아가 "인간에게 소란 무엇인가?" 혹은 "소란 존재의 의미는 무엇인가?"와 같은 가치론적 물음을 스스로 던지면서 그에 대한 도가적 대안을 상징적으로 제시한다. 그렇다면 과연 포정은 매번 소를 앞에 두고서 소의 존재론적 의미와 가치론적 의미를 어떻게 제시하고 있을까?

포정이 소를 대하는 철학적 관점은 유가와의 비교적 시각에서 분석해보면 그 의미가 뚜렷해진다. 제선왕의 우화에서 보았듯이 유가는 인(仁)을 세계의 본질로 삼으면서 한편으로는 인간중심주의를 절대화한다. 유가의 인간중심주의는 소의 인간화에서도 잘 드러난다. 유가는 인간의 관점에 따라 짐승을 마음껏 재단한다. 그러나 장자는 "소와 말에게 발이 네 개가 있는 것은 자연에 의한 것이요, 말머리에 고삐를 씌우고 소의 코를 뚫는 것은 사람에 의한 것"37)이라고 하면서 소의 인간화를 비판한다. 유가에서 소는 멍에, 고삐, 코뚜레 등에 의해 물리적으로 제어될 뿐만 아니라 제사에 희생으로까지 쓰임으로써 인간의 필요에 따라 지배된다. 그렇게 본다면 『맹자』에서 제선왕이 소를 살려주는 대목은 유위의 극대화일 뿐이다. 제선왕의 고사에서 소는 자연스러운 존재가 아니라 인간의 제사 의식을 위해 선택되어 희생으로 쓰이거나, 아니면 제선왕의 불인지심에 의해 겨우 죽임을 면하는 존재로 전락한다. 제선왕이 통치하는 곳에서 소의 자연스러움이 박탈당하고, 소는 인간을 위한 희생물이나 상징물로서 변모된다.

장자는 유가와 달리 인간중심주의라는 작은 관점에 의해 사물들이

---

37) 『장자』, 「추수」. "牛馬四足, 是謂天. 落馬首穿牛鼻, 是謂人."

유위화되어가는 것에 대해 비판함과 동시에 큰 관점에서 존재의 무위적이고 익명적인 본성을 회복할 것을 주장한다. 장자는 무(無)나 허(虛)를 최상위의 큰 관념으로 설정함으로써 인간을 자연에 있는 수많은 존재들 중의 하나로서 상대화시킨다. 장자의 인간은 존재자들 속에 용해되어 있는 만물제동(萬物齊同)적 존재이다. 그런데도 유가는 소를 인간화하는 것과 같은 하나의 작은 관점을 큰 관점으로 착각함으로써, 무위자연의 큰 관점에 다가서지 못하고 있다. 장자의 큰 관점에서 본다면 인간중심적 관점은 우연하고 상대적인 무수한 여러 관점들 중의 하나일 뿐이다. 장자는 호접몽과 같은 이러한 존재의 우연성을 사물의 변화(物化)라고 부른다. 상황이 이러한데도 유가는 유가의 작은 덕목을 큰 덕목으로 절대화하고, 존재의 우연성을 존재의 필연성으로 변모시키는 우를 범하고 있다. 이러한 유가의 행위는 「응제왕」 편에 나오는 혼돈(渾沌)의 살해에 해당한다. 본래 혼돈은 무위적 존재인데 그에게 칠규(七竅)를 뚫어 사람의 형상을 만들어주자마자 죽음에 이르는 것처럼, 유가는 작은 관점을 큰 관점에 잘못 적용시킴으로써 무위적 존재를 시해한다.

유위적 징후는 인간이 자신을 다른 생물 종으로부터 구분하여 우월하게 여기는 데서 생겨난다. 사람이 다른 생물 종들보다 뛰어나다는 생각이 사람의 익명적 존재성을 깨트리기 시작한다. 인간의 유위적 징후가 어떻게 드러나고 그에 대한 무위적 처방이 무엇인지를 『장자』에 나오는 홍몽(鴻蒙)의 말에서 살펴볼 수 있다.

(1) 자연의 날실을 어지럽히고 사물의 실정을 거스르면 그윽한 하늘의 조화가 이루어지지 않는다. 짐승의 무리를 떠나니, 새들이 모두 밤중에 놀라 울고, 재앙이 초목에까지 미치고, 화가 벌레에 이른다. 슬프구나! 다스리는 사람의 허물이로다. (중략) (2) 당신이 한갓 무위에 처

하더라도 사물이 스스로 변화하니, 너의 형체를 떨어뜨리고, 너의 총명함을 토해버리고, 사물과 무리지어 잊어버리고, 찌꺼기나 어두움과 크게 함께하면서, 마음을 버리고, 정신을 풀어헤쳐, 막연하여 혼이 없다면, 만물이 각각 자기의 뿌리로 돌아간다. 각각 자기의 뿌리로 돌아가 아무것도 모르는 혼돈 상태를 죽도록 떠나지 않는다.38)

위 인용문의 화자는 홍몽이다. '홍몽(鴻蒙)'이라는 이름은 글자 그대로 해석하면 '크게 가리어 있음'이나 '크게 어리석음'을 뜻하며, 도가의 무위자연을 상징한다. 홍몽이라는 이름은 유가에서 어리석음을 열어주는 '계몽(啓蒙)'이나 어리석음을 격파하는 '격몽(擊蒙)'과 그 의미가 상반된다. 홍몽은 앞부분에서 유위적 삶이 일으키는 재앙을 언급한 뒤에, 뒷부분에서는 그 대안으로서 무위적 삶을 제시한다. 임희일의 해석에 따르면 "짐승들이 무리를 이루되 다투지 않는다면 '다른 종류'라거나 '같은 종류'라고 하는 구별이 사라진다. 이제 각각이 그 무리에서 벗어나 떠나게 된다면 '너'와 '나'를 구별하는 '같음'과 '다름'이 생겨난다."39) 이에 의하면 자연의 날실, 사물의 실정, 하늘의 조화, 짐승의 무리, 새들, 초목, 벌레 등이 자연의 한 무리이다. 그러한 자연은 사람이 규정하거나 다스리지 않더라도 스스로 존재의 이유를 갖고서 활동하고 있다. 만약 사람이 자연적 삶을 영위한다면 짐승이나 새들과 마찬가지로 자연의 조화 속에서 살아갈 수 있나. (1) 그러나 사람이 짐승의 무리를 떠나면서부터 삶의 비극이 시작되었다.

---

38) 『장자』, 「재유」. "鴻蒙曰, 亂天之經, 逆物之情, 玄天弗成. 解獸之群, 而鳥皆夜鳴, 災及草木, 禍及止蟲, 噫, 治人之過也. (중략) 汝徒處無為, 而物自化, 墮爾形體, 吐爾聰明, 倫與物忘, 大同乎涬溟, 解心釋神, 莫然無魂, 萬物云云, 各復其根, 各復其根, 而不知渾渾沌沌, 終身不離, 若彼知之, 乃是離之無問其名, 無闚其情, 物故自生."

39) 임희일(林希逸), 『장자구의(莊子口義)』, 「재유」. "獸群而不爭, 則無異類同類之別. 今各解其群而去, 則是有爾我同異也."

짐승의 무리를 떠났다는 것은 인간이 동물 상태를 벗어나 인간중심적인 문명을 일으켰음을 상징한다. 요, 순, 우, 탕, 문, 무, 주공 등과 같은 유가적 선왕의 업적은 인간이 짐승으로부터 점차 멀어져온 역사에 대한 기록이다. 물길을 정리하고, 주거를 다른 짐승으로부터 멀리하고, 짐승을 사냥하거나 길들이고, 곡식을 경작함으로써 인간은 자연으로부터 멀어지게 되었다. 결국 인간화되지 못한 채 자연 속에 남아 있는 짐승들, 새들, 벌레 등은 인간의 유위적인 약탈에 괴로워했을 것이다. 이것 때문에 홍몽이 "슬프구나! 다스리는 사람의 허물이로다."라고 외쳤다. 한편 (2) 유위의 대안은 모든 사물이 하나의 무리를 지어 자연적 변화에서 이탈하지 않음으로써 익명적 혼돈 상태인 무위적 삶으로 돌아가는 것이다. 이러한 무위적 상태에 도달하기 위해서는 형체의 욕구, 총명함, 마음, 정신, 혼 등과 같은 타자와 나 사이에 있는 인간중심주의적 분별지를 버려야 한다. 환언하자면 다른 사물과 뚜렷하게 구별되지 않음으로써 자기 자신의 본래성을 회복할 수 있다. 장자에게서 자연의 전체성과 사물의 개별성은 동근원적인 것이어서, 어느 하나를 배제할 성질의 것이 아니다. 역설적이게도 자연의 전체성으로 돌아가는 과정은 각각의 사물이 자신의 개별성을 찾아가는 길과 일치한다. 따라서 자연의 전체성으로의 복귀는 개별성의 소멸이 아니라, 개별자의 진정성을 획득하는 유일한 통로이다.40)

---

40) 예를 들어 『장자』의 한 편명인 「제물론(齊物論)」에서도 자연의 익명적 전체성으로의 회귀 성향을 엿볼 수 있다. 편명인 '제물론'이라는 말이 모든 옳고 그름을 한가지로 하는 것을 뜻한다. 장자의 '제물론'은 개별자들로 하여금 사물에 대한 옳고 그름에 대한 규정을 잊고 익명적 상태에 처하게 함으로써 대자연의 전체성으로 회복하게 한다. 임희일의 해석에 따르면 " '物論'이라는 것은 사람과 사물의 논의로, 많은 논의를 말하는 것과 같다. '齊'란 하나로 하는 것이니, 많은 논의를 합하여 하나로 하는 것이다. 전국시대에 학문이 같지 않아서 더욱 서로 옳고 그름을 다투었다. 그러므로 장자는 옳고 그름을 둘 다 잊고서 자연으로 돌아가는 것만 못하다고 생각했다. 이것이 편명을 세운 뜻이다

홍몽에 의하면 짐승 무리에서 벗어나는 것이 비극의 시작이며, 그러한 비극에 대한 처방 역시 짐승 무리로의 복귀에 있다. 마찬가지로 포정이 소를 잡는 도 역시 인간중심적인 작은 관점에서 짐승적인 것을 포함하는 큰 관점으로의 전환을 함축한다. 다만 홍몽은 "각각 자기의 뿌리로"라는 슬로건을 내세운다. 이 말에서 인간의 자연으로의 복귀는 몰인간적 짐승됨 혹은 비인간적 짐승됨을 의미하는 것이 아니라, 오히려 인간적인 짐승됨을 의미한다. 도가적 인간은 자연으로 복귀함으로써 가장 인간다운 짐승이 된다. 인간적인 짐승 상태가 장자의 이상적 경지라고 한다면, 포정해우의 포정 역시 그러한 경지에 오른 사람이라고 평가할 수 있다. 포정의 무도는 신참 백정이 따라올 수 없을 만큼 최고도의 동작을 연출해내는 것에 그치지 않고, 도가의 존재론적 도리인 인간적인 짐승 상태를 습득하고 있다.

언뜻 보면 포정이 자연의 도를 획득한 것이 공자가 말하는 사물 사이의 화해와 유사해 보일 수도 있다. 공자가 "음악이 이러한 경지에 이를 줄은 몰랐다."고 감탄한 것이, 마치 『장자』에서 문혜군이 포정의 무도를 보면서 "잘하는구나. 기술이 이러한 경지에 이르다니."라고 감탄한 것과 유사해 보인다. 스콧 쿡은 이러한 유사성에 착안하여, 장자가 비록 유교를 비판했을지라도 다른 한편으로 그는 공자의 총체적 화해 정신을 창조적으로 재해석하고 있다고 말한다.[41] 그러나 이러한 해석은 음악이 가지는 전체적 화해라는 외양적 유사성만을 지적하고 있을 뿐, 유가와 도가 사상에 내재하는 뿌리 깊은 방법론적

(物論者, 人物之論也, 猶言衆論也. 齊者, 一也. 欲合衆論而爲一也. 戰國之世, 學問不同, 更相是非. 故莊子以爲不若是非兩忘而歸之自然. 此其立名之意也)." 임희일, 『장자구의』, 「제물론」.

41) Scott Cook, "Zhuang Zi and His Carving of the Confucian Ox", *Philosophy East and West*, Vol. 47, No. 4, University of Hawai'i Press, Oct., 1997, pp. 521-553.

차이를 놓치고 있다. 오히려 포정의 무도가 익명적 전체성을 획득하는 과정은 해체주의적 특성을 갖는다는 점에서 유가의 보편주의와는 확연한 대조를 이룬다. 유가가 선한 본성론과 선왕의 제도론에 근거해 의식적으로 유가적 문명과 문화를 실현하려고 했다면, 도가는 그러한 것들을 모두 해체한 뒤에 발견되는 자연의 조화를 귀하게 여긴다. 그래서 유가의 화해가 유위적이고 유명적이라면 포정의 무도는 무위적이고 무명적(익명적)이다. 굳이 말하자면 장자는 무위적 조건하에서만 유위적인 것을 허용한다. 포정은 도가의 익명적 전체성을 회복하는 과정에서 맨 처음에 소에 대해 유위적으로 접근하다가, 점차 소에 대한 유위적 태도를 잊어버리며, 궁극에는 무위적 혼돈의 무도를 획득한다. 포정이 무위의 무도를 습득하는 과정에는 유위에 대한 '잊어버림'이 개입한다. 포정의 '잊어버림'은 유위적 인간중심주의의 해체를 뜻한다. 포정은 짐승의 세계를 지배하려는 유위적 지배욕을 잊어버림으로써 무심의 칼날을 휘두른다. 포정의 소를 잘 잡는 기술도 중요하지만, 그보다 더 중요한 것은 포정의 마음이 비어 있고 고요하므로(虛靜) 소에 대해 어떠한 유위적인 의식이 그를 지배하지 않는다는 데에 있다. 포정에게는 제선왕과 같이 소를 제사의 희생으로 써야겠다는 유위적인 목적의식도 없을 뿐만 아니라 소에 대한 측은한 마음도 없다.

그렇다고 포정이 '잊어버림'과 '무심'의 상태에 처함으로써 모든 욕구를 아예 단념하는 것은 아니다. 그는 자연이 준 욕구를 스스럼없이 성취한다. 다만 포정이 소를 죽이는 무도는 자연이 허용한 욕구의 범위를 벗어나지 않으므로 맹자의 불인지심처럼 감정적 동요를 일으키지 않는다. 그가 보기에 사람은 양생을 위해 다른 사물을 희생시킬 수밖에 없으며, 따라서 소에 대한 불인지심이 과잉적으로 우대될 이유가 없다. 마치 노자가 "천지가 불인(不仁)하여 만물을 추구로 여긴다.”고 한 것처럼, 포정은 소에 대한 인간중심적 감정을 대입하지 않는다. 포정의 무도는 유위적 의도에 의해 절대화된 특정 이데올로기에 의해 움직인 것이 아니라 자연이 준 기(氣)와 신(神)의 동력에 의해 움직이므로 어떤 감정적 찌꺼기를 남기지 않는다.42) 그러므로 포정이 얻은 도는 비움과 고요함의 측면에서만 이해될 수 있다.

자연적 존재인 포정은 인간의 유위적 목적을 위해 소를 도구화하지 않는다. 제선왕의 이야기에서 보듯이 유위적 인간은 말과 소를 제어하여 도구로 전용하면서 일종의 자연 길들이기에 매진한다. 그들은 정치, 제도, 교육, 문화 등을 통해 소의 자연성을 제어하여 인간화한다. 이러한 인간중심주의적 도구주의는 스스로 존재하던 자연(nature)을 인간의 도구적 의도에 따라 양육(nurture)함으로써 자연적 소를 인간화한다. 장자의 관점에 따르면 이러한 소의 인간화는 사물을 사물 그 자체로서 보지 않고, 사물을 사람의 관점에서 바라보는 것에 해당한다. 그러나 포정은 “사물로써 사물을 본다.”는 장자의 무위 철학에 충실하므로 ‘소를 소 자체’로서 볼 뿐 더 이상의 과잉된 의도가 개입하지 않는다. 따라서 포정해우 이야기에서 외양상 해체한 것은 소이지만, 의미론적으로는 도가적 자연의 도에 따르는 무도를 행함으로써 작은 관점으로 큰 관점을 지배하려 했던 유가적 보편주의를 해체하고 있다.

4. 장자의 비판과 남는 물음

『장자』에 나오는 포정의 소 해체 전략의 궁극적 목적은 제한적 상대주의를 논리적 근거로 하여 유가의 보편주의를 해체하려는 데에

42) 이와 관련하여 “마음으로 듣지 말고 기로 들으라(無聽之以心, 而聽之以氣).”는 언급이 『장자』 「양생주」에 보인다.

있다. 이와 관련하여 다음의 세 가지 사항을 언급할 수 있다.

첫째, 포정해우 이야기는 유가적 보편주의를 해체한다. 포정이 유가적 보편주의를 해체한 것은 소를 잡을 때 어떠한 불인지심도 보편화시키지 않는 점, 특히 불인지심을 왕의 정치적 행위로 연계하려고 하지 않는 데서 잘 드러난다. 소에 대한 불인지심을 정치적 근거로 사용하는 맹자 식의 보편주의적 의도는 포정의 과감하고도 주저 없는 무도의 장에 들어올 여지가 없다. 그러한 점에서 맹자가 제시하는 제선왕 이야기는 장자의 포정이 해체하려는 바로 그 대상이다. 제선왕의 불인지심뿐만 아니라 짐승을 인간중심주의적 의례에 상징적 도구로서 사용하는 것 역시, 포정의 칼날이 해체한다. 포정의 무도에는 오직 인간의 양생을 위해 소를 잡는 원초적인 사실만이 주어져 있을 뿐, 유가에서 표방하는 평천하(平天下)나 천인합일(天人合一)과 같은 인간을 중심으로 하는 보편주의 및 그에 따르는 도구주의가 개입하지 않는다. 포정의 무도는 유가의 인(仁) 철학이 정치권력과 연계된 유위적 위선임을 폭로하면서 그러한 언어들을 해체한다.

둘째, 장자의 상대주의가 수행 모순을 범할 만큼의 극단적 회의주의나 강한 상대주의가 아니라, 일정 부분 궁극적 진리를 긍정하는 제한적 상대주의라는 것을 포정해우 이야기에서 확인할 수 있다. 포정해우 이야기는 유가의 유위적 체계들을 해체하는 데 그치지 않고 도가적 도에 대한 긍정을 포함한다. 포정이 가정하는 도가적 도는 무위적, 무명적, 익명적인 특성과 관련된다. 포정은 정치적 권력의 측면에서 무명적이고 익명적인 존재이며, 그의 소 잡는 기술 역시 유위에서 탈피하여 무위적 양생법을 터득하고 있다. 포정은 사회에 명예를 떨치고 있는 사람들이나 앞장서서 타인들을 설득하면서 장밋빛 미래세계를 약속하는 정치인들과는 거리가 먼 익명의 시민들 중의 한 사람이며, 그것도 무위의 도와 기술을 습득한 한 사람이다. 포정은 사회에서 멸시하고 천대하는 비천한 직업군의 익명적 존재이지만, 여전히 사람들이 살아가기 위해서는 없어서는 안 될 중요한 존재, 곧 삶의 영위를 위해서는 긍정하지 않을 수 없는 존재이다. 우리 사회에서 공식적인 레테르를 획득하지 못하여 비천한 곳에 버려져 있으나, 여전히 우리의 삶에 영양분을 제공하는 존재들 중의 하나가 바로 포정이다. 포정의 무도는 잘못된 가치 기준들의 적절한 해체를 통해 우리가 천대했던 익명적인 것에서 삶의 중요한 의미를 깨닫도록 이끌어준다.

마지막으로 장자의 제한적 상대주의에 대해 솟아나는 하나의 궁금증을 토로해본다. 장자의 제한적 상대주의가 포정과 같이 삶의 기술과 도리를 획득하고 있는 익명적 존재의 의미를 새롭게 밝혀준 것은 유가적 보편주의가 갖는 약점을 매우 잘 지적하고 있는 것으로 보이지만, 다른 한편으로 왜 인간 사회가 불합리한 줄 알면서도 계속해서 더 좋은 보편적 토대나 가치를 찾으려고 하는지에 대해 장자의 제한적 상대주의가 최선의 현실적인 대답을 제시하고 있는가에 대해 묻고 싶다. 왜 인간은 많은 위선을 초래할 수 있음을 잘 알면서도 정치적 공론의 장을 계속해서 요청할까? 또한 왜 인간은 많은 위선이 개입함에도 불구하고 유엔과 같은 공동 기구를 만들어서 더 좋은 사회를 만들기 위해 보편주의적 노력을 경주하는 것일까? 물론 이미 언급했듯이 포정의 무도, 아니 장자의 무도는 유가적 보편주의가 가져올 수 있는 위선에 대한 매우 날카로운 비판이자 익명적 존재의 중요성에 대한 부정할 수 없는 예리한 통찰이며, 중국철학사적 측면에서 보자면 자기 합리화에 도취되어 있는 유가적 보편주의에 달라붙어 그 살을 물어뜯음으로써 참된 의미에서의 철학적 등에 역할을 해왔음을 부인할 수 없다. 그러나 유가식의 보편주의적 노력이 현실적인 삶의 문제들에 대해 아직까지 정확한 해답을 제시해주지는 못했다고 할지라도, 여전히 인류가 대대로 시비의 논쟁 속에서 더 나은 '우리'의 토대를 찾으려고 상상하고 협의하고 토론하면서 정열을 쏟아내는 이유는 무엇일까?

제10장

마음: 보편주의와 해체주의

우리가 외부의 어떤 사물에 대해 '아름답다'거나 '좋다' 등과 같이 가치를 평가할 때 그 판단 기준이 사람에 따라 다른 경우가 많이 있다. 그런데 가치판단의 그러한 상대적 차이를 '마음의 차이'로 환원하는 경우가 다반사다. 예를 들어 가치를 판단할 때 "그것은 내 마음이다."라는 말을 자주 사용한다. 우리는 장미보다 난초를 좋아하는 것도, 수학보다 철학을 좋아하는 것도 '내 마음'에 달려 있다고 말한다. 일상 언어 속에서 마음은 사람들 간의 상대적 차이를 알려주는 징표와도 같다. 그래서 마음은 일상생활 속에서 사람들 간의 상대적 차이가 왜 발생하는지를 합리화해주는 근거가 되기도 한다. 그러나 마음이 상대주의적 가치론을 변론하기 위한 근거에만 그치는 것은 아니다. 보편주의 사상가들 역시 보편적 가치를 지지하기 위한 근거를 마음에서 찾곤 한다. 그들은 사람들 간의 상대적 차이를 넘어서는 보편적 동일성을 마음 안에서 추출해낸다. 그들은 사람이라면 누구나 물고기 요리보다 곰발바닥 요리를 좋아하고, 사람이라면 누구나 어려움에 처한 타인에게 연민의 정을 느낀다고 말한다. 그들에게 마음이란 서로 다른 사람들이 동일한 가치판단을 내리는 근거가 된다. 이와 같이 마음이란 한편으로는 상대주의자들의 논거가 되기도 하고 다른 한편으로 보편주의자들의 논거가 되기도 한다.

중국사상사에서 보면 마음이 가치판단의 보편성을 담보해주느냐 아니냐를 놓고 유가와 도가가 첨예하게 대립한다. 공자에서 맹자로 이어지는 유교는 진리에 대한 척도가 마음속에 내재한다고 생각한다. 한편 노자에서 장자로 이어지는 도가사상은 마음에 관한 유가의 보편주의적 기획이 사실을 왜곡하고 사유를 제한하는 거짓된 것이라고 여기면서, 그것을 해체함으로써 개방된 사유 지평으로 나아가려고 한다.[1] 유가가 마음속에 내재한 가치 척도를 통해 현실을 제도화하려고 한다면, 도가는 유가의 유위적 기획들을 해체함으로써 개별자들의 상대적 차이를 최대한 허용하려고 한다. 노자는 말할 수 없는 것들에 대해 의미를 부여하면서 언어의 제한과 구속에서 벗어나려고 하는 해체주의자이다. 또한 장자는 형이상학, 언어, 논리, 도덕, 자아 등과 관련하여 권위주의적이고 위계적인 모든 범주에 도전했다는 측면에서 전면적인 해체주의자이다.[2] 노자와 장자로 대표되는 도가의 해체

---

1) 노장사상이 해체하려는 것은 사실을 왜곡하는 유가의 보편주의적 기획이다. 도가의 해체주의는 자기 파괴적인 허무주의나 완전한 회의주의라기보다 유가의 보편주의에 반대하여 그것을 해체하려는 사상적 경향을 가리킨다. 참고로 노장사상의 해체적 경향에 관한 연구로는 다음의 것들이 있다. Geling Shang, *Liberation as Affirmation: The Religiosity of Zhuangzi and Nietzsche*, State University of New York Press, 2006; 김형효, 『노장사상의 해체적 독법』, 청계, 1999; 최진석 · 김상환, 「노장과 해체론: 개방성의 기원에 대하여」, 『철학연구』, 제47집, 철학연구회, 1999.

2) Geling Shang, *Liberation as Affirmation: The Religiosity of Zhuangzi and Nietzsche*, p.140. 거링 상은 장자의 해체주의가 데리다보다는 니체의 사상에 일치한다고 본다. 그에 따르면 장자의 해체주의는 모든 것을 부정하는 회의주의가 아니라, 해체의 과정을 거쳐 궁극적으로 자연세계에 내재하는 가치, 언어, 동일성 등을 수용하는 긍정의 철학이다(pp.143-146).

주의는 심연에서부터 유가의 보편주의에 비판적이다. 유가와 도가의 사상적 충돌은 마음이 무엇이냐에 대한 풍부한 개념들을 생산해냈다. 과연 유가적 보편주의는 사람의 마음을 어떤 방식으로 이해하며, 도가적 해체주의는 유가의 마음을 어떤 방식으로 해체할까? 또한 유가는 도가의 해체주의에 대해 어떻게 대응할까?

이 장에서는 마음에 관한 유가의 보편주의와 도가의 해체주의적 대립이 어떻게 전개되는지를 살펴본다. 먼저 마음에 관한 유가의 보편주의적 기획 및 그에 대한 도가의 해체주의적 비판을 살펴본다. 그 다음에, 성리학에 이르러 유가가 마음에 관한 도가의 해체주의를 어떻게 재비판하는지를 살펴본다. 유가가 부동심이나 아기의 진실한 마음 등을 보편적 가치판단의 근거로서 제시한다면, 도가는 그에 맞서 심재(心齋)나 아기의 유약한 마음 등을 내세우면서 유가의 마음을 해체한다. 유가에 대한 도가의 해체주의적 비판에서 양자의 대립이 끝나는 것은 아니다. 성리학에 이르면 유가는 도가의 해체주의에 대해 마른 나무(枯木), 식은 재(死灰), 흙덩이처럼 지키기만 하는 것(塊然徒守), 오뚝하게 상대가 없는 것(兀然無對), 오뚝하게 고요히 앉아 있는 것(兀然靜坐), 사물(死物) 등의 어휘를 써가며 재비판한다. 그러면서 성리학은 밝은 구슬(明珠), 밝은 거울(明鏡), 고요한 물(止水), 붙잡아 보존함(操存), 경(敬) 등의 개념을 사용해 마음에 관한 유가의 보편주의적 기획을 정당화한다. 따라서 마음에 대한 유가와 도가의 논쟁 과정을 분석해봄으로써 보편주의와 해체주의의 대립이 어떻게 발전되어왔으며, 우리에게 무슨 시사점을 주는지를 이해할 수 있다.

1. 도가: 유가의 마음 해체하기

도가가 볼 때 세계는 자연스러운 사실과 부자연스러운 사실로 나뉜다. 자연스러운 사실이란 사람의 의도와 관계없이 저대로 존재하는 사실이다. 이에 반해 부자연스러운 사실이란 개인의 의도적인 가치판단이 개입된 사실을 가리킨다. 이를테면 목수가 목재를 목적으로 바라보는 숲 속의 나무는 이미 목수의 의도에 의해 재단된 사실이다. 만약 목수가 반듯한 기둥으로 사용할 재목을 찾는다면 꾸불꾸불하게 비틀어진 나무는 좋지 않고 쓸모없는 나무로 보일 것이다. 아니면 목수는 대패질을 하여 구부러진 나무를 반듯하게 재단할 것이다. 목수의 재단에서 보듯이, 현실의 왜곡은 사람에 의해 만들어진다. 장자는 보편적 관습이나 규약이야말로 세계를 왜곡시키고 사람을 불행하게 하는 원인이라고 본다. 와트슨의 『장자』 해석에 따르면, "사람은 자신의 고통과 속박의 창조자이며, 가치 체계에서 발생하는 인간의 모든 두려움은 인간 자신에 의해 만들어진다."[3] 도가는 부자연스러운 사실을 자연스러운 사실로 바꾸기 위해, "인간이 만들어낸 관례적 가치의 무의미함을 깨닫고 그러한 속박으로부터 해방되려고 한다."[4]

도가의 마음은 두 가지 영역으로 구분된다. 장자는 마음에 대해 부정적 측면을 지적하는가 하면, 한편으로 도가적 이상에 도달한 사람의 마음에 대해서는 긍정적으로 이해한다. 유봉지심(有蓬之心), 성심(成心), 기심(機心) 등과 같이 외적 조건에 의해 왜곡되거나 제한되는 중인지심(衆人之心)이 있는가 하면, 다른 한편으로는 허실(虛室), 영

---

3) Burton Watson, *The Complete Works of Chuang Tzu*, Columbia University Press, 1968, p.4.

4) Burton Watson, *The Complete Works of Chuang Tzu*, p.5. 또한 이강수의 장자 해석에 의하면 인간은 "자연적, 사회적, 심리적, 생리적 제 조건들에 의하여 구애받고 제한받는다. (중략) 인간들은 스스로 만든 사회 속에서 온갖 인위적인 일들에 의하여 번거로움을 당하고 상처도 입는다. 예를 들면 통치 조직, 제도, 이념, 관습, 규범 그리고 편견에 입각한 타인들의 언행 등이 그것이다." 이강수, 『이강수 교수의 노장철학의 이해』, 예문서원, 2005, 106쪽.

부(靈府), 영대(靈臺), 우태(宇泰), 상심(常心) 등과 같이 이상적 경지로서의 지인지심(至人之心)이 있다.[5] 장자가 보기에 중인지심이 해체해야 할 왜곡된 의지가 담긴 마음이라고 한다면, 지인지심은 해체할 것을 모두 해체한 허정(虛靜)한 상태의 이상적인 마음이다.

그렇다면 도가는 허정한 지인지심에 어떻게 도달할까? 도가에서 왜곡된 현실을 치료하는 과정은 마음의 인지 능력을 부정하는 데서 시작한다.[6] 도가는 마음이 객관적 진리를 인지할 수 있느냐와 관련하여 회의주의적 태도를 취한다. 도가는 사람이 조금만 더 냉정해진다면 마음의 헛된 정열을 자각할 수 있다고 본다. 리우샤오간에 의하면 도가의 회의주의적 관점은 세 가지 주장을 함축한다. 첫째, 인식대상에 대한 지식이 무한한 데 비해 사람의 인식 능력이 유한하다는 것이고, 둘째, 인식 기준이 개별자에 따라 서로 다르므로 보편적 진리 기준을 공유할 수 없다는 것이고, 셋째, 현실의 사물이 계속 변화해가므로 고정된 본질을 구하기 어렵다는 것이다.[7] 이러한 시각에서 보자면 사람의 지적 유한성과 사물의 끊임없는 변화 속에서 보편적 진리 기준이란 성립할 수 없다. 가장 우선적으로 인식 주체인 사람의 마음이 유한하므로 그러한 유한성에 기초한 보편적 지식의 도출은 허무한 것이다. 도가는 오히려 보편성을 추구하는 의도적인 마음에 의해 자연스러운 사실이 왜곡된다고 본다. 의도적 마음이란 과잉되고

---

5) Burton Watson, *The Complete Works of Chuang Tzu*, pp.123-143.

6) Hans-Georg Moeller, “No Child Left Behind? A Daoist Critique of Some Humanist Ideals of Education”, *Journal of Chinese Philosophy*, 2006.

7) 리우샤오간에 의하면 장자의 회의주의는 인간 인식 능력의 유한성 문제를 제기했다는 점에서 철학사적 의의가 크지만, 한편으로 논리적 근거가 없는 신비주의로 귀결되었다. 장자의 회의주의는 지식에 관한 역사적 조건에 대한 논의가 없을 뿐만 아니라 사물 운동 과정에 내재하는 법칙적 안정성에 대한 인식 가능성을 도외시하는 신비주의로 빠지고 말았다. 리우샤오간, 최진석 옮김, 『장자철학』, 소나무, 1990, 157-166쪽.

산란된 욕심에 의해 외부 사물을 제멋대로 재단하는 것을 뜻한다. 도가에 따르면 의도적인 마음을 해체시켜야 자연스러운 사실 자체에 접근할 수 있고, 참된 자아를 보존할 수 있다. 그래서 도가는 무욕, 무지, 허심, 심재 등과 같은 개념을 제시하면서 마음의 해체를 수양의 토대로 삼는다.

도가의 관점에서 본다면 의도에 따른 헛된 정열은 우리 주변에 널려 있다. 지능이 높지 않음에도 높은 학력을 추구하는 것, 능력과 환경이 좋지 않으면서도 대부호가 되기를 꿈꾸는 것, 외모와 재능이 없으면서도 연예계 스타가 되고자 하는 것 등이 도가가 말하는 헛된 정열에 속할 것이다. 헛된 정열의 소유자들은 조금만 냉정하게 생각하면 안 될 줄 알면서도 하려고 애쓴다. 그래서 노자는 헛된 정열을 차갑게 쳐다보라고 권유한다. 노자가 사람에게 마음을 비우라고 하는 것은 지식에 대한 숭상, 재화에 대한 숭상, 극단적인 욕구의 추구 따위를 그만두라는 뜻이다. 노자는 이렇게 충고한다. "마음을 비우고 배를 채우며, 뜻을 약하게 하고 뼈를 강하게 해야 한다. 항상 사람들로 하여금 무지하게 하고 무욕하게 하여 지혜로운 자가 무슨 일을 하지 못하게 해야 한다."[8] 왜냐하면 마음이 오감을 통해 외부의 인식대상을 자신의 의도대로 재단하기 때문이다. 마음이 찬란한 색깔을 좋아하므로 눈이 멀게 되고, 여러 가지 소리에 심취하므로 귀가 먹게 되고, 여러 가지 맛에 빠지므로 입맛을 잃게 되고, 사냥과 같은 광적인 스포츠에 중독되므로 마음이 발광하게 되고, 희귀한 물건을 찾아다니느라 방황하게 된다.[9]

---

8) 『노자』, 3장.

9) 『노자』, 12장.

1) 맹자의 부동심과 장자의 심재

장자는 마음에서 보편적 가치를 찾으려고 하는 유가를 비판하면서, 유가에서 성인으로 존숭하는 공자에 대해 아직 도가적 이상 경지인 진인(眞人)이나 신인(神人)이나 성인(聖人)에 오르지 못한 아성(亞聖) 정도로 폄하한다.[10] 장자가 보기에 공자에게서 발원한 유교는 유위적 마음을 수양의 토대로 삼음으로써 비워진 마음의 상태를 해친다. 도가는 유가에서 뜻을 정성스럽게 하는 것, 마음을 바르게 하는 것, 마음을 공경스럽게 하는 것 등이 사람의 자연스러운 정체성을 옭아맨다고 생각한다. 마음을 다스리는 유가의 수양은 맹자의 부동심에 이르면 극에 달하지만, 장자는 부동심과 같은 마음의 수양법을 풍자적으로 비판한다. 그러면서 장자는 유가에서 제사 전에 행하는 재계(齋戒)에 대비되는 심재(心齋)라는 해체적 개념을 새롭게 제시한다. 장자의 심재를 맹자의 부동심 장에 나오는 내용과 비교해보면 양자가 마음에 대해 상반된 입장을 갖는다는 것을 알 수 있다.

[갑] 유가: 맹자의 부동심

마음에서 얻지 못하거든 기에서 구하지 말라는 것은 옳지만, 말에서 얻지 못하거든 마음에서 구하지 말라는 말은 옳지 않다. 뜻이란 기의 장수이고 기란 몸을 가득 채운 것이다. 뜻이 최고이고 기가 그 다음이다. 그러므로 뜻을 잡고서 기를 사납게 하지 말라고 한다.[11]

---

10) 정세근, 『노장철학』, 철학과현실사, 2002, 161쪽.

11) 『맹자』, 「공손추상」, 2장. "不得於心, 勿求於氣, 可. 不得於言, 勿求於心, 不可. 夫志, 氣之帥也, 氣, 體之充也. 夫志至焉, 氣次焉. 故曰, 持其志, 無暴其氣."

[을] 도가: 장자의 심재

마음을 집중하라. 귀로 듣지 말고 마음으로 듣는다. 마음으로 듣지 말고 기(氣)로 듣는다. 귀는 듣는 것에 머물 뿐이고, 마음은 부(符)일 뿐이다. 기라는 것은 비어 있으면서 사물을 맞이한다. 도라는 것은 비움을 모으는 것이니, 비움이란 마음의 재계(心齋)이다.[12]

맹자의 부동심과 장자의 심재는 언어와 마음과 기 사이의 관계에 대해 서로 상반된 입장을 보인다. 맹자의 말은 고자의 부동심을 평가하면서 나온 것이다. 맹자는 기와 말에서 얻지 못하면 마음에서 찾으라고 주장한다. 맹자는 마음과 기의 관계에서 기가 마음에 따라오는 부수적인 현상이라고 설명한다. 맹자가 마음에서 찾으라고 할 때의 마음이란 내면에서 반성적으로 생각하여 시비선악에 대한 확고한 판단을 얻는 것을 의미한다. 맹자에 의하면 "눈이나 귀와 같은 물리적 감각기관은 생각하지 않으면 사물에 가리게 되어, 사물과 사물이 서로 끌어당기는 상태에 처할 뿐이다. 이에 반해 마음이라는 기관은 생각하니, 생각하면 얻고 생각하지 않으면 얻지 못한다."[13] 그래서 맹자는 마음의 사유 능력을 우선적인 대체(大體)로, 물리적 감각기관을 후차적인 소체(小體)로 분류한다.

한편 장자의 심재는 귀로 듣는 것, 즉 말(언어)보다는 마음이 더 중요하다는 점에서 맹자와 일치하지만, 마음보다 기가 더 중요하다는 점에서 맹자의 부동심과 현격한 차이를 보인다. 맹자의 부동심이 "의로움을 모아서(集義)" 생겨나는 것이라면, 장자의 심재는 "비움에 집

---

12) 『장자』, 「인간세」. "귀는 듣는 것에 머물 뿐"이라는 구절의 원문은 "聽止於耳"로 되어 있으나 진고응(陳鼓應)과 유월(兪樾)의 설에 따라 "耳止於聽"으로 바꾸어 읽었다. 진고응, 『장자금주금역』, 상책, 대만: 상무인서관, 1975, 130쪽.

13) 『맹자』, 「고자상」. 15장. "耳目之官, 不思而蔽於物, 物交物則引之而已矣. 心之官則思, 思則得之, 不思則不得也."

중하여(集虛)" 자연스러운 사실인 기의 운동으로 돌아가는 것이다. 장자에 의하면 기의 운동으로 돌아가기 위해서는 의도적인 마음들이 모두 해체되어야 한다. 마음을 해체하는 과정이 심재이며, 마음에 고요만이 남은 상태가 상심(常心)의 상태이다. 마음에 아무런 의도가 남아 있지 않은 상심의 상태는 고요한 물과 같이 아무것도 하지 않음으로써 오히려 모든 운동이 가능하게 한다. 마치 "사람들이 흐르는 물에 비추어 보지 못하고 고요한 물에 비추어 보듯이"14) 마음이란 고요하게 그침으로써 자신의 효용을 잘 발휘한다. 장자가 말하는 심재와 상심은 의식적인 마음(有待之心)이 사라져서 어떠한 기대도 없는 마음(無待之心)에 들어간 상태이다.15)

먼저 맹자의 부동심부터 그 함의를 차근차근 논의해보자. 맹자의 부동심은 공자가 마흔에 "의혹되지 않음"과 동일한 경지다. 또한 안회가 예가 아니면 보지도 듣지도 말하지도 행하지도 않은 것과 같은 맥락 위에 있다. 공자의 의혹되지 않음을 계승한 맹자의 부동심은 객관적 법칙을 지향하는 유가적인 마음 개념을 제시한다. 맹자의 부동심은 주관의 의지와 객관적 법칙의 통일을 추구한다. 유가에서 주관성의 실현은 개인에 머물지 않고 더 거대한 객관적 질서의 추구와 통일되어 있다. 유가에서 주관성을 개발하는 과정은 가정에서는 부모형제와 통일체를 형성하는 과정이고, 사회적으로는 이웃이나 국가와 통일체를 형성하는 과정이고, 더 크게는 천지와 일체를 이루는 과정으로 묘사된다. 유가가 자기 자신을 완성하는 과정은 궁극적으로 거대한 사회적 질서와 우주적 질서로 통합되어가는 것(天人合一)을 의미한다. 그러한 의미에서 맹자의 부동심이 함의하는 주관적인 마음의

14) 『장자』, 「덕충부」.

15) 강신주는 장자의 심재와 상심을 유대지심과 무대지심이라는 두 개념으로 분석한다. 강신주, 『장자의 철학』, 태학사, 2004, 326-345쪽.

결단은 곧 객관적 이념과의 일치를 뜻한다.

유가에서 주관화는 곧 객관화의 과정과 통일되어 있으며, 이러한 유가적 자아의 개발 과정은 '형성', '육성', '교화', '교양', '도야', '함양' 등을 뜻하는 헤겔의 '빌둥' 개념과 일치한다. '빌둥' 개념은 주관화 과정과 객관화 과정의 동시 작용을 내포한다. 묄러에 의하면 '빌둥'과 근대 서양 교육은 모든 사람이 독특한 개인이 될 것이라고 가정하지만, 한편으로 독특함의 획득을 통하여 개인이 사회의 구성원이 될 것이라고도 가정한다. 이러한 서양의 교육은 개별화를 추구하며, 그 속에서 자신이 어떻게 특별한지를 발견한다. 그와 동시에 소속감을 개발하여 거대 공동체에 통합되도록 가르친다.16) 이와 같이 주관화와 객관화가 동일한 것의 두 측면이라고 볼 때, 부동심이나 빌둥은 자기에 대한 확신이 개별성에 그치지 않고 세계에 대한 확신을 의미하기도 한다. 그래서 맹자의 부동심은 거대한 큰 기운(호연지기)으로 귀결된다. 또한 같은 맥락에서 "마음을 다하는 것"은 궁극적으로 "하늘을 아는 것"에 이른다. 이처럼 맹자의 부동심이나 헤겔의 빌둥에 의하면 내가 원하는 것이 세계 전체의 목표와 일치를 이루어야 이상적이다.

유교는 성리학에 이르면 마음 비우기(虛心) 공부를 부분적으로 수용하는데, 유가의 마음 비우기는 그 궁극적 목적이 허정(虛靜) 자체에 있다기보다 객관적이고 보편적인 진리에 나아가기 위한 유가 수양법의 한 과정으로서 제시된다. 언뜻 보기에 성리학의 마음 비우기는 도가의 마음 비우기와 동일한 것 같지만, 그 실제 내용은 매우 다르다. 도가의 마음 비우기가 해체주의적인 것이라면, 성리학의 마음

16) Hans-Georg Moeller, "No Child Left Behind? A Daoist Critique of Some Humanist Ideals of Education", *Journal of Chinese Philosophy*, 2006, pp. 520-523.

비우기는 성현이 제시한 보편적 진리를 확실하게 이해함으로써 자기 자신을 주관화 즉 객관화라는 유가적 구도를 더욱 공고하게 구성하기 위한 것이다. 주희는 성현의 글 앞에서 자신의 마음을 비움으로써 성현의 의도에 근접함과 동시에 자기에게 더욱 절실해질 수 있다고 믿는다. 주희의 마음 비우기는 유가의 성현이 제시해놓은 진리에 자신을 통합해가는 과정이다. 그래서 주희는 이렇게 말한다. "원컨대 마음을 비우고 기운을 평안하게 하여(虛心平氣), 고원함을 좋아하는 것에 뜻을 두지 않고 선입견을 위주로 하지 않으면서, 일상생활에서 참된 일의 이치를 익숙하게 살핀다면 그 얻음과 잃음, 부합됨과 어긋남을 어렵지 않게 이해할 것이다."[17] 또한 그에 의하면 "글을 읽을 때에는 반드시 마음을 비우고(虛心) 자기에게 절실해야 한다(切己). 마음을 비워야 성현의 뜻을 얻을 수 있고, 자기에게 절실해야 성현의 글이 헛말이 되지 않는다."[18] 이와 같이 주희의 마음 비우기는 주관의 해석학적 과정을 통해 보편적 진리로 나아가는 과정이며,[19] 그 궁극적 목표는 공자의 불혹이나 맹자의 부동심처럼 보편적 이치로의 다가섬에 있다.

도가가 볼 때 유가나 헤겔과 같은 식으로 주관화 즉 객관화라는 거

---

17) 『주희집』, 권42, 「답호광중3」. "願虛心平氣, 勿以好高爲意, 毋以先入爲主, 而熟察其事理之實於日用之間, 則其得失從違不難見矣."

18) 『주자어류』, 11:22. "讀書須是虛心切己. 虛心, 方能得聖賢意, 切己, 則聖賢之言不爲虛說."

19) 존 버스롱에 의하면 주희의 독서법과 가다머의 해석학은 매우 흡사하다. 가다머는 우리가 무지 상태에서 시작하여 해석학적 과정을 통해 자신의 삶에 대해 독해하는 것을 배우게 된다고 믿는다. 주희 역시 진리에 대한 시행착오적 학습을 통해 진리를 발견할 기회를 얻는다고 본다. 주희는 유가의 보편적 진리를 추구한다는 점에서 기본적으로 맹자 사상의 충실한 계승자이지만, 해석학적 학습의 과정을 중시하는 측면에서 본다면 순자 사상도 일정 부분 반영하고 있다. John H. Berthrong, "Zhu Xi and the Hermeneutic Art", *Journal of Chinese Philosophy*, 2006, pp.150-151.

대한 통합을 추구하는 보편주의 철학은 주관의 의지를 세계에 덧씌우는 억압에 불과할 뿐이다. 도가에 의하면 객관적 사물을 통일할 수 있는 절대적 종합자로서의 주관은 성립할 수 없다. 세계 안에 존재하는 다양한 개별자들의 주관성들을 통합된 어떤 한 지점에 일치시키려는 것은 쓸데없는 짓에 불과하다. 오히려 각자의 주관성 자체를 싸잡아서 무어라고 규정하기 어렵다. 도가의 모든 존재는 애매하게 서로 뒤섞여 있으므로 정확한 경계조차 나누기 어렵다. 도가적인 자아는 플라톤의 규정처럼 지혜, 감정, 의지 등과 같이 명확하게 기술될 수 있는 것이라기보다, 마치 유머나 아이러니나 초혼(招魂)과 같이 정처 없는 우정에 가깝다.[20] 도가는 마음을 씻어 비움으로써 자기를 잊는 상태에 들어간다. 도가의 자기 망각 상태의 자아는 자신을 비움으로써 애매성 혹은 혼돈 속에 들어감으로써 사물과 친구가 된다.

도가에 의하면 세계를 하나의 원리나 규정에 포섭하려고 하는 보편주의는 사물들과 친구가 되기는커녕 오히려 지배하려고 함으로써 외부 사물을 괴롭게 만든다. 도가는 보편주의적 규정 자체가 사물에 대한 잘못된 덧씌우기에 불과하다고 본다. 그래서 도가는 유가의 통합된 기획을 쓸데없는 혹에 비유한다. 도가는 주관성의 한계를 넘어 거대한 기획에 참여하려고 하는 쓸데없는 의도를 폐기하라고 충고한다. 그러한 도가의 충고가 심재 개념으로 나타난다. 도가는 개별자들이 거대 기획을 비울 때 자신의 의지를 더 충실하게 실현할 수 있다고 믿는다. 도가는 주관적 의지와 객관적 법칙의 일치를 이루려는 보편주의적 기도를 부정하면서, 어떻게 살 것인가의 문제를 주관 각자에게로 분산시킨다.

20) Kuang-Ming Wu, “Hermenuetic Explorations in The Zhuangzi”, *Journal of Chinese Philosophy*, 2006, p.75.

2) 아기의 마음에 대한 대립된 해석

유가의 아기의 마음에 대한 해석에서도 주관과 객관의 거대한 통합에 대한 추구가 엿보인다. 사실 아기의 마음은 어른에 비하면 아직 인지력과 추리력이 매우 부실하다. 그럼에도 불구하고 유가는 아기의 마음에 보편적 진리를 인지하는 능력이 있다고 논증한다. 유가는 아기의 순수한 마음 안에 진리에 대한 인식과 진리에 대한 실천 의지가 내재한다고 본다. 한편 도가는 아기의 마음을 해체주의적 입장에서 해석하면서 유가의 보편주의적 기획을 비판한다. 도가사상에서 아기의 마음은 유가의 경우보다 훨씬 더 중요한 의미를 갖는다. 도가사상에서 아기의 마음은 약한 인지력과 약한 추리력을 대표하며, 이러한 낮은 지적 능력은 도가의 해체주의를 설명하기에 매우 좋은 소재가 된다.

[갑] 유가: 동몽으로서 아기의 마음

대인의 마음은 모든 변화에 통달한다. 아기의 마음은 순수하고 한결 같아서 거짓이 없다. 대인이 대인인 까닭은 바로 사물에 의해 유혹되지 않고 아기의 순일하고 거짓이 없는 본래 그러함을 온전히 함이 있기 때문이다. 그러므로 아기의 마음을 확충하면 알지 못하는 것이 없고 능하지 않은 것이 없어 그 거대함을 다한다.[21]

[을] 도가: 아기의 유약한 마음

두텁게 덕을 머금은 것이 아기에게 비유된다. 독충이 쏘지 않고, 맹수가 할퀴지 않고, 무서운 새가 채가지 않는다. 뼈가 약하고 근육이 부드럽지만 단단히 붙잡는다. 암수의 교접을 모르지만 곧추서는 것이 정

21) 주희, 『맹자집주』, 「이루하」, 8장. 이 부분은 맹자의 "대인은 아기의 마음을 잃지 않는다."는 말에 대한 주희의 해석이다.

력의 지극함이요, 종일토록 울고도 목이 쉬지 않는 것이 조화의 지극함이다. (중략) 마음이 기를 부리는 것을 강하다고 부른다. 사물은 힘이 세지면 늙으니, 그것을 도가 없다고 한다. 도가 없으면 일찍 죽는다.[22)]

유가에서 아기의 마음이 대인(大人)에 이르는 원천이라면 도가에서는 덕인(德人)에 이르는 원천이다. 유가적 대인이나 도가적 덕인이 높은 경지를 나타낸다는 점에서 유사하지만, 유가와 도가가 사용하는 아기의 비유에 함의된 뜻은 매우 다르다. 유가에서 아기의 마음은 그 자체로 완성된 것이라기보다 온전히 확충해야 할 대상이며, 궁극에는 마음을 다하는(盡心) 어른의 마음으로 이어진다. 유가에서 아기의 마음은 본성의 싹이다. 유가에서는 그러한 잠재적 상태를 동몽(童蒙)이라고 부른다. 유가에서 아기의 마음은 동몽의 상태이며 궁극에는 거대한 계몽(啓蒙)으로 이어진다. 유가의 '계몽'이라는 어휘는 서양의 'enlightenment'에 대한 번역어로도 사용된다. 계몽이라는 말을 풀면 어리석음을 열어주는 것이다. 이와 관련된 어휘가 『주역』 몽(蒙)괘 상구(上九)에 나오는 "어리석음을 물리침(擊蒙)"이라는 말에서 보인다. 또한 장재의 『정몽(正蒙)』, 주희의 『역학계몽(易學啓蒙)』, 이이의 『격몽요결(擊蒙要訣)』 등과 같은 책명에서도 유가적 계몽과 관련된 어휘들이 보인다.[23)] 이러한 사례들에서 유가적 계몽이 추구하는 거대 이상을 엿볼 수 있다. 동몽으로서의 유가적 인간은 지적 계몽을 통해 객관적 진리로 통합되어가야 할 존재이다. 마치 헤겔 철학에서

22) 『노자』, 55장.

23) 예를 들어 주희는 『역학계몽』 서문에서 보편적 도리를 획득한 성인이 『주역』을 지어 후세 사람을 계몽시키는 공에 대해 찬양한다. "성인이 상(象)을 살펴서 괘를 그리고 시초를 셈하여 효의 이름을 지어, 천하의 후세 사람들로 하여금 모두 의심스러운 것을 해결하고 망설임을 결정하여 길한 것과 흉한 것, 후회함과 한탄함에 미혹하지 않게 하였으니, 그곳은 대단하다 할 것이다." 주희, 김상섭 옮김, 『역학계몽』, 예문서원, 1994, 13쪽.

즉자 존재인 아기를 즉자 존재이면서 대자 존재인 계몽된 인간으로 변화시키려고 하듯이, 유교도 동몽적 존재를 계몽적 존재로 개발하려고 한다.

한편 도가에서 아기의 마음은 어른의 마음을 해체하기 위해 제시된다. 유가에서 아기의 마음이 확충을 통해 점차 완성되어가는 것이라고 한다면, 도가에서 아기의 마음은 유약한 상태에 있을 때에 덕을 더 잘 획득한다. 도가는 아기뿐만 아니라 바보, 늙은이, 불구 등과 같이 세상에서 약자로 취급받는 사람들을 통해서 진리를 설파한다. 이러한 도가의 전략은 아기의 유약한 마음에 대해서도 마찬가지다. 도가는 유가의 어른 혹은 대인을 존중하는 계몽적 기획을 부정한다. 장자는 어른의 마음을 부정하므로 「제물론」에서 시비선악의 목록을 만들어내는 성심(成心)을 비판한다. 노자에 의하면 어른의 마음은 약한 것보다는 강한 것을 좋아하지만, 오히려 아기의 마음은 유약할 뿐이면서도 많은 힘을 생산해낸다. 노자가 말하는 아기의 마음은 비어 있는 상태에 있음으로써 기에 해를 끼치지 않는다. 마음이 뼈와 근육을 강제하지 않을 때 뼈와 근육은 자연스러운 힘을 발휘하고, 암수의 교제에서도 마음의 강제가 없을 때 자연스러운 기운이 교접을 하게 되고, 마음이 슬픔을 부과하지 않을 때 자연스러운 울음소리가 솟아나온다. 반대로 마음이 기(몸)에 작동하게 되면 강제하게 되고, 강제하게 되면 도에서 멀어지게 된다. 도가는 아기의 유약한 마음처럼 의도적인 마음이 해체된 상태가 도를 습득한 상태 혹은 도에 가까워진 상태라고 본다.

도가사상에서 아기의 마음은 매우 유약한 것이기에 오히려 가치론적 최초 근거가 되고 최고 근거가 된다. 도가는 아기의 유약한 마음이야말로 사람이 가진 원초적 마음이자 사람이 도달해야 할 궁극적 목적점이라고 본다. 도가는 원초적 상태와 최고 목적 상태 중간에 교육 과정을 개입시키지 않는다. '저대로' 혹은 '스스로 그러한 대로'라는 구호를 외치는 도가에게 원초적으로 주어진 상태와 궁극적으로 도달해야 할 상태 사이에 끼어든 제도, 교육, 도야, 양성, 함양 등의 과정은 사람을 옭아매는 형틀일 뿐이다. 그래서 도가는 각자의 원초 상태들을 하나의 객관적 틀에 용해시키려는 계몽주의적 거대 담론 혹은 보편주의적 기획을 부정한다. 도가에서 아기는 교육해야 할 대상이 아니라 교육의 궁극적 목적지이다. 도가는 사람들이 계몽주의적 기획의 틀을 해체하고 즉자 존재인 아기의 순수성으로 돌아갈 때 행복해질 수 있다고 본다.[24] 도가에서는 아기의 마음 상태가 비록 유약할지라도 그것은 극복의 대상이 아니라 복귀해야 할 삶의 고향이자 진리의 고향이다.

3) 분명한 마음과 희미한 마음

도가에서 도를 습득한 사람은 스스로 그러함(自然)에 일찍 복종한다. 도가에서 도를 깨달은 자는 주관적 의도가 희미하게 해체되는 반면, 자연적 사실은 지배자의 위치에 오른다. 그래서 도가에서 도를 깨달은 사람의 마음은 혼돈스럽고 흐리멍덩하고 황홀하다. 유가의 선각자가 명증한 마음을 보존한다면, 도가의 깨달은 사람은 희미한 마음을 갖는다.

> [갑] 유가: 분명한 마음
>
> 군자가 다른 사람과 다른 것은 그 마음을 보존하기 때문이다. 군자는 인으로써 마음을 보존하고 예로써 마음을 보존한다.[25]

---

24) Hans-Georg Moeller, "No Child Left Behind? A Daoist Critique of Some Humanist Ideals of Education", *Journal of Chinese Philosophy*, 2006, p.522.

입은 맛에 대해 좋아하는 것이 같고, 귀는 소리에 대해 들음이 같고, 눈은 색깔에 대해 아름다움이 같다. 마음에 이르러서만 유독 같은 것이 없겠는가? 마음에서 서로 같은 것은 무엇인가? 이(理)와 의(義)를 말한다. 성인은 마음의 같은 것을 먼저 얻었을 뿐이다.[26]

[을] 도가: 희미한 마음

학문을 끊으면 근심이 사라진다. "예"라는 말과 "응"이라는 말의 차이가 얼마이던가? 선과 악의 차이가 얼마이던가? 사람들이 두려워하는 것을 두려워하지 않을 수 없다. 매우 황량하여 끝이 없다. 사람들이 기뻐하는 것이 잔치에서 진미를 즐기는 것과 같고 봄에 대에 오르는 것과 같은데, 나 홀로 조용하여 어떤 조짐도 없는 것이 웃지 못하는 아이와 같고 수레를 타고서도 목적지가 없는 것과 같다. 사람들은 모두 넘쳐남이 있는데, 나 홀로 버리는 것 같다. 나는 어리석은 사람의 마음을 가졌도다! 혼돈스럽다. 세속의 사람들은 밝지만, 나 홀로 어둡다. 세속의 사람들은 잘 살피는데, 나 홀로 흐리멍덩하다. 담담하기가 바다와 같고, 떠돌아다니면서 그침이 없는 것 같다. 사람들은 모두 무엇인가를 하려고 하지만, 나 홀로 완고하고 비루하다. 나 홀로 사람들과 다르게 먹여준 어미를 귀히 여긴다.[27]

황홀하고 적막하여 형체가 없고, 변화에 일정한 모습이 없다. 죽거나 살거나 천지와 함께 하면서 신명(神明)에 따르며, 황홀하여 어디로 가는지 모른다. 만물을 모두 망라하지만 귀결처를 알지 못한다. 옛날의 도술이 이러함이 있었는데, 장주가 그러한 풍을 듣고 좋아했다.[28]

[갑]에서 보듯이 유가의 마음이 획득한 최상의 경지는 누구에게나 확연한 것이다. 유가의 성인은 누구에게나 동일한 가치를 먼저 얻은

25) 『맹자』, 「이루하」, 28장.

26) 『맹자』, 「고자상」, 17장.

27) 『노자』, 20장.

28) 『장자』, 「천하」.

사람으로서 묘사된다. 따라서 유가적 인간은 누구에게나 동일한 확연한 이치를 보존하려고 노력한다. 유가에서 보편적 이치를 보존하려는 노력은 인(仁)/불인(不仁), 예(禮)/비례(非禮), 의(義)/불의(不義), 시(是)/비(非), 호(好)/오(惡), 선(善)/악(惡) 등과 같은 이분법적인 구별로 나타난다. 그래서 공자는 "오직 인자라야 사람을 좋아할 수 있고 미워할 수 있다."[29]고 말한다. 이 말은 인자가 선과 악을 분명하게 구별할 수 있는 사람이므로 다른 사람을 좋아하고 미워할 수 있다는 것을 뜻한다. 유가는 마음에서 선과 악을 매우 뚜렷하게 구별하기 위해 세심한 주의를 기울인다. 군자는 홀로 있을 때를 신중히 하여 선과 악을 판별함으로써 스스로 만족을 얻지만, 소인은 남몰래 악을 숨기려고 한다.[30] 결국 유가의 마음은 선과 악을 구별하여 스스로 자신의 마음에서 악을 이기는 것으로 귀결된다. 자기의 마음에서 스스로 악을 이기려고 했던 전형적 인물이 공자의 제자 안회(顔回)이다. 자기를 이기고 예로 돌아가는 안회의 공부는 후대 유자들의 귀감이 되었다. 안회처럼 자신에게서 선과 악을 분명하게 구별한 사람은 선각자가 되어 후각자를 계몽하는 위치에 오른다.[31]

한편 도가의 마음은 [을]에서 보듯이 흐리멍덩하고 애매하기 짝이 없는 황홀경에 처함으로써 시비선악의 판단을 초월한다. 도가의 마음은 높임말 "예"와 보통말 "응"의 차이에 구애받지 않는다. 도가가 볼 때 유가적 계몽의 기획이 만들어놓은 각종 통제 기준들은 언뜻 보면 정당한 것처럼 보이지만 실상은 참된 사실을 왜곡하는 자의적인 것들일 뿐이다. 도가는 선과 악뿐만 아니라 개인이 설정해놓은 마음의

---

29) 『논어』, 「이인」, 3장.

30) 『대학』, 전6장.

31) 『맹자』 「만장상」 7장과 「만장하」 1장에 보면 이윤(伊尹)이 자신을 선지자나 선각자로서 자임하는 말이 보인다.

좋아함과 싫어함이라는 기준도 초월한다. 도가는 확연하게 선악을 구별하는 유가의 선지자와 달리 흐리멍덩하여 시비를 가릴 줄 모르는 어리석은 사람의 마음을 얻으려고 한다. 이러한 마음을 가진 자는 이름 모를 수풀이 자라고 있는 황량한 들판을 정해진 목적지가 없이 떠돌아다닌다. 사사롭게 선악을 판단하는 마음이 사라진 곳에서, 세계는 황량한 들판처럼 스스로 변화하고 있으며, 그 속의 자아는 가치론적 경계가 애매해진 황홀경에 든다.

2. 유가: 마음의 재정립

노자에서 장자로 이어지는 도가의 마음은 심재, 아기의 유약한 마음, 희미한 마음 등 해체주의적 경향을 갖는다. 한편 성리학은 도가의 해체주의적 마음 개념을 비판하는 과정을 통해 성선설에 기초한 심성론을 다시 발전시킨다. 성리학의 용어로 요약하여 말하자면 유가는 이치와 기질(氣) 모두를 수용하지만, 도가사상은 마음에 내재하는 '본성 즉 이치'를 해체하고 오직 기질만을 사상적 토대로 삼는 이단의 학문이다.[32] 도가와 달리 성리학은 밝음과 어두움, 혹은 맑음과 탁함이 복합적으로 작용하는 기질 세계의 현실적 이중성을 받아들이면서도 한편으로 '본성 즉 이치'의 이념을 추구한다. 그래서 성리학의 마음은 깨끗한 이념과 탁한 현실이 상즉(相卽)하는 장소가 된다. 성리학의 마음은 안에는 보석이나 밝은 구슬과 같은 본성이 자리하고 있으며, 다른 한편으로 그러한 밝은 구슬은 혼탁한 현실에 의해 둘러싸여 있다. 성리학은 마음을 매개로 자신 안의 본성으로 들어감

32) 특히 정도전, 권근, 이황, 한원진 등과 같은 조선시대 유학자들은 이기(理氣) 개념에 의해 도가의 학문을 이단이라고 비판한다. 조민환, 「유가의 이단관 연구」, 『철학』, 제63집, 한국철학회, 2000, 49-52쪽.

과 동시에 다시 마음을 매개로 사물들로 둘러싸인 현실로 나온다. 성리학적 마음을 가진 사람은 자신의 본성을 대면함과 동시에 주변 사물을 향하는 자이다. 좀 더 쉽게 말하자면, 성리학적 마음은 외부 사물과의 접촉을 벗어나 따로 이념의 길을 추구하지 않는다. 주희는 마음을 중심으로 내부 본성과 외부 사물이 즉해 있는 상태에서 수양하는 것에 대해 "사물에 즉하여 이치를 궁구한다(卽物窮理)."고 말한다.

성리학의 이치와 기질, 본성과 욕구의 관계처럼 유가적 이념과 현실은 마음을 매개로 상즉하고 있으며, 이러한 구도는 공맹유학으로 거슬러 올라간다. 공자는 "사람의 본성이 서로 비슷하나 습성에서 차이가 난다."[33]고 함으로써 본성이 습성과 관련되어 있다고 말한다. 이에 대한 주희의 해석에 의하면 "이곳에서 공자가 언급한 본성은 기질을 겸하여 말했다. 기질지성은 좋고 나쁜 차이가 있지만, 그 애초의 것으로 말하면 모두 서로 많은 차이가 나지 않는다. 다만 선을 익히면 선해지고 악을 익히면 악해지니, 이 때문에 비로소 서로 차이가 생기게 된다."[34] 공자뿐만 아니라 맹자도 사람의 마음은 본래 인자하고 의롭지만 이러한 좋은 마음도 고요한 아침이나 밤의 기운이 있어야 보존할 수 있으며, 만약 이욕으로 얽힌 외부 사물들의 소란스러운 기운 속에서라면 좋은 마음도 유지되기 힘들다고 말한다.[35] 이와 같이 공자, 맹자, 성리학으로 이어지는 유가의 마음은 내부 본성과 외부 사물이 교섭하는 곳에서 수양의 의미를 찾는다.

---

33) 『논어』, 「양화」, 2장.

34) 주희, 『논어집주』, 「양화」, 2장.

35) 『맹자』, 「고자상」, 8장.

1) 마른 나무와 밝은 구슬

성리학은 내부 본성과 외부 현실을 동시에 중시함으로써 양자를 분리시키는 도가와 불가를 비판한다. 성리학에서 수양의 궁극 상태를 표현하는 "환하게 꿰뚫음(豁然貫通)"이라는 말은 도가의 최고 경지와 그 내용이 다르다.36) 성리학적 견지에서 보면 도가의 마음은 두 가지 측면을 소홀히 했다. 하나는 도가가 마음속에 내재한 보석과 같은 밝은 본성을 적극적으로 살려내지 못했다는 것이고, 다른 하나는 사람의 고뇌와 열정이 복합적으로 작용하고 있는 사회적 현실을 외면한다는 것이다. 도가의 해체주의적 마음 개념과 달리 성리학은 주관에 내재하는 본성을 철저하게 현실에 노출시키고 결부시킨다. 도가가 마음속의 밝은 본성을 잃어버렸다는 성리학의 비판을 보자.

[갑] 도가: 마른 나무, 식은 재

마른 나무나 식은 재처럼 되려고 하는 것 또한 옳지 않다. 사람은 활물(活物)이다. 어찌 마른 나무나 식은 재처럼 될 수 있겠는가? 사람이 활물이라면 반드시 움직임과 사려함이 있다.37)

아기가 우물로 들어가려는 것을 본 사람은 반드시 측은하게 여긴다.

---

36) 주희의 "환하게 꿰뚫음"은 도가뿐만 아니라 선불교의 돈오와도 다르다. 아라키 겐고에 의하면 선불교와 주희가 설정한 본래성과 현실성의 관계는 서로 양식이 다르므로 "환하게 꿰뚫음"의 의미에도 일정한 차이가 있다. 주희는 일상적인 하학의 공부를 벗어나 별도의 상달 공부를 부정한다. 선불교에서는 육신을 벗어나 법왕신(法王身) 전체를 드러내는 자리를 근거로 삼지만 주자학은 인간의 중간자적 존재 방식을 중시한다. 아라키 겐고, 심경호 옮김, 『불교와 유교』, 예문서원, 2000, 399-405쪽.

37) 『이정집』, 1책, 「이정유서』, 권2상, 한경문화사업유한공사, 중화민국72, 26쪽. "欲得如槁木死灰, 又却不是. 蓋人活物也. 又安得爲槁木死灰? 旣活則須有動作, 須有思慮."

대개 사람의 마음은 살아 있는 것이다. 마음이 감응하는 이치가 반드시 이와 같으니, 비록 참으려고 해도 마음 가운데서 깜짝 놀라 저절로 그칠 수 없다. 그렇지 않다면 마른 나무나 식은 재처럼 이치가 때로 사라지게 된다.38)

[을] 유가: 밝은 구슬

마치 하나의 밝은 구슬이 물 안에 있듯이 이치는 기질 안에 있다. 이치가 맑은 기질 안에 있는 것이 마치 구슬이 맑은 물 안에 있어서 투명하게 다 밝은 것과 같다. 이치가 모두 탁한 기질 안에 있는 것이 마치 구슬이 탁한 물 안에 있어서 빛남이 밖으로 드러나지 않는 것과 같다.39)

밝은 덕은 밝은 구슬처럼 항상 스스로 빛을 뿜어내지만, 때로 먼지를 털어내야 한다. 만약 물욕(物欲)에 가리게 된다면 구슬이 더러워지게 되지만, 뿜어내는 빛의 본성은 예전 그대로이다.40)

이정(二程) 및 주희(朱熹)는 도가의 심재나 좌망에 대해 마른 나무와 식은 재처럼 생기가 없는 것이라고 비판한다. 유가의 마음은 활물 곧 살아 있는 것인데, 도가의 마음은 사물 곧 죽어 있는 것이다. 사람의 마음에는 진선미를 향한 적극적 의지가 있음에도 불구하고 도가는 그러한 의지를 죽이고 말았다. 사람의 마음속에 살아 숨 쉬는 의지가 삶을 어렵게 할 수도 있지만, 유가에 의하면 그것이 없이는 삶

38) 『주희집』, 권57, 「답진안경2」. "如赤子之入井, 見之者必側隱. 蓋人心是箇活底, 然其感應之理必如是, 雖欲忍之, 而其中惕然, 自有所不能以已也. 不然, 則是槁木死灰, 理爲有時而息矣."

39) 『주자어류』, 4:69. "理在氣中, 如一箇明珠在水裏. 理在淸底氣中, 如珠在那淸底水裏面, 透底都明. 理在濁底氣中, 如珠在那濁底水裏面, 外面更不見光明處."

40) 『주자어류』, 15:137. "若爲物欲所蔽, 卽是珠爲泥涴, 然光明之性依舊自在."

의 의미가 사라지고 만다. 그러한 점에서 유가의 삶에 대한 의지는 도가의 것보다 훨씬 강하다. 유가가 볼 때 도가는 삶의 불필요한 의지를 넘어 꼭 필요한 의지마저도 해체하고 말았다. 도가처럼 진선미에 대한 의지를 해체해버린다면 삶의 목적 자체가 사라지므로, 삶 자체에 대한 논의를 무의미하게 만들고 만다. 유가는 도가가 회의하지 말아야 할 삶의 의지 혹은 진선미에 대한 의지를 부정함으로써 자기 발화에 있어서 수행 모순을 저지른다고 본다. 유가가 볼 때 도가는 좋은 삶을 살고자 하면서도 사람의 마음을 마른 나무나 식은 재처럼 사물이 되게 하라고 권유함으로써, 삶에 대한 근본적인 열망을 앗아가고 만다.

유가는 마음속에서 삶의 근거를 찾는다. 유가는 도가의 죽은 마음을 비판하면서 자신의 살아 있는 마음을 밝은 구슬에 비유한다. 유가의 마음은 밝은 구슬처럼 해체할 수 없는 원초적 빛을 스스로 내뿜는다. 유가의 밝은 구슬과 같은 마음은 아무리 해체하려고 해도 그렇게 할 수 없는 자연스러운 것이다. 성리학자들이 즐겨 말하는 본성과 이치가 바로 밝은 구슬에 해당한다. 비록 인간세가 이욕으로 물든 탁한 물과 같은 것이라고 할지라도 그 안에 담긴 밝은 구슬의 빛을 사라지게 해서는 안 된다. 구슬의 밝은 빛은 보편성을 상징한다. 밝은 빛을 지향하는 유가는 도가의 마음을 마른 고목이나 식은 재처럼 죽어버린 것이라고 비판하면서, 인간의 의지가 뒤얽힌 구체적 현실 속에서 적절히 수양함으로써 밝은 구슬을 확보하려고 한다.

유가가 제시하는 밝은 빛으로서의 마음은 악으로부터 선을 밝혀낸다는 점에서 니체가 『비극의 탄생』에서 말하는 아폴론적인 것과 유사하다. 아폴론이 모든 사물을 지성의 빛으로 훤히 비추어 지배하는 이성의 대표자라고 한다면 디오니소스는 주객의 구분이 모호한 카오스적 도취 상태의 대표자이다. 아폴론의 빛은 미켈란젤로가 다비드상을 조각하듯이 세상의 사물을 분석하고 지배한다. 이와 마찬가지로 유교에도 밝은 구슬과 탁한 물이 있다. 유가의 밝은 구슬로서의 마음이 세상의 사물을 구분하는 보편적인 척도라면, 그 대척점에는 자기 파괴적인 것으로서의 사사로운 욕심이 자리하고 있다. 유가는 아폴론적인 것에 해당하는 밝은 구슬로서의 본성을 부각시키기 위해, 사사로운 욕심에서 비롯하는 혼탁한 파괴로부터 벗어나려고 한다. 유가는 밝은 구슬이 어두운 물욕의 폐단에 가리지 않도록 탁한 먼지를 털어내는 것을 중요한 수양의 과정으로 삼는다.

2) 오뚝하여 상대가 없는 마음과 경건한 마음

유가는 디오니소스적인 어둠의 충동 위에 언제나 아폴론적인 빛을 위치시킨다. 유가는 본성에 의해 기질을 지배하고, 천리에 의해 인욕을 지배하려고 한다. 그렇다고 유가가 디오니소스적인 충동, 기질, 인욕을 부정하는 것은 아니다. 유가는 이치의 주재 하에 있는 기질적 욕구를 허용할 뿐만 아니라, 유가적 이치 자체가 기질이라는 현실적 지평과 분리되어 있지 않다. 유가의 마음은 내용적으로 지고지순한 이념이면서도 사람의 욕구가 작용하는 현실적 경험 영역 안에 내재한다는 점에서 내재 즉 초월의 상태에 있다. 유가에 의하면 초월적인 이념은 반드시 현실 속에서만 자신을 실현할 수 있다. 그럼에도 도가는 주관의 의지와 욕구를 마음에서 떼어내려고 시도한다.

[갑] 도가: 오뚝하여 상대가 없음

대저 세상 사물의 이치는 정당하고 공평하니, 상대가 없는 것은 없다. 오직 도만 상대가 없지만 형이상하로써 논하자면 역시 상대가 있지 않음이 없다. 대개 상대라는 것은 어떤 것은 왼쪽과 오른쪽으로, 어떤 것은 위와 아래로, 어떤 것은 앞과 뒤로, 어떤 것은 많음과 적음으로, 어떤 것은 같은 것으로 상대하고, 어떤 것은 반대되는 것으로 상대한다. 반복해서 헤아려보면 천지 사이에는 진실로 오뚝하게 상대가 없이(兀然無對) 홀로 서 있는 것은 하나도 없다.[41]

[을] 유가: 경(敬)

단지 항상 붙잡아 가슴을 맑게 밝힐 뿐이다. 만약 흙덩이처럼 홀로 앉아 경(敬)을 지키려고 하면 도리어 어두워진다. 반드시 항상 붙잡고 있다가 사물이 이르면 옳고 그름을 분명하게 판별해야 한다.[42]

위의 인용문에서 보듯이 유가는 초월적인 형이상의 영역을 현실과 연관시켜 수양한다. 유가는 사물의 형체가 지각되는 형이하의 세계와 고차원적인 진리를 담고 있는 형이상의 세계가 긴밀하게 통일되어 있다고 생각한다.[43] 유가는 쇄소응대의 말단과 연비어약의 근본을 동시에 개진한다. 따라서 유가는 도가가 현실을 방치한 채 마음의 고요 속으로만 빠져들었다고 비판한다. 유가에 의하면 도가의 마음이란 어떤 감정이나 기질적 조건을 떠나 오뚝하게 짝 없이 홀로 서 있는 상태이다. 도가의 "오뚝하게 고요히 앉아 있기(兀然靜坐)"와 "흙덩이처럼 지키기만 하기(塊然徒守)" 따위가 그러한 상태이다. 도가는 그저

---

41) 『주희집』, 권42, 「답호광중5」. "大抵天下事物之理亭當均平, 無無對者, 唯道爲無對. 然以形而上下論之, 則亦未嘗不有對也. 蓋所謂對者, 或以左右, 或以上下, 或以前後, 或以多寡, 或以類而對, 或以反而對. 反復推之, 天地之間眞無一物兀然無對而孤立者."

42) 『주자어류』, 114:43. "只是常要提撕, 令胸次湛然分明. 若只塊然獨坐, 守著箇敬, 卻又昏了. 須是常提撕, 事至物來, 便曉然判別得箇是非去."

43) 유가의 지식이 형이하의 차원에서 형이상의 차원으로 발전되어가는 과정에 관한 연구로는 다음의 논문이 있다. Xinzhong Yao, "From 'What is Below' To 'What is Above': A Confucian Discourse On Wisdom", *Journal of Chinese Philosophy*, 2006.

앉아 있음을 통해 마음의 적극적 활동을 해체하지만, 유가가 볼 때 이러한 행위는 사회 현실로부터 유리됨을 의미할 뿐이다. 그런 면에서 장자 연구가인 리우샤오간의 비판은 음미할 만하다. 그에 의하면 "장자의 자유는 유물주의가 말하는 것처럼 세계를 개조하는 자유도 아니고, 의지주의자가 말하는 것처럼 세계를 주재하는 자유도 아니다. 장자의 자유는 순 정신적인 자아의 위안이고, 공허한 가상이며 현실을 도피한 결과이다."[44] 이과 같은 맥락에서 유가는 도가의 상대 없이 홀로됨을 매우 가련한 상태라고 본다. 왜냐하면 유가가 볼 때 상대가 없이 홀로됨이란 가정이나 이웃이나 국가와 같은 삶의 사회적 지평에서 이탈됨을 의미하기 때문이다.

도가가 기의 법칙 앞에서 마음을 해체시킨다면, 유가는 기를 이끌어갈 마음을 보존한다. 유가에서 중시하는 '경(敬)'이나 '성(誠)'이나 존심(存心)이 바로 본성이 담긴 마음을 붙잡는 공부이다. 유가는 몸과 몸을 둘러싸고 있는 사회적 환경이 단순히 물리적인 현상에 머물지 않고, 거기에는 본성으로서의 마음이 스며들어 있다고 본다. 마치 영화의 스크린과 그 위에 비치는 영상이 분리될 수 없듯이, 마음은 몸과 사회라는 스크린을 떠날 수 없다. 그래서 유가는 마음이 해체되어버린 흙덩이 같은 상태를 죽은 것에 비유하면서 비판한다. 도가가 마음을 놓아둔다면 유가는 마음을 붙잡고서 현실에서 시비선악을 가리려고 한다. 도가의 마음이 시비선악에 대한 의식적 판별을 떠나는 것이라고 한다면, 유가의 마음은 시비선악에 대한 판별 과정에 적극적으로 개입하는 준거가 된다.

유가의 마음은 현실 속에 살아 있는 활물이다. 주희는 마음이 살아있다는 것을 "허령지각(虛靈知覺)"이라는 말로 표현한다. 유가의 허

---

44) 리우샤오간, 최진석 옮김, 『장자철학』, 149쪽.

령지각은 정미한 도심을 유지하고 위태로운 인심을 없애는 수양론을 전개한다. 도심을 붙잡아두는 최상의 경지에 이르면 마음은 밝은 거울이나 고요한 물과 같은 상태에 이른다.

"성인의 마음이 밝은 거울이나 고요한 물과 같다."고 말한 것이 곧 보존의 경지다. 다만 성인이라면 붙잡지 않고도 항상 보존하지만, 보통 사람이라면 붙잡아 보존한다. 마음이 보존될 때가 역시 이와 같지만, 붙잡지 않으면 보존되지 않는다. 보존하는 것은 도심(道心)이고 사라지는 것은 인심(人心)이다. 마음은 하나이니, 실제로 이러한 두 가지 마음이 각각 다른 것이 되어 서로 교섭하지 않는 것은 아니다. 다만 보존되느냐 사라지느냐에 따라 그 이름을 달리한다. 바야흐로 사라질 때라면 참으로 마음의 근본이 아니다. 그러나 역시 보존되거나 사라지고 나오거나 들어감이 있는 한 개의 마음과는 별도로, 본원으로 돌아가기(反本還原)를 기다려 보존되거나 사라지고 나오거나 들어감이 없는 마음 한 개를 따로 구하여 바꾸는 것이라고 말할 수 없다. 단지 이 마음은 보존되지 않으면 사라지고 사라지지 않으면 보존되니, 중간에 빈 곳이란 없다. 그러므로 배우는 사람이라면 반드시 붙잡아 보존하려고 노력해야 하며, 비록 순 임금과 우 임금의 사이일지라도 역시 정일(精一)로써 경계해야 한다.45)

45) 주희, 『주희집』, 권40, 「답하숙경 26」. "聖人之心如明鏡止水, 天理純全者, 即是存処. 但聖人則不操而常存耳, 衆人則操而存之. 方其存時, 亦是如此, 但不操則不存耳. 存者, 道心也, 亡者, 人心也. 心一也, 非是実有此二心, 各為一物·不相交渉也, 但以存亡而異其名耳. 方其亡也, 固非心之本. 然亦不可謂別是一箇有存亡出入之心, 却待反本還原, 別求一箇無存亡出入之心来挽却. 只是此心但不存便亡, 不亡便存, 中間無空隙処. 所以学者必汲汲於操存, 而雖舜·禹之間, 亦以精一為戒也." 또한 주희의 『중용장구서』에도 다음과 같은 말이 보인다. "예전에 논의했듯이 마음의 허령지각(虛靈知覺)은 하나일 뿐이지만 인심과 도심의 차이가 있는 것은, 마음이 형기의 사사로움에서 생겨나오거나 혹은 성명의 바름에서 근원하여 지각이 서로 같지 않기 때문이다. 그러므로 혹은 위태로워 불안하고, 혹은 미묘하여 보기 어렵다. 그러나 사람에게는 형체가 있으므로 비록 상지(上知)일지라도 인심이 없을 수 없고, 본성이 있으

위의 인용문에서 보듯이 유가는 사물이 이를 때마다 도심을 붙잡는다. 유가는 마음을 도외시하려는 태도뿐만 아니라 마음의 종류를 저급한 것과 고급한 것으로 나누려는 태도도 부정한다. 유가의 마음은 도가에서 흙덩이처럼 지키기만 하는 것(塊然徒守)이거나 오뚝하게 상대가 없는 것(兀然無對)일 수 없다. 유가는 도가나 선불교에서 현실을 떠난 마음을 얻으려는 것에 대해 "별도의 본원으로 돌아가기(反本還原)"라고 비판한다. 유가는 도가에서 낮게 취급하려고 하는 인심(人心), 유위(有爲), 유대지심(有待之心) 등과 같은 탁하고 거친 현실을 수용하며, 바로 그러한 일상의 공부에 근거하여 성인의 경지에 이르려고(下學而上達) 노력한다. 이러한 측면에서 유가의 마음은 거울이나 물에 비유된다. 거울은 사물을 비추는 것이지만 언제든지 대기 중의 먼지가 끼어 더럽혀질 수 있으며, 물은 대기가 불안정하면 언제든지 혼탁한 흙물로 더럽혀져 파도가 일렁일 수 있다. 먼지가 낀 거울이나 혼탁하게 일렁이는 물이 인심의 상태를 비유한다면, 먼지가 닦인 밝은 거울과 깨끗하고 고요한 물은 도심의 상태를 비유한다.46)

므로 비록 하우(下愚)일지라도 도심이 없을 수 없다. 두 가지가 마음속에 섞여 있는데도 다스릴 줄 모르면 위태로운 것이 더욱 위태로워지고 작은 것이 더욱 작아져 천리의 공평함이 끝내 인욕의 사사로움을 이기지 못한다. 정밀하면 두 가지 사이를 살피고, 한결같으면 본심의 바름을 지켜 떨어지지 않는다. 이러함에 종사하여 조금이라도 끊어짐이 없이 도심이 항상 몸의 주재자가 되게 하여 인심이 매번 명령을 듣게 한다면, 위태로운 것이 편안해지고 작은 것이 드러나게 되어 움직임, 고요함, 말함, 행위 등에 저절로 과불급의 어긋남이 사라질 것이다."

46) 고요한 물(止水)이라는 말은 『장자』 「덕충부」에도 나온다. 장자는 의도적인 마음이 모두 비워진 상태를 고요한 물에 비유한다. 그러므로 장자의 고요한 물은 유위적 마음이 사라진 무위적 상태의 마음을 가리킨다. 그러나 이곳에서 주희가 말하는 고요한 물은 유가적인 마음 수양의 최고 경지를 가리킨다. 곧 유가적인 본성을 보존하려는 유위적 노력이 최고도로 익숙해진 상태를 가리킨다. 그러한 점에서 본다면, 도가에서 유위와 무위가 반대되는 개념이라면, 유가에서는 유위적 보존의 노력이 무위의 경지로 연계된다.

유가적 인간은 더러운 거울을 닦아 깨끗하게 만들고 일렁이는 물을 고요하게 안정시키듯이, 인심을 다스려 도심에 이르기 위해 수양한다. 유가는 도심을 추구하면서도 먼지 이는 인심의 현실을 공부의 출발점으로 삼는다.

유가의 이상인 요 임금이나 순 임금이라고 할지라도 인심과 도심의 양면성에서 공부를 시작할 수밖에 없다. 다만 유가에서 인심과 도심의 관계는 대립적이므로 어느 하나가 우세하면 다른 하나가 약해진다. 그러므로 유가의 수양은 집중과 선택이 그 초점을 이룬다. 유가의 수양은 도심에 집중함으로써 인심을 사라지게 하는 데에 있다. 유가는 정밀함(精)과 일관됨(一)을 통해 인심에 둘러싸인 도심을 보존하려고 한다. 그래서 맹자는 양혜왕이 자신을 초대하여 나라를 이롭게 할 방도를 묻자 인의로써 대답한다. 또한 주희는 맹자의 이 구절을 해석하면서 천리(天理)와 인욕(人欲)의 거리가 털끝만큼이나 가까우면서도 천리만큼이나 어긋난다는 역설적으로 보이는 주장을 한다. "사사로운 인욕이 천리를 따르면 이득을 구하지 않아도 저절로 이롭지 않음이 없으나, 인욕을 따르면 이로움을 구하여도 얻지 못하고 해로움이 따른다. 이것이 털끝만치의 차이지만 궁극에는 천리를 어긋나게 하는 경우이다."[47] 주희의 주장에서 보듯이 인욕은 인심과 같은 의미 계열이며, 천리는 도심과 같은 의미 계열이다. 유가의 도심은 결코 인심으로부터 멀어질 수 없지만 인심과 그 지향이 다르다. 유가의 도심은 인심과 떨어질 수 없으면서 동시에 섞일 수 없는 운명을 지니고 있다. 그래서 유가는 도가처럼 마음을 흙덩이나 식은 재로 방치하지 않고, 인심이라는 현실 속에서 도심을 찾는다. 인심과 도심 사이에서 도심을 붙잡아 보존하면 밝은 거울이나 고요한 물처럼 더

47) 주희, 『맹자집주』, 「양혜왕상」, 1장.

투명해지고, 그렇게 하지 못하면 인심의 사사로움에 의해 더욱 위태로워진다. 유가는 인심과 도심이라는 양 방향의 생장점을 동시에 인정하면서도 가치론적으로 도심의 영역을 따로 떼어내어 이해한다.

유가가 마음을 밝은 거울이나 밝은 구슬로 비유하는 이유는 주관의 의지와 정열을 중요하게 여기기 때문이다. 유가의 마음은 활물로서 고정되어 있지 않고, 주관적 의지가 어떻게 작동하느냐에 따라 삶의 차원을 높일 수도 있고 아니면 떨어뜨릴 수도 있다. 유가의 마음은 인심에서 도심에 이르는 긴장된 스펙트럼 속에 존재하며, 그 속에서 행위자는 도심을 향한 열정을 발휘해야 한다. 도심을 향한 열정이 바로 경(敬) 공부와 성(誠) 공부이다. 만약 한시라도 그러한 공부가 결여된다면 곧바로 인심으로 떨어지게 된다. 도심과 인심의 관계는 "향기로운 풀과 악취 나는 풀을 뒤섞어놓으면(一薰一蕕) 십 년이 흘러도 악취가 진동하는 것"48)과 같다. 그 속에서 사람은 늘 악취 나는 풀과 같은 인심을 상대로 향기로운 풀과 같은 도심을 찾으려는 노력을 해야 한다. 유가의 보편적 가치는 인심이라는 현실 조건에서 출발하여, 도심을 밝히기 위한 주관의 열정적 참여를 통해 달성될 수 있다.

3. 보편주의와 해체주의 사이에서

유가의 보편주의와 도가의 해체주의는 마음에 대해 구성과 해체의 긴장관계를 유지하면서 사유의 폭을 확장시켜왔다. 유가는 사람이 보편적 가치에 대한 인식을 선천적으로 타고난다는 것을 증명하기 위해 부동심이나 아기의 진실한 마음 등과 같은 어휘들을 생산한다. 맹

---

48) 『춘추좌전』, 「희공4년」.

자는 부동심을 통해 도의를 추구하는 것에 대한 확신을 표명하며, 주희 역시 아기의 진실한 마음을 통해 보편적 진리의 선천적 소여를 정당화하려고 한다. 유가는 마음에 내재하는 본성에 준거하여 진선미에 대한 보편적 인식을 긍정한다. 한편 도가는 이러한 유가의 보편주의를 위선과 가식이라고 여기면서 비판한다. 도가는 맹자의 부동심을 심재 개념을 통해 해체하고, 아기의 마음 역시 부드럽고 유약한 것으로 묘사함으로써 유가적 아기의 마음에 내재하는 보편주의적 특성을 해체한다.

유가는 도가의 해체주의적 비판에 대해 재비판을 시도하면서 또다시 마음에 대한 보편주의적 입장을 재정립한다. 성리학은 도가의 해체주의가 지닌 오류를 재비판함으로써 마음의 보편성을 정당화한다. 주희는 도가의 마음이 흙덩이나 재처럼 죽은 것이라고 비판하면서, 유가의 마음을 밝은 거울에 비유한다. 또한 그는 도가에서 제시하는 오뚝하여 상대가 없는 마음의 상태를 비판하면서, 마음에 대한 자기주시로서의 경(敬) 공부를 중시한다. 도가의 이상적 마음이 주관의 열정이 식어버림으로써 의식적 자아가 해체된 황홀의 상태라고 한다면, 유가의 이상적 마음은 열정을 투입함으로써 밝은 거울이나 고요한 물과 같은 것으로 보편적 진리를 뚜렷하게 자각한다. 도가가 마음에 쌓인 헛된 의지를 폭로하고 해체하려고 한다면, 유가는 주관적 의지를 통해 밝고 깨끗한 도심을 유지하려고 한다.

그렇다면 보편적 진리를 확보하려는 유가의 입장과, 유가의 보편주의를 해체하려는 도가의 입장에 대해 어떠한 평가를 내릴 수 있을까? 유가의 보편주의와 도가의 해체주의 사이의 대립에서 어느 한편의 손을 들어주기는 어려워 보인다. 도가의 주장처럼 유가의 밝은 거울로서의 마음은 보편적 진리의 척도를 매우 자의적으로 설정하는 오류를 범하기 쉽다. 주관의 의지를 투여해야 할 보편적 척도를 어디에서 찾을 수 있을까? 유가에서 제시하는 보편적 가치 척도인 본성의 구체적 모습은 무엇일까? 공자가 그리워하던 아주 먼 옛날 주공이 살았던 주나라의 제도에서 보편적 척도를 찾을 수 있을까? 아니면 조선시대 많은 사대부들이 사모했던 이미 사라져버린 왕국 명나라에서 찾을 수 있을까? 도가의 우화처럼 유가의 보편주의는 동해의 거북이가 우물 안의 개구리처럼 되는 것, 혹은 안 될 줄 알면서도 하려고 하는 것일지도 모른다. 그렇다고 한다면 유가에서 제시하는 보편적 척도는 유가에게는 밝은 구슬이지만, 유가가 아닌 다른 사람에게는 허위에 기초한 환영에 불과할 수도 있다. 도가의 해체주의적 입장에서 보자면 유가의 보편주의는 야마(野馬)와 진애(塵埃)같이 애매하고 어렴풋한 것들을 명경지수라고 착각하고 있는 것인지도 모른다.

도가에서 변론하듯이 사물들의 주관적 의지가 갖는 차이들에도 불구하고, 왜 유가적 보편주의자들은 거북이와 개구리, 혹은 미꾸라지와 사람, 혹은 어른과 아이처럼 서로 다른 부류들 사이를 관통하는 보편적 척도를 추구할까? 유가에서 주장하는 천인합일의 이상은 매우 요원한 비현실적인 일이며 오히려 그러한 이상의 추구야말로 대롱으로 하늘을 쳐다보는 것과 같은 편견을 고착화시킬 수도 있다. 그런데도 유가는 왜 서로 다른 주관적 의지를 가진 '나'와 '너'의 차이를 수렴할 수 있는 공통의 장으로 초월하려고 할까? 도가의 해체주의적 비판 혹은 상대주의적 비판에도 불구하고 유가적 보편주의가 등장하는 이유에 대해 주의를 기울일 필요가 있다. 비록 서로 다른 주관적 의지들이 함께 공존할 수 있는 공통의 지점이 어디인지 정확히 모르고 있을지라도, 서로가 함께 공존할 수 있는 보편적 지평을 찾으려는 노력 자체를 부정할 수는 없을 것이다. 비록 유가적 보편주의가 해체주의적 비판 앞에서 산산이 부서진다고 할지라도, 안 될 줄 알면서도 해보려 하고(知其不可而爲之), 현실에 부딪쳐 진리를 모색하는

(卽物窮理) 보편주의적 탐구 정신마저 해체하기는 어려워 보인다. 상대주의자들이 말하듯이 현실의 개별자들 각자가 매우 변화무쌍한 의지들을 갖고 있는 경우가 많으며, 그러므로 주변의 타자들은 경우에 따라 자신에게 매우 친숙할 수도 있고 매우 낯설 수도 있으며, 매우 호감이 갈 수도 있고 매우 혐오스러울 수도 있다. 그러나 유가적 보편주의는 그러한 야마나 진애 같은 타자들로 둘러싸인 현실에 발을 딛고 있음에도 불구하고, 서로가 공유할 수 있는 진리의 공간이 가능하리라는 열정과 희망을 버리지 않는다. 유가의 보편주의는 끊임없이 해체주의 앞에서 자신의 취약점을 비판받으면서, 서로가 공유할 수 있는 더 나은 현실적 지평을 확보하기 위해 애써왔으며, 그러한 노력이 아직 최종 지점에 이르지는 못했다고 할지라도, 앞으로도 여러 비판에 직면하고 시행착오를 거침으로써 인류가 역사를 새롭게 진전시키는 데 일조할 것임에 틀림없다.

제11장

언어: 실재와 표상

'도(道)' 혹은 진리가 무엇이냐를 둘러싸고 벌어진 유가와 도가의 논쟁은 매우 치열한 역사를 갖고 있다. 도가의 도는 유가의 도를 해체한다. 유가가 정명론(正名論)을 주장한다면, 도가는 무명론(無名論)을 주장한다.[1] 자주 회자되는 『노자』의 첫 구절에는 "도를 도라고 해야 옳다면(道可道) 그것은 진정한 도가 아니다(非常道)."라고 함으로써, 유가에서 자주 입에 올리는 '가(可)한 도'를 해체한다. 도가에 의하면 유가에서 내세우는 진선미 등의 개념은 진정한 본래적 사실을 남보하지 못한 억지스러운 규정(有爲)에 불과하다. 도가는 유가의 도덕적 질서, 정치적 질서, 존재론적 질서 등이 절대적 표준을 절대

1) 손영식에 의하면 공자의 정명론은 동일률, 모순율, 배중률 등의 형식논리를 따르면서 이름에 주어진 역할과 덕목을 실천해야 마땅하다고 주장한 반면에, 노자는 모순된 것들의 공존을 주장한다. 노자 사상에서는 '이름'이 영원불변의 기준이나 이상이 아니며, 하나의 이름이 있으면 반드시 반대되는 것이 존재하므로 모순되는 것들은 동근원적이다. 손영식, 「공자의 정명론과 노자의 무명론의 비교: 그 논리와 사고방식의 대립을 중심으로」, 『철학』, 제31집, 한국철학회, 1989, 183-195쪽.

화하여 주변부를 수렴하는 토대주의에 경도되어 있다고 비판한다. 도가는 인욕, 잡종, 삿됨, 옳지 않음, 악, 어두움 등과 같이 유가에서 저평가하는 것들을 적극적으로 변호한다. 그러한 시도들이 무위(無爲), 상아(喪我), 좌망(坐忘), 탈아(脫我), 망아(忘我), 득의망언(得意忘言), 허정(虛靜), 조철(朝徹), 심재(心齋) 등의 해체주의적 개념으로 나타난다. 도가의 해체주의는 빛과 먼지를 함께 아우르고, 큰 것과 작은 것을 하나로 대하고, 이름 있는 것과 이름 없는 것을 포괄하고, 삶과 죽음에 초연하고, 우아한 소리와 소박한 소리를 차별하지 않는다. 그 결과 무위자연(無爲自然)의 도를 터득한 자는 자신을 잊은 채 하염없이 안석에 기대어 앉아 있는 모습으로서 묘사된다.[2)]

공자 역시 도가의 해체주의와 유사한 말을 한 적이 있다. "가(可)한 것도 없고 불가(不可)한 것도 없다."[3)]는 공자의 말이 그것이다. 유가에서 시중(時中)으로 이해되는 이 말은 얼핏 보면 도가의 해체주의적 태도와 유사하지만, 사실은 가(可)한 것에 대한 지향을 함의하고 있다.[4)] 공자는 "아침에 도를 들으면 저녁에 죽어도 좋다(可)."[5)]고 말함으로써 가(可)한 도를 알고자 열망한다. 공자의 계승자인 맹자 역시 "욕구해야 옳은 것(可欲)"[6)]을 열망한다. 이와 같이 유가는 진선

---

2) 『장자』, 「제물론」.

3) 『논어』, 「미자」, 8장.

4) 맹자와 주희의 해석에 따르면 공자는 도가처럼 절대무에 도달하는 것을 이상으로 삼은 것이 아니라 시기에 따라서 가장 옳은 것을 선택할 줄 알았던 인물이다. 맹자는 공자에 대해 "벼슬할 만하면 벼슬하고(可以仕則仕), 그만둘 만하면 그만두고(可以止則止), 오래 머물 만하면 오래 머물고(可以久則久), 빨리 떠날 만하면 빨리 떠났다(可以速則速)."고 평가한다(『맹자』, 「공손추상」). 또한 『논어집주』의 윤씨(尹氏) 말에 의하면 "공자는 가(可)한 것도 없고 불가(不可)한 것도 없었으므로 항상 가(可)에 맞았으며 다른 무리(백이, 숙제, 우중, 이일, 주장, 유하혜, 소련)와 달랐다."고 설명한다(주희, 『논어집주』, 「미자」).

5) 『논어』, 「이인」, 8장.

미를 강렬하게 추구한다. 유가는 토대주의적 시각에서 군자/소인, 천리/인욕, 바름/삿됨, 가/불가, 시/비, 선/악, 밝음/어두움, 순종/잡종 등의 이분법적 구도를 정당화한다. 유가는 후자를 제거하는 동시에 전자를 문장(文章), 문채(文彩), 문명(文明) 등의 경지로 고양시키고자 노력한다. 유가적 인간은 진심(盡心), 구방심(求放心), 존심(存心), 지경(持敬), 위기(爲己) 등과 같이 자기 자신에 집중하여 적극적으로 진리를 구축해간다.

도가와 유가의 상반된 입장은 음악과 언어에 대한 입장에서도 지속된다. 도가는 유가에서 말하는 '바른 음악/삿된 음악', '바른 언어/삿된 언어' 간의 구별이 삶을 옭아매는 위선적 이데올로기라고 비판하면서, 언어란 사실을 기술하는 도구일 뿐이라고 생각한다. 그래서 도가는 음악과 언어를 초월한 곳에 참된 세계가 있다고 가정한다. 한편 유가는 음악과 언어에 대해 부정적 태도를 취하는 도가의 입장을 허무주의에 빠졌다고 비판한다. 유가에 의하면 인간이 사용하는 소리, 음악, 말, 글 등은 사실을 기술하기 위한 수단을 넘어 삶의 일부이다. 유가는 음악과 언어가 사실이나 삶을 관찰자적으로 모사하는 거울이 아니라, 삶의 전개 과정 그 자체에 해당한다고 본다. 이러한 유가의 태도는 삶의 서사로서의 음악관, 삶의 수행으로서의 언어관, 시작(詩作)에서의 흥(興)의 기법 등을 통해 드러난다.

1. 도가의 무위자연적 소리

도가는 하나의 질서로 통일되는 것을 허용하지 않기 때문에 우리의 규범화된 체계를 넘어서서 존재들이 울려내는 다양한 소리를 소

6) 『맹자』, 「진심하」, 25장.

중하게 생각한다. 도가가 보기에 정악(正樂)에서 사용하는 오케스트라, 합창, 가곡 등과 같이 매우 정제된 소리들은 자연스러운 것이라기보다 매우 엄격하게 통제된 것이다. 도가는 음률로 가공되기 이전의 자연스러운 소리에 귀를 기울인다. 도가는 음률로 제도화되기 이전에 본래적 시원으로서의 소리가 존재한다고 생각한다. 도가는 유위(有爲)적인 통제에 의해 다스려지는 유가적인 소리를 해체하여, 저대로 울려대는 자연스러운 소리들 그 자체에 다가서려고 한다.

자연스럽게 울려나오는 소리는 인간의 언어나 음률에 의해서 구획되지 않은 소리이다. 도가의 자연스러운 소리는 형식이나 표준에 의해서 해석되기 이전에 존재하는 소리들 그 자체이다. 그러한 자연스러운 소리는 이름을 붙이기 어렵다. 인간의 언어적 분류 체계로는 도가의 본래적 소리를 파지하기 어렵다. 그래서 장자는 유교의 형식주의적 음률의 체계를 분산 혹은 해체하고자 한다. 장자는 본래적 소리의 다양함을 '바람소리'를 통해 다음과 같이 묘사한다.

> 크게 뭉쳐서 기(氣)를 토해내니, 그것의 이름은 바람이다. 그것은 처음에는 일어남이 없다가, 일어나게 되면 만 가지 구멍이 성내며 부르짖는다. 그대는 윙윙 울리는 저 소리를 듣지 못했는가? 산림에 바람이 크게 불면 백 아름이나 되는 커다란 나무에 뚫려 있는 구멍들은 코 같기도 하고, 입 같기도 하고, 귀 같기도 하고, 가로보 같기도 하고, 술잔 같기도 하고, 절구 같기도 하고, 저수지 같기도 하고, 웅덩이 같기도 하다. 철철, 씽씽, 츠츠, 쉬익, 흐엉, 흑흑, 휘익, 위잉 하고 울어댄다. 앞에서 휘익 하고 부르면 뒤에서 윙윙 따른다. 산들바람에는 작게 화답하고, 빠른 바람에는 크게 화답한다. 매서운 바람이 멎으면 모든 구멍이 고요해진다. 크게 요동치기도 하고 가볍게 요동치기도 하는 것을 그대는 보지 못했는가?[7]

7) 『장자』, 「제물론」. "夫大塊噫氣, 其名爲風. 是唯無作, 作則萬竅怒呺. 而獨不

커다란 나무의 처처에서 보이는 오목한 곳들이나 움푹한 곳들과 마찰하여 발생하는 여러 소리들은 형언하기 어렵다. 장자가 묘사하는 커다란 고목나무에 불어오는 소리들은 언어적 변별 체계의 확립에 기여하기 위해서라기보다, 기존의 언어 체계에 들어오지 않은 소리들에 최대한 접근하기 위한 전략을 취하고 있다. 장자는 언어 체계로 파지하기 힘든 본래의 소리를 잡아내기 위해 기존의 언어기술의 방식을 최대한 다양하게 분화시키고 해체시킨다. 장자는 고목나무의 다양한 모양새에 정확하게 대응하는 기술적 도구가 없다는 것을 시사하기 위해 '~ 같기도 한 것'이라는 불충분한 어림짐작의 용어를 사용한다. 커다란 나무의 울퉁불퉁함은 정확하게 객관화할 수 없을 만큼 고유한 형태를 갖고 있다. 그와 같이 묘사하기 어려운 굴곡들에 바람이 불면 더욱 파지하기 힘든 '~ 같기도 한 소리'가 발생한다. 장자가 주장하는 재단되기 이전의 본래적 소리에 귀를 기울일수록 기존의 언어 체계는 수면에 일어나는 흔들리는 파문처럼 새로운 주름을 형성하면서 갖가지 음가로 분산되고 만다.

장자가 제시하는 바람소리들을 표기하고 있는 글자들의 음가는 워낙 미묘한 의성어들이기 때문에 한국어에서조차 대응어들을 찾아내기 어렵다. 다만 현대 중국어의 성운을 참고하여 근접하는 한국어 음가들을 다음과 같이 구성해볼 수 있다.

- 설면음(치경구개음) : 激(ji, 1성) - 철철, 謞(he, xiao, xie, 각4성) - 씽씽, 吸(xi, 4성) - 쉬익, 叫(jiao, 4성) - 흐엉

聞之翏翏乎? 山陵之畏佳, 大木百圍之竅穴, 似鼻, 似口, 似耳, 似枅, 似圈, 似臼, 似洼者, 似污者, 激者, 謞者, 叱者, 吸者, 叫者, 譹者, 宎者, 咬者. 前者唱于而隨者唱喁. 冷風則小和, 飄風則大和, 厲風濟則衆竅爲虛. 而獨不見之調調之刁刁乎?"

- 설근음(연구개음) : 謞(he, xiao, xie, 각4성) - 씽씽, 譹(hao, 4성) - 흑흑
- 권설음 : 叱(chi, 4성) - 츠츠
- 모음 : 宎(yao, 3성 혹은 4성) - 휘익, 咬(yao, 3성) - 위잉

장자는 바람소리 중에서 격렬한 소리를 묘사하기 위해 '激(ji, 1성)' 자를 사용한다. 그런데 고대 한문이 표의문자이기 때문에 '激'자의 음가를 찾아내는 일은 쉽지 않다.[8] 다만 현대 중국어의 음가대로 옮기자면 'ji, 1성'이므로 '지지' 정도로 번역할 수 있을 것이다. 그러나 장자가 사용한 '激(ji, 1성)'자는 단지 음성만을 표기하고 있는 것이 아니라 '물이 부딪치는 격렬함'이라는 시청각적 의미와 공감각적으로 통일되어 있다.[9] 장자는 격렬한 소리를 묘사하기 위해 한문의 표의문자적 특징을 십분 발휘하여 음성적 특징과 회화적 특징과 촉각적 특징을 공감각적으로 활용하고 있다. 그렇게 볼 때 '激(ji, 1성)'자는 단순히 현대 중국어 음가에 대응하여 '지지'로 번역하기보다, 격렬한 느낌을 잘 전달할 수 있는 '철철'이라는 말을 사용해 번역하는 편이 나을 것이다. 그 밖에 다른 글자들도 마찬가지다.

---

8) 참고로 고대 한문은 회화적인 성격이 강한 데 비해 음가에는 민감하지 못한 언어이다. 고대 한문은 글자의 회화적 성격에 의존하는 표의문자에 기초하기 때문에 음에 대한 정확한 표기법이 존재하지 않는다. 고대 한문에서 음가(音價)는 분석적이고 추상적인 알파벳에 의존하여 표기되는 것이 아니라, 발화자의 입에서 수화자의 귀로 직접 전달되는 방식을 취한다. 이 때문에 장자가 언급하는 바람소리에 대한 음가들을 문자로부터 직접 도출해내기는 어렵다. 따라서 장자가 묘사하는 바람소리에 대한 한국어 번역어는 임의적일 수밖에 없다.

9) 『설문해자(說文解字)』에 의하면 '激'자는 물에서 뜻을 취하고 '敫'에서 음을 취한 것으로, "물살이 가로막혀 빠르게 파도치는 것(水礙袞衷疾波)"을 말한다(허신, 단옥재 주석, 『설문해자주』, 상해고적출판사, 1988, 549쪽 하단). 또한 『맹자』 「고자상」에 보면 "激而行之"라는 말이 보인다.

장자는 고목에 불어오는 바람소리의 다양함을 묘사하기 위해 한자의 공감각적 특성들을 사용하여 가능한 최대한도의 언어적 상상력을 동원하고 있지만, 여전히 다양한 바람소리를 정확히 기술한 것은 아니다. 장자에 의하면 격렬한 바람소리 하나도 언어 체계가 제대로 표현할 수 없는데, 하물며 기기묘묘한 잡다한 소리가 언어에 의해 완벽하게 표현될 수 없다는 것은 불문가지다. 그러므로 고목나무에 부는 다양한 바람소리를 언어로써 동일하게 재현하려는 욕망은 언제나 불만족으로 귀결될 수밖에 없다. 다양한 바람소리를 여러 가지 언어적 묘사를 통해 지시할 수 있을지라도 그것이 바로 바람소리 자체와 동일한 것은 아니다. 마치 인물 사진이 인물 그 자체가 아닌 것처럼 언어적 지시가 지시된 대상 그 자체인 것은 아니다.

장자가 볼 때 언어적 변별 체계가 본래적 소리를 억압하기보다, 오히려 언어가 사실을 묘사하기 위해 잘게 해체되어야 마땅하다. 그래서 장자는 고목나무에 부는 바람소리를 묘사하기 위해 언어를 부수고 또 부순다. 장자는 본래적 소리 자체를 묘사하기 위해 기존의 언어를 다양하게 부숨으로써 만규노호(萬竅怒號)라는 해체적 개념을 생산하는 데에 이른다. 장자는 본래적 소리 앞에서 다양하게 부서진 언어들을 '땅의 퉁소(地籟)'에 비유하고, 본래적 소리들을 억압하는 한두 개의 유위적 소리를 '사람의 퉁소(人籟)'에 비유한다. 땅 위에 존재하는 아스팔트, 빌딩, 자동차, 산, 숲 등에서 품어져 나오는 땅의 소리들이 현존하는 다양한 존재들의 소리라고 한다면, 악보에 따른 집중적 훈련에 의해서 나오는 오케스트라의 연주는 유위적인 사람의 소리이다. 또한 사람의 퉁소와 땅의 퉁소 외에도 하늘의 퉁소(天籟)가 하나 더 있다. '하늘의 퉁소'는 유위적인 사람의 퉁소와 땅의 퉁소를 망라하는 '모든 소리'이다. 곧 노자의 '검은 암컷(玄牝)'이나 '검고도 검은 오묘한 문'이 빛과 티끌을 모두 포괄하듯이, 하늘의 퉁소는 세상에 존재하는 다양한 소리들의 전체 집합이다.

도가는 유명(有名)/무명(無名), 유위(有爲)/무위(無爲), 유욕(有欲)/무욕(無欲) 등의 대조적 개념들을 함께 수용하지만 유가는 전자에 중요한 가치를 부여한다. 장자는 유가에서 중요시하는 것들을 유위적인 것이라고 비판한다. 장자가 볼 때 사람의 퉁소는 사람의 욕구를 위해 통제된 소리라는 점에서 유가적인 것을 지칭한다. 왜냐하면 유명과 유위와 유욕이 극대화된 사회일수록 가장 좋은 소리만을 선택적으로 들으려고 애쓰기 때문이다. 도가는 유가가 가장 좋은 악기와 가장 좋은 연주자로 구성된 음악회에 가야만 소리다운 소리를 들을 수 있다고 생각함으로써 절대적 자유의 경지로 초월하지 못했다고 본다. 도가는 유가의 유위적 차별이 소리다운 소리와 소리도 아닌 소리라는 가치론적 이분법을 만들어낸다고 비판한다. 유가의 '가치/무가치'의 이분법은 명분론을 내세우며 소리다운 소리, 아버지다운 아버지, 소설다운 소설, 의사다운 의사, 사람다운 사람, 음식다운 음식 등과 같이 가장 이상적인 것을 설정하여 그것을 현실에 일반화하려고 한다. 명분론에서 소리다운 소리란 사람이 가장 기대하는 소리이며, 아버지다운 아버지 역시 그 사회에서 요구하는 역할을 충실히 수행하는 존재로서의 아버지를 뜻한다.[10] 명분론에서 주장하는 '~다운 사람'이란 어떤 탁월한 기술이나 능력을 가진 권위적 전문가에 다름 아니다. 유가적 명분론은 성인의 삶과 성인의 언어를 가장 가치 있는 것으로서 일반화한다. 그런데 도가가 볼 때 이러한 유가의 진리 구분의 기준은 매우 옹졸한 자의성에 매몰됨으로써 사실 전체를 왜곡하고

10) 손영식에 의하면 "한 인간은 다양한 관계 속에서 상대에 따라서 자신의 역할이 결정되며, 어떤 역할을 맡은 상황이더라도 그 역할을 제대로 수행하라는 것이 공자의 정명론이다." 손영식, 「공자의 정명론과 노자의 무명론의 비교: 그 논리와 사고방식의 대립을 중심으로」, 184쪽.

있다.

역설적이게도 장자는 언어에 의한 유위적 수사가 본래적 소리에 도달할 수 없다는 것을 알리기 위해 매우 빼어난 언어적 묘사를 동원한다. 그렇지만 장자의 풍부한 언어적 수사가 본래적 소리에 직접 도달하게 하는 것은 아니다. 장자가 보기에 소리와 언어 사이에는 합치할 수 없는 간극이 존재한다. 장자의 논리에 따르자면 소리 그 자체에 접근하기 위해서는 궁극적으로 문자의 옹졸한 경계를 초월해야 한다. 도가의 기획 아래서는 문자를 초월함으로써만 대상을 주관화하려는 유위적 사고도 함께 사라지고, 마침내 귀는 귀대로 소리는 소리대로 남는 경지에 이르게 된다. 도가의 무위자연(無爲自然)의 사상에서 주장하는 '사물로써 사물을 보는 것(以物觀物)'은 언어적 매체라는 방해물을 초월함으로써 소리와 귀가 저대로 남는다. 도가는 작위에 의한 문자적 이야기가 소멸되고 자연의 이야기만 남기를 바란다. 타자와의 작위적 이야기가 사라진 세계란 노자가 말하듯이 이웃 마을에서 개가 짖고 닭이 우는 소리가 들려도 왕래가 없이 모든 것이 본래대로 존재하는 탈아(脫我)의 세계이다.

2. 유가의 삶의 서사로서 음악

유가적 존재는 도가에서처럼 자기를 버리는 망아(忘我)나 탈아(脫我)의 상태에 빠져서는 안 되며, 계속해서 자신의 주관성을 표출해야 한다. 유가는 도가의 망아와 탈아를 허무주의라고 준열하게 비판한다. 유가는 왜 인간이 자신의 주관성을 버릴 수 없는지, 혹은 더 나아가 인간이 자신의 주관성을 적극적으로 개발해가야 하는지를 해명한다. 도가에 하늘의 퉁소, 사람의 퉁소, 땅의 퉁소가 있다면 유가에는 하늘, 사람, 땅이라는 삼재(三才) 사상이 있다. 유가의 삼재 사상에 의하면 사람은 하늘이나 땅과 연관되어 유의미한 이야기를 생산하고 있다. 도가와 달리 유가는 사람을 우주 생성의 중요한 한 축으로 해석한다. 유가는 세계를 이해할 때 하늘이나 땅과 함께 사람의 의지와 행위를 적극적으로 끌어들인다. 그런 까닭에 유가에서 소리란 그냥 소리가 아니라 사람의 주관적 의지를 담은 이야기들이다. 유가적 인간은 문자나 말로 자신의 감정과 의지를 적극적으로 표출하는 존재이다. 유가는 인간에게서 독립된 소리를 가정하지 않는다. 더 정확히 말하자면 유가에서의 소리란 인간의 심성과 바깥 대상이 함께 반응하는 중간 지대이다. 소리를 접점으로 하여 인간과 바깥 사물이 함께 만난다. 그러한 점에서 인간이 듣고 표현하는 소리는 외부 사물을 그대로 흉내 내는 모사가 아니라 인간과 사물의 합생(合生)을 뜻한다. 소리에 대한 유가의 이러한 입장은 『예기』「악기」에 잘 정리되어 있다.

> 모든 음(音)은 사람의 마음에서 생긴다. 사람의 마음이 움직이는 것은 사물이 그렇게 만든 것이다. 사물을 느껴서 움직이므로 소리(聲)에 드러난다. 소리가 서로 응하므로 변화를 낳는다. 변화가 질서를 이루면 음이라고 말한다. 음들을 정리하여 악기로 연주해서 간척(干戚), 우모(羽旄)에 이르면 악(樂)이라고 부른다.[11]

사람의 마음이 사물과의 교감에 의해 움직여 소리로 나타나서 음으로 발전하여 궁극에는 하나의 악(樂)을 이룬다. 음(音)이란 궁상각치우 등과 같이 일정한 높낮이로 정해진 질서를 가진 소리이고, 소리(聲)란 사람의 마음이 사물에 느껴서 나는 소리 일반이다. 비록 소리

11) 『예기』, 「악기」. "凡音之起, 由人心生也. 人心之動, 物使之然也. 感於物而動, 故形於聲. 聲相應, 故生變. 變成方, 謂之音. 比音而樂之, 及干戚羽旄, 謂之樂."

라는 개념이 아직 일정한 법칙성을 지니지 않을지라도 그것이 마음과 관련되어 생긴다는 점에서 인간적인 측면을 함축한다.

그렇다고 유가의 소리가 극단적으로 주관화되는 것은 아니다. 사이 세계로서의 인간의 소리는 객관 대상으로서의 본래적 소리를 흉내 내려는 의사적 도구가 아닐 뿐만 아니라, 외부 사물과의 반응과 동떨어져 인간의 심성만을 표출시키는 고립된 주관성의 표출도 아니다. 유가의 소리란 주관과 객관이 반응하는 사이 세계로서 기능한다. 마음과 사물은 소리라는 매개체를 통해서 삶의 서사를 전개한다. 인간의 마음에 슬픈 마음, 즐거운 마음, 기쁜 마음, 성난 마음, 경건한 마음, 사랑하는 마음 따위가 있듯이 소리에는 슬픈 소리, 즐거운 소리, 기쁜 소리, 성난 소리, 경건한 소리, 사랑하는 소리 따위가 존재한다.[12] 슬픈 소리와 슬픈 마음은 공명하며, 나머지 경우도 마찬가지다. 마음과 사물의 공명을 통해 생성되는 소리는 단순한 물리학적 떨림이 아니라 일정한 의미를 지닌 서사적 이야기이다. 그래서 치세의 음은 편안하고 즐거우며, 난세의 음은 원망하며 성내고, 망국의 음은 애절하게 사무친다.[13] 이와 같이 유가의 소리는 사회적이고 정치적인 의미까지 내포하고 있다. 유가는 하나의 경기에 규칙이 있고, 정치적

12) "슬픈 마음이 감하면 그 소리가 애끓으면서 가라앉고, 즐거운 마음이 감하면 그 소리가 명랑하면서 늘어지고, 기쁜 마음이 감하면 그 소리가 발산하여 흩어지고, 성내는 마음이 감하면 그 소리가 거칠면서 사납고, 공경하는 마음이 감하면 그 소리가 곧고 청렴하고, 사랑하는 마음이 감하면 그 소리가 화평하고 부드럽다."(『예기』, 「악기」)

13) "치세의 음은 편안하고 즐거워서 그 정치가 조화롭고, 난세의 음은 원망하며 성내서 그 정치가 괴리되고, 망국의 음은 애절하게 사무쳐서 그 백성이 곤궁에 빠진다."(『예기』, 「악기」) 또한 궁-군주, 상-신하, 각-백성, 치-일, 우-사물 등과 같이 5음도 세계 안에 존재하는 다섯 가지 사물과 의미론적으로 대응한다. 예를 들어 궁음이 어지러우면 소리가 거칠어지니, 이것은 임금이 교만한 것이다. 나머지도 이와 마찬가지다.

공동체에 규범이 있고, 가정에 가훈이 있듯이, 소리도 가치론적 서사를 지닌다고 본다.14)

소리가 인간의 감정과 연계되어 있다는 유가의 논증은 각종 악기 소리에 사람의 감정을 대응시키는 데에서 발견된다. 순자에 의하면 모든 소리는 감정적 색깔을 가지고 있다. "북은 소리가 크고, 종은 여러 소리를 통솔할 만큼 충실하고, 경(磬)은 산뜻하고 절제미가 있고, 관(筦)과 약(籥)은 맹렬하고, 훈(塤)과 호(篪)는 은은하고, 슬(瑟)은 우아하고, 금(琴)은 부녀자처럼 부드럽고, 노래 소리는 매우 맑다."15) 물론 엄격히 따졌을 때 개인에 따라 소리에 대한 느낌의 차이가 있겠지만, 유가는 여러 가지 소리를 사람의 느낌에 의해서 감정적으로 분류하려고 한다. 현대음악에 단조와 장조의 차이가 있듯이 유가적 전통음악에도 계면조와 평조의 차이가 있다. 이와 같이 유가적 소리는 사람의 감정과 깊은 연관을 이루고 있다.

유가는 음악을 통해 사회적 통합과 도덕적 개발을 추구한다. 먼저 유가의 음악은 사람들이 감정적으로 통합할 수 있도록 자극한다. 사회적 통합과 관련해 유가의 음악은 예법과 대비적인 기능을 한다. 예법이 사물 간의 구별이나 절제를 촉진한다면, 음악이란 사람의 내적 감성에서 나온 것으로서 정서적 통합을 촉진한다.

---

14) 유가의 음악은 우주론적으로 천지자연의 조화와 관련되고, 도덕적으로는 인격 완성과 관련되고, 정치적으로는 치국평천하와 관련된다. 유가의 음악관과 고대 그리스의 음악관을 우주론적, 도덕적, 정치적 측면에서 비교한 논문으로는 다음 연구를 들 수 있다. 이경희, 「동서양 음악미학 고찰을 통한 한국음악의 정체성 연구 (1): 고대 그리스 음악관과 『예기』에 나타난 음악사상 비교」, 『음악과 민족』, 제26집, 민족음악학회, 2003.

15) 『순자』, 「악론」.

음악	예법
하늘	땅
봄, 여름	가을, 겨울
신(神)	귀(鬼)
인(仁)	의(義)
화합	구별
시작	완성
베풂	보답
감정	이치
친함	공경함
같음	다름
안	밖

위의 표에서 보듯이 예절이 다름을 위한 것(禮者爲異)임에 반해 음악은 어우러짐을 위한 것(樂者爲同)이다.[16] 음악의 통합적 계열에 속하는 하늘이 모든 것을 포괄한다면 예법의 구별적 계열에 속하는 땅은 여러 가지 사물 사이의 차이를 구별하고, 봄과 여름이 생장의 계절이라면 가을과 겨울은 수축의 계절이고, 신이 팽창하는 것이라면, 귀는 구부리는 것이고, 인이 사랑하는 것이라면 의란 차이를 알려주는 것이다. 이와 같이 유가의 음악은 사회를 통합하는 기능을 담당한다.

유가의 음악은 정치적 통합을 달성하는 것을 넘어서 도덕적 시평에까지 연계되어 있다. 유가의 소리는 도덕적인 가치와 연계됨으로써 철저하게 인간화된다. 천리와 인욕의 구분을 통해 소리가 도덕적인 범주와 동일화된다. 유가에 의하면 사람의 마음은 본래 거울과 같이 고요하지만 사물을 느껴 움직이므로 각종 욕구가 발생한다. 사물과의 교섭에서 좋아함과 싫어함이 절제에 이르지 못하면, 사람이 외부 사

16)『예기』,「악기」.

물의 일부로 바뀌는 현상(人化物)이 나타난다. 그 결과 사람의 대상화, 외화, 자기소외 등을 통해 크게 어지러운 도(大亂之道)에 떨어지게 된다.[17] 따라서 모든 소리가 당위성을 갖는 것이 아니라, 특정한 기준에 의해서 절제된 소리만이 좋은 소리로서 인정된다. 땅이 황폐하면 초목이 자라지 못하고 물이 더러우면 물고기가 성장하지 못하듯이, 세상이 어지러우면 음악이 음란해진다.

유가적 소리의 가치론적 위계 구조는 지성(知聲)/지음(知音)/지악(知樂)의 등급으로 나뉜다. 단지 소리만을 아는 것(知聲)은 동물의 수준이고, 음을 아는 것(知音)은 일반적인 사람의 수준이고, 악을 아는 것(知樂)은 군자의 수준이다.[18] 그래서 지성의 단계에서 나아가 지음과 지악의 경지에 이르러야 한다. 지악의 경지야말로 도덕적인 규범을 가장 잘 실현한 경우이다. 유가는 선(善)과 미(美)가 통일된 음악을 가장 좋은 것으로 평가했는데,[19] 그러한 음악이야말로 지악의 경지에 해당한다. 유가의 음악은 미적인 측면과 함께 선(善)적인 측면에서 좋은 소리와 나쁜 소리를 구분함으로써 가치론적 지향점을 분명하게 제시한다.

---

17) 『예기』, 「악기」.

18) 『예기』, 「악기」.

19) 선진 유가사상뿐만 아니라 플라톤이 살던 고대 그리스 시대에도 선과 미를 통합적으로 이해한다. 그리스의 여류 시인인 사포(Sappho)는 선한 사람이 아름답다고 말하고 있으며, 그의 이러한 태도는 고대 그리스에서의 미(kalos)와 선(agathos)의 통합 개념인 선미(kalokagathia) 개념을 수용한 것이다. 블라디슬로프 타타르키비츠, 손효주 옮김, 『미학사』, 1책, 미술문화, 2005, 76쪽. 또한 고대 그리스와 선진 유가사상에서의 선과 미의 통합적 개념을 비교한 연구로는 다음의 것을 참조할 수 있다. 박범수, 「선진 유가의 음악예술론」, 『미학』, 제32집, 한국미학회, 2002, 14-19쪽.

좋은 소리	나쁜 소리
치세의 소리	난세의 소리
유음(遺音)	극음(極音)
절제	인욕
군자	소인
바른 소리	간사한 소리
도리	욕구
고악(古樂)	신악(新樂)

위의 표와 같이 유가는 도덕적으로 좋은 소리와 나쁜 소리를 이분법적으로 구분한다. 유가의 심성론적 구분인 '본성/욕구'의 이분법이 '좋은 소리/나쁜 소리'라는 소리의 이분법에도 그대로 적용된다. 좋은 소리란 나쁜 소리를 적절하게 제어한 소리를 말한다. 천리를 보존하고 인욕을 막는 것처럼 나쁜 소리를 통제하고 좋은 소리만을 유행시키는 것이다. 마치 음식의 요리에서 극단적인 맛(致味)을 사용하지 않기 위해 조미료를 빼버리는 것(遺味)처럼, 음악에서도 극단적인 소리(極音)를 사용하지 않기 위해 화려한 소리들을 빼버린다(遺音).[20] 좋은 소리든 나쁜 소리든 둘 다 사람의 마음에서 나온 것이지만, 나쁜 소리는 사람의 욕구를 극단적으로 추구하는 것인 반면에 좋은 소리는 사람의 본성에 가장 잘 맞는 소리이기 때문이다.

소리에 대한 유가의 입장이 도가와 가장 다른 점은 소리가 삶의 서사라는 점에 있다. 이러한 유의미한 서사로서의 소리는 인간의 자기규정을 허용한다. 유가적 인간은 언어나 소리를 통해 자기의 존재됨을 표현함으로써 삶을 전개한다. 유가에 따르면 예법이 자기가 시작된 근원으로 거슬러 올라가는 것(禮反其所自始)이라고 한다면, 음악이란 자기의 생성적 과정을 즐기는 것(樂樂其所自生)이다.[21] 유가적

20) 『예기』, 「악기」.

인간은 소리에 대한 규정을 통해서 자신의 존재됨을 표출하고 확인한다. 유가는 소리가 정치적, 미학적, 도덕적인 서사들과 불가분적으로 연계되어 있다고 주장한다. 그 점에서 유가는 도가처럼 형언하기 어려운 애매하고 잡스러운 다양한 소리들을 어떻게 파지할 것인지에 집중하기보다, 사람이 만들어낸 소리가 '좋은 서사'에 연계되어 있는지, 아니면 '나쁜 서사'에 연계되어 있는지를 파악하는 데로 나아간다.

3. 유가의 삶의 과정으로서 언어

음악을 삶의 서사로 보는 유가의 태도는 언어에 대한 태도에서도 동일하게 적용된다. 유가의 언어는 삶의 형식 안에 있다. 유가는 언어가 주관의 심성적 표출과 연계되는 한 삶의 서사 안에 있다고 본다. 유가의 언어는 단지 객관 사물을 명명하는 데 머물지 않고, 삶의 활동 속에서 일정한 의미를 형성한다. 그러한 의미에서 유가의 언어는 비트겐슈타인이 『탐구』에서 말하는 언어 게임과 마찬가지로 삶의 수행 안에 있다. 비트겐슈타인이 지적하듯이 명령하기, 묻기, 셈하기, 농담하기 등의 언어 행위는 발로 걷고 먹고 마시고 노는 것과 마찬가지로 인간의 자연사에 속한다. 언어는 삶의 놀이 안에서 조작된다. 언어적 지칭들은 놀이 학습에 익숙한 사람들에 의해서 의미를 형성하게 된다. 비트겐슈타인에 의하면 어떤 한 사물의 명명에 의해서는 아직 아무것도 행해지지 않으며, 놀이 속에서가 아니라면 사물은 이름조차도 가지지 않는다.[22] 인간이 언어를 사용한다는 점에서 동물과

---

21) 『예기』, 「악기」.

22) 비트겐슈타인, 이영철 옮김, 『철학적 탐구』, 서광사, 1994, 제1부, 25장, 33쪽, 49쪽.

삶의 형식을 달리하며, 인간의 삶의 형식은 언어 게임들에 참여하는 능력에 의해 결정된다. 따라서 언어란 어떤 과학적, 논리적 확실성을 증명하는 것에 앞선다. 왜냐하면 어떤 언어를 사용하는 것 자체가 삶의 전개 과정의 일부 혹은 삶의 형식이기 때문이다.[23] 이와 마찬가지로 유가는 언어를 삶의 형식으로서 취급한다. 유가는 언어 수행을 통해 삶을 고양시킬 수 있다고 여긴다. 유가의 삶의 과정으로서 언어관은 유가가 남긴 여러 글들 및 흥(興)이라는 표현 양식에도 잘 드러나 있다.

1) 삶의 수행으로서의 언어

도가의 대표적인 문헌인 『노자』나 『장자』가 유가의 대표적인 문헌인 『논어』나 『맹자』와 다른 점은 인명(人名)을 취급하는 데서 잘 드러난다. 『논어』와 『맹자』에는 안회, 증삼, 자공, 자로, 공손추, 만장, 함구몽, 양혜왕, 제선왕, 제환공, 관중 등과 같이 정치·사회적으로 비중 있는 인물들을 위주로 하여 기술한다. 맹자가 "말을 할 때면 반드시 요 임금과 순 임금을 지칭한 것(言必稱堯舜)"[24]은 요 임금이나 순 임금과 같은 성인의 경지를 자신의 삶에서 실현하려고 하기 때문이다. 유가의 언어적 지칭은 개인 삶의 방향에 대해 지시하고 제안하고 명령한다. 한편 도가의 문헌인 『노자』에서는 구체적 인명이 아예 보이지 않으며, 『장자』에서는 사회적 제도의 영역에서 벗어나 있는

---

23) 문종두, 『언어 사용과 삶』, 청문각, 2007, 169쪽, 171-173쪽. 문종두에 의하면 비트겐슈타인이 말하는 삶의 형식은 (1) 과학적 정당화의 문제를 넘어서고, (2) 언어적 기호들을 이해하는 데 필요조건이고, (3) 재귀적이거나 자기-지시적이다. 가버(Garver)는 이러한 삶의 형식이 과학적 증명에는 앞서지만 인간의 경험 속에 있다는 측면에서 '세계 내적 초월성'이라고 부른다.

24) 『맹자』, 「등문공상」, 1장.

사람들이 주로 등장한다. 『장자』에서 거론하는 백정, 목수, 빨래꾼, 네발가락, 육손이 등과 같은 인물들은 사회적 주변자들이다. 도가에 의하면 세계 안의 존재들은 자기의 고유한 특성(其常然)을 스스로 가지고 있어서, 그림쇠가 아니어도 저대로 둥글고, 곱자가 아니어도 저대로 곧고, 풀을 쓰지 않아도 저대로 붙는다.[25] 장자는 일부러 유가적 사회질서에서 배제되어 있는 사람들을 등장시킴으로써 유가의 유위적 과잉을 풍자한다.

그렇다면 유가는 도가의 해체주의적 비판에 어떻게 대응할까? 유가는 언어가 삶의 한 과정이라고 생각한다. 유학자는 몸을 세워 이름을 후세에 날리는 것을 삶의 목적으로 삼았다. 우리나라에서 회자되는 속담인 "호랑이는 죽어서 가죽을 남기고 사람은 죽어서 이름을 남긴다."는 말도 유교 전통적 명분 사상을 표현하고 있다. 태어나자마자 족보에 이름을 올리고, 관직에 오르면 관보에 이름을 올리고, 죽어서는 역사적 평전에 이름을 올림으로써 그 사람의 삶의 의미를 평가한다. 유명한 사람들의 무덤 앞에 세워진 묘비명들이야말로 그 사람의 인격을 대표하는 문자들이다. 그래서 유가적 세계 속에서 태어난 사람은 삶의 양태에 따라 여러 개의 이름을 갖는다.

유가는 언어 자체가 인격성을 갖는다고 봄으로써 도가의 언어 도구주의를 허무한 것이라고 비판한다.[26] 장자는 물고기를 얻으면 그물을 잊고(得魚忘筌), 뜻을 얻으면 말을 잊는다(得意忘言)는 언어관을 표출하지만, 유가에 의하면 이러한 태도는 언어 자체가 갖는 인간에 의존한다는 사실을 간파하지 못한 것이다. 유가는 언어 자체가 인간

25) 『장자』, 「변무」.

26) 주희는 『대학장구』의 「서」에서 "허무(虛無)와 적멸(寂滅)의 교리가 대학(大學)보다 훨씬 고원하지만 실질이 없다."고 비판한다. 이 구절에서 '허무'는 노장 사상을 가리킨다.

의 사회적, 미학적, 정치적, 도덕적 특징들을 지닌다고 생각한다. 유가의 언어란 사람을 사람이게끔 하는 핵심적인 것이어서, 사람은 언어가 아니고서는 완전한 인격에 도달할 수 없다.

유가에 의하면 사람은 언어를 사용하여 외부 대상과 긴밀한 관계를 형성한다.[27] 대부분의 사람들은 상대방의 체면을 보호해주기 위한 공손한 어법을 빈번히 사용한다. 예를 들어 상대방에게 "펜 좀 줄래." 라고 하지 않고, "괜찮으시다면 펜 좀 빌려주실래요?"라고 말하는 경우가 그러하다. 또한 아버지가 딸에게 아침마다 "예쁜 내 딸아!"라고 인사말을 해주는 것은 단순히 어떤 추상적 의미를 지시하는 것을 넘어 아버지와 딸 사이의 친밀한 관계를 지속, 발전시켜준다. 좌우의 정치적 대립에서 자주 사용되는 '보수 꼴통'이나 '좌익 빨갱이'와 같은 극단적인 정치적 용어들은 객관적 의미를 지칭하기보다 정치적으로 다른 파당에 대한 적대적 갈등들을 격렬하게 표출하는 정치적 언어 행위에 속한다. 이러한 예들에서 보듯이 언어란 단지 객관적 의미를 기술하는 도구에 머물지 않고 언어 사용자와 외부 대상 사이의 협력, 갈등을 전개시키는 삶의 과정의 일부이다.

유가에 의하면 이름의 차이는 사물의 차이를 적극적으로 실행시킨다. 『중용』의 첫 구절에서 "하늘이 명령한 것이 본성"이라고 말함으로써 사람의 특성을 하늘의 명령에서 찾듯이, 하늘은 명령함으로써 계속 사물들에게 이름과 그 이름에 따르는 당위성을 부여한다. 유가의 초월적 하늘은 인간의 양심을 향해 '너는 어떠한 사람'이라고 명명함으로써 개별자들에게 역할을 부여한다. 사물에 대해 이름 붙일 수 있다는 것이야말로 세계가 돌아가게 하는 근원적 원인이다. 이와 같이 유가에서의 이름이란 단순하게 대상을 지칭하는 데 머물지 않

27) 공손함과 언어적 상호작용에 대해서는 다음을 참고할 수 있다. 조지 율, 서재석 · 박현주 · 정대성 옮김, 『화용론』, 박이정출판사, 2001, 89-103쪽.

고 어떤 의미를 지시하거나 권유한다. 이름의 나뉨은 곧 세계의 나뉨을 의미한다. 더 정확히 말하자면 세계의 나뉨이 이름의 나뉨을 통해서 실현된다. 이름이 나누어져 있듯이 사물들의 특징이 나누어져 있고, 사물들의 특징이 나누어져 있듯이 이름들의 특징도 나누어져 있다. 상/하, 귀/천, 음/양 등과 같이 사물의 나뉨은 언어적 나뉨을 통해 적극적으로 실행된다. 아버지라는 이름을 품부 받으면 아버지답게 살도록 자극받는다. 이와 같이 유가적 언어란 객관적 사태만을 기술하는 모사 기능을 넘어 세계를 나누는 기능을 통해 세계를 구성하는 데 관여한다. 혼인에 대한 맹세, 친근감의 표시로서의 인사, 악의적 비방, 따뜻한 권유, 정치적 궐기 등은 언어가 그 자체로 삶을 적극적으로 수행시키고 있음을 보여준다.

언어를 삶의 수행의 한 과정으로 여기는 유가의 언어관은 언어에 관한 통사론(syntax)이나 의미론(semantics)을 넘어 화용론(pragmatics)을 매우 중시한다. 도가의 창시자인 노자가 긍정의 대답으로서 "예"와 "응"의 차이를 무시한다면, 유가에서는 대하는 사람에 따라 응대하는 다양한 말씨를 익히도록 학생들을 교육한다. 유가에서는 규약된 문법으로서의 언표 내적 행위(locutionary act)를 넘어 부탁, 약속, 경고 등 언표 외적 행위(illocutionary act)와 청자에게 영향을 끼치는 발화 효과 행위(perlocutionary act)에 유의한다.[28] 인간은 언어를 통해 선언(declarations), 묘사(representatives), 표현(expressives),

28) 예를 들어 "나중에 보자."고 발화했을 때 이것은 문법적 요소를 잘 갖추고 있는 언표 내적 행위이다. 나아가 이 말을 언표 외적 행위에서 보자면 수행 동사(performative verb)가 무엇이냐에 따라 '나중에 보자고 약속한다'거나 '나중에 보자고 경고한다'거나 '나중에 보자고 희망한다' 중의 어느 하나를 뜻할 수 있다. 청자는 언표 내적 행위와 언표 외적 행위를 통하여 청자의 사상, 감정, 행동 등에 영향을 끼친다. 조지 율, 서재석 · 박현주 · 정대성 옮김, 『화용론』, 72-76쪽.

지시(directives), 의뢰(commissives)를 수행하며, 이러한 언어 수행을 통해 화자는 삶의 상황을 만들고, 믿고, 느끼고, 원하고, 의도한다.[29] 유가 경전 도처에서 명명, 약속, 명령, 권유, 제안, 궐기, 다짐, 칭찬, 비방 등과 같은 삶의 수행으로서의 언어적 기능을 중시하는 것을 볼 수 있다. 공자가 "시 3백 편을 한마디로 하자면 생각함에 사특함이 없다."라고 규정한 것에서 보듯이, 유가는 풍, 아, 송이라는 세 종류의 시 장르를 통하여 삶을 어떻게 살 것인지에 대해 권선징악의 기준을 사람들에게 제시한다. 또한 유가의 역사적 경전인 『춘추』는 역사적 사실을 그대로 기술하는 것을 넘어 칭송과 폄훼를 통해 선언적이고 권유적인 역할을 한다. 이처럼 선을 흥기시키려는 시, 미언대의(微言大義)를 천명하는 춘추필법, 자신의 잘못을 반성하는 자성문(自省文), 통치자의 정책을 비판하는 상소문, 사람들에게 삶의 의미를 부여하는 자호(字號)나 시호(諡號), 제사를 지낼 때의 축문 등에 사용되는 언어 등이 모두 삶의 수행과 관련된다.

유교문화권에서 사용되었던 자사(字詞)에서도 언어와 삶의 불가분적 연관성을 볼 수 있다. 주희의 자(字)인 원회(元晦)는 병산(屛山) 선생이 지어준 것인데, 그 자사를 보면 주희에 대한 느낌, 소망, 권유가 흠뻑 묻어 있다.

> 관례(冠禮)를 행하면서 삼가 이름을 주는 것은[30] 예부터 내려오는 제도이다. 주씨(朱氏)의 아들 희(熹)는 어려서부터 특출하고, 친구들이 그를 높였다. 청컨대 자로써 축하해주고자 하여, 원회(元晦)라는 자를 지어 그 이름의 뜻을 밝히노라. 나무는 뿌리가 어둡게 묻혀 있으나[31]

29) 조지 율, 서재석 · 박현주 · 정대성 옮김, 『화용론』, 80-83쪽.

30) 『예기』, 「관의(冠義)」. "所以敬冠事."

31) '晦'라는 말은 본래 『역』 36번째 괘인 명이(明夷)괘에 보인다. 그 상전(象傳)에서 이르기를, '用晦而明'이라고 하였다.

봄에 꽃이 빛을 뿜으면서 피어나고, 사람은 몸이 어두우나 신명(神明)이 안을 윤택하게 한다. 옛날에 증자(曾子)가 친구를 가리켜 말하기를, "있어도 없는 듯이 하고, 찼어도 빈 듯이 한다."[32]고 하였다. 그 이름을 물리치지 않고 글로 전하였으니, 비록 백 세대만큼이나 떨어져 있을지라도 그 기상을 헤아릴 수 있다. 안자(顔子)는 어리석은 듯이 보이지만,[33] 증삼(曾參)을 따라 노닐던 뛰어난 준걸이었다. 어찌 다른 사람이 없었겠는가만, 누가 감히 그런 자리에 거처할 수 있겠는가? (중략) 마땅히 어리석음에서 바름을 길러야 하리라.[34] 말은 신중해야 하고, 행동은 넘어질 듯 조심해야 한다.[35]

병산이 주희에게 지어준 이 자사(字詞)는 주희가 어른이 되는 것을 축하해주면서 제자에 대한 친근함과 권유를 담고 있다. 병산은 주희에게 안회나 증삼과 같이 어리석은 듯이 보이지만 그 속에 총명함을 간직하며 살라고 권유한다. 병산은 주희에게 '원회(元晦)'라는 자를 지어주면서 나무의 뿌리가 어둡지만 그 꽃송이가 화려하고, 몸이 어두우나 신명이 그 안을 윤택하게 한다고 말해줌으로써 신중한 태도를 가진 준걸이 되라고 충고한다. 이처럼 유교적 인간에게 명호(名號), 자호(字號), 묘호(廟號), 시호(諡號) 등 여러 가지 이름이 부여되는 것은 이름이 어떤 개인을 지칭하는 것을 넘어 삶의 한 단면임을 의미한다. 단지 이름이 개인을 지칭하기 위해 사용된다면 '희(熹)'라는 이름 하나면 충분했겠지만, 주희의 삶에서 병산이라는 사람을 새롭게 만남으로써 '원회'라는 자호를 획득하게 되었으며, 그러한 자호의 획득을 통해 주희는 새로운 삶의 전기를 마련한다. 그러한 점에서

32) 『논어』, 「태백」, 5장. "有若無, 實若虛. (중략) 從事於斯矣."

33) 『논어』, 「위정」, 9장. "吾與回言終日, 不違如愚. (중략) 回也不愚."

34) 『역』, 명이(明夷)괘, "彖曰, 蒙以養正, 聖功也."

35) 왕운오(王雲五) 주편, 왕무횡(王懋竑) 편정, 『송주자연보』, 『병산자사(屛山字詞)』, 대만: 상무인서관, 중화민국76, 4-5쪽.

병산이 주희에게 지어준 자사는 두 사람 사이의 삶의 의미를 전개시키고 있다.

주희는 '원회'라는 자사 이외에도, 운곡(雲谷)에서 생활할 때는 운곡노인(雲谷老人), 백록동(白鹿洞)에 기거할 때는 백록동주(白鹿洞主) 등의 호를 썼다. 그러한 많은 호칭 중에서 '둔옹(遯翁)'이라는 자호도 눈여겨볼 만하다. '둔옹'은 물러난 늙은이라는 뜻으로 '원회'와도 뜻이 닿아 있다. 황간(黃榦, 1151-1221)의 「주자행장」에 의하면, "승상 조여우(趙汝愚, 1140-1196)가 이미 쫓겨나자 조정의 대권이 다 한탁주(韓侂胄, 1027년 죽음)에게 돌아갔다. 주희는 한가하게 물러나 있었지만 일찍이 관직에 종사한 적이 있던 터라 감히 입을 다물 수 없었다. 마침내 만 마디의 말을 써서 간사한 무리가 황제를 가리는 폐단을 극언하면서 그 원통함을 천명했다. 그 말과 뜻이 통절했다. 학생들이 점을 쳐서 결정할 것을 거듭 간청했다. '둔지동인(遯之同人)'이라는 점괘가 나왔다. 주희는 조용히 물러나서 그 원고를 불사르고는 자신을 둔옹(遯翁)이라고 불렀다."[36] 주희 문하의 학자들은 한탁주에 의해 '거짓 학문'이라는 누명을 뒤집어썼으며, 그 사건으로 주희가 아끼는 친구이자 제자인 채원정이 죽고 많은 제자들이 고초를 겪어야 했다. 비록 채원정의 만류로 주희가 주역점을 친 다음에 사신의 주소를 올리지 않았지만, 이러한 주소는 유자들이 언어로써 자신의 의견을 표명하는 글의 양식이자 삶의 양식이었다.

자사(字詞)와 주소(奏疏)에서 보듯이 유가적 인간은 자신의 소리와 언어를 내뱉음으로써 선언, 표명, 권유, 다짐, 약속 등을 삶에서 수행한다. 유자들이 삶의 수행으로서 사용했던 언어는 시(詩), 소(疏), 표(表), 기(記), 사(詞) 등의 다양한 장르를 통해서 나타난다. 언어를 사

36) 황간, 『면재집(勉齋集)』, 권36, 「주자행장(朱子行狀)」.

용하는 유가적 존재는 도가에서처럼 언어에 의해서 속박되기보다 오히려 자신의 삶을 생성한다. 이러한 유가적 장르의 글들은 현대 자본주의 시장에서 전문가 집단에 의해 생산되고 소비자에 의해서 소비되는 상품으로서의 글과는 그 성격이 매우 다르다. 유가적 글쓰기는 자신의 삶을 생성 발전시키는 과정으로서 수행된다. 비록 전문적 작가가 아니라고 하더라도, 유가적 존재는 자신의 삶을 좋게 가꾸기 위해 삶의 일부로서의 글쓰기와 말하기를 멈춰서는 안 된다.

2) 흥(興)의 기법과 삶의 맥락

유가의 언어는 인간이 세계와 상호적 관계를 형성함으로써 삶을 수행하는 기능(performative function)을 담당한다. 언어가 인간의 사고를 표상하거나 외부의 사물을 기술한다고 보는 대응설적 언어관은 유가의 삶의 수행으로서의 언어관을 충분히 설명하지 못한다. 어휘와 의미 사이의 대응은 언어를 사용하는 개인별로 혹은 집단별로 자의적인 맥락에 따라 의미의 차이를 생산할 수밖에 없다.[37] 따라서 언어의 의미에는 언제나 삶의 맥락이 놓여 있다. 예를 들어 한국인이나 한국 사회와의 교류가 없이 한국어 교재로만 한국어를 배운 시베리아 사람이 '구수한 청국장'에 대해 적절한 의미를 표상할 수 없을 것이다. 그렇게 본다면 언어란 자기 완결적으로 의미를 지시하는 것이 아니라 삶의 맥락과 함께 의미를 생성해간다.

유가의 『시경』에 나오는 상징과 비유들은 언어의 맥락 의존적 경향들을 잘 활용하고 있다. 유가에서 맥락 의존적 상징의 기법은 '흥(興)'이라는 서술 방식을 통해 드러난다.[38] 흥은 시기 서술되는 맥락

37) 존 스튜어트 외, 권순희 옮김, 「번역: 말하기에서의 언어적, 비언어적 범위」, 『화법연구』, 제7집, 한국화법학회, 2004, 260쪽.

들을 시의 일부로서 기술함으로써 그 시의 의미를 풍부하게 만드는 것으로서, 비(比)의 기법과 대비된다.39) 흥이란 주변의 사물들이 사람에게 내재한 감정을 일으켜서 이야기를 토해내게 한다. 그래서 흥의 형식으로 서술된 시들은 그 시의 주제가 일정한 맥락들 속에서 의미를 형성하게 한다. 흥으로 쓰이는 어휘들은 단순히 객관적 사물이나 사고를 기술하는 것이 아니라 시적 자아의 경험적 맥락들과 관련되어 있다. 다음에 인용하는 『시경』의 시는 흥의 기법을 사용하여, 시적 자아의 삶의 맥락에 의존적인 방식으로 '장끼'를 서술하고 있다.

장끼가 날아오르며
퍼드득 날개 칩니다
내 마음은 당신뿐인지라
저절로 슬퍼지네요

장끼가 날아오르자
날개 치는 소리가 가득합니다
의젓한 당신이여
참으로 내 마음을 아프게 하네요40)

---

38) 정용환, 「존재와 존재의 만남: 은유와 흥(興)으로부터」, 『청계논총』, 제1집, 한국정신문화연구원, 1999, 22-27쪽.

39) 비와 흥의 구분은 감정과 사물 사이의 관계가 어떻게 설정되느냐에 달려 있다. 왕응린에 의하면 "사물을 찾아서 감정을 의탁하는 것이 비(比)이니, 감정이 사물에 부여하는 것이다. 사물에 접촉하여 감정을 일으키는 것이 흥(興)이니, 사물이 감정을 움직이는 것이다." 왕응린(王應麟), 『곤학기문(困學紀聞)』, 권3, 문연각사고전서본, "索物以託情, 謂之比, 情附物也. 觸物以起情, 謂之興, 物動情也." 또는 장파, 유중하 · 백승도 · 이보경 · 양태은 · 이용재 옮김, 『동양과 서양, 그리고 미학』, 푸른숲, 1994, 406쪽에도 같은 말이 보인다.

40) 『시경』, 「패풍/웅치(雄雉)」.

이 시는 멀리 있는 임을 사모하는 마음을 주제로 한 시다. 그런데 왜 장끼가 비상하며 날개 치는 장면을 앞부분에서 서술하고 있을까? 장끼의 비상하는 날갯짓이 시적 자아의 억누를 수 없는 사모의 마음을 비유한 것일 수 있지만, 주희는 이 시를 비(比)가 아닌 흥(興)의 범주에 넣는다.[41] 이 시를 흥의 범주에 넣는 이유는 '장끼'가 시적 자아의 삶과 깊은 공속관계에 놓여 있기 때문이다. 흥이 비와 다른 점도 시적 자아의 삶의 맥락을 풍부하게 담고 있다는 점에 있다. 아마도 이 시의 주인공은 어려서부터 생활 주변에서 장끼를 친숙하게 목격하면서 살았을 것이다. 특히 자신의 임이 오래도록 자신의 곁을 떠나 타향에 머물고 있는 동안 그 외로운 감정이 날마다 목격하는 장끼라는 사물과 함께 깊어져갔을 것이다. 그러므로 시적 자아의 외로움이 장끼라는 어휘에 묻어 있다.

시적 자아의 주변 사물을 통해서 의미를 전달하는 흥의 기법은 상징의 수사학과 유사하다. 시에 등장하는 주변의 사물은 단지 객관적인 실재로서 존재하는 것을 넘어 인간의 정신 현상이 스며 있는 상호적인 대상들이다. 흥의 기법에서 사용하는 어휘 역시 하나의 기호에 하나의 의미가 지정되어 있는 것이 아니라 그 언어를 사용하는 사람의 삶의 기운이 깃들어 있다. 유자들이 마당에 물 뿌려 청소하여 환경을 깔끔하게 하고 의관을 단정하게 함으로써 자신의 삶을 정숙하게 하였던 것처럼, 흥의 기법은 자신의 감정이 투여되어 있는 사물들을 자기 정신의 표출물로서 맥락화한다.

그렇다고 흥의 기법이 사물의 고유한 특징들을 임의적으로 약화시키거나 무화시키는 것은 아니다. 본문에서 인용했던 시에 등장하는 '장끼'는 새로서 저대로의 특징을 전혀 잃지 않으면서도 그 새에 의

41) 주희, 『시경집전』, 「패풍/웅치(雄雉)」.

존하여 시적 자아의 외로움을 잘 함축하고 있다. 그러한 의미에서 흥의 수사(修辭)는 자의적인 것이라기보다 오랜 삶의 과정에서 사람과 사물이 자연스럽게 상호작용한 결과이다. 그래서 흥의 어휘들은 개인 삶의 긴 과정이나 집단적 경험을 담고 있는 경우가 많다.[42]

흥의 기법은 『시경』에서만 나타나는 것이 아니라 현대시에도 풍부하게 등장한다. 바다, 산, 꽃, 건물, 가로등, 옷 등 우리의 주변에 있는 많은 사물들이 우리를 흥기시킬 수 있는 삶의 맥락들이다. "흥은 창작의 필수이다. 무지렁이 부녀자나 애들, 농사꾼이나 뱃사공도 노래를 한다. 배고픈 삶은 음식을 노래하고 일꾼은 자신의 일을 노래하여 아름다운 작품을 창작할 수 있다."[43] 예를 들어 우리가 잘 알고 있는, 김소월의 가시는 임의 발길에 뿌려주었던 "영변의 약산 진달래꽃"에서도 흥의 기법이 사용되고 있다. 영변의 약산에 있는 진달래꽃은 시적 자아가 살아오는 동안 해년마다 붉게 피고지고 했을 것이다. 약산의 진달래꽃이 저대로 피고지고 했지만, 임을 떠나보내던 사람이 오랜 시간 진달래꽃과 함께 삶을 영위함으로써 이제 진달래꽃은 사람의 감정을 흥기시키는 사물이 된 것이다. 이와 같이 사람이 자기 주변 사물과 공속하여 자신의 감정을 토해내는 언어 형식을 '흥(興)'이라고 부른다.

유가는 사람이 주변의 사물과 함께 공존적으로 드러내는 시 형식을 부(賦)와 비(比)에서 구분하여 흥(興)이라는 범주에 넣었으며, 이러한 분류법은 인간의 언어가 삶 속에서 주변의 사물과 함께 형성되는 것에 착안한 것이다. 유가에 의하면 흥의 기법으로 표현된 사물은

42) 『시경』에서는 풍, 아, 송이라는 세 장르의 시들에는 흥(興)이라는 수사법이 많이 쓰이고 있으며, 당시 개인들 삶의 구체적 맥락들을 잘 담고 있다.

43) 장파, 유중하 · 백승도 · 이보경 · 양태은 · 이용재 옮김, 『동양과 서양, 그리고 미학』, 409쪽.

사람의 삶과 깊은 연관을 맺고 있다. 유가적 관점에서 보자면 모든 존재자가 서로의 연관을 통해서 흥기함으로써 삶을 전개시킨다. 사람과 사물의 겹쳐짐이 곧 삶의 과정인 것이다. 그러한 의미에서 사람과 사물의 독립적 실체성은 부정된다. 도가는 "사물로써 사물을 봄(以物觀物)"으로써 인식자가 제외된 관조적 태도를 중시하지만, 유가는 언어를 매개로 주관과 객관의 상호작용을 풍부하게 한다. 흥의 기법은 인간의 감정이 사물적인 것으로 흡수되거나 아니면 사물이 인간의 감정을 위해 조작되지 않도록 절제하면서, 자신의 주변에 있는 사물과의 상호적 교류를 증진시킨다.

4. 유가 언어관의 빛과 그림자

도가는 음악과 언어가 사물의 실상을 담기 위해 도구로서 쓰인다는 도구주의적 관점을 갖고 있다. 도가는 음악이 사물의 소리를, 그리고 언어가 사물을 완전하게 재현할 수 없다고 여김에도 불구하고, 역설적이게도 『장자』의 고목나무에 불어오는 바람소리에 대한 흉내내기적 묘사는 사실에 더 가까운 언어를 구사하기 위해 매우 섬세한 표현들을 창조해냄으로써 문학적 성취를 이루어낸다. 도가의 텍스트에서는 유가에서 상상할 수 없을 만큼의 다양한 사물들과 다양한 종류의 인물들을 등장시킴으로써 세계 내의 가치론적 다양성을 지시한다. 다양한 존재들에 대한 도가의 기술들은 유가의 이성 중심적 기획을 해체시키기 위한 의도를 담고 있다. 장자는 고목의 바람소리를 만규노호(萬竅怒號)로서 기술함으로써 유가의 이성적 기획에 의해 정해진 소리와 규제적 언어가 삶을 편향되게 만든다고 비판한다. 도가의 입장에서 볼 때 "뜻을 얻으면 언어를 떠나야(得意忘言)" 하지만, 유가는 언어를 삶의 필수적인 요소로서 절대화하는 오류를 범하고 말았다.

유가는 음악과 언어를 상대화하는 도가의 주장을 허무주의라고 비판하면서 수용하지 않는다. 유가는 음악과 언어가 뜻을 표현하는 가상적 도구에 그치지 않고, 삶의 한 과정이라고 생각한다. 유가는 음악과 언어가 사물에 대한 흉내 내기로서의 기술에 국한되지 않고 삶 자체의 한 표출이라고 생각한다. 유가에 의하면 음악이나 언어는 삶의 의미를 수행하는 한 과정이다. 따라서 인간이 만들어낸 음악과 언어는 삶의 서사로부터 떨어져나갈 수 없다. 유가는 음악이나 언어가 삶의 서사의 일부라고 생각함으로써 다양한 장르의 음악 연주와 다양한 형태의 글쓰기를 삶 속에서 실현했다. 유자들은 생활 속에서 시조, 가사, 거문고 등의 음악을 수행했을 뿐만 아니라, 시(詩), 소(疏), 표(表), 기(記), 사(詞) 등의 다양한 형태로 글쓰기를 함으로써 삶을 수행했다. 또한 유가의 시에서 쓰이는 흥(興)의 기법은 사람과 사물의 자연스러운 상호작용을 언어로서 수사화하여 삶의 맥락을 드러내는 유가의 독특한 수사학이라고 할 수 있다. 유가에서의 음악적 행위와 언어적 행위는 자신의 삶에서 발생하는 도덕적, 정치적, 예술적인 서사를 전개하기 위한 필수 불가결한 요소이다.

다만 유가의 음악과 언어가 도덕적인 서사에 편향됨으로써 다양한 형태의 서사 형식들을 억압하는 기제로 작용했다는 점을 지적할 필요가 있다. 유가는 모든 음악과 언어의 서사 범주를 정(正)/사(邪)로 구분한다. 이러한 유가의 가치론적 이분법에 따라서 본다면 음악과 언어 중에서 바름에 근거하는 것은 가치론적으로 높은 격조를 지닌 것임에 반해, 그렇지 못한 것은 격조가 낮은 것으로 저평가된다. 유가의 이분법적 분류는 공자의 미언대의적 춘추필법이나 주희의 권선징악적 시 해석[44] 등에서 나타난다. 또한 혈연관계를 도덕적 서사의 중심에 둠으로써 절대적인 존비어 체계를 양산해냈다. 유가는 유가적 관점에서 규정한 좋은 음악과 좋은 언어만이 삶의 중심부에 위치해야 한다고 강변함으로써 정악(正樂)이 아닌 신악(新樂)의 배제를 불러왔고, 성현이 만들어낸 언어가 아닌 제자(諸子)의 학설을 금기시하였다. 이러한 유가의 도덕주의는 다양한 음악적 서사와 언어적 서사를 억압했다. 유가적 서사의 편향성을 극복하기 위해서는 도가의 비판을 일정 부분 수용함으로써 다양한 형태의 음악적 양식과 언어적 양식에 열린 자세를 취해야 할 것이다. 비록 유가에서 주장한 것처럼 소리, 음악, 말, 글 등은 인간의 주관적 서사와 결부될 수밖에 없을지라도, 누군가의 서사가 하나의 이데올로기적 구호에 매몰될 뿐이라면 다양한 자아들의 서사는 끝내 불가능할 것이다. 따라서 유가적 음악관과 언어관은 이데올로기에 따라 수립된 도덕주의적 이분법에 편향되지 않을 때라야 삶에서 발생하는 다양한 개체들의 서사들을 풍부하게 할 수 있을 것이다.

---

44) 주희, 『시경집전』, 「서」. "시는 사람의 마음이 사물에 느껴 말에 나타난 것이니, 마음이 느끼는 것에는 사(邪)와 정(正)이 있다. 그러므로 말에 나타나면 거기에 시(是)와 비(非)가 있게 된다. 오직 성인(聖人)이 윗자리에 있으면 느낀 것이 바르지 않음이 없어서 그 말이 모두 가르침이 될 수 있다." 또한 주희는 민속의 가요에 해당하는 『시경』의 '풍(風)'을 정풍(正風)과 변풍(變風)으로 나누어, 정풍에 해당하는 「주남(周南)」과 「소남(召南)」이 도덕적 교화를 일으키는 높은 경지의 시라고 보는 한편 나머지 13국의 풍(風)들은 각국의 상황에 맞게 조금씩 변용된 변풍에 해당한다고 본다. 특히 정나라 음악과 위나라 음악은 음란하고 사특한 것으로 비판받는다. 주희는 '풍'뿐만 아니라 '아(雅)'의 장르도 정아(正雅)와 대아(變雅)로 구분한다. 주희, 『시경집전』, 「국풍」.

제12장

정서와 숙고: 주희 격물설의 정립, 반정립, 재정립

정서(情緖)와 숙고(熟考)라는 개념은 그 어휘의 계보를 추적해보면 동아시아의 사상적 전통과 긴밀하게 연관되어 있다.[1] 주희를 중심으로 하는 유가에서는 정서와 숙고라는 개념을 핵심적 테제로 삼아 삶과 세계를 이해하려고 한다면, 선불교와 도가사상에서는 그러한 유가의 시도를 해체하려고 한다. 성리학자인 주희는 왜 정서와 숙고의 정립을 통해 삶과 세계를 파악하려고 할까? 또한 선불교와 도가사상은 왜 유가의 그러한 정립에 비판적일까? 더 나아가 우리는 정서와 숙고를 어떻게 이해해야 할까?

---

1) 정서(情緖)라는 말을 한자의 뜻에 따라 풀이한다면 '감정의 실마리(緖)'이며, 이를 더 확대하여 해석한다면 특정 감정이 구체적으로 형성되어 있음을 뜻한다. 참고로 우리나라 말에는 '情'과 관련하여 두 글자의 한자를 조합한 어휘들이 많이 있다. '감정의 길들여짐이나 가락(調)'을 뜻하는 정조(情調), '감정의 붙잡음(操)'을 뜻하는 정조(情操), '감정의 지향(趣)'을 뜻하는 정취(情趣) 등이 그러하다. 이러한 낱말들은 두 글자 이상의 한자 조합을 통해 '情'의 뜻을 적절하게 확장한 사례들이다. 한편 숙고(熟考)라는 말은 유교 전통에서 직간접적으로 유래한 궁리(窮理), 찰식(察識), 성찰(省察), 사려(思慮) 등과 동일한 의미 맥락에서 이해할 수 있다.

이 장에서는 정서 및 숙고와 관련하여 헤이트(Jonathan Haidt)의 평가 수반적 직관주의 이론, 주희(朱熹)의 격물설(格物說), 대혜종고(大慧宗杲, 1088-1163)의 각물설(却物說) 및 장자(莊子)의 물물설(物物說)을 차례대로 살펴본 뒤에 격물설을 정서와 숙고에 관한 해석학으로서 재정립한다. (1) 주희의 격물설은 소학 공부와 대학 공부를 통해 평가 수반적 직관과 합리적 숙고의 과정을 종합하고 있다. (2) 그러나 각물설과 물물설의 입장에서 보자면 주희의 격물설은 큰 관점을 자각하지 못한 채 축물(逐物)이나 순물(循物)이라는 작은 관점에 고착되어 있을 뿐이다. 격물설이 궁극적으로 유가사상적 텍스트에 기초하여 초월적 본질을 임의적으로 주장한다는 점에서 보면 이러한 해체주의적 비판이 일정 부분 타당성을 갖는다. (3) 따라서 주희의 격물설이 각물설과 물물설의 비판을 견뎌내기 위해서는 본질주의적 공부법을 탈피하여 정서와 숙고의 해석학으로서 재정립되어야 한다. 그렇다면 과연 주희의 격물설이 본질주의적 공부법이 아니라 정서와 숙고의 해석학으로서 재정립된다는 것은 무엇을 뜻할까?

1. 평가 수반적 직관주의

맹자에 의하면 우리는 외부 사물을 지각할 때 직관적 감정을 얻는다. 인간이라면 누구나 곰발바닥 요리를 먹어보고 맛있다고 느낄 뿐만 아니라 부모의 시체를 아무렇게나 유기하는 것에 대해 혐오감을 느낀다. 이 중에서 곰발바닥 요리가 맛있다는 직관은 생리적 욕구와 관련되어 있다. 한편 부모의 시체를 유기해서는 안 된다는 직관적 혐오감에는 도덕적 판단도 동반되어 있다. 그렇다면 과연 "부모의 시체를 유기해서는 안 된다."는 도덕 명제와 "사람의 시체를 유기하는 것은 혐오스럽다."는 직관적 감정 사이에는 어떤 관련이 있을까? 사람의 시체를 유기하는 것이 직관적으로 혐오스럽기 때문에 부모의 시체를 유기해서는 안 될까? 아니면 사람의 시체를 유기하지 말아야 할 어떤 보편적인 도덕적 근거가 있기 때문에 그렇게 해서는 안 될까?

사람들은 보편적 합리성에 대한 이해보다 평가 수반적 직관을 먼저 수행하는 경향이 있다. 사람들은 시체를 유기하면 왜 안 되는지 그 보편적 합리성을 인지하기 전에 매장하거나 화장하는 행위를 먼저 주위에서 보고 습득한다. 이러한 평가 수반적 직관주의에 대한 논거가 최근의 심리철학적 논의에서 엿보인다. 헤이트는 특정 사태에 대해 합리적 이유를 찾은 뒤에 도덕적 평가에 이른다는 이성주의적 도덕 판단 이론을 비판하면서 직관적 판단이 선행한 뒤에 도덕적 근거 찾기가 수행된다는 이론을 제시한다.2) 그러면서 그는 근친상간의 예를 든다. 가령 대학생인 오빠 마크와 그 여동생 줄리가 여름방학에 함께 여행을 가서 합의 하에 아무도 모르게 일회성 사랑을 나누었다고 해보자. 이 가정적 사례에 대해 사람들은 도덕적으로 어떻게 평가할까? 연구 결과에 따르면 80퍼센트의 사람들이 "나도 몰라. 설명할 수 없어. 단지 그것이 잘못이라고 생각해."라고 직관적 감정에 근거해 대답했다고 한다.3) 물론 근친상간 금지의 이유를 말하려는 사람들도 있다. 그 중 가장 대표적인 것은 근친상간이 생물학적으로 열성인 자식을 생산한다는 논거이다. 그러나 이 사례에서는 의학적 처방에 따라 확실한 피임이 전제되어 있으므로 생물학적으로 열성인자

2) Jonathan Haidt, "The Emotional Dog and Its Rational Tail: A Social Intuitionist Approach to Moral Judgment", *Psychological Review*, Vol. 108, The American Psychological Association, 2001, pp.814-816; Jesse J. Prinz, *The Emotional Construction of Morals*, Oxford University Press, 2007, p.30.

3) Jonathan Haidt, "The Emotional Dog and Its Rational Tail: A Social Intuitionist Approach to Moral Judgment", *Psychological Review*, Vol. 108, p.814.

자식의 출산 문제는 사전에 차단되어 있다. 또한 어떤 피실험자는 그러한 근친상간을 행할 경우 나중에 트라우마가 생길 것이라고 이유를 대는 경우도 있지만, 이 실험에서 쓰인 시나리오에서는 남매가 즐거움을 느낀다고 가정되고 있으므로 그러한 대답은 합리적 근거가 되지 못한다. 또한 기독교적인 배경을 가진 사람들의 경우에는 『성경』에서 근친상간을 금지하고 있다면서 종교적 이유를 대지만, 『성경』에서 그러한 금지 조항이 어디에 나오는지 구체적으로 지적하지 못한다. 이와 같이 근친상간이 그르다는 여러 가지 이유를 대는 피실험자들에게 그들의 대답이 불합리하다고 설명해주면 대부분 자신들이 말한 이유가 불합리하다는 사실에 수긍했다. 그러나 비록 그들 대부분이 근친상간을 부정하는 자신들의 근거가 불합리하다고 수긍했을지라도 근친상간이 그르다는 본래의 직관을 바꾸려 들지 않았다. 오직 그들 중 17퍼센트만이 자신들의 이유가 논박당한 뒤에 의견을 바꿀 수 있다고 대답했다.

헤이트는 이러한 사실을 들어서 사람들이 본능적으로 도덕적 직관 혹은 그의 표현을 빌리자면 “직관적 윤리(an intuitive ethics)”를 타고났다고 추론한다. 그는 “직감(gut feelings)”이라는 개념을 이용해 콜버그가 제시했던 유명한 도덕적 난제에 대해 대답을 시도한다. “가난한 하인츠가 암에 걸린 자신의 아내를 살리기 위해 약국에서 약을 훔치는 것에 대해 어떻게 생각해야 할까?” 헤이트에 의하면 사람들은 이 물음을 듣는 순간 직감적으로 하인츠가 약국을 털어야 한다고 생각한다. 합리적 추론 시스템을 이용한 논증적 정당화는 직감 이후에 등장한다. 그에 의하면 “우리는 우리가 어떤 것을 어떻게 보게 되었는지를 알 수 없고, 오직 우리가 어떤 것을 본다는 것을 알 뿐이다.”[4)]

4) Jonathan Haidt & Craig Joseph, “Intuitive Ethics: How Innately Prepared Intuitions Generate Culturally Variable Virtues”, *The American Academy of*

이렇게 말하면서 그는 직관적 감정이 개의 몸통에 해당한다면 직관의 사후에 뒤따라오는 합리적 추론은 그 꼬리에 해당한다고 비유한다.

헤이트가 제시한 도덕적 직관주의에 대해 다음과 같은 의문을 제시할 수 있다. 도대체 어떻게 사람들은 도덕적으로 좋은지 나쁜지에 대해 합리적으로 숙고하지 않은 상태에서 근친상간에 대한 도덕적 혐오감을 직관적으로 표출할 수 있을까? 정말로 도덕적 근거에 대한 자각이 전혀 없이도 도덕적 평가가 수반된 직관적 감정이 발생할 수 있을까? 상식적으로 생각한다면 도덕적 평가에 대한 의식적인 자각을 가정하지 않은 채 어떤 직관 자체를 곧바로 도덕적인 것으로 인정하기는 어려워 보인다. 왜냐하면 그렇게 할 경우 무어(G. E. Moore)가 제시한 자연주의적 오류를 범하기 때문이다. 그렇다면 우리가 일반적으로 도덕적 책임을 묻는 것은 그 사람에게 도덕적 판단 능력이 있다는 것을 전제할 때에 가능하지 않을까? 칸트가 말하듯이 자기 자신을 타인과 동등한 하나의 도덕적 주체로서 일반화할 수 있을 때라야 도덕적 책임을 물을 수 있지 않을까?

그러나 적어도 도덕적 정서가 형성되는 측면에서 본다면 도덕적 판단이 언제나 도덕적 근거에 대한 합리적 숙고 이후에만 등장하는 것은 아니다. 인간이 합리적 근거를 배우기 이전에 행위와 정서를 먼저 배운다는 사실에 주목할 필요가 있다. 콜버그의 주장에 의하면 도덕 기준 형성의 1단계는 타율적인 강제의 단계이다.[5] 원초적 도덕 형성 단계인 1단계를 유심히 살펴보면 타율적 강제의 과정에는 언제나 행위 및 정서에 대한 모방의 과정이 포함되어 있다. 그러한 사례는 잘 알려진 에스키모인들의 영아 유기 풍습이다. 에스키모인들의 풍습

Arts & Sciences, 2004, pp.56-57.

5) 콜버그, 김민남 · 진미숙 옮김, 『도덕발달의 심리학』, 교육과학사, 2001, 164쪽.

에 따르면, 딸아이를 낳으면 그 중 한두 명만 살리고 나머지는 죽도록 방치했다고 한다.[6] 유아 생존율이 극도로 낮은 가혹한 환경에서 선택적인 보호가 불가피해서 그렇게 했다고 한다. 그러한 풍습에 길들여진 아이는 커서도 그 사회에서 전해준 풍습에 따라 영아 유기의 풍습을 그대로 재현하면서도, 그들 스스로는 그러한 영아 유기 관습이 잘못이라고 생각하지 않을 것이다. 왜냐하면 그들에게는 에스키모라는 특수한 환경에서 기인하는 정서가 체득되어 있기 때문이다. 이와 마찬가지로 앞에서 제시한 남매 사이의 근친상간에 대한 부정적 혐오감 역시 문화에서 습득한 정서와 긴밀히 연관되어 있다. 근친상간을 금기시하는 문화적 풍조가 개인들의 정서를 형성하고 있기 때문에 대부분의 피실험자들이 근친상간에 대해 직관적으로 혐오감을 표출했을 것이라고 추리할 수 있다.

정서를 구성하는 가치 평가적 요소는 대부분 본능과 모방을 통해 습득된다. 본능과 모방에는 타인의 행위에 대한 인지적 요소가 포함되어 있다. 왜냐하면 타인의 언어와 행위를 인지하는 과정이 본능과 모방의 과정과 일치하여 일어나기 때문이다. 직관주의 이론에 따르면 선천적 본능 속에 가치 평가와 관련된 일정한 척도가 내재한다. 예를 들어 더러운 사물에 감염되는 것에 대한 혐오감의 경우를 보자. 물리적인 더러움에 대한 본능적 직관에 의해 점차 혐오감이라는 문화적 정서가 구축되어간다. 그래서 사람들은 보통 살인자의 옷이나 자동차 사고로 다리를 잃은 자가 남긴 옷을 본능적으로 입지 않으려고 한다. 만약 어떤 옷이 히틀러의 것이었다고 한다면 더욱 입기를 꺼릴 것이다.[7] 이와 같이 물리적 더러움에 대한 본능적 직관을 습득함으로써

6) 제임스 레이첼즈, 김기순 옮김, 『도덕철학』, 서광사, 1989, 43-45쪽; Jonathan Haidt & Craig Joseph, "Intuitive Ethics: How Innately Prepared Intuitions generate Culturally Variable Virtues", p.56.

거기에 근거하여 점차 특정한 정서를 강화해간다. 또한 원초적 모방에 속하는 대상성적 공명(a vicarious resonance) 반응의 경우에서도 직관이 형성되는 것을 볼 수 있다. 대상성적 공명에서는 유사성에 기초한 전이가 일어난다. 아이들은 자신의 엄마가 울부짖으면 아무런 이유도 없이 소리 내어 운다. 아이들은 부모가 슬퍼하는 것에 슬퍼하고 부모가 혐오하는 것에 혐오하는 행위를 한다. 이런 식으로 아이는 성장해가면서 부모의 언어와 행위를 자신에게 반영시킨다. 그 결과 아이는 부모의 문화적 요소들을 자신의 정서로 습득한다.

물론 직관주의자들이 주장하듯이 직관적인 혐오감에서 곧바로 도덕적 판단 근거를 찾는 것은 심각한 도덕 상대주의로 귀착될 위험이 크다. 원초적 혐오감 자체가 도덕적 정당화에 대한 직접적 근거가 될 수 없기 때문이다. 도덕 판단이 단지 본능적 감정에 대한 변호에 그칠 수 없음은 자명하다. 본능적 반응의 범주에 속하는 기초 감정적 직관에서 도덕적 판단을 추론하려는 직관주의는 자연주의적 오류를 범하고 만다.[8)]

---

7) Jonathan Haidt, et al., "Body, Psyche, and Culture: The Relationship between Disgust and Morality", *Psychology and Developing Societies*, Sage Publications, 1997, p.116.

8) 자연주의적 오류는 윤리적 범주에 속하는 선(善) 개념을 자연적 특성에 의해 정의 내리는 것을 가리킨다. 그러나 더욱 엄밀하게 보자면 무어가 말한 자연주의적 오류란 윤리적 범주에 속하는 선을 비윤리적 특성에 의해 정의 내리는 것을 뜻한다. 예를 들어 무어는 밀의 공리주의가 '윤리적 좋음', '윤리적 바람직함', '욕구해야 마땅함' 등과 같은 윤리적 선함을 '욕구됨'으로 등치시킴으로써 열린 질문 논증의 오류를 범하고 있다고 비판한다. 이러한 오류 논증은 윤리적 명제를 비윤리적인 자연적 명제로부터 도출하거나, 윤리적 술어의 의미를 비윤리적 술어를 통해 정의하거나, 윤리적 속성들을 비윤리적 속성들에서 이끌어낼 때 등장한다. 이대희, 「G. E. Moore와 '自然主義的 誤謬'」, 『안동대학교논문집』, 제17집, 안동대학교, 1995, 29-33쪽; 임일환, 「자연주의적 오류와 내포성」, 『미학』, 제57집, 한국미학회, 2009, 106쪽.

그러한 측면에서 평가가 결여된 원초적 감정보다는 평가 수반적 감정의 영역에 주목해야 한다. 평가 수반적 감정은 문화적 인지가 내포된 감정이라는 의미에서 복합 감정에 속한다. 다만 문화적 인지가 평가 요소로서 수반되고 있음에도 그러한 평가 요소에 대해 스스로 의식하지 못하는 경우가 많다. 무의식적 관습에 의해 행위할 때 아무런 가치 평가적 근거도 모른 채 남매의 근친상간에 대해 부정적 직관이 표출될 수 있다. 예를 들어 서구의 개인주의 문화권에 길들여진 사람들은 무분별한 학살이 개인의 존엄을 무가치하게 만든다고 생각하므로 그것에 대해 역겨움을 느낀다. 한편 이와 달리 집단주의에 길들여진 일본 사람들은 어떤 한 개인이 유기적인 사회조직에 통합되지 못했다고 생각할 때 역겨움을 느낀다.[9] 이러한 혐오감의 차이는 문화에 내재한 인지적 평가 요소를 고려할 때라야 제대로 이해할 수 있다. 따라서 복합 감정으로 표출되는 도덕적 직관에는 가치 평가가 수반되어 있다고 가정할 수 있다.

이러한 평가 수반적 직관 혹은 복합 감정을 한마디로 하여 정서(情緖, sentiment)라는 개념으로 정리할 수 있다. 복합 감정에 속하는 정서에는 무의식적인 평가나 의식적인 평가가 수반되어 있다. 의식적인 평가는 정서에 수반된 까닭을 자각하고 있는 경우라면, 무의식적 평가는 자신의 정서에 수반된 까닭을 자각하지 못하는 경우에 해당한다. 어떤 문화가 후세대에 전이되는 과정에서 의식적 평가가 무의식적 평가로 변화되기 쉽다. 그 까닭은 문화의 전달 과정에서 합리적 까닭을 먼저 습득하기보다 겉으로 드러난 행위와 감정 표현을 먼저 배우기 때문이다. 그래서 왜 밥을 먹어야 하는지에 대해 모르는 상태에서 밥 먹는 행위를 먼저 배우고, 왜 그렇게 말해야 하는지에 대해

9) Jonathan Haidt, et al., “Body, Psyche, and Culture: The Relationship between Disgust and Morality”, p.126.

자각하지 못한 상태에서 말하는 방법을 먼저 배운다. 마찬가지로 왜 근친상간이 나쁜지 모르는 상태에서 근친상간이 나쁘다는 정서를 무의식적으로 습득한다. 그러므로 대부분의 사람들이 남매간의 근친상간에 대해 자신도 모르지만 그냥 나쁘게 여기는 직관적 감정을 표출할 수 있다.

결국 문화권에 내재하는 평가 수반적 직관이 일차적으로 습득된 다음에 이성적 성찰과 숙고에 의한 합리적 사려가 진행된다. 이성적 숙고 상태에 도달하면 정서는 무의식적으로 전달되는 것이 아니라 의식적으로 반성된다. 사람들은 합리적 숙고를 통해 이제까지 자신이 습득하고 있는 정서가 합당한 것인지에 대해 반성할 수 있다. 이제 사람들은 합리적 반성을 통해 나와 다른 정서를 가진 사람들과 토론할 수 있으며, 그러한 토론을 통해 자신의 정서를 조정해갈 수 있다. 마크와 줄리의 합의된 근친상간이 왜 불합리한지에 대한 이성적 숙고도 이미 평가 수반적 직관(정서)이 형성된 이후에 일어난다. 근친상간이 불합리하다고 대답한 대부분의 피실험자들은 근친상간이 합리적일 수도 있다는 시나리오에 당면하면서부터 자신들의 정서에 대해 숙고하지 않을 수 없을 것이다. 비록 합리적 숙고가 직관적 정서 이후에 나타나는 꼬리와 같은 것이라고 할지라도 여전히 정서를 반성하고 조정하는 데에 중요한 역할을 담당한다.

2. 주희의 격물설

맹자에서 정주(程朱)로 이어지는 유가사상은 평가 수반적 직관주의에 기초한다. 그러한 대표적인 이론으로 맹자의 성선설(性善說)과 주희의 격물설(格物說)을 들 수 있다. 잘 알려진 것처럼 맹자의 성선설은 사단(四端) 개념을 제시하면서 평가 수반적 직관에 근거한 윤리학을 전개한다. 주희의 경우에는 언뜻 보면 그의 격물설에서 이치를 궁구하는 것에 대해 말하므로 직관주의와는 무관하게 보일 수도 있으며, 심지어는 주희의 공부법이 너무 객관성에 경도되어 도덕적 주체성을 잃었다고 비판하는 학자도 있다.[10] 그러나 주희는 소학(小學) 공부와 대학(大學) 공부를 주장한다는 점에서 여전히 평가 수반적 직관주의에 기초한 도덕 관점을 고수하고 있다. 주희의 격물설은 도덕적인 판단으로서의 치지(致知)가 사물에 나아감(格物)으로써 온전해질 수 있다고 믿지만, 그렇다고 사물에 나아갈 때에 주관성이 무시되는 것은 아니다.[11] 그의 격물설이 대학 공부에 속할지라도 여전히 거기에는 유교 사회에서 형성된 무의식적 직관을 익히는 소학 공부가 전제되어 있다.

먼저 주희의 격물설이 평가 수반적 직관주의에 기초한다는 사실을 이해하기 위해 잘 알려진 『대학장구』의 격물치지(格物致知) 장에서부터 살펴보자.

---

10) 모종삼은 주희의 격물설에 대해 비판적이다. 그에 따르면 주희의 격물설은 범인지주의(汎認知主義)의 일종이며, 지리멸렬하게 외재적 사물에서 도덕적 이치를 평면적으로 '순취(順取)'하려고 함으로써 진정한 도덕적 주체성을 잃었다(모종삼, 『심체여성체(心體與性體)』, 제3책, 대만: 정중서국, 중화민국58, 391-394쪽). 한편 모종삼이 주희의 격물치지설을 타율 도덕으로 보는 것에 대해 비판적으로 재고한 최근의 연구물로는 황갑연의 「현대신유학자 모종삼의 주자 도덕철학 이해에 대한 재고: 모종삼의 '卽存有卽活動'과 '只存有而不活動'론을 중심으로」(2007)가 있다. 또한 몽배원(蒙培元)은 주희의 격물치지설이 진정한 과학 지식이나 객관 세계를 인식하려는 것이 아니라 사물의 이치를 인식함으로써 마음속에 갖추어진 전체대용(全體大用)으로서의 자아 인식에 도달하는 데에 그 목적이 있다고 본다(몽배원, 『이학범주계통(理學範疇系統)』, 인민출판사, 1989, 350쪽).

11) 황갑연, 「朱子 知行論의 장단점에 관한 고찰」, 『양명학』, 제9호, 한국양명학회, 2003, 268쪽.

> 앎을 다하는 것이 사물에 이르는 데 있다는 것은 나의 앎을 다하고자 하는 것이 사물에 나아가 그 이치를 궁구하는 데(卽物而窮其理) 달렸다는 것을 말한다. 대체로 사람 마음의 신령함에는 앎이 있지 않음이 없고 천하의 사물(天下之物)에는 이치가 있지 않음이 없다. 오직 이치를 궁구하지 못했으므로 앎에 다하지 못함이 있다. 이런 까닭에 대학에서 처음 가르칠 때에 배우는 사람들로 하여금 세상의 모든 사물에 나아가 자신이 이미 알고 있는 이치에 말미암아 더욱 궁구함으로써 그 궁극 처에 이르기를 구하지 않음이 없게 한다.12)

주희는 공부에 대해 일을 익히는 소학 공부와 자신이 경험한 사물 속에서 이치를 궁구하는(卽物窮理) 대학 공부로 분류한다. 이러한 소학-대학의 구도는 평가 수반적 직관과 그에 따르는 합리적 성찰 사이의 상호 보충적 관계를 매우 잘 보여준다. 주자학에서 소학과 대학은 불가분적인 두 개의 공부 방법이다. 대학과 소학의 불가분성은 합리성의 축인 이치가 사물로부터 벗어나 성립할 수 없음을 함축한다. 그리고 이러한 함축은 사물이나 사태로부터 벗어나 관찰자적으로 합리적 이치를 관조하려는 윤리학적 방법들에 대해 비판적이다. 특히 사태로부터 이치를 추론하는 대학의 격물설은 사회(死灰)와 같은 태도로 좌망(坐忘)을 즐기는 노장사상이나, 세속을 벗어나 정좌(靜坐)를 하던 선불교사상에 대해 허무적멸(虛無寂滅)의 가르침이라고 강하게 비판한다. 주희는 사물이나 사건에서 보이는 일상적 직관을 도외시하는 가치판단들을 허무주의의 일종이라고 여긴다. 결국 주희에게서 소학 공부와 대학 공부의 긴밀한 연계는 평가 수반적 직관(정서)들에 대한 반성적 정당화라고 할 수 있다. 격물설에 따르면 사람은 소학

---

12) 주희, 『대학장구』, 5장. "致知在格物者, 言欲致吾之知, 在卽物而窮其理也. 蓋人心之靈, 莫不有知, 而天下之物, 莫不有理. 惟於理有未窮, 故其知有不盡也. 是以大學始敎, 必使學者, 卽凡天下之物, 莫不因其已知之理而益窮之, 以求至乎其極."

공부의 측면에서 유교문화권의 일상적 직관들을 풍부하게 습득해야 하지만, 대학 공부의 측면에서는 그러한 직관에 내재한 합리적 근거를 반성적으로 숙고해야 한다.

유교문화적 정서를 습득하는 소학 공부는 사람이 태어난 뒤에 열다섯 살 가량까지 실천하는 것을 가리킨다. 이 기간 중에는 구체적인 일(事)에 나아가서 일의 과정을 몸소 익힌다. 예악사어서수(禮樂射御書數)와 효제충신(孝弟忠信)과 쇄소응대진퇴(灑掃應對進退)의 일을 몸에 익힌다. 이 시기에는 왜 그러한 일들을 행해야 하는지 모르면서도 그러한 것들을 몸에 익히기만 하면 된다. 그러므로 그렇게 하는 모든 책임과 권한은 어른들이 형성해놓은 문화 속에 있으며, 어린이가 습득한 행위와 감정은 문화에서 물려받은 복합 감정적 정서이다. 특히 어린이들의 공부 영역에 해당하는 소학 공부는 평가 수반적 직관인 복합 감정적 정서와 행위를 풍부하게 익히는 시기이다.

열여섯 살 가량이 되면 비로소 대학 공부의 과정에 들어간다. 대학 공부에서는 일의 이치(理)와 효제충신의 소이(所以)를 배운다. 주희에 의하면 일에 내재하는 이치라는 것은 감정이 없고, 조작이 없고, 계산이 없는 정밀하고 깨끗하고 확 트인 범주(無情意, 無造作, 無計度, 精潔空闊底)에 속하는 것들이다. 일에 내재하는 이러한 이치를 깨닫고 획득하기 위해서는 거경궁리(居敬窮理)와 절기체험(切己體驗)이 요구된다. 소학 공부의 시기가 타율적인 학습의 과정이었다면 대학 공부의 시기는 자신의 체험을 통해 사물의 이치를 자율적으로 숙고하는 단계이다. 대학 공부의 과정에서는 소학 공부에서 익힌 평가 수반적 정서에 대해 왜 그렇게 평가해야 하는지에 대한 반성적 숙고를 통해 일의 까닭을 스스로 밝힌다.

소학-형이하학 : 발생한 사태 → 평가 수반적 직관 → 판단

대학-형이상학 : 합리적 근거 획득 ← 합리적 숙고 ← 소학적 정서

격물설은 위의 구도로 이해될 수 있다. 격물설에 따르면 이치란 사물에 내재하므로, 사람의 앎 또한 참된 앎이 되기 위해서는 반드시 사물에 나아가 평가 수반적 직관을 많이 습득해야 한다. 그러한 점에서 이치를 깨닫는 치지(致知)의 과정은 사물을 경험하여 직관적 감정을 얻는 격물에 뒤따른다. 격물이 치지의 필요조건인 셈이다. 주희는 "치지가 주관의 측면에서 말한 것이고 격물이란 사물의 측면에서 말한 것이다. 만약 격물이 아니라면 무엇에 근거해 알 수 있겠는가?"[13] 라고 말한다. 주희가 강덕공에게 쓴 편지에 보면 주희는 정자(程子)의 학설에 따라 '格'자를 '至'자로 풀이한 자신의 설에 확신을 가지면서, 사물을 통해 이치에 도달하려고 한다.[14] 주희는 『시경』에서 말한 "사물이 있으면 법칙이 있다."는 말을 인용하면서 사물을 형이하학적인 것에 등치시키고 이치를 형이상학적인 것에 등치시킨다.[15] 그러면서 주희는 "반드시 사물에 나아가서 이치를 구해야 한다. 이치를 구할 줄 알면서도 사물의 지극함에 이르지 않으면 사물의 이치가 다

---

13) 『주자어류』, 15:50. "須要就那事物上理會. 致知是自我而言. 格物是就物而言. 若不格物, 何緣得知."

14) 『주희집』, 권44, 「답강덕공2(答江德功二)」. "蓋自十五六時知讀是書, 而不曉格物之義, 往來於心, 餘三十年. 近歲就實用功處求之, 而參以他經傳記, 內外本末反復證驗, 乃知此說之的當, 恐未易以一朝卒然立說破也." 참고로 주희 이전의 사례를 보면 정현(鄭玄)은 '格'자를 '來'자로 풀었고, 이고(李翱)는 '來'자나 '至'자로 풀었고, 이정(二程)은 '至'자나 '究'자로 풀었다. 한편 사마광(司馬光)은 '格'자를 '捍'자로 해석하여 격물을 "바깥 사물을 막는다."로 여기면서 외부 사물을 부정적으로 여겼다. 주희는 후자를 비판하고 전자를 따름으로써 지식을 양성하는 데에 외부 사물이 필요조건이라고 보았다. 몽배원, 『이학범주계통』, 342-345쪽.

15) 『주희집』, 권44, 「답강덕공2」. "夫天生烝民, 有物有則, 物者, 形也, 則者, 理也. 形者所謂形而下者也, 理者所謂形而上者也."

하지 않고 나의 앎도 다하지 않는다."[16]고 말한다.

사물에 나아가 앎을 추구해야 할 이유가 어디에 있을까? 적어도 주희의 지식론에서 볼 때 사물에 나아가 추구하는 앎과 사물에 나아가지 않고 추구하는 앎 사이에는 매우 큰 차이가 있다. 우선 이치란 사물에서 이해될 때라야 구체적일 수 있다. 주희가 효공(孝公)에게 올린 주차에 보면 "이치는 형체가 없어서 알기 어려우나 사물은 자취가 있어서 쉽게 알 수 있으므로 사물에 말미암아 이치를 구한다."[17] 고 말한다. 이 말에 따르면 이치가 비록 추상적인 것일지라도 구체적 자취 속에서 발견될 수 있다. 이렇듯이 주희의 지식론에서 추상적인 도덕적 지식과 구체적인 사물은 밀접한 상관관계를 가지고 있다. 따라서 완성된 도덕적 지식에 이르려면 사물 속으로 부딪쳐 들어가야 한다.

그렇다고 사물을 통한 앎이 무조건 옳은 것은 아니다. 사물을 통해 형이하학적으로 얻은 정서가 옳지 못한 평가 기준을 포함하고 있을 수 있다. 그러므로 격물설에 따르면 사물을 통해 정서를 익히는 것에서 나아가, 자신의 직관적 정서들 중에 무엇이 더 합당한 판단인지에 대해 궁리할 필요가 생긴다. 주희는 하나의 사태에 대해 가장 합당한 지점을 가정함으로써 선취한 직관들에 대한 합리화를 시도한다.

> [갑] 사물에 나아가 이치를 궁구해야 한다. 하나의 사물에는 하나의 이치가 있다. 궁극에 이른 뒤에 사물을 만나 접촉하는 것이 다 도리와 부딪치는 것이다. 군주를 섬김에 충성을 만나게 되고, 부모를 섬김에 효도를 만나게 되고, 거처함에 공손하고, 일을 함에 공경하고, 사람과

16) 『주희집』, 권44, 「답강덕공2」. "必卽是物以求之. 知求其理矣, 而不至夫物之極, 則物之理有未窮, 而吾之知亦未盡."

17) 『주희집』, 권13, 「계미수공주차1(癸未垂拱奏箚一)」. "理無形而難知, 物有迹而易睹, 故因是物以求之."

사귐에 충성하여, 일거일동에 이르기까지 어디에서든 도리를 보지 않은 적이 없다.

[을] 만약 궁구함이 지극하지 않으면 보는 것이 진실하지 않아서 밖으로는 비록 선을 행할지라도 속으로는 실제로 악을 행하게 되니, 이는 두 사람이 일하는 것이 아니겠는가! 한 사람이 밖에서 선을 행하더라도 또한 안에서 다른 한 사람이 말하기를 "나는 좋지 않다."고 한다. 그러므로 이제 반드시 속으로 그 좋지 않은 사람을 이기는 것이 옳다.18)

[갑]에서 보면 사물에 부딪친다는 것은 그 안에 있는 이치에 부딪치는 과정이다. 모든 일에는 일정한 이치가 내재하므로, 사물을 만남으로써 이치를 만나게 된다. 군주와 만날 때에는 충성이라는 이치를 만나고, 부모와 만날 때에는 효도라는 이치를 만난다. 사람이라면 평소에 무엇인가를 접촉하지 않을 수 없고, 접촉한다면 이치를 이해하기 위해 노력해야 한다.

그러나 [을]에서 보면 사물을 만나는 것이 곧바로 이치의 확보를 뜻하는 것은 아니다. 사물을 만나는 것과 이치를 만나는 것 사이에는 불일치가 존재한다. 사람이 인식할 때에 두 가지 상반된 계열의 힘이 교차한다. 하나는 이치를 바라보는 본성적 인식이고, 다른 하나는 기품소구(氣稟所拘)나 물욕소폐(物欲所蔽)와 같이 참된 인식을 방해하는 비도덕적 욕구 혹은 탈도덕적 욕구이다. 주희는 후자 중에 전자를 방해하는 요소가 들어 있다고 본다. 주희는 신체 기관들의 치우친 욕구가 참된 인식을 방해한다고 본다. 주희는 말한다. "사람의 마음이

---

18) 『주자어류』, 15:36. "格物窮理, 有一物便有一理. 窮得到後, 遇事觸物皆撞著這道理. 事君便遇忠, 事親便遇孝, 居處便恭, 執事便敬, 與人便忠, 以至參前倚衡, 無往而不見這箇道理. 若窮不至, 則所見不眞, 外面雖爲善, 而內實爲惡, 是兩箇人做事了! 外面爲善是一箇人, 裏面又有一箇人說道, 我不好. 如今須勝得那一箇不好底人去方是."

지극히 신령하니, 무슨 일인들 알지 못하고, 무슨 일인들 이해하지 못하고, 무슨 도리인들 그 안에 구비되어 있지 않겠는가? 무슨 이유로 도리가 밝혀지지 못할까? 그것은 기품의 치우침과 물욕에 의해 어지러워지기 때문이다. 예컨대 눈이 색깔 때문에, 귀가 소리 때문에, 입이 맛 때문에, 코가 냄새 때문에, 사지가 안일함 때문에 밝지 않다."[19] 사람은 사물과의 조우를 통해 이치를 인식하지만, 오감에 기인하는 욕구로 인해 참된 인식이 희미해진다. 따라서 격물치지의 공부란 감각적인 일상 사태 속에서 초월적 도덕 지식을 획득하고 보존하는 과정이다.

격물치지란 겉을 거쳐 안으로 들어가는 공부이다. 곧 현상을 통해 본체적 지식을 증득해가는 공부이다. 감각적 욕구에 의한 인식이 표층적인 것에 관한 것이라면 격물은 표층적인 것 안에 깃들어 있는 심층적인 근거를 찾는 공부이다. 사물(事物)에는 근본과 말단 혹은 본질과 현상이 종합되어 있으며, 격물 공부는 근본이나 본질을 밝히는 대학 공부에 해당한다. 소학이 현상(所然)에서 익히는 공부라면, 대학은 현상의 근원적 이유(所以然)를 탐구하는 공부이다.[20] 사물의 현상 속에는 이치가 존재하며, 격물이란 바로 현상적 사물을 통해 근원적 이치를 탐구하는 공부이다. 격물설에 따르면 진리가 비록 고원한 것일지라도 매우 비근한 사물을 통해서만 궁구할 수 있다. 그래서 주희는 "세상의 사물에는 이치가 있지 않음이 없으니, 모두 궁구해야 한다."[21]고 말한다.

---

19) 『주자어류』, 14:83. "蓋人心至靈, 有什麼事不知, 有什麼事不曉, 有什麼道理不具在這裏. 何緣有不明? 爲是氣稟之偏, 又爲物欲所亂. 如目之於色, 耳之於聲. 口之於味, 鼻之於臭, 四肢之於安佚, 所以不明."

20) 『주자어류』, 7:6. "小學者, 學其事; 大學者, 學其小學所學之事之所以."

21) 『주자어류』, 15:25. "世間之物, 無不有理, 皆須格過."

다시 본래의 사례로 돌아가서 부모의 시체 유기나 근친상간 등에 대한 직관적 혐오감에 대해 살펴보자. 사물에 나아가 이치를 궁구하는 격물설의 논리에 의하면 그러한 직관적 혐오감에서부터 도덕적 근거를 궁리해갈 수 있다. 주희는 직관적 감정의 근저에 놓여 있는 도덕적 근거를 "소이연지고(所以然之故)"나 "소이연지리(所以然之理)"라고 부르며, 직관적 감정에는 도덕적 근거나 도덕적 법칙이 수반되어 있다. 맹자에서 성리학으로 이어지는 유가사상은 격물궁리를 통해 직관적 감정에 수반된 가치 평가의 합리적 근거를 추론해야 한다고 주장한다. 그렇다면 과연 격물설에서 주장하듯이 평가 수반적 직관들을 합리화할 수 있는 보편적이고 정당한 도덕적 근거를 사물에 나아가 궁리함으로써 획득할 수 있을까?

3. 선불교의 각물설과 장자의 물물설로 보는 격물설

중국사상사를 들여다보면 주희의 격물설은 독자적으로 출몰했다기보다는 다른 사상과의 대립을 통해서 발전되었다. 사물에 관한 직관적 감정에 대한 숙고로부터 도덕 판단의 근거를 밝히려는 주희 격물설의 유가사상적 기획은 선가와 도가에 의해 해체주의적 비판을 받는다. 주희의 격물설에 대립하는 대표적인 해체주의적 입장으로서 대혜종고의 각물설(却物說)과 장자의 물물설(物物說)을 들 수 있다. 이들의 해체주의적 시각에서 보자면 격물치지설은 사물 혹은 사태를 인간화시키려는 유위적 의도에 불과하다. 그래서 해체주의자들은 사물에 대한 직관의 과정에서 유위적 의도를 비우라고 주장한다.

먼저 간화선(看話禪)의 주창자인 대혜종고의 각물설에 대해서 살펴보자. 그의 주요 학설인 간화선은 묵조선(默照禪)과 대비된다. 묵조선은 송대 굉지정각(宏智正覺, 1091-1157)에 의해 집대성된 것으로 일체의 언어를 끊음으로써 깨달음에 들어가는 것이라고 한다면, 대혜종고를 중심으로 하는 간화선은 사물에 대한 공부보다 화두에 집중함으로써 삶의 궁극적 가치를 자각하려고 한다.22) 그의 간화선은 "개에게는 불성이 없다(狗子無佛性)."와 같은 하나의 짧은 화두를 마음에 두고서 참선 수행한다. 오직 하나의 화두를 참구할 뿐 다른 일체 사물에 구속되지 않으려고 한다. 물론 간화선에서 사물에 구속되지 않음은 사물과의 관계를 끊는 것을 뜻한다기보다 사물에 구애되는 사량계교의 의식을 끊는 것을 뜻한다.

> 암두(巖頭) 스님이 말하기를 "사물을 물리치는 것이 최상이고 사물을 좇는 것이 최하이다(却物爲上, 逐物爲下)."라고 했다. (중략) 요즘의 사대부들이 대부분 사량계교(思量計較)를 거처로 삼아 이와 같은 말을 들으면 공허함에 떨어지는 것이 아니냐고 말한다. 비유컨대 이것은 배가 전복되지도 않았는데 먼저 혼자서 물속으로 뛰어드는 것과 같으니, 매우 가련하다.23)

대혜종고의 간화선은 사물과 의식 사이에서 생기는 문제를 화두와 의식 사이의 문제로 가져온다. 그는 종직각(宗直閣)에게 보내는 편지

---

22) 주희는 어렸을 때 호헌(胡憲, 1086-1162), 유자휘(劉子翬, 1101-1147), 유면지(劉勉之, 1191-1149) 등에게 배울 때 원오극근(圓悟克勤)의 묵조선에 대해 알게 되었고, 십대에서 이십대 사이에 대혜종고와 개선도겸(開善道謙)의 간화선에 대해 알게 되었다. 『주희집』에 나오는 몇 가지 기록을 통해 주희가 대혜종고의 저작인 『대혜어록』을 자세히 읽었음을 알 수 있다. 윤영해, 『주자의 선불교 비판 연구』, 민족사, 2000, 66-123쪽; 진영첩, 『주자신탐색(朱子新探索)』, 대만: 학생서국, 중화민국77, 641-647쪽.

23) 대혜종고, 전재강 옮김, 『서장(書狀)』, 「증시랑에게 답함 (2)」, 운주사, 2004, 58쪽. 이 책에 나오는 원문과 번역문을 참조해 다시 번역해 인용했다(이하도 마찬가지임). "巖頭曰, 却物爲上, 逐物爲下. (중략) 今時士大夫, 多以思量計較爲窟宅, 聞恁麽說話, 便道, 莫落空否. 喩似舟未翻, 先自跳下水去, 此深可憐愍."

에서 이렇게 말한다. "중생은 전도됨으로써 자기를 미혹시켜 사물을 좇는다. 사물은 본래 자성(自性)이 없는데도 자기를 미혹하는 사람이 스스로 자성을 좇을 뿐이다."[24] 이렇게 말하면서 그는 종직각에게 일상생활에서 사물에 접할 때에 "개에게 불성이 없다."는 화두를 들라고 권유한다. 이와 같이 간화선에서 화두는 수양의 출발선이자 귀결처이다.

주희 주변에도 선불교의 영향을 받은 사람들이 심심찮게 있었다. 여본중(呂本中)이 그러한 경우이다. 여본중은 선불교와 유학을 두루 섭렵했던 인물이다. 유가적 지식이 많았던 여본중에게 보낸 대혜종고의 편지 세 통이 『서장』에 보인다. 대혜종고는 그 편지들 중에서 여본중에게 화두에만 집중하라고 당부한다. 대혜종고는 "공부라는 것은 세상의 번뇌를 사량하는 마음을 마른 똥 막대기에 돌아오게 하여 마치 나무 인형과 같이 정식(情識)이 일어나지 못하게 하는 것이다."[25] 라고 말한다. 대혜종고는 지식을 참 지식과 거짓 지식으로 나누면서, 화두를 참구함으로써만 의혹된 지식을 일시에 타파할 수 있다고 여본중에게 말한다.

> 천만 가지 의심이 단지 하나의 의심일 뿐이니, 화두에서 의심이 타파되면 천만 가지 의심이 일시에 타파된다. 화두가 타파되지 않으면 다시 화두와 겨루어야 한다. 만약 화두를 버리고 따로 문자에 나아가 의심을 일으키거나, 경전의 가르침에 나아가 의심을 일으키거나, 옛 사람의 공안에 나아가 의심을 일으키거나, 일상의 번뇌 안에서 의심을 일으키는 것은 다 삿된 마군에 속하는 것이다.[26]

---

24) 『서장(書狀)』, 「종직각에게 답함」, 273쪽. "佛不云乎? 衆生顚倒, 迷己逐物. 物本無自性, 迷己者, 自逐之耳."

25) 『서장(書狀)』, 「여사인 거인에게 답함 (2)」, 248쪽. "所謂工夫者, 思量世間塵勞底心, 回在乾屎橛上, 令情識不行, 如土木偶人相似."

위 편지에서 대혜종고는 여본중에게 화두를 통한 돈오(頓悟)의 수양법을 가르치고 있다. 그는 모든 의심이 하나의 의심으로 귀결된다고 하면서, 그에 대한 처방으로 화두에서 의심이 타파되면 모든 다른 의심도 일시에 타파된다고 주장한다. 이러한 그의 주장은 마치 화두가 모든 의심을 해결해주는 만병통치약인 것처럼 여긴다. 하나의 화두를 들어 그 화두만 통하려고 해야지 다른 모든 것에서 의심을 일으키려고 해서는 안 된다는 것이다. 화두를 제외한다면 일종의 불립문자이다. 많은 경전이나 공안들도 궁리할 필요가 없다. 일상적인 사물이나 사태도 고민할 대상에서 멀어진다. 간화선을 추구했던 대혜종고는 화두 하나에 전면적으로 몰두함으로써 모든 문제를 해결한다는 믿음에 충실하다.

대혜종고의 간화선에서 주장하는 내용을 아래와 같이 정리해볼 수 있다.

[갑] 각물(却物), 화두(話頭), 의파(疑破), 돈오(頓悟)

[을] 축물(逐物), 사량계교(思量計較), 지견(知見), 정식(情識)

대혜종고의 각물설은 작은 관점과 큰 관점에 의해 설명할 수 있다. [을]이 사물을 좇는 축물에 의해 의식이 작은 관점에 구애된 상태라면 [갑]은 그러한 구애를 초탈하여 큰 관점을 획득한 상태이다. 의식이 구애되었다는 점에서 [을]의 영역은 작은 관점에서 벗어나지 못함으로써 아직 깨달음에 이르지 못한 단계이다. 사량계교, 지견, 정식

26) 『서장(書狀)』, 「여사인 거인에게 답함 (1)」, 227쪽. "千疑萬疑, 只是一疑, 話頭上, 疑破則千疑萬疑, 一時破. 話頭不破則且就上面, 與之厮崖. 若棄了話頭, 却去別文字上起疑, 經教上起疑, 古人公案上起疑, 日用塵勞中起疑, 皆是邪魔眷屬."

등의 의식 현상이 모두 사물을 좇음으로써 발생하는 폐단들이다. 한편 사람은 [갑]과 같이 사물을 물리치는 각물에 의해 사량계교를 끊고 깨달음이라는 큰 관점에 들어갈 수 있다. 간화선에서 보자면 화두를 통해 천만 가지의 의심을 타파함으로써 깨달음을 획득한다.

대혜종고가 말하는 각물설의 핵심은 작은 관점을 해체함과 동시에 큰 관점을 획득하는 데에 있다. 이러한 해체주의적 관점에 의거한다면 주희의 격물설은 사물과 의식의 우연적 관계에서 발생한 정서와 숙고에 대한 집착에서 벗어나지 못하고 있다. 그의 각물설은 격물설이 사물에 대한 구애와 집착에서 어떻게 벗어날 것인지에 대해 고려하지 않는다고 비판한다.

[격물설에 대한 간화선의 비판]
소학-형이하학 : 발생한 사태 → 평가 수반적 직관 (축물) → 판단
대학-형이상학 : 합리적 근거 획득 (축물) ← 합리적 숙고 (축물) ← 소학적 정서

[간화선의 공부법]
각물설 : 큰 관점 획득 (의파) ← 작은 관점 벗어나기 (각물) ← 소학적 정서

대혜종고의 각물설적 입장에서 보자면 주희의 격물설에서 말하는 정서와 숙고라는 것은 사물을 좇음으로써 생겨난 사량계교, 지견, 정식 등에 불과하다. 당시 유자들 중에 선불교에 관심을 가진 사람들이 많았는데, 대혜종고가 보기에 그들은 사물에 대한 지식에 구애되어 오히려 선불교적 진리를 깨치지 못하는 경우가 많았다. 그래서 그는 "사대부가 선불교의 도리를 배울 때에 총명하지 못한 것을 근심하지

않고 너무 총명할까 봐 근심할 뿐이며, 지식이 없을까 봐 근심하지 않고 너무 지식이 많을까 근심할 뿐이다."[27]라고 비판한다. 대혜종고의 각물설에서 보자면 주희의 격물설은 작은 관점에 갇혀 있는 해체의 대상일 뿐이다.

선가뿐만 아니라 도가도 주희의 격물설과 상반된 입장을 지니고 있다. 도가의 입장에서 보자면 사물은 사물로 남고 사물을 보는 자는 보는 자대로 남아야 함에도, 주희의 격물설은 사물과 사람 사이에 불필요한 군더더기와 같은 관계 맺음을 시도하고 있다. 도가의 유명한 테제인 "사물로써 사물을 본다(以物觀物)."는 말은 "사물에 나아가 이치를 궁구한다."는 격물설과 그 내포가 매우 상반된다. 왜냐하면 도가에서는 사물에 대한 특정의 평가 수반적 직관을 정당화하기보다 사물이 사물대로 남을 수 있도록 마음 비우기(虛靜)를 시도하기 때문이다. 만약 장자가 주희의 격물설에 대해 들었다고 한다면 마음을 비우지 못한 채 사물에 주관적 의도를 덧씌우는 사물의 인간화일 뿐이라고 비판했을 것이다.

"사물로써 사물을 본다."는 장자의 주장은 물물설(物物說)로 나타난다.[28] 장자의 물물설은 중국사상사적 맥락에서 볼 때 주희의 격물설에 대한 매우 강한 안티테제로서 해석될 수 있다. 장자는 특정의 평가 수반적 직관을 보편적으로 정당화할 만한 합리적 근거를 찾을

---

27) 『서장(書狀)』, 「이랑중 사표에게 답함」, 302쪽. "士大夫學此道, 不患不聰明, 患太聰明耳. 不患無知見, 患知見太多耳."

28) 이 글에서는 장자의 물물설(物物說)을 주희의 격물설에 대한 안티테제로서 해석하고 있지만, 장자의 물물설이 본래 도가적 양생술과 밀접하게 관련되어 있다는 사실도 부기하고자 한다. 장자는 유위에 의한 사물에의 고착으로부터 탈피하여 사물 그 자체 상태 곧 무위자연의 상태에 도달하려고 한다. 그렇게 본다면 장자의 물물설은 유위적인 작은 관점에서 벗어나 무위적인 큰 관점을 획득함으로써 진인(眞人)의 경지에 도달하는 것과 관련되어 있다.

수 없다고 본다. 그 대신 장자의 물물설은 사물에 덧씌워진 유위적 의도를 해체함으로써 사물을 그 자체로서 해방시키려고 한다.

[갑] 물물(物物), 외물(外物), 망호물(忘乎物), 해어물(解於物)
[을] 순물(殉物)

장자는 "사물은 사물대로 자신은 자신대로"라는 입장을 견지하기 때문에 객관적 사물의 고유성을 인정하면서도 동시에 사물에 매몰되지 않고 주관성을 지키려고 한다. 그러한 장자의 입장을 이해하기 위해서는 장자가 사물과 관련하여 전제하고 있는 작은 관점과 큰 관점의 구분에 유의해야 한다.[29] 작은 관점이 특정한 사물에 편향된 관점이라면 큰 관점은 특정 사물에 대한 편향을 초월하는 것을 뜻한다. [갑]이 큰 관점에 속한다면, [을]은 작은 관점에 속한다. 만약 큰 관점을 취하게 된다면 물물, 외물, 망호물, 해어물 등의 경지에 도달할 수 있다. (1) 물물이라는 큰 관점에 이르면 "사물을 사물이게 하면서도 사물에 구애되지 않으므로(物物而不物於物) 어떤 것도 누가 되지 않는다."[30] 여기에서 물물의 주체는 바로 무위자연의 도이다. 도가적 도는 사물을 사물이게 하면서도 더 이상 주인으로서 관여하지 않으므로 무위적이다. (2) 따라서 사람이 무위자연의 도를 얻기 위해서는 사물 속에 있으면서도 사물에 구애되지 않아야 한다. 외물, 망호물, 해어물 등이 사물에 구속되지 않은 삶을 가리킨다. 특정 사물로부터 생겨나는 작은 관점을 초탈할 수 있는 자만이 무위자연이라는 큰 관점에 도달할 수 있다.

---

29) 정용환, 「장자의 제한적 상대주의: 맹자의 불인지심과 포정해우」, 『동양철학연구』, 제59집, 동양철학연구회, 2009, 428쪽.

30) 『장자』, 「산목(山木)」. "物物而不物於物, 則胡可得而累邪."

그러면 사물로부터 생겨나는 작은 관점을 어떻게 초탈하는지 장자의 설명을 들어보자.

삼일 뒤에 천하를 벗어날 수 있었소(外天下). 이미 천하를 벗어나자 내가 또 지키어 칠일 뒤에 사물을 벗어날 수 있었소(外物). 이미 사물을 벗어나자 내가 또 지키어 구일 뒤에 삶을 벗어날 수 있었소(外生). 이미 삶을 벗어난 뒤에 아침 햇살처럼 밝게 열렸소(朝徹). 아침처럼 밝게 열린 뒤에 절대의 경지를 깨닫게 되었고(見獨), 절대의 경지를 깨달은 뒤에 예와 지금이 없을 수 있게 되었소(无古今). 예와 지금이 없을 수 있은 뒤에 죽지도 않고 살지도 않은 경지에 들어갈 수 있었소(不死不生).[31]

장자는 끊임없이 사물의 한계 밖으로 벗어난다. 사람들로 하여금 작은 관점에 머물게 하는 대표적인 사물로서 '천하'를 들 수 있다. 장자는 천하를 소유하려는 욕망을 가장 먼저 벗어난다. 그 다음에 각종 이해관계에 얽혀 있는 주변의 여러 가지 사물들로부터 벗어난다. 마침내 자신의 신체적 본능인 삶에 대한 집착마저도 벗어난다. 그 결과 무위자연의 빛이 아침 햇살처럼 떠오르면 작은 관점에 의해 형성되어 있던 어두운 차폐막들이 걷히면서, 큰 관점에서 자기 자신을 보게 된다(見獨). 이것은 무위자연의 도를 즐기는 경지다. 그래서 "위로는 사물을 짓는 자와 노닐고 아래로는 사생을 벗어나 끝과 처음이 없는 자와 벗이 된다. (중략) 변화에 응하면서도 사물에서 풀려난다(解於物)."[32] 도가적 큰 관점은 사물과 함께하면서도 자신과 사물 사이에

31) 『장자』, 「대종사(大宗師)」. "吾猶守而告之, 三日而後能外天下. 已外天下矣, 吾又守之, 七日而後能外物. 已外物矣, 吾又守之, 九日而後能外生. 已外生矣, 而後能朝徹. 朝徹而後能見獨. 見獨而後能无古今. 无古今而後, 能入於不死不生."

32) 『장자』, 「천하(天下)」. "上與造物者遊, 而下與外死生无終始者爲友. (중략) 其

적절한 거리를 유지하는 것을 요점으로 삼는다.

한편 [을]에서는 특정한 사물에 고착됨으로써 작은 관점에 머문다. 만약 행위 주관이 특정 사물에 너무 가까이 끌려가면 "자신은 자신대로"라는 도가적 당위성을 지키지 못하고 주관성의 매몰을 불러온다. 장자는 사물로 끌려가 주관성이 속박되는 것을 순물(殉物)이라고 비판한다. 순물 상태에서는 행위 주관이 사물에 종속된다. 사물을 기준으로 했을 때 도가의 물물설은 사물의 밖을 향하지만 주희의 격물설은 사물에 매달린다. 장자의 관점에서 보자면 격물설은 사물로만 나아갈 뿐 사물 밖의 큰 관점으로 나아가지 못한다.

사물을 중심으로 한 가장 첨예한 대립이 바로 『대학』의 "평천하(平天下)"와 『장자』의 "외천하(外天下)"에서 보인다. 고대 중국사상에서 '천하'야말로 유가와 도가 사이에 논쟁을 불러온 핵심적 개념이다. 유가는 천하를 다스리거나 소유하는 것을 매우 중요한 목적으로 삼았다면, 도가는 천하 밖으로 벗어나는 해체적 지혜를 설파한다. 유가의 격물설에서 말하는 사물에 나아감(卽物)이란 작게는 자신의 몸과 가정의 일에 나아감이고 크게는 나라와 천하에 나아감이다. 이에 반해 장자의 물물설은 사물 밖으로 나아감으로써 작게는 일상의 사태에서 벗어나고 크게는 천하 밖으로 벗어난다. 장자는 이렇게 말한다. "참된 도로써 몸을 다스리고, 그 나머지 것으로써 나라와 집을 다스리고, 그 찌꺼기로써 천하를 다스린다. 이러한 측면에서 본다면 제왕의 공이란 성인의 나머지 일이어서 몸을 보존하는 양생의 일이 아니다. 요즘 세속의 군자들은 대부분 몸을 위태롭게 하고 삶을 버리면

應於化, 而解於物也." 또한 『장자』 「천지(天地)」 편에는 다음과 같은 구절이 보인다. "다스리려는 것은 사람의 일이다. 사물을 잊고 하늘을 잊는 것을 일러 자기를 잊었다고 한다. 자기를 잊은 사람이야말로 하늘에 들어갔다고 부른다(有治在人, 忘乎物, 忘乎天, 其名爲忘己. 忘己之人, 是之謂入於天)."

서 사물을 쫓으니(殉物), 어찌 슬프지 않겠는가?"[33]

큰 관점을 추구하는 장자의 물물설은 격물설의 대학 공부를 해체하는 구도로 되어 있다. 장자의 시각에 따르자면 격물설은 궁리를 통해 사물을 조작하려고 함으로써 궁극에는 사물의 지배를 받게 되는 모순에 빠지게 된다. 격물설에서 주장하는 궁리의 과정은 단지 사물을 추종하는 순물(殉物)에 머물 뿐이다.

[격물설에 대한 장자의 비판]
소학-형이하학 : 발생한 사태 → 평가 수반적 직관 (순물) → 판단
대학-형이상학 : 합리적 근거 획득 (순물) ← 합리적 숙고 (순물) ← 소학적 정서

[장자의 공부법]
물물설 : 큰 관점 획득 (견독) ← 작은 관점 벗어나기 (외물) ← 소학적 정서

도가사상에서 보자면 격물설은 사물 안에 자리한 평가 수반적 직관들을 유위적으로 합리화하려는 협애한 자기 정당화일 뿐이다. 도가는 직관에 수반된 가치 평가가 임의적인 것들이라고 여긴다. 그런데 유가의 격물설은 그러한 임의적 직관들 속에서 절대적 합리성을 찾으려고 애쓴다. 그러므로 도가는 사물과 관련된 평가 수반적 직관들을 합리화하려는 것에 대해 순물(殉物)이라고 비판한다. 도가가 보기에 유가적 가치 평가 기준은 주관적 판단을 모든 사람에게 대입시키

---

33) 『장자』, 「양왕(讓王)」. "道之眞以治身, 其緖餘以爲國家, 其土苴以治天下. 由此觀之, 帝王之功, 聖人之餘事也, 非所以完身養生也. 今世俗之君子, 多危身棄生以殉物, 豈不悲哉."

려는 성급한 일반화의 오류에 지나지 않는다. 그래서 장자는 부인의 주검을 앞에 두고서도 항아리를 두드리며 노래를 부를 수 있었다. 이러한 도가의 주장은 직관에 수반된 가치 평가가 사물을 의도적으로 왜곡할 염려 때문에 등장한다. 도가는 "마땅히 어떠해야 한다."는 유가적 행위 규범이 사물의 본래성을 해친다고 비판하면서, 사물에 대한 인간의 의도적 종합이 그친 상태에서 "사물을 사물이게 하는(物物)" 무위적 도만을 추구한다.

장자에게 사람이란 사물에 관여하는 자라기보다 오히려 사물들이 오고 가는 하나의 지점으로서 이해된다. 더 정확히 말하자면 사물이 손님이라면 사람은 그러한 손님이 드나들며 이용하는 여관일 뿐이다. 그러므로 사람은 사물이 오고 가는 것을 지연시키려고 해서는 안 된다. 사람들이 자신의 의도대로 사물들을 파악, 지속, 조작하려고 할 때에 비극이 발생한다. 만약 장자가 주희를 만났다고 한다면, 격물설에 대해 다음과 같이 말했을 것이다.

> 성인은 사물에 처하여 사물을 다치게 하지 않는다. 사물을 다치게 하지 않은 사람이라면 사물도 그를 다치게 할 수 없다. 다치는 바가 없으니 다른 사람들과 더불어 서로 보내주고 맞이할 수 있다. 산림과 들판은 나를 매우 즐겁게 해주지만, 즐거움이 아직 끝나기 전에 슬픔이 또한 이어진다. 슬픔과 즐거움이 다가옴에 내가 막을 수가 없고 그것들이 떠나감에 잡을 수가 없다. 슬프다. 세상의 사람들이란 단지 사물을 위한 여관(世人直爲物逆旅)일 뿐이다. 대저 마주친 것을 알면서도 마주치지 않은 것에 대해서는 모르고, 능한 데까지만 능하고 능하지 못한 것에 대해서는 능하지 못하다. 알지 못하고 능하지 못한 것에 대해 진실로 사람이 면할 수 없다. 사람이 면할 수 없는 것에 대해 면하려고 힘쓰니 어찌 슬프지 않겠는가? 지극한 말은 말을 버리고 지극한 행위는 행위를 버린다.[34]

도가의 주장처럼 격물설이 단지 순물에 그칠 뿐일까? 아니면 사물에 나아가는 최선의 방안일까? 장자의 안티테제인 물물설이 주희의 격물설이 나아갈 방향에 대해 중요한 거울 역할을 할 수 있다. 물물설이 비판하듯이 격물설의 궁리 공부가 특정의 정서에 대한 성급한 합리화에 빠질 수 있음에 유의해야 한다. 특히 소학 공부에서 익힌 유가적 정서에 대해 그 선천적 합리성을 찾으려는 대학 공부의 방법론이 그러한 경향성을 갖는다. 왜냐하면 유가적 정서에 대한 선천적 합리화는 정서의 다원성에 대한 담론을 크게 제약하는 폐단을 불러오기 때문이다. 장자의 비판처럼 소학 공부에서 익힌 유가적 풍습에서 비롯된 고정된 말투와 행동은 오직 유가적 정서만을 인정함으로써 작은 관점에 고착될 위험이 크다. 격물궁리(格物窮理)가 선천적 본질에 대한 탐구에 그칠 경우 장자가 말하는 사물의 변화(物化)에 대한 담론은 사라질 것이다.

물론 주희가 본체와 현상의 상즉에 기초한 체용론적 해석학을 제시한 것은 일상적 삶의 지평에서 도덕적 지식을 밝혀나간다는 점에서 의의가 크다. 주희의 초월적 본체란 사람과 사물과의 구체적 관계 속에 주어진 것이면서, 한편으로 그것은 획득해야 할 목표이기도 하다. 주희의 격물치지는 일종의 직소 퍼즐 맞추기처럼 주관과 객관의 교섭 속에서 하나의 이치(一理)를 공고하게 획득한다.[35] 주희는 주변 사물과의 교섭을 통해, 하학이상달(下學而上達)을 통해, 소학에서 대학으로 나아감을 통해 궁극에는 주관과 객관이 도덕적으로 가장 아

34) 『장자』, 「지북유(知北遊)」. "聖人處物不傷物. 不傷物者, 物亦不能傷也. 唯无所傷者, 爲能與人相將迎. 山林與! 皐壤與! 使我欣欣然而樂與! 樂未畢也, 哀又繼之. 哀樂之來, 吾不能禦, 其去弗能止. 悲夫, 世人直爲物逆旅耳! 夫知遇而不知所不遇, 能能而不能所不能. 无知无能者, 固人之所不免也. 夫務免乎人之所不免者, 豈不亦悲哉! 至言去言, 至爲去爲."

35) 垣內景子, 『心と理をめぐる朱熹思想構造の研究』, 汲古書院, 平成17, 120쪽.

름답게 어우러지는 활연관통의 단계에 이른다고 본다.

격물설에서의 문제는 궁리해야 할 초월적 본체를 사물과의 우연적 관계 속에서 임의적으로 전제한다는 사실에 있다. 대혜종고의 각물설과 장자의 물물설에서 보자면 주희의 본체 증득 공부는 작은 관점에 갇혀 있는 유위적 활동일 뿐이다. 왜냐하면 본체가 자연의 영역에 속하는 것임에도 불구하고, 격물설에서는 본체를 유위적으로 증득하려고 하기 때문이다. 유가적 관점에서 특정한 본체를 증득했다고 말하는 순간 본체에 대한 유위적 규정에 갇히고 만다. 그러므로 해체주의적 입장에서 보자면 사물 속에서 이치를 궁구하는 공부가 오래 쌓이면 어느 날 문득 도덕적 본체에 대한 활연관통에 이른다는 주희의 가정은 자연적인 것이라기보다 유교 이데올로기에 기초한 자의적인 목적 설정일 따름이다. 격물설에서처럼 초월적인 본체를 전제함으로써 사물과 사물 사이의 상호 변증의 과정이 도달해야 할 그리고 모든 사람이 동일하게 도달해야 할 한 곳, 주희 식으로 표현하자면 각각의 이치를 포괄할 수 있는 하나의 이치(理一)에 이르리라고 기약할 수 있을까? 오히려 주희가 가정하는 초월적 본체와 같은 것들조차 우리에게 주어진 불완전한 선이해(先理解)들이 아닐까?

4. 해서학으로서 격물설

격물설이 사물에 대한 해석 가능성을 하나의 작은 관점으로 고착시킨다는 해체주의적 비판은 유효하다. 그럼에도 여전히 우리는 사물에 나아가 지식을 구할 필요가 있다는 점에서 격물설은 재해석의 여지 또한 충분히 지니고 있다. 주희의 격물설은 물물설이라는 안티테제에도 불구하고 지식의 형성에서 사물이 왜 중요한지에 대해 여전히 의미심장한 메시지를 던져준다. 도대체 왜 사물로부터 지식을 구해야 할까?

얼핏 보면 사물은 인간의 합리적 사유를 방해하는 애매한 요소들의 집합인 것처럼 보이기도 한다. 특히 이성주의자에게는 사물이 이성적 추론을 뒤틀리게 하는 것으로 생각될 것이다. 굳이 플라톤의 이데아를 언급하지 않더라도 보편 개념을 믿는 사람이라고 한다면 "세 각의 합이 180도인 삼각형"을 사물을 통해 구체화하기가 매우 어렵다는 사실을 잘 안다. 현실에서는 삼각형의 정의에 근접한 모양들이 매우 많지만 삼각형의 정의에 완벽히 일치하는 삼각형을 찾기는 어렵기 때문이다. 마찬가지로 "바르게 살아야 한다."는 당위 명제에 동의하는 사람일지라도 다양한 상황에 대해 어떻게 하는 것이 바른지에 대해 구체적 지식을 획득하기란 쉽지 않다. 잘 정의된 지식일지라도 사물을 매개로 이해될 경우에는 매우 많은 애매성들을 동반한다. 그럼에도 왜 지식이 사물과 관련되어야만 할까?

만약 아름다운 배우자를 찾는 사람이 구체적인 사람들 중에서 어떤 사람이 아름다운지에 대해 판단할 수 없다고 한다면 어떻게 되겠는가? 만약 어떤 사람이 아름다운 배우자라는 추상적 개념만 가지고 있다면, 그러한 추상적 정의에 대해 우리는 무어라고 말해야 할까? 실제적 대상을 모두 제쳐두고 아름다운 배우자 개념만을 순수하게 추상적으로만 논의하는 것이 어떤 의미를 가질까? 우리가 이상적으로 생각하는 어떤 보편적 가치 명제를 구체적 사물과 연관시켜 이해할 수 없다고 한다면 그러한 명제는 비현실적인 지식에 머물고 말 것이다. 특히 윤리적 지식의 경우 사물에 나아가지 않은 지식은 공허함에 그친다. 이런 까닭에 주희는 사물과 지식의 관계를 식사와 배부름의 관계에 비유한다. 주희에 의하면 "사물에 나아가 앎을 이룰 수 있다고 하는 것은 먹어야 배부르게 되는 것과 같다. 사물에 나아가지 않고서 스스로 앎이 있다고 말한다면 그러한 앎은 거짓이고, 먹지 않고서 스스로 배부르다고 여긴다면 그러한 배부름은 병에 걸린 것이다."[36] 따라서 비록 사물에 나아가는 것이 불완전한 이해를 불러올지라도 여전히 사물에 나아갈 때라야 실질적인 지식이 될 수 있다.[37] 그래서 주희는 사물에 나아가는 자신의 격물설을 실학(實學)이라고 보는 한편, 사물과 무관하게 지식을 추구하는 사람들에 대해 허무적멸(虛無寂滅)의 가르침이라고 비판한다. 그의 격물설에서 보자면 사물은 지식 추구에 있어서 애매함을 동반함에도 불구하고 필요조건일 수밖에 없다.

주희의 격물설은 사물이 애매함을 동반함에도 오히려 그러한 사물에 나아감으로써 해석학적 공부 방법을 증진시킨다. 비록 격물설에서 초월적 본체인 태극, 이치, 본성 등이 전제된다고 할지라도 사물의 측면에서 보자면 그러한 초월적 본체들은 불완전한 사물들 사이에 처해 있다. 하늘이 명령한 보편적 진리는 가장 이상적인 것임에도 불구하고 사물적 지평에서 본다면 매우 미약한 것이기도 하다. 따라서 사물과의 변증적인 과정을 통해 초월적 본체를 끊임없이 생생한 것으로 해석해내야 한다. 이러한 까닭에 성중영은 주희의 격물치지설을 선포적 진리론이 아닌 계몽적 진리론이라고 말한다. 그에 의하면 "진리에 대한 완전한 개념화나 형식화는 불가능하다. 그러므로 진리는

36) 『주희집』, 권44, 「답강덕공2」. "夫格物可以致知, 猶食所以爲飽也. 今不格物而自謂有知, 則其知者妄也, 不食而自以爲飽, 則其飽者病也." 주희 당시에 사물에 나아가지 않은 공허한 공부로는 대혜종고를 통해 유행하던 간화선을 들 수 있다. 그는 간화선이 사물을 떠나 황홀하게 홀로 보려고 한다고 비판한다.

37) 아라키 겐고에 따르면 격물치지설에서 주의해야 할 점은, 바깥 사물이 심성을 혼탁하게 한다고 해서 본래적으로 밝은 본체를 의식 안에서만 유지하려고 해서는 안 되며, 동시에 외부 사물을 주시할 때에도 사물을 단순히 감각적 대상으로만 파악함으로써 그 고유한 이치에 대해 궁구하기를 잊어서는 안 된다. 아라키 겐고, 심경호 옮김, 『불교와 유교』, 예문서원, 2000, 380쪽.

규정되기보다 밝혀진다. 밝힘이란 완성과 통합의 의미에 대한 지성적 앎으로서 이해된다. 이와 같이 주희는 도의 본체와 관련하여 규정적 진리론이 아닌 계몽적 진리론을 펼친다."[38]

엄밀히 보자면 주희의 격물설은 장자의 물물설이 비판하는 것처럼 절대주의적 요소를 지니는 것이 사실이지만, 한편으로 해석학적 공부법으로서 재정립할 수 있는 요소 또한 풍부하게 지니고 있다. 격물치지적 자아는 본체와 현상이 상즉하는 처소인 사물에 나아가 본체적 의미를 획득하기 위해 스스로 자신의 삶을 해석해야 하는 존재이다. 체용론적 해석학으로서 격물설은 사상사적으로 보았을 때, 외적으로는 당시 간화선의 공허함을 지적할 뿐만 아니라 내적으로는 이념과 현실을 유가적인 방식으로 소통시키기 위한 정합적 이론을 제시한다. 주희는 유가적 이념에 대한 독백적 자기 위안에 머물지 않고, 일상적 사물의 지평에서 초월적 본체를 발견하고 보존하려고 함으로써 본체와 현상 간의 해석학적 선순환의 공부법을 정립하려고 한다. 예를 들어 "타인에게 인자해야 한다."는 유가의 도덕원리에 대해 반론을 제기할 사람은 거의 없을 것이다. 그러나 어떻게 하는 것이 타인에게 인자하게 하는 것인지와 관련해 구체적 각론에 들어간다면 그 기준이 매우 막연해지고 애매해진다. 인자함뿐만 아니라 의예지(義禮智)도 마찬가지다. 어떻게 하는 것이 정의로운 것인지, 어떻게 하는 것이 예절을 지키는 것인지, 어떻게 하는 것이 지혜로운 것인지 등에 대해 학력에 따라, 계급에 따라, 인종에 따라 다른 대답을 내놓을 것이다. 현실에서 발생하는 그러한 애매모호함을 극복하기 위해서는 구체적 사물들 사이에서 무엇이 옳은 것인지 그리고 무엇이 좋은 것인

38) Chung-ying Cheng, "Methodology and Theory of Understanding", *Chu Hsi and Neo-Confucianism*, edited by Wing-tsit Chan, University of Hawai'i Press, 1986, p.191.

지를 끊임없이 궁구하는 수밖에 달리 방법이 없다. 주희의 격물설이 제시하는 것처럼 도덕원리나 삶의 가치에 대한 이해는 사물에 나아가 계속적으로 궁리하고 토론함으로써만 더 성숙될 수 있다.

격물설은 먼저 사물에 나아가 직관적 정서를 익히는 소학 공부를 통해 품성을 형성하고, 그런 다음에 자기가 가진 정서의 소이를 밝히는 대학 공부를 통해 도덕적 난문들에 대해 합리적인 토론과 성찰의 시간을 가진다. 그렇게 본다면 소학 공부는 경험을 통해 덕성(virtues)과 자질(traits)을 훈련함으로써 자신이 속한 공동체의 정서를 습득하는 과정이다. 마치 현대사회의 청소년들이 시민사회단체 등의 활동을 통해 평가 수반적 정서를 도야하듯이, 유교문화권 어린이들은 소학 공부를 통해 유교적 정서를 도야한다. 소학 공부에서 나아가 대학 공부에 들어가면 이미 함양된 정서에 대해 그 타당성을 합리적으로 성찰하기 시작한다. 합리적 숙고 혹은 궁리로서의 대학 공부는 도덕적 근거 찾기(moral reasoning)로서 이해할 수 있다. 피아제(G. Piaget)와 콜버그(L. Kohlberg)가 지적하듯이 유아기에서부터 도덕 판단 과정에 합리적 추론이 작동한다고 볼 때, 사람의 가치판단은 직관적 정서에서 나아가 합리적 이해를 숙고함으로써 더 성숙해진다. 이와 같이 가치판단의 과정에서 합리성을 숙고하는 입장을 구성주의(constructivism)라고 부른다. 주희의 격물설에서 언급하는 대학 공부가 바로 합리적 숙고를 통해 가치판단을 구성하고 완성하는 과정이다.

주희의 격물설은 품성의 습득과 합리적 숙고라는 두 가지 영역의 종합으로 이해될 수 있다.[39] 주희의 격물설을 해석학의 하나로 이해

---

39) 도덕 교육 이론 중에는 품성 교육(Character Education)과 도덕적 근거 찾기 교육(Moral Reasoning Education) 간에 이론적 대립이 있다. 품성 교육이 아리스토텔레스 이래의 공동체적 습성에 기초하여 덕성을 함양하는 도덕 교육 방식이라면, 도덕적 근거 찾기 교육은 피아제, 콜버그, 칸트 등이 주장한 것으로 개인에 기초하여 보편적 도덕 원칙을 찾아가는 교육 방식이다. 그러나 최

한다면, 소학 공부에서 익힌 품성은 그것에 대한 합리적 숙고가 동반되어야 정당성을 가질 수 있고, 반대로 대학 공부에서 수행하는 합리적 성찰은 구체적 사물에 대한 지침을 제공할 수 있을 때라야 공허하지 않을 수 있다. 만약 어떤 사람이 어떤 행위를 수행하면서도 그 까닭에 대해 전혀 무지하다면 그러한 행위는 맹목적일 수밖에 없을 것이다. 부모에게 식사를 봉양하는 자식이 그 합당한 이유를 헤아리지 못한다면 그러한 행위를 정상적인 것이라고 이해하기 어려울 것이다. 그것은 마치 어떤 사이코패스가 무작정 사람들에게 총을 쏘면서도 왜 그렇게 하는 것이 나쁜지에 대해 판단하지 못하는 것과 같다. 다른 한편으로 만약 어떤 사람이 합리적 숙고만을 수행하면서 구체적 사물에 대한 직관을 갖지 못한다고 한다면 그러한 경우에는 실천력이 약화된다. 만약 유엔 총장이 세계 평화를 부르짖으면서도 어떻게 하면 중동 지역과 아프가니스탄 지역을 평화롭게 할 수 있는지에 대해 아무런 직관이 없다고 한다면 실제적인 평화는 전혀 현실화되지 못할 것이다. 그러한 점에서 품성을 익히는 소학 공부는 대학 공부를 통해서 합리적 근거를 가질 수 있고, 합리적 근거를 성찰하는 대학 공부는 사물을 통해서만 구체화될 수 있다.

이제까지의 논의에 따른다면 소학 공부와 대학 공부를 종합한 해석학으로서 격물설은 초월적 본체에 대한 확증의 공부가 아니라 사물에 대한 해석 가능성을 열어주는 공부로서 이해되어야 한다. 만약 격물설이 활연관통(豁然貫通)을 통한 절대적 본질에 대한 증득을 위

근에는 이러한 두 가지 교육 방식을 종합한 교육 프로그램들이 시도되고 있다. 그러한 시도로는 나르바에즈(Narvaez)의 '통합적 윤리 교육(Integrated Ethical Education)'이나 골만(Daniel Goleman)의 '학교-사회-감성의 협동적 교육(Collaborative for Academic, Social, and Emotional Learning)' 등이 있다. Jesse Graham, et al., "Ideology and Intuition in Moral Education", *European Journal of Developmental Science*, Vol. 2, 2008, pp.275-281.

한 과정이 아니라 선이해들에 대한 궁리의 과정으로서 기능한다면, 다음과 같이 여전히 현대에도 몇 가지 중요한 의미를 시사해줄 수 있다.

첫째, 무엇보다도 해석학으로서 격물설은 새로운 사물에 나아가 다양한 방식의 해석 방식들을 고려함으로써 평가 수반적 직관의 깊이와 폭을 확대시킬 수 있다. 사람의 정서는 단지 자연적으로 주어지는 것에 한정되는 것이 아니라 추론과 숙고를 통해 깊이와 폭을 가질 수 있기 때문이다. 가령 현대에 와서는 예전에 매장을 숭상하던 유교적 장례 방식에서 벗어나 화장의 방식도 많이 사용한다. 이처럼 장례 방식이 변경될 수 있었던 이유는 해석학적 궁리를 통해 근대 이전의 정서를 새롭게 바꾸어놓았기 때문이다. 장례의 풍습뿐만 아니라 시대의 변화는 새롭게 궁리해야 할 새로운 사물들을 계속적으로 우리에게 던져준다. 과학 기술의 발달로 인해 새롭게 생겨난 개념들인 대리모, 복제 인간, 자원 고갈 등을 어떻게 보아야 할 것인지에 대해 대답하기 위해서는 그러한 것들에 대한 해석학적 격물궁리의 방법 말고는 없다. 마찬가지로 사회 · 경제적 구조의 변화로 인해 생겨난 계급간 갈등을 어떻게 해결할 것인지와 관련된 평등 및 분배의 문제도 임의적으로 어떤 본질을 가정하기보다 새롭게 궁리해야 할 해석학적 과제 중의 하나이다. 이와 같이 인간은 현재라는 시점에서 계속적으로 닥쳐오는 새로운 사물의 높은 파도 앞에 나아가 이해의 폭을 넓혀가는 길만이 최선의 방안이다. 그러한 점에서 격물설은 선천적 본질에 이르기 위한 것이라기보다 당면한 사물에 대해 더 깊게 성찰하기 위한 의미심장한 해석학적 방법론으로서 이해되어야 한다.

둘째, 해석학으로서 격물설은 비교 문화론적 연구에 열려 있다. 해석학으로서 격물설은 그 전제상 사물에 대한 지향성으로부터 정서와 추론이 형성되어 가는 과정을 알려줄 뿐만 아니라, 그러한 정서와 추론이 서로 다를 수 있음을 허용한다. 비록 유사한 사물일지라도 문화에 따라 서로 다른 정서 및 판단을 가질 수 있다. 가령 중국의 어떤 지역에서는 바퀴벌레와 매미를 요리해서 먹기도 한다. 대부분의 다른 문화권에서라면 그것을 매우 혐오스럽게 여길 것이다. 그러나 비교 문화론적 시각을 가진 사람이라면 왜 그 지역에서 그러한 요리를 먹으려고 하는지 그 소이를 이해하려고 시도할 것이며, 그러한 해석학적 격물궁리에 의해 이제까지 전혀 몰랐던 낯선 이방인의 차이에 대해 새로운 정서 및 판단을 형성할 수 있다.

셋째, 해석학으로서 격물설은 서로 다른 차이들 사이에 일정한 보편성을 가진 이해 및 공감의 장을 형성한다. 비록 해석학으로서 격물설이 비교 문화론적 상대성에 열려 있을지라도 모래알처럼 흩어진 강한 상대주의로 흐르지 않고, 서로의 차이에 대한 이해 및 공감에 대한 의지를 갖는다. 특히 타자에 대한 불인지심(不忍之心)과 인술(仁術)을 강조하는 유가사상적 전제를 고려한다면 격물은 서로 다른 정서들 간의 공감과 이해 가능성에 열려 있다. 비록 격물의 과정에서 사람들 사이에 서로 다른 정서를 확인할지라도, 그 최종 목적은 타자와의 소통에 있다. 그러므로 해석학으로서 격물설은 계속해서 타자와 더 좋은 공감의 방식을 모색하려는 의지를 소중히 여긴다. 가령 바퀴벌레를 요리해서 먹는 풍습에서 자란 사람이 자신의 이웃이 되거나 룸메이트가 되었을 때, 일차적인 혐오감에 의해 무조건적으로 그 사람을 배척하기보다 서로의 차이에 대해 이해하고 공감하려는 의지를 가져야만 상대와 더 나은 관계를 만들 수 있을 것이다. 그러한 점에서 해석학으로서 격물설은 서로 다른 정서들 사이의 이해 가능성에 열려 있다.

해석학으로서 격물설의 측면에서 보자면 우리의 삶은 불완전한 선이해인 평가 수반적 직관들을 밑천으로 하여 계속 사물에 나아가 부닻쳐 숙고함으로써 조금 더 완전한 이해를 얻을 수 있다. 따라서 해석학으로서 격물설이 시사할 수 있는 실제적인 의의는 궁리의 노력을 통해 과거보다 더 나은 이해 지평을 얻을 수 있다는 데에 있다. 해석학으로서 격물설은 자신이 속한 문화에서 습득한 평가 수반적 정서에 대해 스스로 그 소이를 묻고, 자신과 다른 평가 수반적 정서를 가진 타자와 대화하고 토론함으로써 더 나은 정서 및 이해의 장을 개척할 수 있다. 비록 사람들이 자신이 속한 문화적 맥락에 국한된 불완전한 선이해적 조건에서 출발한다고 할지라도, 격물설에서 제시하듯이 사물과의 변증적 해석 과정을 통해서만 삶과 세계에 대한 더 풍부한 이해와 더 심오한 통찰에 진입할 수 있을 것이다. 한마디로 정리한다면 주희의 격물설은 평가 수반적 직관(정서)과 그에 대한 합리적 숙고(궁리)를 종합한 해석학적 공부 방법론으로서 재정립할 수 있다. 모든 이치들을 수렴할 수 있는 하나의 초월적 본질을 가정하지 않는다면, 주희의 격물설은 정서와 숙고의 의미를 알려주는 매우 유력한 이론으로서 거듭날 수 있을 것이다.

제 4 부

유교와 한국의 근대성

제13장

근대성의 경험과 인식의 변화[1)]

1. 근대에 대한 세 가지 관점

전근대적 사상으로서 유교는 조선 사회에서 절대적 지식 체계로서 최고의 권위를 누리어왔지만, 근대로 접어들어 서양의 문물이 들어오면서부터 상황은 달라졌다. 전근대적 유교와 근대적 계몽이라는 두 세계의 만남은 심각한 혼란을 불러왔으며, 한국 사회는 세 가지 인식론적 입장으로 분화되었다.

첫째, 유교본질주의자들의 관점이다. 이들은 전통적 지식의 울타리 안에서 자신들의 주체성을 지키려고 한다. 이들의 폐쇄적 주체성은 문화적 본질주의에 기초하고 있다는 점에서 한계를 갖는다. 이들은 안에서만 고유한 가치를 찾을 뿐, 근대적 타자와의 의사소통을 통해 새로운 형태의 지식을 추구하지 않으려고 함으로써 폐쇄적 주체성을

---

1) 이 장의 내용은 본래 박구용, 류도향과 공동으로 연구하여 *Denktraditionen im Dialog*, 제28집(IKO-Verlag, 2008)에 "The Experience of Modernity and Changing Conceptions"라는 제목으로 실은 글을 수정 및 보완한 것이다.

지키려고 한다. 이들은 제국주의의 계몽 방식을 야만적인 것이라고 비난한다. 자기 것에 대한 묵수와 타자에 대한 비난에서 보이는 이들의 맹목적 폐쇄성은 관성적 주체성에서 비롯한다. 본질주의자들은 이미 그렇게 살아왔으므로 계속 그렇게 사는 것이 좋다는 관성적이고 습성적인 대답을 내놓는다. 그러나 이미 근대적 혼란기를 맞아 사람들은 어떻게 살 것인지에 대해 더욱 진지하면서도 새로운 성찰을 하지 않으면 안 되었다. 근대는 삶에 대해 새로운 성찰을 요구하였으며, 유교본질주의자들 역시 근대적 충격으로부터 동떨어져 폐쇄적이고 관성적인 주체성을 유지할 수 없었다.

둘째, 개화파의 개방적 관점이다. 이들은 서구에서 유입된 근대적 계몽의 관념을 수용하기 위해 자신들의 전통적 관성의 장막을 제거하기 위해 힘쓴다. 이들에게 전통이란 너무나 무거운 짐 혹은 무너뜨려야 할 장애물이다. 이들에게 전통적인 것은 새롭게 유입된 근대적 계몽주의에 의해 뿌리 뽑혀야 할 잡초나 독초 같은 것이다. 그러나 이들의 태도 역시 근대 계몽주의에 대한 맹목적 묵수로 이어질 때 유교본질주의자와 형태는 다르지만 또 다른 형태의 문화적 본질주의로 경도될 위험성을 가지고 있다. 그들이 동경하던 근대의 계몽주의가 제국주의적 침략과 결탁할 때 주체성 상실이라는 심각한 문제가 발생한다. 실제로도 구한말의 역사는 그렇게 흘러갔다. 한반도는 일본 제국주의와 서구 열강의 식민지 쟁탈을 위한 싸움터로 전락하고 만다. 그러한 상황에서 근대적 계몽에 대한 개화파의 맹목적 개방은 개화의 주체를 강화시키기보다 소멸시키는 역설적 상황으로 치닫게 하였다. 근대적 계몽주의와 제국주의 간의 유기적 밀착을 고려한다면, 개화파의 타자 동화적 개방은 근본적인 자기 성찰이 전제되어야만 했다. 그것은 바로 근대적 계몽을 위한 개방이 누구를 위한 것인지, 즉 주체성에 관한 자기 성찰이다.

셋째, 상호 주관적 관점이다. 민주주의 운동, 자유를 쟁취하기 위한 운동, 시민 봉기, 폭력에의 저항 등에 참여하는 많은 사람들이 근대적 지평 위에 자신의 주체성을 건립하려고 함으로써 상호 주관적 태도를 취하였다. 이들은 자신들이 유교본질주의와 근대적 제국주의 양자에 마땅히 저항해야 한다는 것을 알았을 뿐만 아니라, 전근대적 본질주의의 무덤을 지나 제국주의의 창끝 앞에서 자신들의 발걸음을 진전시켜야 한다는 것을 알았다. 이들의 자기 극복적인 태도와 타자와의 의사소통적인 태도는 상호 주관성 속에서 주체를 이해한다. 이들은 근대라는 혼란기를 맞이하여 전통적 주체에 대한 인식론적 회의와 더불어 근대적 계몽의 자생적 동력을 창조적으로 마련하려고 한다. 비록 인식론적 상호 주관성이 우리가 당면한 전근대성과 근대성의 충돌과 관련하여 발생하는 여러 문제들에 대해 절대적인 해답을 주지 못할지라도, 주체 자신의 자기반성적 재정립과 타자와의 의사소통을 위한 좋은 출발점임에 틀림없다. 이 세 번째 태도는 우리 안의 주체로서 군림하던 주체들에 대한 깊은 반성을 추동할 뿐만 아니라 근대에 밀물처럼 밀고 들어오던 계몽적 타자에 대한 예리한 통찰을 가능케 할 수 있는 양안(兩眼)의 지혜를 갖추고 있다. 상호 주관적 인식이 있어야만 우리 안의 주체 및 근대 계몽주의적 타자에 의해 구석진 그늘로 밀쳐져 있었던 우리 안의 타자들에 대해 자각할 수 있을 것이다.2)

---

2) 박구용에 따르면 타자에는 '우리 밖의 타자'와 '우리 안의 타자'가 있다. "'우리 밖의 타자'는 언제나 공포와 정복의 대상이거나 수용과 동화의 대상이며, 그런 의미에서 언제나 적으로 취급되기 때문에 타자로서의 존재 자체를 의심받지 않는다. 따라서 '우리 밖의 타자'는 투쟁의 상대로 인정되는 타자다. 그러나 우리가 여기에서 주목해야 할 진정한 타자는 타자로서 인정받지 못한 타자다. 마치 그곳에 없는 것처럼 간주되는 타자가 진정으로 그의 목소리가 되어줄 무엇을 찾는 본래적 타자다. 이러한 의미에서 '우리 안의 타자'야말로 진

2. 유교와 계몽: 다른 두 세계의 동일한 논리

유교 국가였던 조선의 근대화 과정은 전통적 본질주의가 근대적 계몽주의로 변화되어가는 것으로서 정의할 수 있다. 전통적 본질주의란 유교본질주의를 말하며, 근대적 계몽주의란 민주주의와 자본주의를 말한다. 근대적 계몽주의는 이제까지 없었던 정치체제와 자본주의적 생산양식을 고안했다는 점에서 전근대적 본질주의와는 너무나 다른 세계이다.

정치체제와 경제적 생산양식이 전근대로 퇴행하는 데에 동의하지 않는다면, 근대적 계몽주의는 유교본질주의보다 더 나은 가치를 지님에 틀림없다. 그러나 근대적 계몽주의가 전근대적 가치로서의 유교문화를 설득하는 과정은 상상하기 어려울 만큼 야만스러운 폭력을 사용한다. 조선의 지배계층이 유교를 지배 이데올로기로 변용하여 일반인에 대한 획일적인 교화를 감행했던 것과 마찬가지로, 근대적 계몽주의의 폭력적 설득 방식은 타자와 대화하는 이성을 배제한다.

조선의 유교 체제가 폐쇄적 본질주의를 신봉하였다면 계몽을 앞세운 제국주의는 자본주의적 효율성에 따라 양적 팽창을 극대화한다. 타자와의 소통을 배제하는 전근대적 본질주의와 근대적 계몽주의의 해후는 서로가 미개한 동물을 쳐다보듯이 불길한 눈길을 보내면서 시작되었다. 제국들의 계몽주의와 조선의 유교본질주의는 그 방향은 다르지만 오직 한곳을 향해서만 날아가는 총알이라는 점에서 둘 다 똑같이 외눈박이의 논리를 따르고 있다. 그와 같은 두 외눈박이들의

정한 타자다. 자기가 속한 공동체와 일체화되지 않는 사람, 일체화될 수 없는 사람, 일체화를 초월하는 사람, 일체화에 반대하는 사람들은 모두 '우리 안의 타자'에 속한다." 박구용, 『우리 안의 타자: 인권과 인정의 철학적 담론』, 철학과현실사, 2003, 143-144쪽.

충돌은 순간적인 자기 쾌락에 대한 대가로서 기나긴 상처를 남긴다.

조선의 유교본질주의는 주로 공자, 맹자, 주희가 제시한 도를 실천하는 것을 지상 명제로 삼음으로써 타자에 대한 다양한 인식을 억압하는 사상적 경향을 가리킨다. 근대적 제국주의가 중세시대에 대한 계몽을 근거로 하여 성립한다면 유교본질주의는 도가사상과 불가사상에 의한 삶의 방식에 대한 계몽을 외치면서 성립한다. 조선은 유교를 이데올로기로서 전면화한 뒤 근대적 타자로서의 제국주의와 해후할 때까지 5백 년 동안 나라를 지배한다. 조선의 유교는 사람이 동물과 같이 야만적으로 살아서는 안 된다는 명분 아래 휴머니즘에 근거한 인의(仁義)를 본질로 삼으면서 정치와 사회의 재생산적인 지배 체제를 유지한다. 유구한 시간 동안 유교의 울타리 안에서 살아가던 조선의 사람들은 유교적 지식 체계에 의해 자신의 삶의 방식을 규정한다.

조선시대의 유교본질주의는 정치적 구호를 통해 물리적으로만 정당화된 것이 아니라, 그 근저에는 성리학 사상이 정합적인 이론 체계로서 뒷받침하고 있다. 성리학은 주체의 지식을 본질적인 것과 위험한 것으로 나누는 가치론적 이분법에 따라 도의 마음/사람의 마음, 이치/기질, 본성/감정 등의 개념적 구도에 의해 성립된다. 성리학적 삶의 목적은 사람의 마음에서 도의 마음을 획득하는 것, 기질에서 이치로 나아가는 것, 감정에서 본성을 실현하는 것이다. 성리학을 집대성한 주희에 따르면 주체의 마음속에 내재한 명증한 덕성은 하늘에서 얻은 신묘한 것으로서 모든 이치를 갖추고 있음에도 사람의 기질적 욕구에 의해 명증했던 지식은 위태로움에 빠지게 된다. 따라서 성리학은 주체 스스로 수양을 통해 기질적 욕구를 다스리면서 명증적 본체를 스스로 유지하는 것을 지식 체계의 요점으로 삼는다. 공자가 "숟가락을 뜨는 순간과 넘어지는 순간에도 반드시 도를 지켜야 한다.”[3]고 말했던 것처럼, 조선의 성리학자들은 유교적 본질에 대한 지향을 지상 명제로 삼는다.

인식론이 진리 인식에 대한 확실성을 탐구하는 과정이라고 할 때, 유교본질주의에서 인식론적 회의는 매우 약화된다. 왜냐하면 유교본질주의에 의하면 사람이라면 누구나 좋은 지식을 분별하는 양지(良知)를 갖추고 있기 때문이다. 유교본질주의에서 지식의 문제는 좋은 지식을 분간하는 데 있는 것이 아니라 이미 알고 있는 지식을 어떻게 실현할 것이냐의 문제로 귀결된다. 유교는 본질에서 유래한 지식을 실천할 수 있는 방편으로서 자기반성과 유교 경전 읽기를 제시한다. 유교는 진리로 돌아가기 위해 자신을 반성하여 본질을 현실로 불러내려고 하며, 유교 경전을 읽음으로써 보편적 이치를 획득하려고 한다. 언제든지 진리로 돌아갈 수 있다는 유교적 확신을 조선의 대표적 성리학자인 율곡(栗谷) 이이(李珥, 1536-1584)의 이통기국(理通氣局)과 기발이승(氣發理乘) 이론에서 찾을 수 있다. 그의 이론에 따르면 “이치와 기질이 원래 서로 떨어지지 않아서 하나의 사물인 것 같으면서도 서로 다른 까닭은, 이치는 형체가 없는데 기질은 형체가 있고, 이치는 함(爲)이 없는데 기질은 함이 있기 때문이다. 형체가 없고 함이 없으면서도 형체가 있고 함이 있는 것의 주재자가 되는 것이 이치이다. 형체가 있고 함이 있으면서도 형체가 없고 함이 없는 것의 그릇이 되는 것이 기질이다. 이치는 형체가 없으나 기질에 형체가 있으므로 이통기국이고, 이치는 함이 없으나 기질은 함이 있으므로 기발이승이다.”[4] 그가 말하는 이치가 존재론적 본질의 영역에 따라 진리를 설정한 것이라면, 기질은 개별적 주체가 당면하고 있는 다양한 현

---

3) 『논어』, 「이인」, 5장.

4) 『율곡전서』, 권10, 「답성호원2」, 한국문집총간, 한국고전종합DB(http://db.itkc.or.kr).

실적 상황이다. 그가 제안하는 이치와 기질의 개념적 상관관계는 설령 난맥의 혼란에 처한 기질적 상황에서도 좋은 이념을 발견할 수 있다는 희망적인 전망을 함축한다. 기질적 측면에서의 몸의 강함/약함, 소유의 부유함/가난함, 신분의 고귀함/빈천함, 국가의 평화/전쟁 등과 같이 개체가 처한 현실적 삶의 지평이 여러 가지 특수한 형태로 제약되어 있지만, 어떠한 기질적 제약도 명증적 이치를 확인하여 실현할 수 있다는 원대한 전망을 무너뜨리지 못한다.

율곡의 이러한 전망과 관련하여 해명해야 할 부분은 본질로서의 이치를 다양한 기질적 현실에 어떻게 실현할 수 있는지에 있다. 다양한 기질적 현실은 천만 가지의 위태로운 욕구들을 품어낼 것인데, 어떻게 본질로서의 이치가 그러한 천태만상의 기질을 주재할 수 있을까? 오히려 이치의 본질주의적 현실 주재는 진리에 대한 인식론적 회의를 억제하는 결과를 가져온다. 왜냐하면 현실의 다양한 기질적 상황들은 이치의 가능성에 대한 많은 회의를 동반할 것이지만, 이치의 절대화는 그러한 회의들을 무화시키고 말 것이기 때문이다. 유교본질주의가 이치와 기질 사이의 긴장관계를 해소시키려고 집착할수록 현실에서 발생하는 인식론적 회의가 설 자리를 잃는 대신에 이치의 실천에 관한 강령만이 크게 부각될 뿐이다. 유교본질주의가 제시하는 실천 강령은 이치와 기질의 사이 세계를 봉합으로써 기질의 이치화라는 도식에 따르는 동일화를 추구한다.

이렇게 하여 이치와 기질의 인습적인 공모관계가 영속화되면 처음에는 기질의 이치화를 추구하지만 나중에는 역설적으로 이치가 기질에 크게 의존하는 역할 전도의 경향이 발생한다. 이치가 기질의 주재자이고 기질이 이치의 실현 매체였으나 반대로 이치를 실현해주는 도구적 가치로서의 기질이 이치의 주재자 행세를 하게 된다. 이러한 위치 역전의 관계는 목적과 수단의 전도를 의미한다. 마치 자본주의

사회에서 소비자가 상품의 노예로 전락하듯이 언제든지 성리학적 이념은 기질이라는 구현 매체에게 의존하는 관계로 전락할 수 있다. 본질로서의 이치가 기질에 대한 재현적 길들이기를 통해서 기질을 주재하는 과정에서 오히려 이치에 대한 사유를 제약하게 된다. 본래 유교적 이치란 형체도 없고 함도 없는 것이어야 하지만, 이제 현실에서 특정 형체와 특정 행위를 유도하고 강요하는 형상화된 주재자로서 변모한다. 이러한 현상은 자기와 자기의식 사이의 주관적 관계를 외부 사물들 사이의 객관적 관계로 변형시키는 사물화의 개념에 정확히 일치한다.5) 이치의 기질화는 유교적 본질이나 유교의 심급 주관성이 외형화되는 것을 말한다. 유학의 이치는 구체적 장치로서『주자가례』와 같은 성리학적 예법(禮法)이라는 구체적 형식에 고정되고, 독서 및 사유는 사서삼경(四書三經)을 경전화함으로써 특정의 텍스트에 고정된다. 유교의 구체적 예법과 경전은 사물화를 통해 본질을 실현할 수 있는 보조 수단을 넘어 삶의 표준으로서 상승한다. 이렇게 하여 성리학에서 제시한 특수한 경험적 습관이 유교적 본질의 자리를 대치함으로써 조선 사회의 영속적인 문화 재생산 체제를 구축할 수 있었다.

이치와 기질의 사이 세계가 증발해버리고 양자가 강한 밀월관계를 형성하게 될 때 대화하는 이성도 함께 사라지고 만다. 더 이상 새로운 진리의 가능성을 묻지 않은 삶 속에서, 그리고 타자가 왜 나와 다른 방식으로 살고 있는지 숙고하지 않은 삶 속에서, 주체는 자율적 사유 능력을 잃어버린 채 기계처럼 동일한 반복을 행할 뿐이다. 이미 특수화된 이치의 재현 형식에 함몰됨으로써 물음과 사유 활동이 정지되어버린 삶이란 에너지의 투입과 에너지의 소비를 무한하게 반복

---

5) G. Lukacs, *Geschichte und Klassenbewußtsein*, Bd 2, Darmstadt-Nesweid, 1977, p.257.

하는 것에 지나지 않는다. 이미 특수성에 제약된 본질의 무한 반복은 유교적 휴머니즘을 문화 본질주의라는 폐쇄성 속으로 몰고 간다. 문화 본질주의자들은 자신들이 익숙한 문화적 습관들을 진리로서 인식하려는 태도를 갖는다. 문화 본질주의가 지배하는 사회에서 타자란 있을 수 없으며 동일한 문화적 본질을 누가 더 달성했느냐 아니면 덜 달성했느냐와 같은 강/약의 효율성이 사람을 평가하는 기준으로서 작동한다.

근대 서양의 제국주의적 계몽의 방식이 무력적 침탈이었다고 한다면, 그에 대한 조선 말기의 문화 본질주의의 저항 역시 다른 방식으로 힘의 논리를 추구하고 있었다. 결국 조선시대의 유구한 재생산체제를 유지해오던 유교본질주의는 제국의 계몽주의와 정면으로 충돌하는 과정에서, 외부의 타자 그리고 자기 안의 타자와 어떻게 대화해야 할지를 잘 알지 못하였다. 제국의 계몽주의와 유교본질주의의 충돌은 돌과 돌이 부딪히듯이 자기에 대한 새로운 전망과 타자에 대한 호기심을 추방하고 오로지 승리를 위해 내달릴 뿐이었다. 근대의 제국주의는 우월한 자본주의적 생산양식에 근거하여 타자에 대한 배려가 없이 무력적으로 아시아, 아프리카, 남아메리카 등지를 식민지화하였다. 서구 제국주의의 침탈은 강대국에 의한 약소국의 침탈이라는 점에서 어떠한 대화를 요청할 필요가 없었다. 제국주의는 힘의 빌산에 따른 자신의 노획물을 보고서 힘의 우월성에 만족할 뿐 타자성에 대한 사유를 발붙이지 못하게 했다.

영속성을 유지해오던 조선의 유교본질주의에게 가장 낯설면서도 두려운 저항이 바로 근대적 계몽주의의 출몰이다. 조선의 유교적 지식 체계는 그러한 강력한 괴물로서의 타자를 만남으로써 이때까지의 확신에 찬 지식 체계가 거대한 혼돈의 강물 속으로 빠져든다. 한국 근대의 인식론적 혼돈이란 조상 대대로 정주해오던 거대한 성을 허물고서 다시 들판을 향하여 첫발을 내딛는 자의 불안에 비유될 수 있다. 서양 문화는 이제껏 한 번도 만난 적이 없는 초면의 타자였으며, 그것은 물리적으로나 정신적으로 유교적 방식에 의해서 쉽게 파괴되지 않은 강력함을 지니고 있었다. 조선인은 유구한 맥락을 가진 유교적 지식 체계를 쉽게 허물기에도 불안감이 컸고, 강력하게 보이지만 그 실상을 전혀 모르는 서양의 계몽을 쉽게 받아들이기에도 불안감을 누를 길이 없었다. 내부로의 귀환도 불가능하고 외부로의 도피도 불가능한 늙은 여우는 길 없는 들판에서 희미한 달을 홀로 쳐다보며 그저 울부짖을 뿐이었다.

3. 사유된 것에서 사유하기로

일본은 아시아에서 가장 먼저 근대의 계몽주의적 이성을 발전시킨 또 하나의 제국이었다. 일본 공사(公使) 미우라 고로(三浦梧樓)는 1895년 10월 8일 일본 낭인을 경복궁에 잠입시켜 황후를 난자시해(亂刺弑害)하고, 시신은 궁궐 밖으로 운반하여 소각한다. 그 후 얼마 지나지 않아 조선의 왕이었던 고종은 일본의 외압에 따라 먼저 자신의 머리카락을 자른 다음 전국에 단발령을 내린다. 이후 일본은 더욱 장시간에 결쳐 집요하게 황민화(皇民化) 정책을 기본으로 하여 조선인에 대한 일본어 교육과 창씨개명(創氏改名) 등을 감행한다. 이러한 일본의 무력적 정책은 무조건적인 순응과 동일화를 요구할 뿐 대화를 필요로 하지 않는다. 일본제국은 폭력적 방식으로 조선인의 삶의 환경을 송두리째 바꾸었다. 일본제국의 조선 침략은 유교문화에서의 왕보다 더 강한 지배자의 등장을 의미한다. 지배자였던 조선의 왕은 더 큰 힘을 가진 제국에 의해 피지배자로 전락하고 만다.

조선의 유교문화가 제국에 의해 정치적, 문화적 환경이 청천벽력처럼 바뀌어가는 현상을 보고서도 인습적 행위를 반복하고 있을 뿐 대안을 제시하지 못한 데는, 육화(肉化)된 유교본질주의가 그 중요한 원인이었다. 그들의 지식 체계인 이통기국(理通氣局)의 이론으로 보자면 이통과 기국 사이의 대화, 즉 이상과 현실 사이의 대화가 숨을 거둔 셈이다. 기국(氣局)의 새로운 형태인 제국에 의한 주변 환경의 변화를 사유하지 못하고 선입견이던 유교문화만을 확대 재생산하려고 하였다. 성리학에서 말하는 이통(理通)이란 본래 감정적 판단이 없고(無情意), 억지로 조작함이 없고(無造作), 계산적으로 헤아리지 않으면서도(無計度), 현실을 주재하는 보편적 진리였으나, 유교본질주의로 변환되고 난 뒤에 그것은 하나의 감정만을 옹립하고 하나의 조작만을 인정하고 하나의 결과만을 향해 달리는 프로그램화된 기계에 불과하였다.

이치는 근대적 제국과의 충돌이라는 새로운 기국과의 교섭 과정에서 무엇이 가치론적으로 옳고 좋은 것인지를 고요하게 판별하기를 포기하였으니, 마치 한쪽으로 고정된 저울추와 같았다. 유교본질주의의 타자 인식은 새로운 사물에 대한 헤아림(推測)을 멈춘 채 프로크루스테스의 침대처럼 고정된 눈금에서 벗어난 타자성을 모두 폄하한다. 진리에 대한 사려가 유교적인 물질 형식에 사물화됨으로써 주체의 자율적 사유하기(thinking)는 소멸하고 사유된 것(thought)으로서의 고정된 본질이 삶을 지배한다. 이통과 기국의 인습화된 공조는 유교문화의 습득 여부에 의해서 군자/소인에 따라 사람들을 평가한다. 유교의 군자/소인 구분법은 동일한 본질의 실현에 따라 강/약의 평가 기준을 대입한다. 유교본질주의적 가치 기준인 군자/소인이나 강자/약자의 구분은 현실에서 양반/상놈 혹은 관리/서민이라는 계층적 구별 짓기를 합리화하였다. 당시의 근대화된 서양인의 시각에서 이러한 유교본질주의의 구별 짓기를 바라보면 '흡혈귀/피'의 관계와 다르지 않다.[6] 현실의 삶 속에 깊게 뿌리내린 유교본질주의는 왜 자신들의 사회가 흡혈귀/피로 구분되어야 하는지에 대해 의문을 생략한 채, 교육 체제와 관료 체제를 통해 그러한 구별 짓기가 매우 자연스러운 인간의 본질인 것처럼 여기게 만들었다.

유교본질주의자들에게 유교적 인습에의 고정에 대한 무거운 책임이 있지만, 또한 바로 거기에서 주체적 사유에 대한 씨앗 역시 발견할 수 있다. 유교본질주의가 근대화를 가로막는 커다란 폐단이기도 하지만 그 비극적인 현실을 떠나 사유하는 주체를 찾는 것은 공허한 유토피아론으로 흐르고 만다. 비극적 근대화 과정에서 그들이 취했던 저항적 태도를 냉철하게 반성함으로써 유교본질주의에서 무엇을 부정하고 어떻게 근대적 주체로 거듭날 수 있는지 그 실마리를 얻을 수 있다. 제국주의를 절대 부정하던 그들의 태도는 제국주의적 폭력성에 대한 폐해가 무엇인지에 대해 사유를 시작하는 역사적이고 현실적인 출발점이며, 그러한 출발점에 위정척사파가 존재한다. 당시에 제국의 타자성을 배척하였던 사람들을 위정척사파(衛正斥邪派)라고 부르며, 기정진(奇正鎭, 1798-1876), 이항로(李恒老, 1792-1868), 최익현(崔益鉉, 1833-1906) 등이 거기에 속한다. 기정진은 서구나 일본 사람들을 오랑캐로 부르면서 서양식의 물건들을 거래하는 자를 법으로 다스리라고 왕에게 건의한다.[7] 유교본질주의 속에서 살던 이들에게 인간다운 삶이란 관습적으로 전해오던 풍속을 그대로 지키는 것이 공자의 도를 지키는 것과 동일하였다. 그의 태도는 표면적으로 보면 수구적이지만, 그 이면을 들여다보면 조선인이 제국의 근대적 계몽주의에 맞부딪혀 자신의 주체성에 대해 어떻게 고민했는지 그 실상을 알 수 있다.

---

6) I. B. 비숍, 신복룡 옮김, 『조선과 그 이웃 나라들』, 집문당, 2000, 425쪽.

7) 『日省錄』, 44책, 고종3년 8월 16일조, 한국고전종합DB(http://db.itkc.or.kr).

온 세상이 서양의 풍속으로 바뀌어(捲地西風俗尙移)
머리카락 자르고 갓 찢으니 이 무슨 일인가(毁形裂冕此何時).
치포관은 공자의 제도를 본받은 것이니(緇冠依倣宣尼制)
여전히 거동에 예의를 갖추어야 옳다네(動止從今可用儀).[8]

위의 시는 최익현이 일본제국에 의해 감옥에 들어가서 주변의 한국 동료들에게 썼던 것으로, 전해오던 유교의 관습을 유교적 진리의 중요한 상징으로서 제시하고 있다. 유자들에게 갓이란 단순히 삶을 유지하는 하나의 수단을 넘어 유교의 도를 실현하는 문화적 본질이었던 것이다. 조선 사람들에게 상투란 국가의 상징이자, 5백 년이 넘는 성스러운 전통이었다. 당시의 남자들에게 상투는 유교적 존재를 증명하는 가장 일반화된 상징이었다.[9] 조선 사람들은 자신의 왕을 감금했던 제국의 행위를 참아왔지만 머리카락을 자르는 것에 대해서는 더 이상 침묵할 수 없었다. 조선의 사람들에게 머리를 자르고 갓을 벗게 강요하였으니, 유자들이 보기에 그것은 야만적인 타락으로서 매우 수치스러웠을 것이다.

결국 조선의 왕조차도 갓을 벗었건만, 유교본질주의자들은 왜 그토록 상투 자르기를 거부했을까? 그러한 현상을 단순히 과거의 인습(因習)으로만 단정 짓는다면 부분에 의해서 전체를 판단하는 함정에 빠지고 만다. 그들이 갓을 벗지 않으려고 했던 것보다 더 야만스러운 방식으로 제국주의는 조선을 침략하였음을 알아야 한다. 머리를 자르느냐 마느냐, 어떤 모자를 쓰느냐는 사실상 삶을 유지하는 데 아주 중요한 요소는 아니다. 개인들의 머리 모양과 모자 디자인에 관한 어제의 패션을 오늘 갑자기 바꾸라고 강요하는 데에는 강자로서의 획

8) 최익현, 『勉菴先生文集』, 제2권 시 중에서, 한국문집총간, 한국고전종합DB (http://db.itkc.or.kr).

9) I. B. 비숍, 신복룡 옮김, 『조선과 그 이웃 나라들』, 347-349쪽.

일화 논리가 지배하고 있다. 제국주의는 왕의 모자만 바꾸었던 것이 아니라 그 권력까지 대신하였으며, 개인들의 머리카락만 잘랐던 것이 아니라 조선인들의 지배자가 되려고 했던 것이다. 그러한 의미에서 위정척사파의 태도는 자기 삶에 대한 자기 결정이라는 가장 기본적인 주체성에 대한 마지막 자존심을 유교문화와 습합하여 표현했을 뿐이다.

물론, 수구적 태도에 의해 주체적 권력을 확보할 수 있는 시대가 이미 지났는데도 주체적 권력을 어떻게 확보해야 하는지 그 새로운 방법을 모색하지 못했다는 점에서 유교본질주의자들의 이론적 한계는 매우 분명하다. 제국주의자들이 무력에 의해 타자와의 대화적 이성을 파괴했다고 한다면, 유교본질주의자들은 유교적 본질주의에 함몰되어 타자와 교섭하는 상호 주관성을 사려하지 못함으로써 대화적 이성을 발견하지 못하였다. 유교본질주의자들은 제국의 계몽주의의 장단에 맞추어 더욱 강한 내부로의 수축을 형성하였다. 물론 풍전등화의 당시 상황에서 주체적 권력을 확보하는 것이 매우 어려웠을 것이지만, 그럼에도 그들이 진정한 주체성을 획득하기 위해서는 자신을 정복한 제국과 대등한 사회적 토대를 형성할 때까지 교육적 토대를 닦아 일본제국의 멸시를 상쇄할 수 있는 능력을 어떻게 배양할 것인지에 대해 창조적인 노력을 했어야 한다.[10] 제국의 야만성을 극복할 수 있는 자주적 권력을 확보하기 위해서는 유교본질주의의 자기 개혁과 자기반성이 필요조건이었던 셈이다.

유교본질주의가 근대적 계몽주의에 잘 대응하지 못하였다고 할 때 그 반대적 대안으로서 급진개화파를 쉽게 떠올릴 것이다. 타자를 수용하는 가장 적극적인 태도를 가진 사람들이 급진개화파이다. 급진개

10) H. B. 헐버트, 신복룡 옮김, 『대한제국멸망사』, 집문당, 1999, 532쪽.

화파는 유교본질주의자와 정반대로 기존의 유교문화를 폐기 처분하고 서구의 새로운 삶의 양식을 전면적으로 수용하려고 한다. 이들은 오직 새로운 문화를 전면적으로 이식함으로써 조선이 근대사회로 진입할 수 있다고 생각한다. 이들의 정치적 목표는 유교문화적 인습들을 모조리 폐기하고 근대적 의미의 민주주의적 평등이라는 이상을 곧바로 현실에 일반화하는 것이다. 1884년 마침내 급진개화파였던 김옥균(金玉均, 1851-1894), 박영효(朴泳孝, 1861-1939), 홍영식(洪英植, 1855-1884) 등은 정변을 일으켜 정권을 탈취하지만 청나라의 간섭으로 인해 삼일천하로 끝나고 만다. 유교본질주의가 근대적 대안이 될 수 없었던 것처럼, 제국주의가 타자와의 상호 주관적 사유하기를 인정하지 않은 야만적 폭력의 상황에서 급진개화파의 주장도 근대적 대안이 될 수 없었다.

급진개화파의 주장을 이통기국의 입장으로 보자면 전통적인 이통과 기국의 공모관계를 전면적으로 해체하고 근대의 계몽적 기국을 단번에 받아들이자는 것이다. 이들은 지속되어오던 현실적 맥락을 무너뜨리고 근대 서구의 민주주의와 자본주의 체제로 단번에 진입하기를 희망한다. 이들은 중국의 진독수(陳獨秀, 1879-1942)나 호적(胡適, 1891-1962)처럼 유교 전통을 홀연히 벗어나 서구적 체제로 들어가야 한다는 탈아입구(脫亞入歐)를 외친다. 이들의 희망 사항은 겉보기에는 매우 좋은 것이었지만, 자율적으로 선택할 수 있는 권력의 조건을 획득하지 못함으로써 그들의 의도를 달성할 수 없었다. 급진개화파의 주장은 유교본질주의자들이 가지고 있었던 주체적 권력에 대한 사유를 폐기함으로써, 누구에 의한 그리고 누구를 위한 근대화인지 그 방향을 잃었다. 달리 말하여 급진개화파는 최소한의 주체적 권력도 확보하지 못한 상태에서 현실의 변화를 추구함으로써 누란지위(累卵之危)에 빠져들었다.

조선 사회가 보인 폐쇄적 본질주의나 탈아적 타자 수용이라는 양극단의 노력들로부터 두 가지 교훈을 얻을 수 있다. 하나는 서구라는 타자와의 근대화 과정에서 주체적인 권력을 확보할 필요가 있다는 것이고, 다른 하나는 근대적 타자와의 생산적 담론을 형성할 필요가 있다는 것이다. 위정척사파의 사물화된 유교본질주의적 담론을 넘어, 근대적 타자와의 소통을 통해 다시 주체적 권력을 생성해내지 않으면 안 된다. 그러한 의미에서 근대적 타자와의 생산적 담론을 통해 어떻게 전통적 지식 체계를 변혁해갈 것인지가 근대적 주체의 형성에서 중요한 화두가 아닐 수 없었다.

그러한 사례로 최한기(崔漢綺, 1803-1875)를 들 수 있다. 그는 근대적 타자와의 소통 속에서 유교적 주체성을 찾고, 현실 속에서 가치를 발견하려는 사상가이다. 그는 재생산 체계로서의 유교적 본질주의를 해체하고 대상에 대한 주체의 능동적 반응을 중요한 지식의 원천으로 삼음으로써 현실에서 사유하기의 지평을 개척한다. 그는 말한다. "나라의 제도나 풍속은 옛날과 지금이 각각 다르고, 역산(曆算)과 물리(物理)는 후세로 올수록 더욱 밝아졌으니, 주공과 공자가 통달한 대도(大道)를 배우는 자는 주공과 공자가 남겨준 형적이나 고집스레 지키고 변통하지 않아야 되겠는가? 아니면 장차 주공과 공자가 통달한 대도를 본받아서 지킬 것은 지키고 변혁할 것은 변혁해야 하겠는가?"11)

최한기는 유교적 이념과 현실의 상호적 대화를 통한 사유하기를 대안으로 내놓고 있다. 이통과 기국은 서로의 사이 세계를 크게 확장함으로써 사유하기의 공간을 확보할 수 있다. 이치/기질, 본성/감정, 고요함/움직임 등의 구분에서 본질에 해당하는 전자가 현상에 해당하

11) 최한기, 『기측체의(氣測體義)』, 서(序), 한국문집총간, 한국고전종합DB(http://db.itkc.or.kr).

는 후자를 주재함으로써 본질의 육화(肉化)를 표준적 삶의 방식으로 내세웠던 것에서 벗어나, 최한기는 후자에 대한 추측(推測)하기를 통해 대화적 이성을 학문의 방법론으로서 제시한다. 그에 의하면 주체의 인식 능력 혹은 사유 능력이란 모든 이치를 자신 안에 담고 있는 보물 상자가 아니라, 오히려 투명한 거울과 같은 것으로서 대상과의 반응 과정에서 반영된 모습들을 재료로 하여 끊임없이 추측하는 능력이다.[12] 그는 자신이 발을 딛고 서 있는 현실의 경험에 기초할 때 과거에 대한 고찰 및 미래에 대한 추측이 올바른 방향성을 갖는다고 본다. 그는 이치에 근거한 유교본질주의를 과감히 깨뜨린다. 그에 의하면 "기질이 본체이고 이치가 작용이다. (중략) 기질이 밝혀지지 않음을 걱정하고, 이치가 밝혀지지 않음을 걱정하지 않는다."[13] 그는 과거에 대한 회상이 본질주의로 흘러들어가는 것과 미래에 대한 추측이 터무니없는 유토피아로 빠지는 것을 경계한다. 기질이라는 현실적 지평에서 추측을 통해 사유하는 주체성을 찾아야 함을 제안했다는 점에서, 그의 사상은 한국의 근대적 자기 인식과 타자 인식이 절대의 한곳으로 귀착되지 않고 상호 주관적 사이 세계에서 끊임없이 사유하기를 추구한다.

근대적 계몽주의에 대응했던 20세기 초까지의 유교적 대응의 과정은 많은 희생을 냈다는 점에서 매우 급박한 것이자 비극적인 것이었다. 그러나 날아가는 총탄에도 반작용의 저항이 있듯이 그러한 혼란 속에서도 상호 주관성을 향한 대화적 이성의 씨앗이 자라나고 있었다. 당시까지의 모든 권력을 빼앗기면서 가장 폭력적인 방식으로 근

12) 최한기, 『추측록(推測錄)』, 제1권, 「推測提綱」, 한국문집총간, 한국고전종합DB(http://db.itkc.or.kr).

13) 최한기, 『기학(氣學)』, 제2권, 74조목, 한국문집총간, 한국고전종합DB(http://db.itkc.or.kr).

대적 계몽주의의 세례를 받았지만, 그러한 낭자한 파괴 속에서 다시 주체적 권력과 근대적 계몽에 대해 재해석함으로써 자기 내부에 감추어진 타자와 자기 외부의 타자를 동시에 발굴할 수 있는 기회를 맞이한다. 이전의 유교본질주의는 자신들의 내적 정합성 안에서 세상을 모두 녹여내고 있었으나, 근대적 계몽주의라는 타자를 만남으로써 자신이 전혀 알지 못한 것이 존재할 수 있음을 자각하지 않을 수 없었다. 그들의 학문적 비조인 공자가 "아는 것을 안다고 하고, 모르는 것을 모른다고 하는 것이 아는 것"[14]이라고 하였듯이, 그들은 비극을 통해 자신들의 거대한 지식 체계가 갖는 무지적 측면에 대한 자각과 함께 타자와의 대화가 왜 중요한지를 깨칠 수 있는 소중한 기회를 얻었다.

14) 『논어』, 「위정」, 17장.

제14장

유교와 근대적 자아: 문화적 맥락, 타자의 모방, 자기 진정성

1. 소묘

신은 죽었다는 니체의 언급이나 신의 형상은 인간의 모습을 반영한 것이라는 포이어바흐의 언급은 전근대의 형이상학적 주술에 대한 안티테제를 제시함으로써 근대의 계몽된 인간상을 제시하고 있다. 바꾸어 말하자면 근대인은 전근대의 초월적 형이상학을 추구하는 습관에서 탈출하여 자본주의적 생산과 소비 양식을 추구한다. 이처럼 서양에서 "신은 죽었다."는 안티테제가 선언되었다면, 동아시아에서는 유교의 절대적 권위가 숨을 거두었다. 조선시대의 유교적 학교기관인 서당, 향교, 서원 등이 사라짐과 동시에 근대적 학교기관이 들어섰을 뿐만 아니라 혈통 중심적 유교문화인 호주제가 폐지되고 제사 및 장례 문화가 급속도로 해체되었다. 특히 아시아 국가 중에서도 유교문화가 가장 강성했던 한국은 근대화되기 시작하면서부터 급속하게 유교문화가 해체되고 자본주의적 삶의 양식이 일반화되었다.

근대에서의 주요한 담론의 대상이 자본주의적 합리성으로 바뀌었음에도 불구하고, 전근대적 요소가 근대적 자본주의를 성장시키는 촉매제 역할을 했다고 주장하는 사상가들이 있다. 베버는 『개신교 윤리와 자본주의 정신』을 써서 유럽의 개신교가 자본주의적 합리성을 매우 잘 실현해줄 수 있는 여건이 되었다고 주장한다. 또한 아시아적 가치론자들은 아시아의 전근대적인 유교문화가 일부 아시아 국가들의 근대적 자본주의를 발전시키는 중요한 자산이라고 주장한다. 한국에서의 아시아적 가치론자들의 논의는 동아시아의 유교문화가 주술적인 것이라고 비판하던 베버의 주장을 벗어난 것이지만, 한편으로 동아시아의 유교문화가 근대적 자본주의 발전의 문화적 원동력이라고 주장한다는 점에서는 서구의 근대화 과정에서 개신교의 역할을 강조했던 베버의 관점과 동일한 지평 위에 있다.[1)]

그렇다면 한국의 근대화 과정에서 전근대적인 것이 완전히 숨을 거두었을까? 아니면 여전히 근대화 속에서 지속되고 있을까? 나는 근대적인 삶의 방식의 원인을 전근대적인 것에서 추출하려고 하는 아시아적 가치론에 대해 비판적 입장을 취하는 한편, 동아시아에서의 근대적 가치의 성장이 전통적 유교문화를 해체, 변형시키고 있다는 점을 지지한다.[2)] 한국의 근대화 과정은 근대적 가치를 중심으로 하여 전근대적인 가치가 통합되어가는 것으로 이해할 수 있다.[3)] 물론 근대적 가치인 자본주의와 민주주의 시대에 접어들었는데도 여전히

---

1) 손병해(2006), 유석춘(2006), 함재봉(1999) 등은 유교문화에 기초한 공동체적 집단주의가 한국의 사회, 경제, 정치 등의 토대로서 기능해야 한다고 본다.

2) 유교자본주의론은 민주화되지 못한 초기 산업화 단계의 전근대성을 한국 근대화의 기반으로 삼는 피상적인 담론이다. 유교자본주의나 유교민주주의에 대해 비판적인 시각으로 김예호(2006), 차성환(2000), 이승환(2000), 이철승(2005) 등의 논의를 들 수 있다.

3) 장은주는 한국의 근대성을 전통적 가치와 서구적 근대성이 독특한 방식으로 접합된 일종의 '혼종 근대성'이라고 이해한다. 장은주, 「유교적 근대성과 근대적 정체성」, 『시대와 철학』, 제18권 제3호, 2007, 391-393쪽.

우리의 주변에 존속하고 있는 유교의 종법제적 제사 문화, 불교의 기복신앙, 기독교의 내세에 대한 기도 등과 같은 전근대적 요소들이 남아 있다. 현대에도 여전히 고대인들처럼 산림 속에서 살아가는 사람들이 있으며, 또한 중세적 종교인 기독교나 불교나 유교적 삶의 방식을 추종하며 살아가는 사람들도 있다. 다만 이러한 비동시적 동시성에도 불구하고 점차 근대적 가치들이 전근대적 가치들에게 충격을 준다는 점에 유의해야 한다. 유럽에서 자본주의적 합리성이 기독교문화에 충격을 가했듯이 한국 사회에서도 근대적 가치가 전근대적 가치에 충격을 가한다.[4] 이렇게 근대적 가치가 충격을 가한 결과 한국에 존재하던 이전의 맥락들은 다양한 형태로 변형되지 않을 수 없었다.

한국의 근대적 자아는 서구의 자본주의와 민주주의라는 가치를 외부에서 수용하여 전근대적인 유교문화를 해체, 변형시키는 새로운 종합을 이루었지만, 여전히 "어떻게 살 것인가?"와 같은 유구한 물음에 대해 자기 확신에 이르지 못한 것으로 보인다. 그렇다면 한국의 근대적 종합이 아직도 충분히 완성되지 못한 것일까? 아니면 근대성 자체가 필연적으로 가치론적인 불충분함을 동반하는 것일까? 근대화된 한국인이 문화 및 종교에 대한 선택의 자유권을 획득했음에도 불구하고 왜 많은 사람들이 아직도 베버가 지적한 중세의 주술에 귀의하

4) 전근대적 가치와 근대적 가치가 상호적으로 영향을 미칠 수 있다는 것이 관련 논의의 가장 기본적인 전제가 되어야 한다. 개신교가 근대의 자본주의의 발전에 강한 영향력을 끼쳤다는 베버의 연구는 매우 독창적인 것이지만, 한편으로 전근대에 대한 근대의 영향력을 동시에 고찰해야만 유럽 이외의 지역이 근대화되어가는 과정을 잘 이해할 수 있다. 베버나 아시아적 가치론자들의 주장은 유럽이나 아시아의 문화적 맥락에 의존하는 정도가 매우 크다. 이와 같이 근대성의 원인을 전근대적인 것에서 찾으려고 하는 강한 맥락주의자들의 고정된 시각을 극복하기 위해서는 근대의 도래에 의해 어떻게 '이전 시대의 가치들이 해체되고 변형되는지'에 대해 고찰할 필요가 있다.

는 것일까? 또한 관료주의적 쇠우리(iron cage)에 갇혀 살면서 기계적인 삶에 염증을 느끼는 근대인의 탈출구는 어디에 있을까? "나는 생각하므로 나는 존재한다."는 데카르트의 언명에서 보이는 1인칭적으로 사유하는 근대적 자아에게 무슨 일이 발생한 것일까? 근대 한국 사회에서 "나는 생각한다."는 근대적 명제는 어떻게 실현되고 있는가? 자본주의와 민주주의를 향해 달려가는 한국의 근대적 상황에서 1인칭적으로 생각하는 자아가 어떤 위기에라도 처해 있는 것일까?

2. 전근대를 삼켜버린 근대

전근대성 속에서 근대성을 해석하는 것과 근대성 속에서 전근대성을 해석하는 것은 서로 다른 종류의 연구이다. 전근대성 속에서 근대적인 것의 자취를 명시적으로 찾을 수 없지만, 근대성 속에는 전근대적인 것들이 선명하게 잔존한다는 점에서 양자는 다르다. 과거의 현상 속에서 나중에 새롭게 발생한 것들의 잠재적 원인을 찾아내는 일이 과거로 거슬러 올라가 원인을 찾는 일이라면, 새로운 삶의 형식들이 기존의 삶의 형식들에 어떠한 영향을 끼치는지를 연구하는 일은 새롭게 등장한 가치가 이제까지의 사회현상에 어떠한 영향을 주는지를 밝혀내는 일이다. 가령 자동차라는 탈것이 새롭게 등장했을 때 과거로 거슬러 올라가서 마차에서 그 잠재적 원인을 찾으려고 하는 경우가 전자에 해당한다면, 자동차의 등장이 기존의 마차 제도에 어떤 충격을 주는지를 연구하는 것은 후자에 해당한다. 나의 입장은 새로운 근대적 가치의 등장이 기존의 여러 가치 체계에 어떤 영향력을 주는지에 주목한다는 점에서, 아시아적 가치론자들이 동아시아에서의 자본주의 발전의 일부 원인을 유교문화에서 찾으려고 하는 시도와는 그 성격이 다르다.

아시아적 가치론자들은 동아시아에서의 자본주의의 발전의 원인을 유교문화에서 찾으려고 함으로써 원인의 영역을 선행하는 맥락으로 협소화시킨다. 베버가 개신교에서 유럽의 자본주의적 합리성의 정신적 토대를 찾아간 것과 마찬가지로, 아시아적 가치론자들은 아시아의 유교문화에서 아시아의 자본주의적 발전의 정신적 토대를 찾는다. 양자의 공통점은 근대적 가치가 보편화되었음에도 불구하고 그 동력의 계기를 전근대적 종교 맥락 혹은 문화 맥락에서 추출하려고 시도한다는 데 있다.

아시아적 가치론은 기본적으로 문화유형론에 기초한다. 문화유형론은 자본주의라는 보편적 현상에도 불구하고 지역 문화권별로 서로 다른 독특한 문화적 특성을 갖고 있다고 본다. 대표적인 문화유형론자들로 막스 베버, 루스 베네딕트, 기어츠 홉스테드 등을 들 수 있다. 홉스테드와 같은 경우 문화를 컴퓨터에 설치된 소프트웨어와 유사한 '정신 프로그램(mental program)'이라고 여긴다.[5] 이러한 문화유형론의 가장 큰 특징은 세계의 문화를 몇 개의 큰 덩어리로 구분하여 개인의 삶을 소속된 문화의 덩어리에 귀속시키려는 데 있다. 문화유형론은 개인의 정체성을 설명할 때 덩어리로서의 문화가 개인 자신의 독특성을 넘어서서 개인을 포괄적으로 규정한다고 본다. 문화유형론에서의 개인이란 한 유형의 문화를 모태로 하여 그 안에서 자라난다고 전제된다. 마찬가지로 아시아적 가치론자들은 서구의 개인주의 문화권에 대비하여 유교문화에 기초한 동아시아의 집단주의 문화를 상정하며, 특히 근대화 이후에도 한국에는 유교적 집단주의 문화가 마음의 습성들로서 길러져 왔다고 생각한다.[6]

5) 기어츠 홉스테드, 차재호 · 나은영 옮김, 『세계의 문화와 조직』, 학지사, 1995, 25쪽. 그는 문화유형을 평등문화/불평등문화, 개인주의/집단주의, 남성적/여성적, 불확실성/확실성 등의 기준에 따라 나눈다.

문화유형론은 세계 내에 존재하는 몇 덩어리들의 현실적 차이를 반영하고 있다는 점에서 큰 의의를 지니지만, 계속적으로 변화된 사회의 실상을 반영하지 않고 과거의 문화유형에 지나치게 의지함으로써 문화 결정론으로 흘러들어갈 때 전근대성의 해체에 대해 공평하게 바라보지 못하게 된다. 아시아적 가치론자들의 근대성 해석은 근대적 가치의 발전 원인을 과거의 것에서 가설적으로 유형화한다는 점에서 매우 자의적이다. 이들은 유교에서 유래하는 집단의 공동체주의적 협동 정신이 한국의 근대화를 이끌어낸 독특한 원동력이라고 주장한다. 아시아적 가치론자들은 유교의 공동체주의가 근대적 자본주의의 발전에 긍정적 원인이 되었다고 주장하지만, 많은 학자들은 유교에 근거한 혈연주의, 파벌주의, 족벌주의, 학벌주의, 가족주의 등의 집단 이기주의가 한국 사회의 근대적 계몽을 가로막는 치명적인 원인이라고 비판한다. 이러한 비판뿐만 아니라 실제적으로도 아시아의 근대화 과정은 유교문화의 영향력에 의해서가 아니라 유교문화의 해체와 함께 진행되었다고 보는 것이 더 적절하다. 족보에 기초한 혈연관계의 약화, 유교식 의례의 해체, 가부장적 호주제의 폐지 등이 그 대표적인 현상이다. 나아가 근대화가 되면서 기독교나 불교를 신봉하는 인구가 늘어난 반면에, 유교를 명시적으로 신봉하는 인구는 극소수에 불과하다.[7] 유교가 남아 있다면 구체적 운동 조직으로서의

---

6) 조긍호는 집단주의적 유교문화를 아시아적 가치론자들처럼 당위론적 가치로서 강하게 수용하지는 않지만, 여전히 한국 사회에 일반화되어 있는 문화유형으로서 규정한다. 그에 의하면 유교적 집단주의에 심리적인 토대를 두고 있는 '동아시아인'으로서의 한국인은 내용이 막연한 '세계인'이라는 개념보다 훨씬 실재적 개념이다. 조긍호, 『동아시아 집단주의의 유학사상적 배경』, 지식산업사, 2007, 465-477쪽.

7) 1999년을 기준으로 한국의 종교 인구는 불교 26.3퍼센트, 기독교 18.6퍼센트, 천주교 7.0퍼센트, 유교 0.7퍼센트이다(통계청).

실체가 아니라 한국인의 습관으로만 일정 부분 남아 있을 뿐이다. 이와 같이 이미 힘을 잃고 사라지고 있는 유교를 근대적인 것의 중요한 원인으로 삼기 어려울 것이다.

그렇다고 베버와 같이 유럽의 근대화를 설명하기 위해 아시아의 유교문화를 부정적 사례로서 끌어다 사용하는 것은 아시아의 전근대적 맥락이 유럽의 개신교에 비해 미개하다는 가정에 기초하고 있다.[8] 베버는 유럽의 개신교적 전통을 앞세우면서 개신교만이 유일하게 세계를 주술로부터 해방시켰으며, 아시아의 유교 사회에서는 그러지 못했다고 단정한다. 또한 그에 의하면 개신교는 초월적 신 관념을 갖고서 현세를 합리적으로 지배하는 데 관심을 둠으로써 시민적인 생활 방법론의 중간항을 가짐에 반해, 유교는 세계에 잘 적응된 인간을 추구함으로써 시민적인 생활 방법론의 중간항을 갖지 못했다. 이러한 유럽중심주의적 시각은 서구의 전근대적 가치와 동양의 전근대적 가치를 반대되는 한 쌍으로서 제시한다. 유럽중심주의적 오리엔탈리즘은 아시아를 늘 유럽을 돋보이게 하는 배경적 그늘 정도로서만 취급한다. 베버가 유럽 사회의 자본주의 발전의 내재적 맥락을 정당화하기 위해 저술했던 『유교와 도교』 역시 그러한 관점을 전제한다. 개리 해밀턴에 의하면 베버뿐만 아니라 많은 서구의 학자들이 "왜 중국에는 자본주의가 존재하지 않았는가?"라고 물으면서 동아시아 사회에 자본주의가 부재한 이유를 찾으려고 한다. 이러한 부정적 질문들은 대체적으로 동아시아에서 자본주의가 발전하지 못한 이유로서 부르주아 계급의 취약함(발라즈, 비트포겔, 제이곱스, 베버 등), 자유로운 시장의 부재(마르크스주의 및 대부분의 중국학자), 개신교적 금욕주의의 부재(베버) 등을 꼽는다.[9] 이러한 부정적 분석들은 기본적으로

8) 막스 베버, 이상률 옮김, 『유교와 도교』, 문예출판사, 1990, 323-352쪽.

9) 개리 해밀턴, 「왜 중국에는 자본주의가 존재하지 않았는가?: 부정적 질문의 오

유럽에서 자본주의가 발생할 수 있었던 사회적 조건들을 부각시키기 위해 동아시아의 중세 시대를 그 부정적 사례로서 자의적으로 끌어다 쓸 뿐이다. 그러나 유럽의 근대적 자본주의가 어떤 사회적 환경에서 발생했느냐를 따지는 베버 식의 관점을 동아시아 상황에 그대로 대입하기는 어렵다. 왜냐하면 유럽에서 근대가 시작된 것과 달리 유럽 이외의 지역은 대부분 제2차 세계대전 이후에 자본주의가 팽창하면서 근대성을 서구에서 수용하는 경험적 차이가 있기 때문이다.

한국에 수용된 근대적 가치가 전근대적 가치에 어떤 충격을 주는지와 더불어, 근대성이 개인의 삶에 충분한 가치인지도 또 다른 논란거리이다. 서구와 일본의 침략에 의해 수용된 근대적 가치가 전근대적 가치들을 불시에 집어삼켜버린 한국의 근대화는 가치론적으로 이상향에 도달한 것일까? 근대라는 새로운 세계가 열렸지만 근대성의 완성이 삶의 완성과 곧바로 이어지는 것은 아니다. 베버는 근대성의 사회적 토대를 분석한 것으로 유명하지만, 한편으로 근대성이 충분히 실현된 사회의 불충분함에 대해서도 언급한다. 그의 책의 맨 마지막에 나오는 예언자와 같은 전망이 근대인이 고민해야 할 출발점이 될 것으로 보인다.

> 외재적 재화에 대한 관심은 언제라도 벗어던질 수 있을 만큼 '가벼운 망토'처럼 (개신교) 신자의 어깨에 걸쳐져 있었지만, 운명은 그 망토가 쇠우리가 되도록 명령했다. (중략) 승리를 거둔 자본주의가 기계적 토대에 기초하는 한 더 이상 금욕주의의 지원이 필요하지 않게 되었다. 계몽을 주장하며 웃고 있는 상속인의 장밋빛 홍조는 회복할 수 없을 만큼 퇴색한 것으로 보이며, 소명의 의무라는 관념은 죽어버린 종교적 신앙의 망령처럼 우리의 삶 안에서 방황하고 있다. (중략) 장차 누가 이 쇠우리 속에서 살 것인지, 아니면 이 엄청난 발전의 마지막에 완전

류와 대안」, 유석춘 편, 『막스 베버와 동양사회』, 나남, 1992, 196-203쪽.

히 새로운 예언자가 나타날 것인지, 혹은 낡은 관념들과 이념들의 위대한 부활이 있을 것인지, 만약 그 어느 것도 아니라고 한다면 어떤 병적인 자만심으로 장식된 기계의 화석화가 일어날 것인지에 대해서는 아무도 알 수 없다. 왜냐하면 이러한 문화적 발전의 마지막 단계에 대해 다음과 같이 말할 수 있기 때문이다. "정신이 없는 전문가, 마음이 없는 관능주의자. 이들의 무화(無化)는 인류가 결코 성취한 적이 없었던 문명의 단계에 도달했다고 상상한다."10)

위의 인용문에서 베버는 상상력을 동원하여 예언자적으로 자본주의 사회의 미래를 간략히 그리고 있지만, 현재의 우리는 이미 그러한 사회를 생생하게 체험하며 살아가고 있다. 적어도 근대사회는 자본주의적 생산과 소비 양태가 쇠우리처럼 삶을 지배하면서 사람들로 하여금 그 안에서 빠져나갈 수 없게 하고 있다. 니체가 신이 죽었다고 하면서 근대의 도래를 외쳤다면, 베버는 전근대와 근대 사이의 가치론적 역전 현상에 내재할 수 있는 또 다른 위험을 예감하고 있다. 베버가 보기에 자본주의적 망토는 근대인을 짓누르는 요인이 될 가능성이 높다. 또한 테일러 역시 베버의 쇠우리 개념을 사용하여 근대인이 원자론적 개인에 갇혀버림으로써 더 이상 공동체적 자기 의미를 잃어버렸다고 비판한다.11) 원자론적 개인은 자기 진정성을 확보하지 못하고 오로지 기계의 부품처럼 자본주의적 생산과 소비 체계의 한 부품으로 전락한다. 개인은 자기 스스로 창조하고 스스로 소비하는 일련의 활동을 망각한 채 컨베이어 벨트의 한 부분으로서만 살아간다. 근대의 쇠우리에 갇힌 개인은 본인의 의지를 상실해간다. 과연

---

10) Max Weber, *The Protestant Ethic and the Spirit of Capitalism*, Ch. V, "Iron Cage of Capitalism"(http://www.ne.jp/asahi/moriyuki/abukuma/weber/world/pro_eth_frame.html). 막스 베버, 양회수 옮김, 『프로테스탄티즘의 윤리와 자본주의의 정신』, 『사회과학논총』, 을유문화사, 1998, 282-283쪽.

11) 찰스 테일러, 송영배 옮김, 『불안한 현대사회』, 이학사, 2001, 126쪽.

우리는 베버가 말한 것처럼 근대적 자본주의를 통째로 받아들인 근대인들에 대해 '정신이 없는 전문가' 혹은 '마음이 없는 관능주의자'라고 쉽게 말할 수 있을까? 중세적 가치의 단절이 인간을 정신과 마음이 없이 그저 기계처럼 생산하고 소비하는 기계로 만든 것일까? 이 물음이 바로 전근대적인 것을 삼켜버린 근대적인 것에 대한 논의의 출발점이다.

한국의 근대사회가 중세의 마술적 형이상학적 시대에서 벗어나 자본주의와 민주주의 시대에 접어들었다고 할지라도, 여전히 '스스로 생각하고 스스로 완성하는' 니체의 초인과 같은 자기 창조적 자아가 숨 쉴 수 있는 공간이 충분히 확보되지 못한 것으로 보인다. 베버와 테일러가 말한 근대의 원자론적 쇠우리는 1인칭적 자기 진정성의 망각에 대해 주의를 환기시킨다. 중세의 개인이 신의 구원을 예언한 절대적 권위서인 성경 앞에서 자신을 버려야 했듯이, 근대의 개인은 관료적이고 기계적인 자본주의 앞에서 자신을 망각한다. 베버가 말한 "정신이 없는 전문가"라는 구절에서 '정신'이 자기 창조성을 뜻하는 것이라고 볼 때, 그의 언급은 자본주의적 체계 속에 갇힌 근대인의 도래를 예언하고 있다. 전근대적 인간이 종교적 마술 속에 개인의 자율성을 묶어두었다고 한다면 근대적 인간은 자본주의적 상품의 생산과 소비 속에서 헤어나지 못하는 경우가 다반사이다. 중세의 인간이 노동-신앙이라는 순환 속에서 살았다면, 근대의 인간은 노동-소비라는 순환 속에서 살아간다. 한국 사회에 근대가 이미 도래했지만 개인이 자기 자신과 사회에 대해서 사유하기를 멈출 때 근대의 '생각하는 자아'는 숨 쉴 공간을 잃게 된다. 따라서 개인의 '자기 사유에 의한 자기 창조'의 지평을 최대한 허용하는 근대적 정신을 활성화시키기 위해서는 중세의 '신의 지배'뿐만 아니라 근대의 '거대 자본 및 관료에 의한 지배'에 대해서도 끊임없는 비판을 가해야 할 것으로 보인다.

3. 모방적 자아

한국의 근대사회는 서구 문명에 대한 모방에서 시작되었다. 한국인들은 제2차 세계대전 이후 문명의 충돌을 통해 전근대적 유교문화보다 서구의 근대 문물이 더 훌륭한 가치를 지녔다는 생각을 자의 반 타의 반 받아들이면서 타자에 대한 모방을 시작했다. 물론 서구 문물의 수용과 전통적 가치의 해체에 대한 저항이 없었던 것은 아니지만, 서구 문물을 모방하는 현상은 사회 전반에 걸쳐 매우 급속도로 진행되었다.

한국의 모방적 근대화에 대해 "과연 우리는 서구와 동일하게 될 수 있는가?"라는 물음을 던질 수 있다. 이러한 물음은 "내가 누구인가?"라는 물음과 같은 지평 위에 있다. 과연 근대화 과정에서 드러난 모방의 의미는 무엇일까? 근대적 모방이 서구와의 동일성을 달성하기 위한 욕망의 한 표현일까? 아니면 한국적인 근대화를 이루기 위한 부득이한 초기적 단계일까? 한국의 근대적 주체가 욕망 대상으로서의 타자를 모방한다는 것은 타자에의 동일화 과정을 의미하는 것일까?

거시적 측면에서 볼 때 한국의 모방적 근대화 과정에서 자본주의와 민주주의가 소개됨과 동시에 전근대적 가치인 유교적 공동체 구성 원리가 해체되어갔다. 1895년의 단발령을 시발점으로 하여 조선 사회를 지탱해오던 유교적 삶의 양식은 자본주의적인 것으로 급속하게 교체되어갔다.12) 근대 한국인들은 서구의 것을 모방하는 것을 통

12) 단발령이 시행될 당시의 일본의 한 언론이었던 『신지신문(新知新聞)』은 조선에서의 패션 개혁이 일본의 양복, 시계, 모자, 벨트 등과 같은 근대적 자본주의 산업을 촉진시킬 것이라고 예상하고 있다. 이민원, 「상투와 단발령」, 『사학지』, 제31집, 단국사학회, 1998, 287쪽.

해 전통적 가치들과 점차 멀어지게 된다. 의식주에 사용되는 옷, 집, 식기, 자동차 등 거의 모든 사물의 원리와 모양이 서구의 것에 대한 모방에서 유래한다. 그래서 근대화 과정의 세대라면 누구나 양복, 양식, 양옥 등의 말이 매우 유행했음을 기억할 것이다. 이러한 말들은 한국의 중세적인 사물인 한복, 한식, 한옥 등과 정확하게 대칭을 이룬다. 서구의 근대적 사물의 무한한 복사 과정은 전근대적 전통과 정확히 대칭적 영역을 형성함으로써 당시 한국인의 전근대적 주체성 자체를 변모시켰다. 서구식 사물의 무한한 복사를 통해 한국의 전근대적 자아는 유교적 신분을 상징하는 사물들의 질서를 포기해야만 했다. 임금이 곤룡포를 벗었고, 문무백관들이 신하의 복장을 벗었고, 선비가 갓을 벗었고, 백성들도 상투를 잘랐다. 자본주의적 상품이 충분하게 일반화된 곳에서는 이제 그러한 전근대적 사물들의 질서가 사람들을 유교적 예법의 틀 안에 가두어놓지 못했다. 왜냐하면 새로운 자본주의적 사물들에 대한 모방 욕망이 근대 한국인의 삶을 구성했기 때문이다.

근대화 초기에 등장했던 동도서기(東道西器)적 관점에서 보자면 근대적 생산양식인 기계만 수입되고 거기에서 생산되는 제품은 전근대적 사물들의 질서를 그대로 유지해야만, 한국의 주체성과 근대적 도구를 동시에 획득할 수 있을 것이다. 그러나 한국의 근대성은 그와는 다르게, 전근대적 질서를 해체하면서 전개되었다. 그 이유는 무엇일까? 가장 먼저 떠올릴 수 있는 가설은 서구의 제국주의적 문화 침략이다. 제국주의적 침략은 문화에 대한 한국인의 자율적 선택권을 박탈했다는 점에서 한국인의 전근대적 주체성을 해체시키는 주요한 원인들 중의 하나이다. 그러나 제국주의론이 한국에서의 전근대적 사물들의 해체를 충분하게 설명하는 것은 아니다. 왜냐하면 근대화 이후의 한국인에게 전근대적 질서로 복귀할 수 있는 자율적 선택권이 충분히 보장되고 있음에도 불구하고 그러한 회귀 경향이 잘 보이지 않기 때문이다. 이미 근대화된 한국인은 자본주의적 생산양식을 가지고서 다시 전근대적 사물들의 질서로 돌아가려고 하는 복고주의를 선호하지 않는다. 이와 같이 근대의 한국인에게 전근대적 가치로 회귀하려는 의사가 없는 것은 제국주의적 영향력 때문이 아니라 상당부분 자율적 선택 때문이다.

근대 한국의 모방 욕망은 자본주의의 수입뿐만 아니라 민주주의의 도입 과정에서도 전근대적인 것에 대한 해체를 분명하게 내포하고 있다. 한국에서 민주주의 제도의 안착이 비록 산업화 과정에 비해 속도가 더뎠을지라도 자본주의 도입에서와 마찬가지로 전근대적 가치들을 해체시켜갔다. 하늘이 권력을 부여하는 왕권 시대가 가고 시민에 의한 민주주의 제도가 한국의 정치 원리가 되었다. 한국에 대통령제가 시행되면서 전근대적 정치 질서인 왕과 신하가 사라진 것을 시작으로 하여, 2005년에는 헌법재판소에서 호주제 위헌 판결이 나면서 유교의 남성중심주의와 혈연중심주의에 기초한 인간관계가 폐지되었다. 당시 헌법재판소의 판결문에 의하면 호주제는 남계 혈통 위주로 되어 있어서 양성 평등 원칙을 위반하였고, 개인의 존엄성을 위반함으로써 호주에게 불합리하게 권한을 부여하였고, 성리학적 부계혈통주의에 입각한 가부장적 가족제도가 현재의 민주적 가족관계를 담아내지 못했으므로 위헌이다.[13] 이 판결은 민주주의적 인간의 이해를 자율적으로 한국 사회에 보편화함으로써 한국 사회에 남아 있는 전근대적인 위계질서의 그림자들마저 제거시켰다. 한국에서 근대적 산업화가 물건들의 질서를 바꾸었다면, 민주주의는 사람들 간의 질서를 근대적인 것으로 바꾸었다.

13) 헌법재판소 호주제 위헌 판결문(2005년 2월), http://www.ccourt.go.kr.

자본주의적 산업화와 민주주의의 도입에서 보듯이 한국의 근대화 초기에는 타자에 대한 모방 욕망이 전근대적 자아를 해체하는 주요한 계기였다. 전근대적 자아는 '수구(守舊)' 즉 옛것을 재생하는 낡은 체계 속에 안주한다. 그에 반해 근대적 가치를 모방하는 자아는 유교적 삶의 방식이 아닌 새로운 근대적 가치에 대한 기대와 두려움을 동시에 지니고 있다. 근대적 가치를 모방하는 자아는 본능적으로 새로움에 대해 생소함과 기대감을 갖고서 근대적 타자에 대한 흉내 내기를 시도하였다. 근대 한국의 모방하는 자아는 어린 사자가 처음으로 어미 사자를 흉내 내면서 사냥에 나서는 것처럼 서구적 가치들에 대해 흉내 내기를 시도함으로써 타자의 근대적 가치들을 한국 내부에 반영하기 시작했다. 한국의 근대적 자아는 모방을 통해 형성되기 시작한다. 근대화 초기의 모방은 본능적인 기대감에 의한 외부적 가치의 반영이라는 점에서 성찰적 근대화로 나아가기 위한 전 단계 혹은 초기 단계라고 볼 수 있다.

서구의 근대적 가치를 한국 사회에 내재화시키는 과정에서 모방은 피할 수 없는 과정이지만, 한편으로 그것은 은폐된 자아를 찾는 계기일 수밖에 없었다. 예를 들어 서구의 개신교가 전파되었지만 그에 대한 반작용으로 한국적인 신흥 종교들이 발흥하였을 뿐만 아니라 한국 내 개신교 자체가 매우 한국적인 맥락에 민감하게 변모한 것에서도 은폐된 자아의 발로를 볼 수 있다. 모방 욕망은 타자와의 동일화를 추구하지만 아직 자각적 주체를 형성하지 못하기 때문에 타자와의 완전한 동일성에 이르지 못한다. 오직 모방의 결과는 타자와의 유사한 주체를 형성할 수 있을 뿐이다. 그러한 점에서 한국 근대화의 초기에 생겨난 모방하는 자아가 서구적 가치에 동일화되려고 하면 할수록 절망에 빠질 수밖에 없다. 뱁새가 황새의 걸음과 동일하게 걸으려고 할수록 자신의 짧은 다리를 자각하지 않을 수 없듯이, 동일성을 추구하는 모방 욕망은 자신의 처지를 알려주는 계기가 된다.

한국의 근대적 모방은 동일성이 아니라 유사성을 산출한다. 한국 사회는 본능적인 모방을 통하여 근대의 서구와 매우 흡사하게 변모하였다. 그렇지만 모방적 유사성이란 서로 닮았으면서도 그 안에 일정한 차이를 내포한다. 한국의 근대화 과정에서 보이는 학교, 공장, 병원, 아파트 등의 모습은 서구의 것과 흡사하지만 찬찬히 들여다보면 여전히 거기에는 서로를 구별해주는 차이점들이 존재한다. 예를 들어 집단을 이루며 밀집해 있는 아파트 단지들, 과잉된 교육열, 가족적 집단주의 문화 등은 한국의 문화적 속성과 연관됨으로써 서구와 다른 특징들을 보여준다. 이와 같이 한국의 모방적 근대화가 추구하는 동일화의 욕망은 서구의 것과 닮았으면서도 일정한 차이를 함축하는 유사적 근대화를 발생시킨다.

근대 한국의 모방적 자아는 서구적인 것과 유사한 자아를 획득했지만 동일성을 획득하지 못함으로써 끊임없이 "내가 누구인가?"라는 물음 앞에서 고민할 수밖에 없다. 모방적 자아에게 남아 있는 지울 수 없는 과거의 흔적들이 자기 정체성에 대한 물음들을 불러일으킨다. 비록 유교가 해체되어 호주제가 폐지되었을지라도 암묵적 혹은 무의식적 관행으로 남아 있는 유교문화의 흔적들이 사회의 곳곳에 자리하고 있다. 유교의 혈연주의적 문화 속에는 형님, 오빠, 언니, 누나 등과 같이 잘 분화된 어른들의 가족주의적 족보 체계가 사회 곳곳에 스며들어 있다. 마치 근대 유럽의 도시 안에 거대한 중세 교회가 여전히 흔적으로 남아 있듯이, 모방적으로 근대화된 한국 사회에도 떨쳐버릴 수 없는 중세의 흔적들이 남아 있다.

유교적 자본주의자나 아시아적 가치론자들은 한국의 모방적 근대화에서 보이는 흔적으로 남아 있는 유사적 차이점을 자신들의 중심적 논거로서 사용한다. 그들은 한국의 유교문화가 한국의 근대화를 이끌었던 서구와 다른 맥락적 차이라고 주장한다. 그러나 이러한 주장은 흔적으로서의 전근대적 그림자가 실체로서의 근대적 빛을 생산한다는 잘못된 방향의 추론에 빠져 있다. 서구의 근대적 개신교도들이 중세의 마술로부터 빠져나왔듯이, 근대 한국인 역시 더 이상 흔적으로서의 중세적 유교문화로 돌아가려고 하지 않는다. 오히려 근대적 자아의 이미지를 획득한 한국인에게 전근대적 유교 맥락은 문화적 폭력으로 작용할 수밖에 없다. 개인주의를 선호하는 근대 한국인에게 가족주의적 공동체 문화를 강요하거나, 공동체의 이름 아래 소수의 개인을 희생시키는 집단주의 문화 등은 한국 사회가 부과하는 커다란 짐에 불과하다. 만약 유교적 자본주의론이 모방적 근대화에 남아 있는 유교문화적 맥락에 근거하여 개인에게 불합리한 희생을 강요하는 도구로서 작용한다면, 그것은 한국 사회가 나아갈 방향에 대한 장애물을 키우는 데 불과하다.

전근대적 유교문화로 돌아가는 것이 근대화의 기초가 되지 못할 뿐만 아니라, 한국 근대화의 과정에서 친일주의자나 친미주의자의 타자에 대한 모방 욕망 역시 근대화의 충분조건일 수 없다. 한국 근대화 초기의 무조건적 모방 욕망은 타자의 반영에 의해 유사적 주체를 형성하고 있을 뿐 아직 스스로 생각하는 근대적 주체의 단계에 이르지 못했기 때문이다. 한국에서 근대적 모방자의 감각적인 흉내 내기는 타자의 가치를 자신에게 반영하지만, 한편으로 스스로 자신을 비추어볼 수 있는 거울을 충분하게 형성하지 못한 단계이다. 근대 한국의 모방적 자아는 타자와 자신을 비교해볼 수 있을 만큼의 자율적 거울을 마련하지 못한 채 외적 사물만을 반영하는 본능적인 몸짓 이상으로 나아가지 못한다. 그러한 모방적 자아는 타자에 대한 흉내 내기를 통해 타자의 모습이 반영된 유사적 주체 단계에서 자신을 구성하고 있을 뿐이다.

4. 반성적 자아와 자기 진정성

호르크하이머에 의하면 인간의 문화적 진보 과정은 충동에 의한 모방적인 행동 방식이 합리적인 행동 방식으로 전환되는 것을 의미한다.[14] 마찬가지로 한국의 근대적 자아는 자신이 타자와 유사하면서도 차이점을 갖는다는 것을 반성적으로 자각함으로써 모방적 자아의 단계에서 합리적인 자아의 단계로 나아간다. 근대 한국의 반성적 주체는 자신을 들여다볼 수 있는 거울을 마련함으로써 '스스로 생각하는 자아'가 된다. 반성적 자아는 자신이 왜 근대적 서구 문물을 모방해야 하는지, 혹은 왜 전근대적 전통으로서의 유교문화를 복사해야 하는지에 대한 자각적 물음을 던지게 된다. 이와 같이 자신에 의해서 자신을 생각하는 근대적 자아는 신분을 상징하는 전근대적 복식을 주술적인 것으로서 거부할 뿐만 아니라 근대화와 함께 수행되었던 무차별적인 모방에 대해서도 회의하게 된다. 왜냐하면 근대에 발견한 새로운 가치들 중의 하나가 바로 '다른 무엇에 의한 자아'가 아니라 '스스로 생각하는 자아'에서 성립하기 때문이다. 그러한 점에서 한국의 근대적 자아는 모방에 의한 감염의 과정을 거쳐 반성적 자아를 향해 나아간다. 한국 사회는 이미 충분한 모방적 근대화의 시기를 거쳤으며, 이제 반성적 근대화의 시기에 접어들었다. 모방적 근대화가 타자의 매력에 대한 본능적 충동에 기초한 것이었다고 한다면, 반성적 근대화는 자율적 생산능력의 확보를 뜻한다. 근대의 반성적 자아는

---

14) "문명은 인간의 타고난 미메시스적 충동에서 시작되지만, 인간은 결국 이러한 충동을 벗어나야만 하고 그 가치를 새롭게 평가해야만 한다. 개인적 교육과 마찬가지로 총체적인 문화적 진보, 즉 계통 발생적이며 개체 발생적인 문명의 과정은 광범위하게 미메시스적 행동 방식이 합리적 행동 방식으로 전환되는 것을 의미한다." 호르크하이머, 박구용 옮김, 『도구적 이성 비판』, 문예출판사, 2006, 148-149쪽.

자신을 스스로 들여다볼 수 있는 도구인 거울을 소유하고 있는데, 근대 한국인 역시 문화, 언어, 체형 등에서 자신의 모습이 모방의 대상인 근대적 서구와 서로 다르다는 것을 자각하기 시작한다. 어느덧 근대 한국의 반성적 자아는 내가 누구인지에 관해 묻기 시작한다.

그렇다면 자기 계몽이라는 근대적 거울에 비친 한국인의 얼굴은 어떤 모습일까? 근대 한국인의 모습은 다양한 얼굴을 하고 있어서 어느 하나의 이미지로 규정하기 어렵다. 한국 사회에 근대적 산업 기술과 민주주의가 어느 정도 뿌리를 내리고 있지만, 다른 한편으로 불교, 기독교, 천주교 등 각종 종교를 믿는 인구가 반 정도 되며, 거기에다가 유교적 생활양식도 삶의 저변에 스며들어 있다. 이러한 다원적 가치들의 혼재를 생각한다면, 일차적으로 근대 한국 사회의 특징은 전근대적 일원성으로부터 해방되어 다원적 가치를 추구하는 사회로 변화했다는 사실에 있을 것이다. 특히 한국 사회의 전근대적 이데올로기로부터의 해방은 삶의 양식에 관한 권한을 대폭적으로 개인들에게 양도함으로써 개인의 자기규정이 강화된 다원주의적 사회로 진입했음을 의미한다. 한국의 근대화 과정에서 나타나는 전근대적 왕권과 가부장적 유교문화의 해체는 근대적 개인주의와 맞물려 진행되었다.[15] 근대로 들어선 한국인들은 "내가 누구인가?"라는 물음에 대해 개인에 따라 각기 서로 다른 얼굴들을 그려볼 수 있는 시대를 맞이한 것이다.

---

15) 한국에서 전근대적 가치의 해체 과정은 근대 유럽에서 근대적 주체성이 성립하는 과정과 유사성을 갖는다. 유럽에서 근대적 개인이 성립하는 과정은 헤겔의 개인의 자유와 반성 개념을 가지고서 현대적 주체성을 설명하는 하버마스의 견해에서 잘 드러난다. 그에 의하면 유럽에서의 근대적 주체는 개인주의, 비판의 권리, 행위의 자율성, 낭만주의 등을 통해 표현되며, 종교개혁, 계몽주의, 프랑스 대혁명 등의 역사적 사건을 통해 지배력을 확대해갔다. 하버마스, 이진우 옮김, 『현대성의 철학적 담론』, 문예출판사, 1994, 37쪽.

그렇다면 현대 한국 사회에서 자기 사유에 의한 자율적 삶이 잘 실현되고 있는 것일까? 비록 현대 한국인들이 모방의 과정에서는 상당 부분 탈피했을지라도, 근대성에 도사리고 있는 도구적 합리성에 '자기 사유'를 양도하고 있음에 틀림없다. 한국 사회에는 근대의 도구적 합리성이 과도하게 일반화되어 있다. "내가 누구인가?"라는 물음보다는 공약 가능한 시장적 가치를 극대화하려는 거래 합리성이 개인의 자기 진정성을 전복시킬 만큼 위력을 떨치고 있다. 무엇이 더 많은 이윤을 남길 것이냐는 생각이 문화를 문화산업으로, 교육을 교육산업으로, 지식을 지식산업으로, 종교를 종교산업으로 탈바꿈시키는 현상이 곳곳에서 목격된다. 아도르노와 호르크하이머가 지적하듯이 "문화산업은 하자 없는 규격품을 만들듯이 인간들을 재생산하려 든다."[16] 예를 들어 학생들은 사교육과 공교육을 오가면서 동일한 내용에 대해 동일한 방식으로 선행 학습-본 학습-복습 등을 하면서 자기 자신이 누구인지를 물어볼 겨를 없이 청소년기를 마친다. 또한 사람들은 기업에서 만들어내는 동일한 상품들을 소비하는 삶에서 헤어나지 못함으로써 도구에 대한 직접적 관계를 상실한다. 이와 같이 우리의 생활 곳곳에 스며 있는 공리주의적인 도구적 합리성이 개인들로 하여금 "내가 누구인가?"라는 물음을 스스로 던질 충분한 시간을 배려하지 않는다. 공리주의적이고 도구주의적인 측면에서 보자면 근대의 한국인들은 각각의 차이에 주목하지 못하고 동일성을 향해 줄달음질친다. 공교육과 사교육, 유교와 기독교, 전통문화와 서구 문화 등이 서로 다른 뿌리를 가진 것임에도 불구하고, 모든 사물이 자본주의적으로 동일한 상품으로 수렴되고 있다는 측면에서 각각의 개인들은 동일하다. 한국 사회에 일반화되어 있는 공리적 도구주의 속에서 자기

16) 아도르노 · 호르크하이머, 김유동 옮김, 『계몽의 변증법』, 문학과지성사, 2001, 193쪽.

자신에 대해 묻고 반성할 수 있는 시간과 공간을 찾아보기 어렵다.

한국 사회가 근대의 자본주의와 민주주의를 이식하는 데 성공했지만, 거기에서 나아가 공리주의적 효율성이라는 베일 뒤에 숨어 있는 '스스로 생각하는 자아'를 회복할 필요가 있는 것으로 보인다. 테일러가 말하듯이 근대의 도구적 이성은 신체, 환경, 전통 등에서 해방된 사유를 의미하지만 다른 한편으로 "(1) 자율적 사유와 (2) 삶의 풍요"라는 도덕적 맥락과 관련된다는 측면에서 보자면,[17] 스스로 찾아야 하는 무엇인가가 여전히 개인들에게 남아 있다. 개인이란 근대라는 시대가 부여해준 도구적 합리성의 운명 속에서 살 수밖에 없지만, 또한 삶을 상승시키기 위해서는 자신의 삶에 대해 물음을 던져야만 한다. 만약 근대 한국인이 자신의 삶에 대한 자기 근거를 상실한 상태에서 공리주의적 효율성에만 경도된다고 한다면, 그것은 중세인이 신에게 창조의 권리를 양도하는 것과 마찬가지로 근대적 도구에 삶의 권리를 양도하는 것에 해당한다.

도구적 합리성에 비추어 "무엇이 한국 사회에 더 효율적인가?"라는 물음은 매우 유력한 것이지만, 그러한 물음에서 나아가 "내가 누구이고, 어떻게 살아야 할까?"라는 물음 역시 양도할 필요는 없다. 왜냐하면 두 물음은 개념적으로 서로 다른 영역에 속하는 것들이기 때문이다. 전자가 경제적 합리성의 영역에 속하는 것이라고 한다면, 후자는 개인적 삶의 추구와 관련된다. 개인적 삶의 추구가 반드시 경제적 합리성의 추구여야 할 필요가 없다는 점에서 후자는 전자보다 훨씬 광범위한 영역에 걸쳐 있는 문제이다. 굳이 학제적으로 분류하자면 후자의 물음은 인문학적인 영역에 속한다. 물론 우리 사회가 이미 자본주의화되어 있으므로 개인들은 잠을 자거나 식사를 할 때 이미

---

17) 찰스 테일러, 송영배 옮김, 『불안한 현대사회』, 130-132쪽.

시장적 합리성을 고려한다. 대부분의 한국 도시인들이 집을 구할 때 시장에서의 경제적 전망을 고려하는 것도 이 때문일 것이다. 그러나 그러한 시장적 행위들 때문에 '인문학적 전망'이 해체된다고 한다면, 그것은 '시장적 자아'를 확보하는 근대화를 이루었을지언정 여전히 '스스로 생각하는 자아'라는 측면에서의 근대화를 숙성시키지 못했다고 볼 수 있다.

그렇다면 한국적 맥락과 관련하여 거론되고 있는 아시아적 가치론이나 유교자본주의는 인문학적 전망을 충분히 제시하고 있는 것일까? 그 대답은 "아니오"이다. 각 개인들이 "내가 누구인가?"라는 물음을 던지는 것에서 근대인의 삶이 시작한다고 볼 때, 유교자본주의론은 오히려 그러한 물음들을 봉쇄하는 것으로 보인다. 유교자본주의론은 동아시아의 유교적 문화가 근대적 자본주의를 발전시키는 핵심적인 요소라고 주장하지만, 이러한 문화 결정론적인 시각은 '스스로 생각하는 자아'의 활력을 앗아간다. 문화 결정론적 유교자본주의는 집단적 관행에 의한 결정을 자연스러운 것으로 취급한다는 점에서 근대적인 개인에게 부여된 자기 진정성(authenticity)에 대한 관념을 결여하고 있다. 아시아적 삶의 맥락인 유교문화가 한국 근대화의 필요충분적 요소일 이유는 없다. 오히려 유교문화를 집단적 강령으로 전면화하려고 할 때 근대성의 중요한 요소인 반성적 자아의 자기 계몽의 정신을 잃어버리게 된다. 유교자본주의와 같은 강한 맥락주의는 개인이 맥락을 형성해가는 과정에 대해 주목하기보다, 이미 집단적으로 형성되어 있는 선 맥락만이 진정한 것이라고 강요한다. 유교자본주의자들과 같이 전통에 대한 강한 맥락주의에 경도될 때 반성적 자아와 삶의 맥락 사이의 건강한 긴장이 파괴되고 만다.

유교문화가 적절하게 해체되면서 동시에 재구성될 때에만 한국의 근대화 과정에 긍정적인 기여를 할 수 있을 것이다. 유교문화와 연관되는 가부장적 제도, 연고주의, 남성중심주의 등과 같은 맥락들은 해체되어야 할 것이다. 이에 반해 유교적 수신(修身)은 근대인에게 자기 진정성에 기초한 삶의 맥락을 새롭게 회복시켜줄 수 있는 좋은 계기이다. 공리주의와 도구주의적 관점은 유교문화를 단지 이윤을 남기기 위한 훌륭한 도구로서만 이해하려고 하지만, 이러한 이해를 통해서는 한국인이 자기반성적 자아를 회복하는 데 전혀 기여하지 못한다. 개인이 자기 진정성을 확보하지 않은 상태에서의 도구적 합리성이나 공리적 유용성은 삶을 위해서 반쪽짜리에 불과하다. 마찬가지로 유교가 근대사회를 위해 재구성되기 위해서는 유교를 통해 개인이 자기 자신에게 돌아갈 수 있어야 한다. 그러한 의미에서 공자는 "거친 밥을 먹고 물을 마시며 팔을 굽혀 베더라도 즐거움은 역시 그 가운데에 있으니, 정의롭지 못하고서 부귀한 것은 나에게 뜬구름과 같다."[18]고 말한다. 그리고 맹자는 "닭과 개를 잃으면 찾을 줄 알면서 자기의 마음을 잃으면 찾을 줄 모르니, 학문의 도리는 다른 데 있는 것이 아니라 자기의 잃어버린 마음을 찾는 것일 뿐이다."[19]라고 말한다. 유교적 자산은 이미 구성된 전근대적 본질로서 고정되어 있는 문화적 맥락이 아니라, 근대 한국인이 스스로 재구성해야 하는 과정적인 것으로서 기능해야 한다. 우리가 지속 혹은 재구성해야 할 전통으로서의 유교적 맥락은 위에서 언급한 공자와 맹자의 이야기들 속에서 발견할 수 있다. 이들의 이야기는 근대 한국인이 잃어버린 자기 진정성의 맥락을 회복하는 데 의미심장한 메시지를 던져줄 수 있는 사상적 자원이다.

---

18) 『논어』, 「술이」, 15장.

19) 『맹자』, 「고자상」, 11장.

제15장
다원주의 사회와 인(仁) 개념의 재해석

1. 인(仁)을 다시 묻다

『대학』에 나오는 속담에 따르면 "자기 자식의 단점을 알지 못하고 들판의 싹이 크게 자라는 것을 알지 못한다."[1]고 하였다. 이 말은 좋아하면서도 그 사람의 단점을 알고, 미워하면서도 그 사람의 장점을 찾으라는 것을 뜻한다. 유교의 인(仁) 역시 그 이념적 지고성이 잘못 변용되어 생길 수 있는 현실적인 부작용들을 끊임없이 비판해야 한다. 아무리 좋은 약이라도 '…에 대한 약'일 수밖에 없듯이, 인이라는 지고의 이념도 만병통치약이 아니라 때에 따라 현실에 잘못 적용하면 독으로 바뀔 수 있다. 인 개념이 대동사회라는 이념에 따라 일사불란하게 사회를 통제하는 강한 공동체주의로 흐를 경우 헛된 권위주의나 강권주의로 전락할 수 있다. 특히 현대의 다원주의 사회에서 타자의 다름을 배려하지 않고서 집단에 대한 획일화된 통제에 길들

1) 주희, 『대학장구』, 전8장.

여진 닫힌 체계 속에서의 친화감을 유교 본래적 의미의 인으로서 받아들일 수 없다. 현대 한국 사회에서 발생하는 집단 이기주의의 부작용으로 지적되는 가족주의, 연고주의, 정실주의, 지역주의 등의 유래를 유교적 휴머니즘의 잘못된 변용으로 지적할 수 있다.

유교의 인 개념이 집단 이기주의로 오용되는 폐단이 있다고 하여 그 개념을 완전히 폐기하려는 태도는 더욱 적절하지 못하다. 여전히 개인은 공동체적 이념과 적절한 방식으로 관계를 맺음으로써 삶의 질을 향상시킬 수 있다.[2] 그렇다면 유교의 인 개념에 대해서도 완전히 폐기하거나 아니면 완전히 옹호하는 것과 같은 양자택일의 논리보다, 오용된 부분을 비판하고 필요한 부분을 적극적으로 개진해나갈 필요가 있다. 유교의 인 개념이 건강한 사회적 공동체를 조직하기 위해 어떤 역할을 할 수 있는지를 검토해야 한다. 유교의 인 개념에 대한 일면적 평가에 경도되기 이전에 관련된 여러 측면들을 포괄적으로 살펴봄으로써 그 장단점들을 동시에 파악해내는 양안(兩眼)의 지혜를 가져야 한다.

인(仁)의 덕목이 왜 필요한지는 자기 주변을 둘러보면 쉽게 알 수 있다. 사람은 우선 자신과 친근한 가족과 친구에게 사랑을 베풂으로써 삶의 상호적인 발전을 도모한다. 거기에서 나아가 자신에게 낯선 이웃 사람이나 이방인에게 호의를 베풀 때 그 사회의 위험도가 낮아질 수 있다. 문제는 타자에게 인을 베푸는 적절한 방법을 찾는 일이다. 타자에 대한 인의 베풂이 강권과 획일화를 위한 것이 아니라 다원적인 삶을 위한 이념적 가치로서 기능할 수 있는 방식은 무엇일까? 나와 다른 삶의 방식을 가진 이방인에게 인을 실천한다는 것은 무엇

2) 찰스 테일러의 경우 개인의 자기진실성과 공동체적 이념 간의 적절한 합일이 삶을 향상시킬 수 있다고 주장한다. 찰스 테일러, 송영배 옮김, 『불안한 현대사회』, 이학사, 2001, 39쪽 참조.

을 의미하는가? 나와 몹시 가까운 가족이나 친구의 차이 나는 삶의 지향들에 대해 어떻게 배려해야 할까? 다원적 가치들이 공존하는 사회에서 나와 다른 타자에게 어떻게 인을 실천해야 할까? 이 장에서는 인 사상의 이상적 담론들을 검토한 다음, 현대 다원주의 사회에서 타자에 대한 배려로서의 인 개념이 왜 여전히 요청되는지를 해명해보고자 한다.

2. 인(仁)의 이상과 현실

사회를 형성하는 하나의 긍정적 원리로서 사람들 사이의 사랑, 박애, 자선, 연민, 동정심, 관용 등의 개념들을 떠올릴 수 있다. 이러한 어휘들은 모두 유교의 인 개념 안에 그 의미들을 포괄할 수 있다. 공자 이래로 인은 타자에게 호의를 베푸는 것 혹은 동정심으로 여겨져 왔다. 공자가 현실에서 안 되는 줄 알면서도 인을 외치고 다녔듯이 맹자 식의 본성론과 순자 식의 학습론 역시 '가장 좋은 삶과 사회'를 이념적 지표로서 제시한다. 맹자의 본성론적 논증은 선천적 선의 능력에 근거하여 측은지심(惻隱之心)을 정당화하고, 순자의 예제(禮制)에 의한 논증은 후천적인 확대 재생산 체제를 권위화함으로써 동정적인 관습을 육성할 수 있다고 논증한다.[3] 인에 대한 맹자 식의 본성론적 논증은 존재들 간의 유기체적 통합을 주장한다. 맹자 식의 본성론은 나와 타자가 마치 하나의 몸처럼 관통하여 긴밀한 관계를 유지할 수 있다는 만물일체지인(萬物一體之仁)을 터전으로 한다. 팔다리가 마비되면 병에 걸리듯이 인의 태도가 결핍될 때 사회적 주체는 고

3) 맹자의 본성론적 입장을 지지함으로써 사회의 도덕적 기초를 세우려는 최근의 논의로는 프랑수아 줄리앙의 『맹자와 계몽철학자의 대화』(허경 옮김, 한울아카데미, 2004)를 들 수 있다.

립의 병리 상태에 빠지게 된다. 본성론적 논증은 사회에서 드러나는 불인(不仁)의 병리 현상을 어떻게 치료할 것인지에 대해 존심양성(存心養性)이나 체찰(體察)과 같이 주관의 자율적 함양(涵養)에 의지하였다. 한편 순자 식의 학습론은 사회적 시스템에 대한 고려가 좋은 사회를 위한 요소라고 생각하였다. 맹자가 인화(人和)의 이상을 적극적으로 제시하였다면 순자는 인화를 이끌어낼 현실적인 장치들에 주목하였다. 그래서 순자의 예제에 의한 논증은 제도와 교육을 통해 사회적 유기성을 해치는 불인의 요소를 미리 없애고 인에 근거한 의사소통 방식을 모든 사회의 구성원들에게 습득시키고자 하였다.

위에서 제시한 유교의 인 사상에 내포되어 있는 주체의 본성적인 자각론(맹자)에서 인간다운 행위의 선행 학습론(순자)에 이르기까지 두 이론 모두 현실에의 적용 과정에서 잘못 변용되지 않기 위해서는 세부적인 논의가 필요하다. 맹자 식의 본성론적 논증에 따르면 주체가 자신의 의지를 스스로 단련해야 하지만, 모든 개인으로 하여금 의지의 나태와 사사로운 욕망에의 유혹을 이겨내고 성인의 경지에 오르게 하기가 쉽지 않다. 그래서 권위적 체계를 통한 순자 방식의 길들이기가 부수적으로 필요하다. 그러나 이 역시 특권적인 유교 경전과 예법 체계에 종속되어 그것을 학습하는 대가로 개인 삶의 자유로운 경험적 지평들을 억압할 소지가 있다. 공자에서 맹자로 발전한 동정심에 근거한 본성론과 공자에서 순자로 발전한 후천적 습득을 중시하는 체계적 학습론은 공히 '가장 좋은 삶'과 '가장 좋은 사회'를 가정하고 있지만, 현실에서 그러한 인의 이념을 어떻게 달성해야 할지는 매우 많은 사려가 필요하다. 좋은 이념이더라도 현실에 대한 지나친 강요로 이어질 경우 문제가 생긴다. 그럴 경우 본성론적 논증은 유토피아적 당위의 강요로 흐를 우려가 크고, 예제에 의한 학습론적 논증은 통치 이데올로기의 도구로 변용될 가능성이 크다. 이 때문에 최고 이념에 관한 형이상학적 논증에 함몰되기보다, 현실에 존재하는 어색하고 불유쾌한 서로의 차이들에 대해서 어떻게 인을 실천해야 할지를 늘 고민해야 한다. 인이 가족, 이웃, 동료 등 접촉이 잦은 사람들에게 베풀어야 할 중요한 가치라고 한다면 현대의 다원주의에서 인이 어떤 기능을 할 수 있을까? 사랑의 이름으로 자식의 미래를 전적으로 지배해서는 안 되듯이 인이 타자의 구속까지 정당화하는 것은 아니다. 더구나 온갖 경쟁관계의 사회적 그물망 속에 처해 있다고 한다면 거기에서의 인이란 굶주린 늑대의 유혹하는 미소에 그칠 수도 있다. 그렇다면 이기심에 기초한 경쟁적 사회관계 속에서 인은 어떻게 재해석되어야 할까?

유구한 역사를 통해 긴요한 덕목으로서 기능하였던 유교적 인 개념이 공리공담에만 그치는 것은 아니다. 노장사상에서 유교의 인 사상을 위선적인 이데올로기로 비판하지만, 타자와 호의적 관계를 통해 좋은 공동체를 성립시키기 위해서는 인의 덕목이 반드시 필요하다. 유교적 이상사회가 유토피아 담론으로 흐르는 것을 비판하면서 인을 실현시킬 방도를 찾는 길이 좋은 사회를 만들기 위한 최선의 선택으로 보인다. 인화(人和)나 친화(親和)와 같은 대동사회적 구호를 거창하게 내세우지 않더라도 타자에게 인을 행사하는 일은 여전히 매우 중요한 의미를 지닌다. 인 사상은 완성이라는 목표점에 미리 안착할 것이 아니라 갈등이 빈번한 비근한 일상에서 그 사유를 출발시켜야 한다. 인의 정신이란 나와 다른 타자들을 인내하는 데서 시작한다. 다원주의 사회에서 자신과 불일치한 타자와의 공존을 가능케 하는 방식을 인 사상에서 이끌어낼 수 있다. 차이 나는 타자에 대해 배려하는 인의 태도는 공동체의 조화를 위해 필요한 기본적 덕목이다.4)

4) 공동체를 유지하는 기본적 원리로서 관용(tolerance)을 주장하는 논의로는 공동체주의자로 알려진 마이클 왈쩌의 『관용에 대하여』(송재우 옮김, 미토,

가까이는 의견이 다른 내 가족에 대해 참을 수 있어야 하고, 멀리는 종교가 다른 이웃을 참을 수 있어야 하며 정치적 입장이 다른 반대당과 얼굴을 맞대고 이야기하는 것을 참을 수 있어야 한다. 특히 다민족, 다종교, 다국적, 다언어 등과 같이 다원주의적 사회라고 한다면 서로에 대한 인내와 배려는 그 사회를 유지하기 위한 출발적 덕목이다. 인은 주체로 하여금 다양한 타자에 대해 배려하게 함으로써 좋은 사회를 위한 기초를 다진다.

타자의 차이를 배려하려는 정신으로서의 인(仁)은 잘 모르는 이방인뿐만 아니라 가족과 같이 매우 친밀한 관계에서도 필요한 일반적 가치이다. 친숙한 사람에게 인을 실천할 때에도 차이에 대한 배려는 반드시 필요하다. 인 개념이 잘못 적용됨으로써 학연, 혈연, 지연 등에 근거한 폐쇄적 동질화와 집단 이기주의로 흘러들지 않기 위해 친숙한 관계의 사람에게도 차이에 대한 배려를 늘 생각해야 한다. 때로는 자기 자식에게 지나친 사랑을 베풀기보다 오히려 이웃집 자식처럼 대함으로써 자식의 자율성을 배려해주어야 한다. 이처럼 타자의 차이에 대한 배려는 적극적 동정심이 간섭의 폐단으로 흘러들지 않게 하는 중요한 요소이다. 그동안 유교의 인 사상은 가족의 친화와 사회적 인화를 제시하며 타자에 대한 적극적 동정심을 주요한 논제로 삼아왔으나, 거기에서 나아가 다원적 구성원들이 서로 공존하기 위한 덕목으로서 매우 의미심장한 가치를 지니고 있다.

2004)를 들 수 있다. 흔히 관용이라고 하면 타자에게 적극적인 연민을 베푸는 것으로 생각할지도 모르지만, 그에 따르면 관용이란 차이와 갈등의 관계에 있는 사람들 사이에 서로 관용함으로써 사회적인 연대가 가능하다. 이러한 그의 관용의 논의는 유교의 인(仁) 사상으로 하여금 사회적 기초적 덕목으로서 어떻게 기능할 수 있을 것인지에 대해 시사하는 바가 크다.

3. 이념으로서의 대동사회

유교의 대동사회 이념은 두 가지 시선을 갖고 있다. 외면적으로는 초현실적 낙원에의 의지에 관한 것이며, 내면적으로는 부정적 현실에 대한 비판에 관한 것이다. 유교의 대동사회는 단순히 장밋빛 이상을 그럴싸하게 보여주는 몽환에 그치는 것이 아니라 당시의 비관적 현실에 대한 시선을 바탕에 깔고 있기에 현실적 의미를 지닌다. 공자는 당시의 혼란스러운 현실을 설명하기 위해 '대동(大同)-소강(小康)-춘추(春秋)'라는 세 단계를 구별한다. 대동사회란 기억하기 힘든 아주 먼 옛날 삼황오제가 다스리던 시절에나 있었던 것으로 묘사되는 것에 반해 공자가 살던 시절은 패권 싸움이 빈번하던 춘추의 난세로 표현된다.[5] 요순시대를 연모하는 공자의 평천하(平天下)적 대동 이념이란 단순히 봉건사회를 묵수하려는 것이 아니라, 크릴이 지적한 것처럼 당시 사회와 정치에 대한 전면적 개혁과 연동되어 이해되어야 한다.[6] 그러한 점에서 대동사회에 대한 공자의 열망은 미래에 대한 낙관적 의지이기도 하지만 난세의 현실에 대한 날카로운 비판이기도 하다.

유교의 대동사회가 초현실적 유토피아즘과 현실에 대한 비판이라는 두 계기를 함축하고 있음에도 불구하고 유교의 해석학적 빌진사

5) 대동사회란 구성원들이 자발적으로 조화를 이루는 사회이고, 소강사회는 예법에 의해 인위적으로 질서가 구현된 사회이며, 공자 당대의 춘추시대는 예법에 의해서도 사회가 다스려지지 않은 패권추구의 시대이다. 강유위(康有爲)는 공자의 '대동-소강-춘추'의 구분을 계승하여 "태평세(太平世)-승평세(升平世)-거란세(據亂世)"의 사회적 구분법을 사용하였다. 양승태, 「'미개적 대동', '문명적 대동', '소강', 그리고 정치적 이상의 역사적 진화론: 『예기』「예운」편에 대한 하나의 비판적 해석」, 『정치사상연구』, 한국정치사상학회, 2002, 41쪽.

6) H. G. 크릴, 이성규 옮김, 『공자: 인간과 신화』, 지식산업사, 1997, 21쪽.

를 보면 대부분 이상에 대한 추구를 더 중요한 논제로 삼았다. 대동사회의 이념이 현실에 대한 비판에서 성립한다는 것은 주지의 사실이지만 어지러운 현실을 극복하기 위한 대안을 제시할 때 이상적 논의로 나아간다. 『예기』「예운(禮運)」편에 나오는 대동사회,[7] 공자의 마음이 바라는 대로 하여도 법도에 어긋나지 않는 것,[8] 맹자의 마음을 다하여 하늘을 아는 것,[9] 장재(張載)의 백성을 동포로 여기고 사물을 짝으로 여기는 것,[10] 주희(朱熹)의 허령불매(虛靈不昧)한 밝은 덕,[11] 율곡(栗谷) 이이(李珥)의 순수지선한 이치의 관통,[12] 왕수인(王守仁)의 만물을 한 몸으로 삼는 인(仁)[13] 등 공자에서부터 성리학에

---

7) "대도(大道)가 행해진 세상에는 천하가 모두 만인의 것이다. 현명한 이와 능력 있는 이를 선출하여 관직을 맡겨 신뢰와 화목을 두텁게 한다. 그래서 사람들은 자기의 부모만을 부모로 섬기지 않고, 자기의 자식만을 자식으로 여기지 않는다. 노인들은 편안히 여생을 보낼 곳이 있으며, 장성한 사람들에겐 일자리가 있고, 어린이에겐 모두 잘 성장할 수 있는 여건이 갖추어져 있다. 홀아비, 과부, 고아, 자식 없는 부모, 폐인, 질병에 걸린 사람들은 모두 보호와 양육을 받는다. 남자는 모두 자기 직분이 있고 여자는 모두 자기 가정이 있다. 재화와 땅에 버려지는 것은 싫어하지만 반드시 자기만 사사로이 독점하려 하지 않으며, 힘이 자기로부터 나오지 않음을 부끄럽게 여기지만 자기만을 위해 힘을 사용하지 않는다. 그러므로 음모가 일어나지 않으며, 도적이나 전쟁이 일어나지 않으니, 그래서 사람들은 바깥문을 잠그지 않는다. 이러한 사회를 대동사회라 한다." 『예기』, 「예운」.

8) 『논어』, 「위정」, 4장. "從心所欲不踰矩."

9) 『맹자』, 「진심상」, 1장. "盡其心者, 知其性也, 知其性, 則知天矣."

10) 장재, 『장재집』, 『정몽』, 「건칭」, 사부간요(四部肝要), 한경문화사업유한공사, 62쪽. "民吾同胞, 物吾與也."

11) 주희, 『대학장구』, 경1장. "明德者, 人之所得乎天, 而虛靈不昧. 以具衆理而應萬事者也. (중략) 新者革其舊之謂也."

12) "맑음/흐림/순수함/잡박함/찌꺼기/재똥/흙/먼지 안에도 이치가 있지 않은 곳이 없다. 각각 자기의 본성으로 삼지만 그것의 본래 그러한 신묘함이 스스로 그와 같음을 해치지 않는다. 이것을 이통(理通)이라고 말한다(至於淸濁粹駁, 糟粕煨燼, 糞壤汚穢之中, 理無所不在. 各爲其性, 而其本然之妙, 則不害其自若也. 此之謂理之通也)." 『율곡전서』, 권10, 『답성호원2』.

이르기까지 일관된 이상주의적 흐름을 유교에서 엿볼 수 있다. 초월적 본체에 대한 신뢰는 현대 신유가들의 해석에도 그대로 드러난다. 모종삼(牟宗三)은 선천적이고 초월적인 도덕적 창조 실체로서의 성체(性體)를 위주로 하여 유교의 정맥을 해석하고 있으며,14) 핑가레트는 인간이 가지고 있는 신묘한 힘이 유교적 예법의 본질이라고 천명한다.15) 유교의 주요한 개념들인 천명, 마음속 본체, 이치의 관통, 쉬지 않은 본체, 신묘한 힘 등은 모두 적극적 화해를 내포함으로써 대동사회를 추구한다. 선진 유학 이후 성리학과 현대 신유학에 이르기까지 유교에서는 어떤 식으로든지 우주 및 사회에 대한 유기체적 대통합을 이상으로 삼는다. 유교에서 대동사회의 이념은 모든 사람이 다른 사람에게 따뜻하게 대할 수 있는 본질적 능력이 있으며, 그러한 능력이 현실화되어야 한다는 당위적 소명 의식으로 이어진다.

왜 대동사회적 이념이 현실에서는 잘 실현되지 않은 것일까? 유교의 논리에 따르면 '서로 사랑하는 좋은 사회'가 가능함에도 불구하고 단지 그것들을 실현하지 않았기 때문에 대동사회가 좌절되고 현실이 어지러워진다.16) 대동사회를 지향하는 유교는 다양한 현실적 문제들

---

13) "기와돌이 깨지는 것을 보면 반드시 애석한 마음이 든다. 이것은 인(仁)이 기와돌과 함께 일체가 되기 때문이니 이것이 일체가 되는 인이다. 비록 소인의 마음이라도 빈드시 그리힘이 있다. 이깃은 천명의 본싱에 뿌리하여 서절로 신령하게 밝으면서 어둡지 아니한 것이다. 이런 까닭에 밝은 덕이라고 부른다(見瓦石之毁壞而, 必有顧惜之心焉, 是其仁之與瓦石而爲一體也, 是其一體之仁也. 雖小人之心亦必有之, 是乃根於天命之性而, 自然靈昭不昧者也. 是故謂之明德)." 왕수인, 『왕양명전집』, 하책, 권26, 『대학문』, 상해고적출판사, 1995, 968쪽.

14) 모종삼, 『심체여성체(心體與性體)』, 1책, 대만: 정중서국, 중화민국57, 40쪽.

15) 허버트 핑가레트, 송영배 옮김, 『공자의 철학』, 서광사, 1993, 31쪽.

16) 맹자는 하지 않음과 할 수 없음을 구별한다. 하지 않음이란 할 수 있으면서도 의지가 부족해서 실천하지 못하는 것을 뜻하고, 할 수 없음이란 선천적으로 일할 능력이 없음을 뜻한다. 맹자에 의하면 정치가가 사랑의 정치를 실천하지

이 왜 그리고 어떻게 발생했느냐는 물음에 본체적 이념을 잘 실현하지 못했기 때문이라는 답을 내린다. 대동사회적 인화(人和)의 논리 안에는 타자에 대한 적극적 온정의 실천이 내포되어 있다. "부모를 사랑하고 백성에게 인자하며, 백성에게 인자하고 사물을 보살피라."[17] 는 맹자의 말은 친친지쇄(親親之殺)의 순서에 의해 가족적 친근감을 사회로 확대하고자 한다. 유교에 의하면 친근하게 대해야 할 주위의 사람에게 무관심한 태도를 취해서는 안 된다. 부모에게 식사를 공양할 때 진심으로 효도하는 마음을 품지 않는다면 개나 말과 같은 짐승에게 식사를 공양하는 것과 다를 것이 없다고 공자는 비난한다.[18] 타자에 대한 진심 어린 보살핌은 맹자의 '차마 어찌하지 못하는 마음'에서 가장 화려한 꽃을 피운다. '차마 어찌하지 못하는 마음'이란 타자에 대한 진심 어린 동정심의 태도를 스스로가 그만두지 못함을 뜻한다. 이렇듯이 유교의 동정심이란 타자에 대한 친근감, 연민, 사랑, 보살핌, 인자함, 등을 주체의 내면에서부터 진심으로 실현하는 것이다.

인(仁)의 정신에 따라 타자에게 진심으로 온정을 베푸는 방법은 충서(忠恕)이다. 유교의 황금률인 충서는 타자에 대한 이해 가능성에 열려 있으며, 주체와 타자의 유기적 소통을 긍정한다.[19] 유가는 마치

못하는 것은 능력이 없어서가 아니라 단지 의지가 부족해서일 뿐이다. 그래서 맹자는 제선왕에게 위정자가 사랑의 정치를 실천하지 않는 것은 마치 백근을 들 수 있는 사람이 깃털 하나를 들지 못하겠다고 우기는 것처럼, 하지 않아서이지 할 수 없어서가 아니라고 강변한다. 관련된 내용이 『맹자』「양혜왕상」에 나온다.

17) 『맹자』, 「진심상」, 45장. "親親而仁民, 仁民而愛物."

18) 『논어』, 「위정」, 7장. "今之孝者, 是謂能養. 至於犬馬, 皆能有養. 不敬, 何以別乎?"

19) 유교에서 몸을 의미하는 '體'는 全體/肢體로 구분됨으로써 전체/부분의 유기적 구도를 형성한다. Qingjie, James Wang, "The Golden Rule and Interper-

자기 아기를 돌보듯이 타자를 대하라고 말한다. 공자가 말하는 충서는 자기가 원하는 것으로서 타자를 대하거나,[20] 자기가 원하지 않는 것을 타자에게 베풀지 않음으로써 성립한다.[21] 전자가 긍정적 황금률이라고 한다면 후자는 부정적 황금률이다. 긍정적 황금률이 타자에 대한 훨씬 강한 동정론적 개입을 수용한다면 부정적 황금률은 서로의 고통에 대한 이해를 바탕으로 사람들 간의 동정심에 대한 최소 조건을 서술하고 있다.[22] 이와 같이 타자에게 보살핌을 베푼다는 것은 자기가 원하는 것과 원하지 않는 것을 토대로 타자의 희망이나 고통과 소통하는 과정에 다름 아니며, 그러한 동정적 소통의 과정은 '헤아림(恕)'이라는 말로 정리된다. 나의 소망과 고통을 헤아려 타자에게 적용하기 때문에 타자 역시 나의 헤아림에 연계되어 있다. 인을 실현하기 위해서는 언제나 나의 헤아림을 확대하여 타자에게 적용해야 한다. 그래서 공자는 자기 자신만을 헤아리려는 사사로움을 극복하라고 하면서 극기(克己)야말로 인에 해당한다고 수제자인 안회(顔回)에게 설파한 적이 있다. 인이란 자기에의 일면적 고착을 이기고 타자와 사물을 나처럼 여겨 "천지 만물을 하나의 몸으로 여김으로써 어느 하나라도 자기의 일부가 아님이 없게 여기는 것이다."[23]

그렇다면 지금까지 설명한 유교의 인심(仁心)과 인정(仁政)에 의해 치평세와 대동사회로 나아갈 수 있을까? 법가나 노가의 비판처럼, 유

sonal Care from a Confucian Perspective", *Philosophy East & West*, Vol. 49, No. 4. 1999, pp.424-425.

20) 『논어』, 「옹야」, 28장. "인(仁)이란 자기가 서고자 함에 남을 세워주고, 자기가 달성하고자 함에 남을 달성해주는 것이다(夫仁者, 己欲立而立人, 己欲達而達人)."

21) 『논어』, 「안연」, 2장. "己所不欲, 勿施於人. 在邦無怨, 在家無怨."

22) 정대현, 「성기성물(成己成物): 대안적 가치를 향하여」, 『범한철학』, 제36집, 범한철학회, 2005, 116쪽.

23) 주희, 『논어집주』, 「옹야」, 28장. "仁者, 以天地萬物爲一體莫非己也."

교의 적극적 동정심이 과연 현실에서 실현될 수 있을까? 맹자는 인자한 사회의 정당성을 입증하기 위해 묵가(墨家)의 겸애주의와 양주(楊朱)의 위아주의를 현실성이 없는 양극단이라고 비판한다. 맹자에 의하면 자신의 머리끝에서 발끝까지 모두 없어져도 타자에 대한 무차별적 사랑을 베풀려는 극단적 이상주의에 묵가적 겸애주의의 폐단이 있으며, 부모와 같은 주변 사람들에 대한 친근감을 상실한 데 양주적 위아주의의 폐단이 있다. 맹자는 유교야말로 가장 적절하게 타자에게 사랑을 베푸는 방식을 택하고 있다고 논증한다. 이러한 맹자의 논증은 묵가류의 유토피아적 겸애주의나 양주류의 극단적 위아주의에 비교하면 훨씬 현실적인 것처럼 보이지만, 여전히 논증해야 할 선결문제를 남겨두고 있다. 맹자가 말하듯이 인심과 인정에 의해 서로 보살피는 사회를 건설하는 것이 어떻게 가능할까? 친친지쇄(親親之殺)의 순차적 확대를 통해서 초월로만 향하는 유교적 대동사회는 어느 정도 현실성을 지닐까? 오히려 사회가 서로를 적대시하는 대립과 투쟁으로 점철되어 있다고 한다면 인화(人和)적 대동사회는 너무 성급한 이상이 아닐까? 서로를 사랑하는 좋은 사회의 이념을 내걸며 사람들 사이에 강한 유대력을 요구하는 것이 현실에서 얼마만큼 순조롭게 진행될 수 있을까? 대동사회를 위한 강한 유대의 추구가 타자에 대한 불필요한 간섭을 정당화하지 않으면서 달성될 수 있을까?

4. 강한 공동체주의 비판

유교의 인포사덕설(仁包四德說)은 인(仁)에 본질적 지위를 부여함으로써 타자에 대한 동정론적 개입의 구도를 정당화한다. 특히 맹자의 성선설에 이르면 인을 선천적 선의지를 대표하는 것으로 여김으로써 인을 통해 타자에게 적극적으로 개입할 수 있는 정당성을 만든다. 유교의 인은 우물에 빠지려는 아이를 보고 차마 어찌하지 못하는 마음(不忍之心)으로 상징화함으로써 타자에 대한 적극적 보살핌을 정당화한다. 그러나 인이라는 타자에 대한 휴머니즘적 태도가 구성원 간의 무조건적인 일치를 강요하는 강한 공동체주의로 흘러들 경우 사랑의 폐단을 가져올 수 있다.24) 세대 차이나 정치적 입장의 차이와 같은 공동체 구성원들 간의 갈등 상황에서 적극적 보살핌은 오히려 강권으로 변모하기 쉽다. 인이라는 본질적 가치를 실현한다는 명분이 타자의 동의를 전제하지 않을 경우 인간관계가 주인과 노예의 관계로 전락하고 만다. 만일 유교의 인 사상이 세계를 하나의 가족으로 여기면서 강한 공동체주의를 주장한다면, 이것은 타자의 차이에 대한 선이해(pre-understanding)와 타자의 동의를 미리 전제함으로써 타자의 차이들을 은폐시킨다. 만일 나의 동정심을 타자가 인정하지 않을 경우 그러한 동정심은 타자에 대한 도덕적 개입의 형태로 발전하게 되며, 심할 경우 타자의 존재 자체를 부정하려는 야심으로까지 이어질 수 있다. 이러한 이유로 대동사회의 이념은 지나치게 고원한 유토피아이며, 다원성이 지배하는 현실 세계에서라면 차라리 서로에 대한 차이를 어떻게 배려할 수 있을 것인지를 함께 숙고해야 한다.

총체적 조화 상태를 목적으로 하는 대동사회의 이념이 달성된 적은 아직까지 없었다. 자본주의적 체계에서 자본가와 노동자의 관계, 관료주의적 체계에서 관료와 비관료의 관계, 전통적 인습 속에서 종

---

24) 원자주의와 도구주의가 강한 공동체주의의 대안인 것은 아니다. 찰스 테일러는 파편화된 원자주의적 개인들을 쇠우리(iron cage)에 갇힌 것에 비유한다. 원자주의와 도구적 합리성의 쇠우리에 갇힌 현대의 개인들은 공동체적 지평들을 효율적 수단으로서만 취급한다. 도구적 이성은 단지 도구로서만 편향적으로 이해될 때 파편화의 문제를 야기한다. 오히려 도구적 이성은 삶의 이념적 목표와 긴밀하게 종합될 때 인류의 경탄할 만한 성취로서 자리매김할 수 있다. 찰스 테일러, 송영배 옮김, 『불안한 현대사회』, 126쪽, 134쪽 참조.

자(宗子)와 서자(庶子)의 관계 등은 표면적으로는 상호적 조화가 이루어지는 것처럼 보이지만 그 내면에는 언제 폭발할지 모르는 갈등의 씨앗을 품고 있다. 한국 사회에서 보이는 종법적 혈연주의, 군대식 개발주의, 형식적 관료주의 등의 강한 공동체주의적 체계들은 집단적 조화와 효율성을 위해서 작동하고 있지만 그 안에는 잠재된 불만과 저항의 싹을 은폐하고 있다. 이와 같이 권력화된 표준적 텍스트들은 총체적 조화를 그 명분으로서 추구하지만, 한편으로 사회적 구성원들의 자율적 의지들이 밖으로 드러나지 못하게 함으로써 구성원들을 재현하는 기계로서 도구화한다. 거대 국가의 공공복지를 위해 만들어진 행정적 체제가 도리어 개인들에 대한 지배와 감시의 도구로 전락할 수 있다.[25] 교육제도의 본래 목적이 무지를 타파하고 진리를 추구하는 것이지만 도리어 무지한 계층을 억압하고 상위 계급을 정당화하기 위한 학력 자본으로 전락할 수 있다. 또한 자본주의적 생산양식의 본래 목적이 대중들에게 양질의 상품을 제공하는 것이지만 도리어 소비하는 노예로 전락시킬 위험이 항상 도사리고 있다. 권위화된 몇몇의 텍스트들은 공동체의 유기적 협력 및 복리를 증진시킨다는 목표 아래 거대 체계를 형성하여 개인의 삶에 대해 그 자율성을 억압하면서 훈육적 도구화를 시도한다. 또한 '사랑'이라는 이름은 거룩한 것이지만 노예에 대한 사랑으로 전락하고 말 때 주체를 도구로서 지배하게 된다.

유교를 계승하기 위해 등장한 현대의 아시아적 가치 담론은 동정론적 유토피아를 상정하고 있는 한 사례이다. 함재봉은 한국에서의

25) 미셸 푸코에 의하면 근대 이후 개인들의 정신이란 권력의 작용에 의해 끊임없이 만들어지고 있다. 달리 말하면 광인, 유아, 초등학생, 피식민자 등과 같은 사람들은 감시와 지배의 체제 아래서 감시받고 훈련받고 교정받음으로써 근대인으로서 태어난다. 미셸 푸코, 오생근 옮김, 『감시와 처벌』, 나남, 2003, 61쪽.

유교민주주의를 주장하면서 서구식 자유민주주의가 계급, 종교, 인종 등으로 분열된 사회를 조정하기 위한 제도인 반면, 아시아적 가치로서의 유교민주주의는 도덕적 합의를 바탕으로 강력한 통합력을 지닌 공동체주의적이고 민족주의적인 민주주의라고 역설한다. 그러면서 그는 자유주의에서처럼 개인의 기본적인 이해관계와 욕구의 충족을 위해 가족과 국가 등의 제도를 도구화하기보다는 유교민주주의를 통해서 더 높은 사회적 가치를 추구해야 한다고 주장한다.[26] 이러한 아시아적 가치론 혹은 유교민주주의론은 문화 결정론적 경향을 갖는 사회경제학자들의 지원을 받으면서 유교자본주의를 지향하는 동아시아 경제 블록의 형성을 주장하기에 이른다.[27] 이들은 한결같이 유교민주주의나 유교자본주의를 주장하면서 서양의 개인주의 대 유교의 공동체주의의 구분을 자신들의 이론적 준거로 삼아 유교식의 인화에 근거한 강한 지반주의를 옹호한다. 그러나 이러한 집단주의적 유교해석은 사실상 유대가 강한 집단의 효율성을 정당화하고 있을 뿐이다.[28] 나아가 그러한 가족적 집단주의가 이론적 보편성을 얻을 수 있느냐에 대해 설득력 있는 논증을 제시하지 못한다. 강력한 공동체 안에서 인화와 대동이라는 이름 아래 타자의 희생을 강요하는 집단주

---

26) 함재봉, 「아시아적 가치와 민주주의: 유교민주주의는 가능한가?」, 『철학연구』, 제44집, 철학연구회, 1999, 32-33쪽.

27) 손병해의 견해가 그러하다. 그는 유교적 문화자본이 자본주의적 시장경제체제하에서 불가피하게 생겨나는 사회규범의 훼손을 막고 보수하는 도덕적 안전장치가 될 수 있다고 주장한다. 그는 동아시아의 자본주의에 대해 '법치+유교적 윤리'라는 합성가치를 새로운 아시아적 가치로 개발하여, 이를 중심으로 동아시아 경제공동체의 지역정체성을 확립해야 한다고 주장한다. 손병해, 「유교적 가치와 동아시아 경제통합」, 『유교문화와 동아시아 경제』, 경북대학교 출판부, 2006, 121쪽, 208쪽.

28) 유석춘은 '효 경제', '집합적 재현', '유사 가족적 결사체' 등의 어휘를 써가면서 유교문화의 사회경제적 효율성을 주장한다. 유석춘, 「유교와 한국 자본주의 정신」, 『유교문화와 동아시아 경제』, 경북대학교 출판부, 2006, 56-59쪽.

의의 폐해를 무조건적 개발 독재와 집단 이기주의에서 분명하게 목도할 수 있다.[29] 이러한 폐단을 넘어 아시아적 가치론의 더 큰 문제는 유학의 인 사상을 강한 집단주의로 해석함으로써 '집단 구성원들 서로 간에 잘 조화된 사회'가 자본주의 체제 내에서 쉽게 달성되리라는 유토피아적 전망을 제시하는 데 있다. 한 사회가 건전해지기 위해서는 차이 없는 동질화로 성급하게 비약하기 전에 서로의 차이를 확인할 수 있는 방법을 끊임없이 모색해야 한다. 개인 스스로의 생각마저도 심각한 갈등과 번민에 휩싸이기 마련인데, 하물며 가족, 이웃, 이방인 등과의 만남에서야 어떻겠는가? 그러한 점에서 아시아적 가치론은 서로의 차이에 대한 고민을 생략한 채 너무 낭만적으로 혹은 너무 성급하게 화해와 승화를 꿈꾸고 있다.

타자에 대한 적극적 동정심 혹은 인화(人和)에 대한 논의는 아시아적 가치 담론 외에도 핑가레트의 예법주의적 공자 해석에서도 볼 수

29) 이승환에 의하면 (1) 아시아는 지리적으로 매우 광범위할 뿐만 아니라 다인종/다언어/다문화/다종교가 혼재하여 통합적 가치관을 추출하기 어렵다. 아시아적 가치라는 개념은 그 배후에 서구라는 대척점을 은폐하고 있는 오리엔탈리즘의 일종으로서의 이데올로기이다. (2) 문화는 고정적 실체가 아니라 수정되고 변해가는 과정인데도 아시아적 가치론은 한국에서의 자유/민주/자율성/개인주의 등을 간과하고 권위적 공동체주의만을 너무 부각시키고 있다. (3) 아시아적 가치는 아시아 국가의 특수한 의도에 따라 가공된 것이다. 싱가포르와 말레이시아와 같은 신생 독립국에게 필요한 이데올로기로 사용되거나, 한국 제3공화국 때 충효가 군사병영체제적 이데올로기로 사용된 사례들이 여기에 속한다. (4) 문화가 경제현상을 설명하는 독립변수가 될 수 없다. 유교문화에 의해서 자본주의 체제 및 정체구조에서 발생한 한국의 내외적 요인을 전부 설명하려는 것은 문화라는 부분에 의해 전체를 설명하려는 문화 결정론적 오류를 범하고 있다. (5) 권위주의나 폐쇄적 공동체주의는 아시아적 가치를 넘어 근대화가 성숙되지 못한 사회라면 어디서나 발견되는 부정적 가치들이다. 부패/뇌물/정실주의/패거리주의/연고주의/권위주의 등은 브라질/멕시코/러시아/이탈리아/그리스 등 비아시아권에서도 공통적으로 발견된다. 이승환, 「'아시아적 가치' 논쟁과 유교문화의 미래」, 『퇴계학』, 제11집, 안동대학교 퇴계학연구소, 2000.

있다. 그는 행위자가 예법을 실천할 때 발산되어 나오는 "마술적인 힘"이라고 말한다.[30] 그는 기계적이거나 자동적으로 움직임으로써 공허하게 죽은 것이 되어서는 안 되며, 주체의 혼을 담은 '신묘한 힘' 이야말로 공자 사상의 핵심이라고 주장한다. 이러한 그의 주장은 사회에 일반화하기에는 매우 주관적인 측면에서의 낙관론에 기대고 있다. 그가 주장하는 인과 예의 마술적인 힘에 의한 교제 방식을 모두가 실천하리라고 기약하기는 현실적으로 매우 어렵다. 사사로운 욕구들이 타자에 대한 전복, 강탈, 속임수 등으로 언제든지 이어질 수 있다. 하물며 나와 별 관련이 없는 이방인에 대해 마술적인 힘으로 교제하리라고 기대하는 것은 특수한 몇 사람에게만 적용 가능한 과잉된 이상임에 틀림없다. 유교의 인화가 현대의 다원주의 사회의 인간관계에 대해 빛을 던져주기 위해서는 마술적인 교제를 넘어 서로 다른 타자들과의 교제에서 발생하는 어색하고 익숙지 않은 현장에서 상대에게 어떻게 대해야 할 것인지에 대해 더 세심한 관찰이 필요하다.

위에서 살펴본 것처럼 유교의 적극적 동정심을 강한 공동체주의로 일반화하는 데에는 상당한 험로가 예상된다. 많은 사람들이 유교가 가져오는 강한 공동체주의에 대해서 그 연고주의적 폐쇄성을 비판한다.[31] 물론 연구자에 따라 유교의 유기체적 공동체주의야말로 원자화된 현대사회가 수혈해야 할 소중한 원천으로 평가하기도 하지만, 그렇다고 하여 한국 사회의 병리 현상인 연고주의, 권위주의, 가족주의 등을 그대로 수용하는 것은 불합리하다.[32] 인화적 공동체주의에 대한

30) 허버트 핑가레트, 송영배 옮김, 『공자의 철학』, 94쪽.

31) 연고주의의 폐단을 지적한 대표적인 글로는 다음의 두 책을 들 수 있다. 김경일, 『공자가 죽어야 나라가 산다』, 바다출판사, 1999; 이득재, 『가족주의는 야만이다』, 소나무, 2001.

옹호론자들이 동정론에 의거하여 사회적 병리 현상들을 치유하려고 하지만, 그들의 주장은 일반화의 과정에서 의미심장한 저항에 부딪히고 있다. "유가적 공동체주의는 기껏해야 민주주의 사회에서 용인되고 고무되고 있는 가치 다원주의의 전제 위에서 존재하는, 그래서 다른 가치관들이나 종교 등과 합리적 불일치의 관계에 있을 수밖에 없는, 말하자면 국지적이고 부분적인 가치 지향일 수밖에 없다. 만약 유가적 공동체주의가 이런 의미의 특수주의적 위상 설정을 넘어설 것을 요구한다면, 우리는 민주주의의 이름으로 그것을 거부할 수밖에 없다."33) 민주주의라는 공통분모 속에서 본다면 동정심에 근거한 유교식의 강한 공동체주의는 소수의 제한적인 집단이 행하는 특수한 현상으로 이해되어야 마땅하다. 왜냐하면 인화, 조화, 대동 등의 공동체적 이념이 자유와 평등과 같은 민주주의적 보편 가치 개념을 초월하려고 할 때 여전히 폐쇄적 연고주의를 절대화하는 함정을 정당화할 위험성이 있기 때문이다.

인화와 조화를 강조하는 유교의 인 사상이 공동체 구성원들의 상호 주관성을 크게 제약하면서 거대한 일치를 추구하는 도구적 관념으로 전락하지 않도록 하기 위해서는 인 개념을 다양화할 필요가 있

---

32) 송영배는 유교적 인간관이 타자와의 사회분업적인 인간관계에 서 있으며, 이러한 사회적, 공동체적 맥락에서 일탈하여 고립적으로 존재하는 서구적인 근대의 자유주의적인 인간관은 유교적 문화의식의 틀 속에서는 수용될 여지가 없다고 말한다. 그러면서 그는 개개인들의 사회적인 인간관계 속에서 각기 주어진 자기의 역할을 수행하면서, 동시에 타자를 배려해야 한다고 주장한다(송영배, 「세계화 시대의 유교적 윤리관의 의미」, 『철학』, 제62집, 한국철학회, 2000, 28쪽). 그러나 폐쇄적 집단의 이기주의를 고려한다면 이와 같은 공동체주의를 무조건 정당화할 수 없다. 공동체주의가 잘못 전개되면 공동체적 역할윤리가 타자에 대한 강압적 지배의 이데올로기로서 작용하는 폐단을 낳을 수 있다.

33) 장은주, 「인권과 민주적 연대성: 유가 전통과 자유주의-공동체주의 논쟁」, 『시대와 철학』, 제13집, 한국철학사상연구회, 2002, 303쪽.

다. 그러기 위해 유교의 인 사상은 강한 공동체주의를 정당화하는 동정심의 이론에서 나아가 타자의 차이를 고려하는 방안을 새롭게 모색해야 한다. 맹자의 성선설, 정주학의 '성즉리(性卽理)', 양명학의 '심즉리(心卽理)' 등에서 보이는 이상적 합일과 조화의 관념이 계속해서 의미를 지니려면 개별자들 간의 현실적 차이를 어떻게 고려할 것인지에 대해 적극적으로 사유를 개진해야 한다. 현대 신유가의 아시아적 가치론 역시 강한 공동체주의를 성급하게 제시하기보다 개인들 간의 차이와 충돌의 지점에서 어떻게 서로를 배려하면서 공존할 수 있을 것인지와 관련하여 인 개념을 새롭게 해석해야 한다. 유교적 인화 혹은 인이라는 이념이 현대의 다원주의 사회의 갈등들에 대해 빛을 던져주기 위해서는 서로 다른 타자들에 대해 어떻게 연대할 것인지에 대해 훨씬 더 설득력 있는 이야기를 들려주어야 한다.

5. 다원주의 사회에서의 인(仁) 개념

롤즈 식의 무지의 장막(veil of ignorance)에 싸인 원초 상태(original position)에 서 있는 개인이란 사회적 공동체를 위한 최소한의 가설적 준거로서 중요한 의미를 지니지만,[34] 현실 사회 속에서 살아가는 개인들에게는 삶의 맥락이 구체적으로 존재하기 마련이다. 설령 사회의 공적 규약으로서의 법이 개인의 맥락을 고려하지 않는다는 가설 위에서 만들어질 수 있다고 할지라도, 실제의 개인은 자신을 둘러싸고

34) 롤즈 식의 자유주의에 대립되는 학자로서 테일러를 들 수 있다. 그는 롤즈 식의 자유주의자들이 주장하는 사회계약론이 개인을 원자적 개체로 설정함으로써 역사적 조건으로부터 유리시킨다고 비판한다. 그는 개인들의 정체성이 독백적으로 이루어지는 것이 아니라 의미 있는 타자와의 상호 주관적 대화를 통해 형성된다고 주장한다. 정미라, 「문화다원주의와 인정윤리학」, 『범한철학』, 제36집, 범한철학회, 2005, 216쪽.

있는 주변의 맥락과 상호적인 반응을 함으로써 성립한다. 그렇다면 사회적 맥락을 어떻게 건강하게 만들 것인지에 대한 논의는 여전히 의미를 지닌다.

한국 사회에 형성되어 있는 유교적 맥락으로서의 인 개념을 어떻게 재정립할 수 있을까? 특히 일치 속에서 차이를 고려하고 차이들 속에서 소통을 모색하는 현대의 다원주의적 사회와 관련하여 인 개념을 어떻게 재정립할 수 있을까? 유교의 인이 강권의 동정론으로 흘러들지 않기 위해서는 공동체적 일치를 서두르기보다 타자의 차이와 소통하는 방식을 모색해야 한다. 서로에 대한 차이와 갈등이 겉으로 보면 연대를 불가능하게 하는 것으로 보일지 모르지만, 배려와 관용의 덕이 발휘된다면 오히려 사회적 연대를 위한 탄탄한 출발점이 될 수 있다. 차이에 대한 배려로서의 인은 타자와의 공존에 도달하기 위해 훨씬 더 기나긴 길을 돌아가게 하지만, 다른 한편으로 타자의 다름을 인정함으로써 자신의 폐쇄적 주체성을 개방하는 계기이기도 하다. 새롭고 낯선 타자와의 대면을 참아내면서 서로가 이해 가능한 공존을 예감하고 기약함으로써 주체가 갖는 편견들을 들여다볼 수 있는 계기를 마련할 수 있다.

건강한 공동체의 필요조건으로서 타자에 대한 최소한의 호의를 전제할 경우 유교의 인 개념은 여전히 유효한 공동체적 덕목이다. 특히 인의 실현 방식인 충서(忠恕)의 뜻을 타자의 다름에 대한 배려로서 재해석할 필요가 대두된다. 주희는 충서의 뜻을 추기급인(推己及人) 곧 자기를 헤아려서 타인에게 미친다고 해석하였는데, 현대 다원주의 사회에서 추기급인의 우선적 항목으로서 타자의 차이에 대한 배려를 들 수 있다. 다원주의 사회에서 타자를 자기 본위적 선이해에 근거하여 일방적으로 대하는 것이 충서일 수 없다. 충서란 타자의 다름을 내 식대로 동질화하는 것이 아니라 타자의 다름을 이해하는 과정으로서 대화적 이성을 함축한다. 충서로서의 인이 기능하기 위해서는 주체와 타자의 동일화에 근거한 고정된 대화 방식을 전제하기 전에 다원적 주체들이 서로를 감내할 수 있는 공존적 대화의 형식으로서 재해석되어야 한다. 충서로서의 인은 서로 다른 타자에 대해 인내하고, 대화하고, 배려함으로써 다원적 삶의 형식들을 풍성하게 하는 덕목으로서 중요한 의의를 지닌다.

성리학자였던 정이(程頤)의 이일분수(理一分殊)와 율곡 이이의 이통기국(理通氣局)에서도 서로 다른 타자들 사이의 인화 가능성을 충분히 엿볼 수 있다. 이치가 인(仁)이라고 한다면 기질은 물리적인 조건들을 뜻한다. 그러므로 이일분수나 이통기국은 타자에 대한 사랑을 말하면서 동시에 주체가 맥락적 조건의 다름에 국한되어 있음을 말한다. 분수(分殊)나 기국(氣局)의 입장에서 보자면 주체란 현실적 맥락의 차이와 다름에 의해서 국한되어 있다. 하나의 사물이라도 같은 것은 하나도 없다. 그러한 점에서 존재한다는 것은 나와 다른 타자와의 반응일 수밖에 없다. 존재의 현실적 삶의 과정이란 나와 다른 타자를 느끼고 응하는 것(感應)에서 출발한다. 그런데 왜 이치가 하나(理一)인가? 차이 나는 타자에 대해 배려할 때 '이치가 하나'일 수 있다. 이일분수와 이통기국에서 얻을 수 있는 교훈이라면 현실의 기질적 차이에도 불구하고 타자와 소통해야 한다는 것, 동일한 이념 아래 살더라도 기질적 조건이 다른 타자들의 다름을 고려해야 한다는 것이다. 유교의 본래적 가르침에 따른다면 내 가족을 사랑하면서도 차이를 인식할 수 있어야 하고, 이웃의 어색한 다름에 직면해서도 소통할 수 있는 길을 모색해야 한다. 마치 외교관이 잔인한 독재자나 살인자와도 협상해야 하듯이,[35] 인(仁)으로서의 성리학적 이치는 현실

35) 마이클 왈쩌, 송재우 옮김, 『관용에 대하여』, 미토, 2004, 44쪽.

의 비극적이고 처참한 대치에 대해서도 소통할 수 있는 근거를 추구하게 하는 이념이다. 성리학적 이치는 현실적 조건에 국한되어 있는 개별자들이 고립되지 않고 서로 소통하도록 자극한다.

기질의 국한성에 매몰되어 소통을 고려하지 않을 때 이치는 부분적 기질의 시녀로서 현실의 어느 한곳에 높은 담장을 쌓고서 천 년의 왕국을 만들어 기질의 참람함을 위해 봉사할 것이다. 성리학적 이치가 현실에 대한 소통의 역할을 저버리고 기질적 차이를 절대적 차이로 분열시켰던 사례를 조선시대 말기에서 찾아볼 수 있다. 조선 후기에 유교에 의해 극대화된 중화주의(민족주의)와 혈연중심주의(종법주의) 등은 강한 공동체주의를 내세우며 정치체제의 중심 이념으로 기능함으로써 타자에 대해 진지하게 고민할 수 있는 기회를 앗아가고 말았다. 당시에 제시되었던 동도서기론과 중체서용론과 같은 이념은 타자의 가치를 조금이나마 사려해보려는 사고의 싹이었지만, 여전히 이러한 이념들은 폐쇄적 공동체주의를 그 정신적 기초로 삼고 있다. 동도서기론은 물질적 기술에 대해서는 서양의 것을 수용하면서도 여전히 이치가 동양 지역에서 발생한 것이라고 주장한다. 동도서기론의 도(道)는 상호적 소통을 추구하기보다 이미 지역적 국한성을 합리화하기 위한 수단으로 변질되어 있었던 것이다. 중체서용론도 그와 마찬가지다. 물론 조선에 대한 서구 제국주의 역시 자아도취적 우월의 자만심에 따라 타자를 강제적으로 전복하려고 했다는 점에서 동아시아에 대한 무시는 더욱 철저한 것이었다. 서양을 냉소했던 조선이나 동아시아를 전복하려고 했던 서구 제국이나 타자에 대한 최소한의 배려가 그들에게 있지 않았음을 알 수 있다.

다원주의 사회에서 유교적 인 사상의 출발점은 서로가 상호적 차이를 배려하면서 공존할 수 있는 지점에서부터 논의를 시작해야 한다. 타자들의 차이를 참아낼 수 있는 태도를 견지함으로써 인의 공동체로 나아갈 수 있다. 타자와 공존하기 위해서는 이질적인 타자를 접촉하고 인내할 수 있는 태도가 필요하다. 물론 이질적 타자에 대한 접촉과 인내가 생각만큼 쉬운 일은 아니다. 왈쩌가 말하듯이 "차이가 있을 수 있다는 생각을 지지하는 것과 차이를 실제로 관용하는 것은 다르다."[36] 다원주의적 사회에서 배려 및 관용으로서의 인이 성립하기 위해서는 새로운 사람과의 접촉을 실제로 참아낼 수 있어야 한다. 교류가 잦은 현대사회에서 빈번하게 당면하는 익숙지 않은 타자의 인종, 언어, 종교, 학연, 성별, 연령, 지연, 취향 등에 대해 참을 수 있어야 한다. 인종이 전혀 다르고 한국어를 더듬는 외국인 아이들이 자기 아이와 같은 학급에 배정되었을 때 이것을 참을 수 있어야 한다. 근거지가 없는 외국인 노동자에게 임금을 떼어먹고 싶은 욕구를 참을 수 있어야 한다. 다른 종교를 믿는 이웃 사람에 대해 참을 수 있어야 한다. 외국인 신부의 우스꽝스러운 제사상 차림에 대해 참을 수 있어야 한다. 우리 주변의 타자들에게서도 참아내려는 노력들을 볼 수 있다. 소수의 이주민 자녀들은 다수의 한국인 자녀들을 참아내고 있으며, 외국인 노동자는 어려운 한국어와 한국 문화를 참아내고 있으며, 이웃 사람 역시 나의 종교를 참아내고 있으며, 외국인 신부 역시 한국인 가정의 관습을 참아내고 있다. 서로 다른 타자들과의 접촉을 참아낼 수 있다는 것만으로도 이미 상당한 인(仁)을 행사하고 있는 것이며 상호 주관적 연대를 위한 토대를 닦은 셈이다. 나와 다른 타자와의 접촉을 참아낼 수 있는 것만으로도 타자에 대해 어느 정도 호혜를 베풀고 있는 것이다. 이와 같이 인은 사람들로 하여금 이질적인 타자들과 함께 공존할 수 있다는 최소한의 전망에 기대를 걸고서 노력하게 한다.

---

36) 마이클 왈쩌, 송재우 옮김, 『관용에 대하여』, 29쪽.

유교의 인 사상이 과잉적 합일의 철학으로 나아가지 않고 현실성을 확보하는 이론이 되기 위해서는 서로의 차이에 대한 최소한의 배려를 그 개념 안에 포함해야 한다. 유교에서 말하는 천인합일과 같은 우주의 인자한 통합, 국가의 단일민족적 통합, 가족의 긴밀한 통합 등과 같은 공동체적 일치로서의 이상이 비정상적으로 과잉될 때 서로 간의 차이에 대해 눈멀게 한다. 자신과 관련된 비근한 사람들을 살펴보자. 도대체 우리가 이웃과 가족에 대해서 얼마나 잘 일치된 이해와 감정을 갖고 있을까? 익숙하게 접촉하고 있는 주위의 사람들에게서 차이들을 발견하기란 어렵지 않다. 어느 날 우연하게 접촉하는 아프리카의 어느 이방인만이 어색한 존재인 것은 아니다. 바로 나와 함께 살고 있는 가족과 이웃 역시 서로 다른 의지와 비전을 가질 수 있다. 부모의 바람을 저버리고 다른 길을 가려는 아이들, 내가 전혀 모르는 언어로 쓰인 사상서들을 읽고 있는 동료들의 모습 등에서 서로 간의 다름을 쉽게 찾을 수 있다. 우리가 최소한의 인에 익숙하지 않을 때 가족과 이웃에 대한 무력적 동일화에 길들여져 간다. 그런 이유로 타자의 처지를 적극적으로 동정하는 것과 함께, 차이 나는 타자에 대한 배려로서의 인을 베푸는 태도는 다원주의적 사회의 기본적인 덕목이라고 말할 수 있다.

참고문헌

1. 한국어 문헌

강신주, 「장자 철학에서 마음(心)과 삶(生)의 문제」, 『철학연구』, 제23집, 고려대 철학연구소, 2000.

_____, 『장자의 철학』, 태학사, 2004.

개리 해밀턴, 「왜 중국에는 자본주의가 존재하지 않았는가?: 부정적 질문의 오류와 대안」, 유석춘 편, 『막스 베버와 동양사회』, 나남, 1992.

E. H. 곰브리치, 차미례 옮김, 『예술과 환영』, 열화당, 2003.

그레이엄, 나성 옮김, 『도의 논쟁자들』, 새물결, 2003.

기어츠 홉스테드, 차재호·나은영 옮김, 『세계의 문화와 조직』, 학지사, 1995.

김경일, 『공자가 죽어야 나라가 산다』, 바다출판사, 1999.

김경희, 「장자의 사상적 전회: 자기 보존에 대한 관심으로부터 죽음의 긍정으로」, 『도교문화연구』, 제27집, 도교문화학회, 2007.

김광우, 『뭉크, 쉴레, 클림트의 표현주의』, 미술문화, 2003.

김미영, 「성리학에서 '공적 합리성'의 연원: 군자/소인 담론을 중심으로」, 『철학』, 제76집, 한국철학회, 2003.

김석근, 「대승불교에서 주자학으로: 불교비판과 유학사의 재구성을 중심으로」, 『정치사상연구』, 제1집, 한국정치사상학회, 1999.
김석진 옮김, 『주역전의대전역해(周易傳義大全譯解)』, 하책, 대유학당, 2003.
김성태, 「몸: 주체성의 표현 형식」, 『철학』, 제43집, 한국철학회, 1995.
김시천, 「아르카디아(Arkadia)에서 유토피아(Utopia)로: 『장자』의 이상사회론과 그 정치사상적 함의」, 『동서철학연구』, 제23집, 한국동서철학회, 2002.
김어상, 「중용과 지식인의 소극 · 보수성의 관계고찰: 아리스토텔레스와 공자의 중용 개념과 관련하여」, 『가톨릭사회과학연구』, 제12집, 한국가톨릭사회과학연구회, 2000.
김영정, 『가치론의 주요문제들』, 철학과현실사, 2005,
김영희, 「들뢰즈의 '표현(Expression)'에 관한 연구」, 『대동철학』, 제23집, 2003.
김예호, 「한국적 자본주의의 성격과 전근대적 유교담론문화」, 『한국철학논집』, 제18집, 한국철학사연구회, 2006.
_____, 「한비자 법치사상의 사유특색과 미학사상 비교 고찰」, 『한국철학논집』, 제16집, 한국철학사연구회, 2005.
김용직, 「한국정치와 공론성(1): 유교적 공론정치와 공공영역」, 『국제정치논총』, 38집 3호, 한국국제정치학회, 1998.
김제란, 「성리학 형성 과정에 나타난 禪 불교의 영향: 道南學과 湖相學을 중심으로」, 『한국불교학』, 제37집, 2004.
김항규, 「한비자의 법가사상과 서양의 근대법치주의」, 『사회과학연구』, 제3호, 목원대학교 사회과학연구소, 1999.
김형효, 『노장 사상의 해체적 독법』, 청계, 1999.
_____, 『물학 심학 실학』, 청계, 2003.
_____, 『사유하는 도덕경』, 소나무, 2004.
김혜숙, 「음양적 사유와 인과적 사유」 『철학적 분석』, 한국분석철학회, 2000.
넬슨 굿맨, 이은주 옮김, 『예술과의 대화』, 학문사, 1998,

노사광, 정인재 옮김, 『중국사상사』, 고대편, 탐구당, 1991.
니비슨, 김민철 옮김, 『유학의 갈림길』, 철학과현실사, 2006.
뚜 웨이밍, 정용환 옮김, 『뚜 웨이밍의 유학 강의』, 청계, 1999.
레비나스, 서동욱 옮김, 『존재에서 존재자로』, 민음사, 2003.
로버트 앨린슨, 김경희 옮김, 『장자, 영혼의 변화를 위한 철학』, 그린비, 2004.
리우샤오간, 최진석 옮김, 『장자철학』, 소나무, 1990.
리쩌허우, 정병석 옮김, 『중국고대사상사론』, 한길사, 2005.
리처드 로티, 김동식·이유선 옮김, 『우연성 아이러니 연대성』, 민음사, 1996.
마르티나 도이힐러, 이훈상 옮김, 『한국 사회의 유교적 변환』, 아카넷, 2003.
마이클 왈쩌, 송재우 옮김, 『관용에 대하여』, 미토, 2004.
막스 베버, 양회수 옮김, 「프로테스탄티즘의 윤리와 자본주의의 정신」, 『사회과학논총』, 을유문화사, 1998.
_____, 이상률 옮김, 『유교와 도교』, 문예출판사, 1990.
문병도, 「중국철학: 유가사상에 있어서 초월성과 내재성의 문제 — 모종삼과 홀-에임즈의 담론과 관련하여」, 『동양철학연구』, 제39집, 동양철학연구회, 2004.
문선규 옮김, 『춘추좌씨전』, 상·중·하, 명문당, 1993.
문종두, 『언어 사용과 삶』, 청문각, 2007.
미셸 푸코, 오생근 옮김, 『감시와 처벌』, 나남, 2003
박구용, 『우리 안의 타자: 인권과 인정의 철학적 담론』, 철학과현실사, 2003.
박범수, 「선진 유가의 음악예술론」, 『미학』, 제32집, 한국미학회, 2002.
박원재, 「공/사의 우선성 문제에 대한 유가와 법가의 논쟁: '가(家)-국(國)' 체제의 규범론적 토대에 대한 검토」, 『철학연구』, 제66집, 철학연구회, 2004.
_____, 「도와 차연」, 『동서비교문학저널』, 제6호, 한국동서비교문학학회, 2002.

백승도, 「『장자』에서 '도'는 어떻게 말해지고 있는가?」, 『도교문화연구』, 제23집, 한국도교문화학회, 2005.
벤자민 슈월츠, 나성 옮김, 『중국 고대사상의 세계』, 살림, 1996.
블라디슬로프 타타르키비츠, 손효주 옮김, 『미학사』, 1책, 미술문화, 2005.
I. B. 비숍, 신복룡 옮김, 『조선과 그 이웃 나라들』, 집문당, 2000.
비트겐슈타인, 이영철 옮김, 『확실성에 대하여』, 서광사, 1990.
_____, 이영철 옮김, 『철학적 탐구』, 서광사, 1994.
피에르 부르디외, 최종철 옮김, 『구별짓기』, 상하, 새물결, 2005.
성현숙, 「『데미안』에 나타난 자기실현의 문제와 현대문명에 대한 비판」, 『헤세연구』, 제2집, 1999.
손병해 외, 『유교문화와 동아시아 경제』, 경북대학교 출판부, 2006.
손병해, 「유교적 가치와 동아시아 경제통합」, 『유교문화와 동아시아 경제』, 경북대학교 출판부, 2006
손영식, 「공자의 정명론과 노자의 무명론의 비교: 그 논리와 사고방식의 대립을 중심으로」, 『철학』, 제31집, 한국철학회, 1989.
송영배, 「세계화 시대의 유교적 윤리관의 의미」, 『철학』, 제62집, 한국철학회, 2000.
신정근, 「유학의 특성과 현실의 규제 가능성」, 『동양철학연구』, 제44집, 동양철학연구회, 2005.
_____, 「『맹자』에서 새로운 윤리의 도출 가능성」, 『동양철학』, 제13집, 2000.
아도르노・호르크하이머, 김유동 옮김, 『계몽의 변증법』, 문학과지성사, 2001.
아라키 겐고, 심경호 옮김, 『불교와 유교』, 예문서원, 2000,
아리스토텔레스, 최명관 옮김, 『니코마코스 윤리학』, 1984.
양승권, 「니체와 장자의 윤리적 상대주의는 가치의 박탈인가, 초월된 가치인가?」, 『니체연구』, 제12집, 2007.
양승태, 「'미개적 대동', '문명적 대동', '소강', 그리고 정치적 이상의 역사적 진화론: 『예기』「예운」편에 대한 하나의 비판적 해석」, 『정치사상연구』, 한국정치사상학회, 2002.

양조한(楊祖漢), 황갑연 옮김, 『중용철학』, 서광사, 1999.
에른스트 카시러, 박완규 옮김, 『문화과학의 논리』, 도서출판길, 2007.
_____, 최명관 옮김, 『인간이란 무엇인가?』, 서광사, 1988.
여정덕(黎靖德) 편찬, 이주행 외 옮김, 『주자어류』, 소나무, 2001.
오종환, 「재현과 허구의 관계에 대한 고찰」, 『미학』, 제22집, 한국미학회, 1997.
왕방웅(王邦雄) · 증소욱(曾昭旭) · 양조한(楊祖漢), 황갑연 옮김, 『맹자 철학』, 서광사, 2005.
왕보, 김갑수 옮김, 『장자를 읽다』, 바다출판사, 2007.
유권종, 「천명도 비교연구: 추만, 하서, 퇴계」, 『한국사상사학』, 제19집, 한국사상사학회, 2002.
유석춘, 「유교와 한국 자본주의 정신」, 『유교문화와 동아시아 경제』, 경북대학교 출판부, 2006.
윤영해, 『주자의 선불교비판 연구』, 민족사, 2000.
이강수, 『이강수 교수의 노장철학의 이해』, 예문서원, 2005.
이경희, 「동서양 음악미학 고찰을 통한 한국음악의 정체성 연구 (1): 고대 그리스 음악관과 『예기』에 나타난 음악사상비교」, 『음악과 민족』, 제26집, 민족음악학회, 2003.
이대희, 「G. E. Moore와 '自然主義的 誤謬'」, 『안동대학교논문집』, 제17집, 안동대학교, 1995.
이득재, 『가족주의는 야만이다』, 소나무, 2001.
이민원, 「상투와 단발령」, 『사학지』, 제31집, 단국사학회, 1998.
이상익, 「주자학에 있어서 이와 기의 상호 주재와 그 의의」, 『철학』, 한국철학회, 2003.
_____, 「주자학의 주객합일론과 그 해체」, 『한국정치사상연구』, 제4권, 한국정치사상학회, 2001.
이승환, 「'몸'의 기호학적 고찰: 유가 전통을 중심으로」, 『기호학 연구』, 한국기호학회, 1997.
_____, 「'아시아적 가치' 논쟁과 유교문화의 미래」, 『퇴계학』, 제11집, 안동대학교 퇴계학연구소, 2000.

이원목, 「중국유학: 중용사상의 형이하자적 논리구조」, 『유교사상연구』, 제25집, 한국유교학회, 2006.
이이, 이호형 외 옮김, 『국역율곡전서(國譯栗谷全書)』, 한국정신문화연구원, 1994.
이인호, 「표현의 자유와 검열금지의 원칙: 헌법 제21조 2항의 새로운 해석론」, 『법과 사회』, 법과사회이론학회, 1997.
이종성, 「장자 지식론의 이중 구조와 모순 융해적 회통의 논리」, 『동서철학연구』, 제31집, 한국동서철학연구회, 2004.
_____, 「장자의 상대주의적 관점에 대한 반성적 고찰」, 『범한철학』, 제30집, 범한철학회, 2003.
이철승, 「'유교자본주의론'의 논리 구조 문제」, 『중국학보』, 제51집, 한국중국학회, 2005.
이현출, 「사림정치기의 공론정치 전통과 현대적 함의」, 『한국정치학보』, 제36집, 한국정치학회, 2002.
임계유 편저, 전택원 옮김, 『중국철학사』, 까치, 1990,
임일환, 「자연주의적 오류와 내포성」, 『미학』, 제57집, 한국미학회, 2009.
임헌규, 『유가의 심성론과 현대 심리철학』, 철학과현실사, 2001.
임홍빈, 『인권의 이념과 아시아가치론』, 아연출판부, 2003.
임홍태, 「율곡 이이의 도통론과 도통의식: 『성학집요』의 '성학도통'론을 중심으로」, 『한국철학논집』, 한국철학사연구회, 2006.
장승구 외, 『중용의 덕과 합리성』, 청계, 2004.
장은주, 「유교적 근대성과 근대적 정체성」, 『시대와 철학』, 제18권 제3호, 2007.
_____, 「인권과 민주적 연대성: 유가 전통과 자유주의-공동체주의 논쟁」, 『시대와 철학』, 제13집, 한국철학사상연구회, 2002.
_____, 「전통의 도덕적 메타모포시스: 한국 시민사회의 '문화적 민족주의'에 대한 규범적 반성」, 『철학논구』, 서울대학교 철학과, 1999.
장파, 유중하 · 백승도 · 이보경 · 양태은 · 이용재 옮김, 『동양과 서양, 그리고 미학』, 푸른숲, 1994.
정대현, 「성기성물(成己成物): 대안적 가치를 향하여」, 『범한철학』, 제36

집, 범한철학회, 2005.
정미라, 「문화다원주의와 인정윤리학」, 『범한철학』, 제36집, 범한철학회, 2005.
정병련, 「추만의 『천명도설』의 제작과 퇴계의 정정」, 『철학』, 제38집, 한국철학회, 1992.
정세근, 「장자의 심론: 성심(成心)설을 중심으로」, 『동서철학연구』, 제52집, 한국동서철학연구회, 2009.
_____, 『노장철학』, 철학과현실사, 2002.
정용환, 「존재와 존재의 만남: 은유와 흥(興)으로부터」, 『청계논총』, 제1집, 한국정신문화연구원, 1999.
_____, 『장재의 철학』, 경인문화사, 2007.
제임스 레이첼즈, 김기순 옮김, 『도덕철학』, 서광사, 1989.
조긍호, 『동아시아 집단주의의 유학사상적 배경』, 지식산업사, 2007.
조민환, 「유가의 이단관 연구」, 『철학』, 제63집, 한국철학회, 2000.
조지 율, 서재석 · 박현주 · 정대성 옮김, 『화용론』, 박이정출판사, 2001.
조천수, 「도가의 무위와 법가의 무위이술」, 『법철학연구』, 제6권 2호, 한국법철학회, 2003.
_____, 「한비자의 법사상연구」, 『법철학연구』, 제1권, 한국법철학회, 1998.
조한석, 「『장자』, 「제물론」 이해에 있어서 시비(是非)의 대립과 갈등의 해소(解消)에 대한 시론」, 『도교문화연구』, 제16집, 도교문화학회, 2002.
존 롤즈, 장동진 옮김, 『정치적 자유주의』, 동명사, 1998.
_____, 황경식 옮김, 『정의론』, 이학사, 2003.
존 듀이, 신득렬 옮김, 『경험과 자연』, 계명대학교 출판부, 1982.
존 스튜어트 외, 권순희 옮김, 「번역: 말하기에서의 언어적, 비언어적 범위」, 『화법연구』, 제7집, 한국화법학회, 2004.
주희(朱熹), 성백효 옮김, 『논어집주』, 전통문화연구회, 1991.
_____, 성백효 옮김, 『맹자집주』, 전통문화연구회, 1991.
_____, 성백효 옮김, 『시경집전』, 전통문화연구회, 1993.
_____, 성백효 옮김, 『중용장구』, 전통문화연구회, 1990.
_____, 이주행 외 옮김, 『주자어류』, 소나무, 2001.

_____, 김상섭 옮김, 『역학계몽』, 예문서원, 1994.
지두환, 『조선시대 사상사의 재조명』, 역사문화, 1998.
지준호, 「주자문인의 도통의식」, 『동양철학연구』, 동양철학연구회, 2003.
차성환, 「한국유교 자본주의의 허상과 현실」, 『담론201』, 제3권, 한국사회역사학회, 2000.
찰스 테일러, 송영배 옮김, 『불안한 현대사회』, 이학사, 2001.
채인후, 천병돈 옮김, 『순자의 철학』, 예문서원, 2000.
최정묵, 「율곡 철학의 주자학적 지평」, 『한국사상과 문화』, 제21집, 한국사상문화학회, 2003.
최진석 · 김상환, 「노장과 해체론: 개방성의 기원에 대하여」, 『철학연구』, 제47집, 철학연구회, 1999.
칸딘스키, 권영필 옮김, 『예술에서의 정신적인 것에 대하여』, 열화당, 2000.
칼 A. 비트포겔, 구종서 옮김, 『동양적 전제주의』, 법문사, 1991.
콜버그, 김민남 · 진미숙 옮김, 『도덕발달의 심리학』, 교육과학사, 2001.
풍우란, 박성규 옮김, 『중국철학사』, 상하, 까치, 1999,
프랑수아 줄리앙, 허경 옮김, 『맹자와 계몽철학자의 대화』, 한울아카데미, 2004.
플라톤, 박종현 역주, 『국가/政體』, 10편, 서광사, 1997.
하버마스, 이진우 옮김, 『현대성의 철학적 담론』, 문예출판사, 1994.
하이데거, 박휘근 옮김, 『형이상학 입문』, 문예출판사, 1994.
한스 게오르크 가다머, 이길우 외 옮김, 『진리와 방법 1』, 문학동네, 2000.
함재봉, 「아시아적 가치와 민주주의: 유교민주주의는 가능한가?」, 『철학연구』, 제44집, 철학연구회, 1999.
허버트 핑가레트, 송영배 옮김, 『공자의 철학』, 서광사, 1993.
헌법재판소, 호주제 위헌 판결문(2005년 2월). (http://www.ccourt.go.kr)
H. B. 헐버트, 신복룡 옮김, 『대한제국멸망사』, 집문당, 1999.
호르크하이머, 박구용 옮김, 『도구적 이성 비판』, 문예출판사, 2006
홍원식, 「인간의 본성에 관한 논쟁: 고자와 맹자, 맹자와 순자 간의 논쟁」, 『중국철학』, 제4집, 중국철학회, 1994.
황갑연, 「朱子 知行論의 장단점에 관한 고찰」, 『양명학』, 제9호, 한국양명학회, 2003.
_____, 「현대신유학자 모종삼의 주자 도덕철학 이해에 대한 재고: 모종삼의 '卽存有卽活動'과 '只存有而不活動'론을 중심으로」, 『중국학보』, 제56집, 한국중국학회, 2007.
황의동, 「율곡의 이기설에 관한 고찰: 이기지묘를 중심으로」, 『동서철학연구』, 제3집, 한국동서철학회, 1986.
황종원, 「맹자의 '行其所無事' 원칙과 性論에 대한 생태 철학적 접근」, 『동양철학연구』, 제50집, 동양철학연구회, 2007.
후쿠자와 유키치, 남상영·사사가와 고이치 옮김, 『학문의 권장』, 소화, 2003.

2. 한문 및 외국어 문헌

공영달(孔穎達), 『예기주소(禮記注疏)』. 문연각사고전서본.
곽상(郭象) 주석, 『장자주(莊子注)』, 문연각사고전서본.
당군의(唐君毅), 『중국철학원론(中國哲學原論)』, 대만: 학생서국, 중화민국73.
모종삼(牟宗三), 『심체여성체(心體與性體)』, 전3책, 대만: 학생서국, 중화민국57.
몽배원(蒙培元), 『이학범주계통(理學範疇系統)』, 인민출판사, 1989.
배인(裴駰), 『사기집해(史記集解)』, 문연각사고전서본.
서복관(徐復觀), 『중국인성론사: 선진편(中國人性論史: 先秦篇)』, 대만: 상무인서관, 중화민국58.
소옹(邵雍), 『이천격양집(伊川擊壤集)』, 문연각사고전서본.
양경(楊倞) 주석, 『순자(荀子)』, 문연각사고전서본.
양백준(楊伯峻), 『춘추좌전주(春秋左傳注)』, 중화서국, 1990.
오징(吳澄), 『도덕진경주(道德真經註)』, 문연각사고전서본.
왕수인(王守仁), 『왕양명전집(王陽明全集)』, 상하, 상해고적출판사, 1995.
왕운오(王雲五) 주편, 왕무횡(王懋竑) 편정, 『송주자연보(宋朱子年譜)』, 대만: 상무인서관, 중화민국76.

왕응린(王應麟), 『곤학기문(困學紀聞)』, 문연각사고전서본.
왕필(王弼) 주, 『노자도덕경(老子道德經)』, 문연각사고전서본.
임희일(林希逸), 『장자구의(莊子口義)』, 문연각사고전서본.
이이(李珥), 『율곡전서』, 한국문집총간, 한국고전종합DB(http://db.itkc.or.kr).
이황(李滉), 『퇴계집』, 한국문집총간, 한국고전종합DB(http://db.itkc.or.kr).
장재(張載), 『장재집(張載集)』, 중화서국, 1978.
정호(程顥)·정이(程頤), 『이정집(二程集)』, 전2책, 한경문화사업유한공사, 중화민국72.
조기(趙岐) 주, 손석(孫奭) 소, 『맹자주소(孟子注疏)』, 북경대학 출판사, 2000.
주돈이(周敦頤), 『주자전서(周子全書)』, 대만: 상무인서관, 중화민국57.
주희(朱熹), 『경서(經書)』(大學章句·論語集注·孟子集注·中庸章句), 성균관대학교 대동문화연구원, 1971.
_____, 『주자전서(朱子全書)』, 상해고적출판사, 2002.
_____, 『주희집(朱熹集)』, 사천교육출판사, 1996.
진고응(陳鼓應), 『장자금주금역(莊子今註今譯)』, 대만: 상무인서관, 1975.
최익현(崔益鉉), 『면암선생문집(勉菴先生文集)』, 한국문집총간, 한국고전종합DB(http://db.itkc.or.kr).
최한기(崔漢綺), 『기측체의(氣測體義)』, 한국문집총간, 한국고전종합DB(http://db.itkc.or.kr).
_____, 『기학(氣學)』, 한국문집총간, 한국고전종합DB(http://db.itkc.or.kr).
_____, 『추측록(推測錄)』, 한국문집총간, 한국고전종합DB(http://db.itkc.or.kr).
하상공(河上公) 장구, 『노자도덕경(老子道德經)』, 문연각사고전서본.
한문대계(漢文大系), 1책, 『맹자정본(孟子定本)』, 동경: 부산방, 소화59.
_____, 8책, 『한비자익취(韓非子翼毳)』, 동경: 부산방, 소화59.
_____, 9책, 『노자익(老子翼)』, 동경: 부산방, 소화59.
_____, 14책, 『묵자한고(墨子閒詁)』, 동경: 부산방, 소화59.
_____, 15책, 『순자(荀子)』, 동경: 부산방, 소화59.
_____, 21책, 『관자찬고(管子纂詁)』, 동경: 부산방, 소화59.

황간(黃幹), 『면재집(勉齋集)』, 문연각사고전서본.

『일성록(日省錄)』, 전44책, 고종3년 8월 16일조, 한국고전종합DB(http://db.itkc.or.kr).

카키우찌 케이코(垣内景子), 『心と理をめぐる朱熹思想構造の研究』, 汲古書院, 平成17.

Allinson, Robert E., "On the Question of Relativism in the Chuang-tzu", *Philosophy East and West*, Vol. 39, University of Hawai'i Press,1989.

Ames, Roger T., "Mencius and a Process Notion of Human Nature", *Mencius: Contexts and Interpretations*, edited by Alan K. L. Chan, University of Hawai'i Press, 2002.

_____, "The Mencian Conception of Ren xing(人性): Does it Mean 'Human Nature'?", Chinese Texts and Philosophical Contexts, ed. by Henry Rosemont, Jr., Illinois: Open Court, 1991.

_____, *The Art of Rulership*, State University of New York Press, 1994.

Bloom, Irene, "Biology and Culture in the Mencian View of Human Nature", *Mencius: Contexts and Interpretations*, edited by Alan K. L. Chan, University of Hawaii Press, 2002.

_____, "Human Nature and Biological Nature in Mencius", *Philosophy East and West*, Vol. 47, University of Hawai'i Press, 1997.

_____, "Mencian Arguments on Human Nature (Jen-hsing)", *Philosophy East and West*, Vol. 44, University of Hawai'i Press, 1994.

Burton, Watson, *The Complete Works of Chuang Tzu*, Columbia University Press, 1968.

Chad Hansen, "Individualism in Chinese Thought", *Individualism and Holism: Studies in Confucian and Taoist Values*, ed. by Donald Munro, Center for Chinese Studies, The University of Michigan, 1985.

_____, "Linguistic Skepticism in the Lao Tzu", *Philosophy East and West*, Vol. 31, No. 3, University of Hawai'i Press, July, 1981.

Chen, Xunwu, "Hermeneutical Reading of Confucianism", *Journal of Chinese Philosophy* 27:1, March, 2000.

Chung-ying Cheng, "Nature and Function of Skepticism in Chinese Philosophy", *Philosophy East and West*, Vol. 27, University of Hawai'i Press, 1977.

_____, "Methodology and Theory of Understanding", *Chu Hsi and Neo-Confucianism*, edited by Wing-tsit Chan, University of Hawaii Press, 1986.

Clarke, J. J., *The Tao of The West: Western Transformations of Taoist Thought*, London: Routledge, 2000.

Cook, Scott, "Zhuang Zi and His Carving of the Confucian Ox", *Philosophy East and West*, Vol. 47, University of Hawai'i Press, 1997.

Creel, H. G., *Chinese Thought from Confucius to Mao Tse-tung*, The University of Chicago Press, 1953.

Cua, Antonio S., "*Xin* and Moral Failure", *Mencius: Contexts and Interpretations*, edited by Alan K. L. Chan, University of Hawai'i Press, 2002.

_____, "Morality and Human Nature", *Philosophy East and West*, Vol. 32, No. 3, University of Hawai'i Press, July, 1982.

Fingarette, Herbert, "Reason, Spontaneity, and the Li(禮): A Confucian Critique of Graham's Solution to the Problem of Fact and Value", *Chinese Texts and Philosophical Contexts*, edited by Henry Rosemont, Jr., Illinois: Open Court, 1991.

G. Lukacs, *Geschichte und Klassenbewußtsein*, Bd 2, Darmstadt-Nesweid, 1977,

Ge Ling Shang, *Liberation as Affirmation: The Religiosity of Zhuangzi and Nietzsche*, State University of New York Press, 2006.

Gier, Nicholas F., "The Dancing Ru: A Confucian Aesthetics of Virtue", *Philosophy East and West*, Vol. 51, University of Hawai'i Press, 2001.

Goodman, Russel B., "Skepticism and Realism in the Chuang Tzu", *Philosophy East and West*, Vol. 35, University of Hawai'i Press, 1985.

Graham, A. C., "The Background of the Mencius Theory of Human Nature", *Studies in Chinese Philosophy and Literature*, The Institute of East Asian Philosophies, 1986,

Graham, Jesse, et al., "Ideology and Intuition in Moral Education", *European Journal of Developmental Science*, Vol. 2, 2008.

Haidt, Jonathan, "The Emotional Dog and Its Rational Tail: A Social Intuitionist Approach to Moral Judgment", *Psychological Review*, Vol. 108, The American Psychological Association, 2001.

Haidt, Jonathan & Joseph, Craig, "Intuitive Ethics: How Innately Prepared Intuitions Generate Culturally Variable Virtues", *The American Academy of Arts & Sciences*, 2004.

Haidt, Jonathan, et al., "Body, Psyche, and Culture: The Relationship between Disgust and Morality", *Psychology and Developing Societies*, Sage Publications, 1997.

Huang, Yong, "Cheng Yi's Neo-Confucian Ontological Hermeneutics of Dao", *Journal of Chinese Philosophy*, Vol. 27:1, 2000.

John H. Berthrong, "Zhu Xi and the Hermeneutic Art", *Journal of Chinese Philosophy*, 2006.

John Milton, "Areopagitica", *Areopagitica and Other Prose Works*, J. M. Dent & Sons Ltd, London, 1955.

Kim-Chong Chong, "Mengzi and Gaozi on *Nei* and *Wai*", *Mencius: Contexts and Interpretations*, edited by Alan K. L. Chan, University of Hawai'i Press, 2002.

Kjellberg, Paul, "Skepticism, Truth, and the Good Life: A Comparison of Zhuangzi and Sextus Empiricus", *Philosophy East and West*, University of Hawai'i Press, 1994.

Kuang-Ming Wu,, "Hermenuetic Explorations in The Zhuangzi", *Journal of Chinese Philosophy*, 2006.

Lau, D. C., "Theories of Human Nature in Mencius and Xunzi", *Virtue, Nature, and Moral Agency in the Xunzi*, edited by T. C. Kline III & Philip J. Ivanhoe, Hackett Publishing Company, 2000.

Nivison, David S., "Hsun Tzu and Chuang Tzu", *Chinese Texts and Philosophical Contexts*, edited by Henry Rosemont, Jr., Open Court, 1991.

_____, *The Ways of Confucianism*, edited by Bryan W. Van Norden, Open Court Publishing Company, 1996.

Prinz, Jesse J., *The Emotional Construction of Morals*, Oxford University Press, 2007.

Qingjie, James Wang, "The Golden Rule and Interpersonal Care from a Confucian Perspective", *Philosophy East and West*, Vol. 49, No. 4, University of Hawai'i Press, 1999.

Raphals, Lisa, "Skeptical Strategies in the 'Zhuangzi' and 'Theaetetus' ", *Philosophy East and West*, Vol. 44, University of Hawai'i Press, 1994.

Rorty, Richard, "Philosophers, Novelists, and Intercultural Comparisons: Heidegger, Kundera, and Dickens", *Culture and Modernity: East-West Philosophic Perspectives*, edited by Eliot Deutsch, University of Hawai'i Press, 1991.

Tucker, Mary Evelyn and Berthrong, John, eds., *Confucianism and Ecology: The Interrelation of Heaven, Earth, and Humans*, Massachusetts: Harvard University Press for the Harvard University Center for the Study of World Religions, 1998.

Watson, Burton, *The Complete Works of Chuang Tzu*, Columbia University Press, 1968.

Weber, Max, *The Protestant Ethic and the Spirit of Capitalism* (http://www.ne.jp/asahi/moriyuki/abukuma/weber/world/ethic/pro_eth_frame.html).

Xinzhong Yao, “From ‘What is Below’ To ‘What is Above’: A Confucian Discourse On Wisdom”, *Journal of Chinese Philosophy*, 2006.

Xunwu Chen, “Hermeneutical Reading of Confucianism”, *Journal of Chinese Philosophy*, 27:1, Blackwell Publishing, 2000.

Yong Huang, “Cheng Yi’s Neo-Confucian Ontological Hermeneutics of Dao”, *Journal of Chinese Philosophy*, 27:1, Blackwell Publishing, 2000.

찾아보기

정용환

전남대학교 철학과를 졸업한 뒤에 한국학중앙연구원에서 철학 박사 학위를 받았다. 전남대학교 철학연구교육센터 전임연구원을 역임했으며, 현재는 전남대학교 호남학연구원 인문한국연구교수로 재직 중이다. 저서로는 『장재의 철학: 기 해석과 성리학적 개념 체계』, 『감성 담론의 세 층위: 균열, 분출, 공감』(공저) 등이 있고, 역서로는 『뚜 웨이밍의 유학 강의』가 있다.

철학적 성찰로서 유교론

1판 1쇄 인쇄 2011년 2월 20일
1판 1쇄 발행 2011년 2월 25일

지은이 정 용 환
발행인 전 춘 호
발행처 철학과현실사

등록번호 제1-583호
등록일자 1987년 12월 15일

서울특별시 종로구 동숭동 1-45
전화번호 579-5908
팩시밀리 572-2830

ISBN 978-89-7775-739-4 93150
값 23,000원